MW01705735

Het Belgisch labyrint

Van Geert van Istendael verschenen eerder:

Bekentenissen van een reactionair
Vlaamse sprookjes
Het geduld van de dingen
Anders is niet beter
Altrapsodie
Nieuwe uitbarstingen
Verhalen van het Heggeland
Veldwerk in Vlaanderen
Alle uitbarstingen
Taalmachine
Arm Brussel (nieuwe editie)
De zwarte steen
Mijn Nederland
Alfabet van de globalisatie
Berichten, bezweringen
Mijn Duitsland
Kerstverhaal
Gesprekken met mijn dode god
Sociale zekerheid en andere gedichten
Tot het Nederlandse volk
Manneke Pis
Een geschiedenis van België (samen met Benno Barnard)

Geert van Istendael

Het Belgisch labyrint

Een wegwijzer (overschilderd natuurlijk)

Voor Anne Defourny,
van harte,

Sofia,
02.IV.'15.

Uitgeverij Atlas Contact
Amsterdam/Antwerpen

Bij de productie van dit boek is gebruikgemaakt van papier dat het keurmerk Forest Stewardship Council (FSC) draagt. Bij dit papier is het zeker dat de productie niet tot bosvernietiging heeft geleid. Ook is het papier 100% chloor- en zwavelvrij gebleekt.

FSC
www.fsc.org
MIX
Papier van verantwoorde herkomst
FSC® C009076

Eerste druk april 1989
Negende, geactualiseerde en uitgebreide druk oktober 1993
Dertiende, geheel herziene druk april 2001
Zestiende, geheel herziene druk maart 2005
Zeventiende, geheel herziene druk juni 2011
Achttiende druk augustus 2011
Negentiende druk november 2012

Omslagontwerp: Zeno
Omslagillustratie: Gerard Alsteens
Zetwerk: Elgraphic bv, Schiedam
Drukkerij: Bariet, Steenwijk

ISBN 978 90 450 1946 8
D/2011/0108/562
NUR 754

www.atlascontact.nl

De nieuwe versie van dit boek draag ik op aan
Elio Di Rupo en Bart De Wever.

Inhoud

O dierbaar België

Ik bemin België omdat je er ruimer, comfortabeler, goedkoper en makkelijker kunt wonen dan in enig ander land dat ik ken. Ik haat België omdat de huizen er zo bloedlelijk en pretentieus zijn en door hun alomtegenwoordigheid het zachte landschap besmeuren.

Ik bemin België omdat er Frans wordt gesproken en omdat ik op school Frans grondig heb geleerd – die heldere, koele, geestige taal, die me telkens weer geraffineerd plezier geeft als ik haar mag horen, spreken, lezen; die taal van maat en rede, die taal van Parijs en de Middellandse Zee. Ik haat België omdat het met dat arrogante Frans mijn eigen Nederlands heeft willen vernielen, omdat het mijn Nederlands de stal in gejaagd en het de school ontzegd heeft – omdat België de taal van zijn meerderheid pas na meer dan honderd jaar van onwil en rechtsverkrachting, én van taai verzet daartegen, heeft willen erkennen.

Ik bemin België omdat het goddank niets heeft van Hollands aanmatiging, zelfgenoegzaamheid, tactloosheid en kaal onbegrip voor wat buiten de grenzen ligt. Ik haat de noordelijke Belg die liever spuwt op de Hollander dan hem te verwelkomen als de onmisbare culturele bondgenoot. Ik haat de Belg die te bedompt is om Hollands ernst en organisatie te waarderen.

Ik bemin België omdat ik er nog altijd kan luisteren naar de glorie van al die dialecten. Ik haat België omdat er voor de rest begrobbeld Verkavelingsvlaams wordt gepraat, omdat zij die het brabbelen te lui zijn om fatsoenlijk Nederlands te leren en hun wanspraak ook nog eens superieur vinden.

Ik bemin België om zijn corruptie van klein tot groot, zijn regelingetjes, zijn plantrekkerij, het omzeilen van wetten, het profiteren van al wat macht heeft. Ik haat België omdat je er niets kunt regelen zonder vriendendiensten, omdat alles er met de mantel der macht wordt bedekt.

Ik bemin België omdat je er waarlijk groots eet en drinkt en omdat de Belgen dat niet meer dan normaal vinden. Ik haat België omdat de Belgen van zonsopgang tot slapenstijd blijven doorleuteren over lekker eten en drinken.

Ik bemin België omdat het er telkens weer in slaagt vernuftige evenwichtsoefeningen te bedenken om op een democratische manier Walen en Vlamingen vreedzaam samen te laten bestaan – wij slachten elkaar niet af zoals Bosniërs of Noord-Ieren. Ik haat België omdat Vlamingen en Walen maar niet willen ophouden met hun krakeel.

Ik bemin België omdat een land met tweehonderd soorten bier nogal onbestuurbaar is. Ik haat België omdat zijn visie en verbeeldingskracht niet verder reiken dan de bodem van een glas trappist.

Ik bemin België omdat de Belg zozeer de vrede liefheeft dat hij zijn leger troep noemt. Ik haat België omdat Belgische wapenfabrikanten hun troep uitstrooien over de planeet als manna.

Ik bemin België omdat tienduizenden mensen in de hoofdstad opmarcheren tegen falende rechters. Ik haat België omdat het recht er nog altijd krom staat van politiek, kift en kijvage.

Ik bemin België omdat de mensen er zo vreselijk hard kunnen werken. Ik haat België omdat zoveel mensen er alleen maar hard kunnen werken.

Ik bemin België omdat dikdoenerij, kapsones, boerenbedrog en beunhazerij er resoluut worden afgewezen met de woorden: *Gene zever*. Ik haat België omdat alles wat de Belg onbehaaglijk stemt, wat hij niet begrijpt, wat artistiek opvlamt, voor hem onder de categorie *zever* valt.

Ik bemin België omdat zijn bewoners goddank in het geheel geen last hebben van vaderlandsliefde. Ik haat België omdat zijn bewoners op geen enkele manier trots zijn op hun land.

Ik bemin België omdat het bestaat.

Ik haat België omdat het bestaat.

Geschiedenissen

Een overzicht

Op 17 augustus 1585 geeft Antwerpen zich over aan Alexander Farnese, hertog van Parma, bevelhebber der Spaanse troepen. De Nederlanden scheuren in twee stukken volgens een lijn, getrokken door wisselende krijgskansen en toeval. Die lijn loopt dwars door het luisterrijke hertogdom Brabant, scheidt Zeeuws-Vlaanderen van de rest van het graafschap, maakt dat Gent door de Spanjaarden wordt bezet maar Sas van Gent niet. Het economische en culturele zwaartepunt verschuift van het zuiden naar het noorden. Daar wordt de Republiek gevormd, het noorden gaat de Gouden Eeuw tegemoet, terwijl het voorheen zo schitterende zuiden weggezogen zal worden in achterlijkheid, verkalking, obscurantisme. De Unie van Utrecht triomfeert slechts zeer gedeeltelijk. Prestigieuze steden die er zich toe bekend hadden, Antwerpen, Gent, Brugge, Ieper en Doornik, vallen terug in handen van de Spanjaarden. De Unie van Atrecht, die de kant van de Spaanse koning Filips II had gekozen, triomfeert veel grondiger dan aan het einde van de zestiende eeuw vermoed kon worden.

De Spanjaarden hebben het zuiden met wapengeweld en terreur onderworpen. Alexander Farnese geeft de protestanten, die in het zuiden zeer talrijk zijn, de keuze: zich bekeren tot het katholicisme of uitwijken. Tienduizenden weken uit naar de Republiek. Ze werden daar gastvrij ontvangen. Zo verwonderlijk was dat nu ook weer niet, want ze brachten een ongehoord kapitaal mee: kennis, geld, vaardigheid, een beschaving die in Brussel en Antwerpen al veel eerder tot volle bloei was gebracht dan in het slijkerige vissersdorp Amsterdam. 40 procent van de Antwerpenaars heeft de stad verlaten. Tussen 1572 en 1609 (het begin van het Twaalfjarig Bestand) zou ieder dorp, iedere stad in Vlaanderen en Brabant de helft tot twee derde van zijn bevolking hebben verloren. In de zeventiende eeuw was een op drie Amsterdammers een Vlaming of een Brabander of een onmiddellijke nakomeling van inwijkelingen. In Haarlem was dat zelfs een op twee. Voor andere belangrijke steden van de Republiek gelden vergelijkbare cijfers. De Hollandse Gouden Eeuw mag je dus goeddeels Vlaams en Brabants noemen. Amsterdam kon tot economische ontwikkeling komen omdat Antwerpen na de sluiting van de Schelde verkommerde. Zelfs de Statenbijbel werd vertaald door mensen uit het noorden en het zuiden samen en dat was een bewuste keuze.

De eerste jaren na de scheuring was het zuiden een economische ruïne. In de straten van het ooit zo grote Gent zwierven wolven. Gedreven door honger aten mensen mensen. Vlaanderen en Brabant, weleer de rijkste der Zeventien Provinciën, waren vernietigd. Filips II placht te verklaren dat hij liever heerste over een woestijn zonder ketters dan over een vruchtbaar land waar nog één ketter woonde. De Spaanse koning kreeg zijn zin. Het mag een schrale troost heten dat hij de Castiliaanse economie ook te gronde gericht heeft, enkel en alleen om het roomse geloof in de zuidelijke helft van de Nederlanden te laten zegepralen.

Na 1600 hebben de Spaanse Nederlanden hun rijkdom langzaam hersteld, al lagen omstreeks 1640 de nominale lonen in Holland nog 75 procent hoger dan in het bezette zuiden. Politiek en intellectueel echter zonk het door de Spanjaard heroverde gebied weg in provinciale zelfgenoegzaamheid. Adel en geestelijkheid beperkten zich noodgedwongen tot de kleine belangen die golden in hun onmiddellijke omgeving. De Staten-Generaal werden in 1598, 1600 en 1632 nog samengeroepen, daarna meer dan anderhalve eeuw niet meer. Wie werkelijk carrière wilde maken, moest zijn geboortegrond verlaten en naar Spanje trekken. Dat patroon zou zich in de achttiende eeuw, onder Oostenrijks bewind, herhalen. De echte beslissingen, de grote, de serieuze, die het leven werkelijk veranderden, werden genomen in de Weense kanselarijen, zoals voorheen in de Madrileense.

Ondanks een unieke bloei van de schilderkunst bestond het zuiden cultureel niet meer. De taal in Vlaanderen en Brabant, de taal waarin ooit Hadewych, Maerlant en Marnix van Sint-Aldegonde hadden geschreven, werd geconserveerd in dialecten, al bleef men ze in Vlaanderen, Brabant en het noorden van het prinsbisdom Luik tot het einde van de achttiende eeuw bezigen voor het plaatselijke bestuur en de rechtspleging. De ambtelijke taal van het centrale gezag werd steeds meer het Frans, en over heel Europa, van Stockholm tot Lissabon, van Sint-Petersburg tot Berlijn en Den Haag, verfransten de betere kringen onstuitbaar. Een sociale taalgrens begon zich af te tekenen. Later is die uit de andere Europese landen verdwenen. Bij ons echter bestaat ze tot op heden.

In 1648 werd de scheiding bezegeld in het Verdrag van Münster. In 1713 worden de Zuidelijke Nederlanden Oostenrijks na een van talrijke successieoorlogen. De grenzen tussen wat ooit België zal worden en zijn buurlanden liggen nagenoeg vast. Ze zullen minder wijzigingen ondergaan dan die van bijvoorbeeld Polen of Duitsland en ongeveer evenveel als die van Frankrijk of Denemarken. Aan het einde van de achttiende eeuw maken de Oostenrijkse Nederlanden een periode van relatieve welstand mee en landvoogd Karel van Lotharingen is zelfs geliefd, vooral bij de kleine man en vrouw.

De Oostenrijkse Nederlanden vertonen een grotere economische dynamiek dan de Republiek in het noorden. Landbouwhervormingen en -verbeteringen worden toegepast, de Waalse provincies raken steeds sterker geïndustrialiseerd. Maar het onderwijs, dat volledig wordt beheerst door de Rooms-Katholieke Kerk, kan op geen enkele manier de vergelijking met het noorden doorstaan. Het analfabetisme is hier dan ook veel groter.

Keizer Jozef II van Oostenrijk, een verlicht despoot, wil het verwarde en al te veelvormige bestuur van de Zuidelijke Nederlanden hervormen. Hij stoot daarmee adel, clerus én zijn gewone onderdanen voor het hoofd. Zo decreteert hij bijvoorbeeld dat ze alle kermissen op dezelfde dag moeten houden. Met die maatregel alleen al heeft hij het grondig verkorven bij zijn Vlaamse, Brabantse en Henegouwse onderdanen. Ongetwijfeld bemoeit Jozef II zich met pietluttigheden waar hij beter zijn handen af had gehouden en ook bezit hij zeker een nogal drammerig karakter. Daar staat tegenover dat de bevoorrechte klassen bij ons zo mogelijk nog kortzichtiger en egoïstischer waren dan elders in Europa. Voorts stond de politieke, religieuze en andere cultuur op zulk schandalig laag peil dat geen enkele pretentie van de kant van die klassen gerechtvaardigd kon worden. Eigenlijk muntten Jozef II's maatregelen uit door overzichtelijkheid en redelijkheid. Met name het Tolerantie-Edict, dat hij uitvaardigde in 1781, is een mijlpaal. Voor het eerst sinds de Spaanse bezetting doorbrak het, zij het nog schuchter, het monopolie van de Katholieke Kerk. Voor het eerst konden joden en protestanten weer enigermate aanspraak maken op gelijkheid en vrijheid van eredienst.

’s Keizers hervormingsdrang werkte de bevolking en vooral de reactionaire elite danig op de zenuwen. Het kan dan ook niet echt verbazen dat in 1789 een heuse revolutie losbarstte, de Brabantse Omwenteling, verlicht in haar retoriek, maar aartsconservatief in haar streven. In januari 1790 werd het Soeverein Congres der Verenigde Nederlandse Staten uitgeroepen. De naam was minder vreemd dan hij vandaag lijkt. De leiders van de omwenteling zochten toenadering tot het noorden, wat daar op beleefd afgrijzen stuitte, en verwezen naar de opstand tegen Filips II in de zestiende eeuw.

De Brabantse Omwenteling had tot doel de oude voorrechten van standen en staten in volle glorie te herstellen, althans, dat wilde de conservatieve fractie. De liberaal gezinde opstandelingen voelden meer voor een centraal bestuur. De conservatieven beriepen zich eigenaardig genoeg op twee bakens in de geschiedenis van de politieke emancipatie, het Plakkaat van Verlatinge uit 1581, waarin de Unie van Utrecht zich vrij had verklaard van de Spaanse soevereiniteit, en de Amerikaanse Onafhankelijkheidsverklaring. Vandaar die Verenigde Staten. Ze gaven aan beide documenten een reactionaire inhoud, wars van enige tolerantie. De conservatieve leider, de Brusselse advocaat Hendrik van der Noot, en zijn volgelingen waren monumenten van geborneerdheid.

De Verenigde Nederlandse Staten hielden het nog geen jaar vol. In december 1790 wandelde het Oostenrijkse leger alweer Brussel binnen en maakte een einde aan de opstand. Er werd geen schot gelost.

Op 1 oktober 1795 worden de Zuidelijke Nederlanden bij Frankrijk ingelijfd. De Fransen waren niet geliefd, behalve wellicht bij de Luikenaars en dan nog slechts in het begin. De Franse soldaten gedroegen zich natuurlijk zoals bezettingslegers dat overal doen en dat is meestal aan de brute kant. Bovendien druisten de Verlichtingsideeen, die te vuur en te zwaard verspreid werden, regelrecht in tegen diepgewortelde opvattingen en gewoonten. De Rooms-Katholieke Kerk, die de grotendeels ongeletterde bevolking stevig in haar greep had, bestreed die ideeën met hand en tand. Voorts deed Frankrijk iets wat nog nooit eerder gebeurd was. Het bracht een rekrutenleger op de been, zodat voor het eerst in de geschiedenis gewone jongens hier onder de wapens móésten. En ten slotte vertrapten de Fransen moedwillig de volkstaal, omdat die de verspreiding der revolutionaire gedachte in de weg zou staan.

De georganiseerde reactie was onbetekenend. Op de Hasseltse Groene Boulevard staat een monument voor de helden van de Boerenkrijg. Een handvol arme, diep godsdienstige, primitieve hongerlijders heeft geprobeerd in dorpen en gehuchten een legertje plattelanders op de been te brengen. Op geen enkel moment hebben ze de Fransen echt kunnen bedreigen. De opstandelingen waren zachtaardig, de onderdrukking door de Fransen was hard en bloedig.

De Zuidelijke Nederlanden deelden voortaan het lot van het grote Frankrijk. Door de staatsgreep van 18 Brumaire (1799) greep een kleine Corsicaanse generaal, Napoleon Bonaparte, de macht. Een paar jaar later liet hij zich tot keizer kronen. Zijn rijk zou geen tien jaar duren.

In 1813 leed Napoleon een verpletterende nederlaag in de *Völkerschlacht* bij Leipzig. In 1815 versloeg een brede Europese alliantie van Pruisen, Russen, Britten en Nederlanders het Franse leger bij Waterloo, ten zuiden van Brussel. In onze gewesten werd de ondergang van Napoleon door haast alle burgers, welke taal ze ook spraken, met opluchting begroet.

De Franse overheersing had rampzalige gevolgen voor het Nederlands in onze gewesten. De Fransen probeerden in hun hele territorium het Frans op te dringen en ze gebruikten daartoe de grofste middelen. Ze doen dat trouwens nog altijd, want de taal van de staat gaat boven de taal van het individu in Frankrijk. De leidende klassen in de Nederlandstalige zuidelijke provincies werden geheel verfranst. De sociale taalbarrière was hoger en harder dan ooit tevoren. En de klassen daar net onder leerden hun eigen taal te minachten en het Frans te verafgoden. Die houding lijkt onuitroeibaar. In Vlaanderen heeft ze haar beste tijd gehad, maar in Wallonië en Brussel is ze waarneembaar tot op heden.

De huidige Benelux werd, op een paar dorpen na, in 1814 bijeengebracht in het Verenigd Koninkrijk der Nederlanden onder koning Willem I. Willem I komt de verdienste toe het Nederlands in België van de complete verloedering en vervolgens uitroeiing gered te hebben.

Al in 1814, na Napoleons eerste nederlaag, hadden de dekens van de *Brusselse* ambachten geprotesteerd omdat de Franse taaldecreten van toepassing bleven: 'La proscription de la langue nationale flamande doit cesser. L'idiome, les lois et les institutions des peuples de la Belgique doivent renaître avec le bonheur de ce pays.' Ze schrijven het eerbiedig in het Frans, de taal van de hoge heren. 'Het verbod op de nationale Vlaamse taal moet opgeheven worden. De taal, de wetten en de instellingen van de volkeren van Nederland (het Verenigd Koninkrijk der Nederlanden wordt met "la Belgique" aangeduid!) moeten herrijzen samen met het geluk van dit land.'

De volkstaal was in zo'n staat van verval dat de mensen die haar spraken er makkelijk van overtuigd konden worden dat ze geen enkele verwantschap had met het vreemde Nederlands uit het noorden. Ze hielden er niet van, van dat kale Hollands. En de hogere klassen, die toen nog echt heersende klassen waren, probeerden uit alle macht hun privileges voor te stellen als middelen die op een vanzelfsprekende manier het welzijn en de vrijheid van iedereen dienden. Je hoort en leest wel eens dat koning Willem het Nederlands hier heeft willen opdringen. Het is een lelijk en onrechtvaardig woord, opdringen, want Willems taalpolitiek was onberispelijk democratisch.

Op 1 oktober 1814 verleende Willem het Nederlands in de burgerlijke stand en in de rechtspleging van de Vlaamse provincies enige rechten. Het Nederlands én het Frans werden dus erkend. Willem vond die taalvrijheid eigenlijk ontoelaatbaar in provincies waar het gewone volk, dus vrijwel *iedereen* behalve de hogere klasse, Nederlands sprak. Hij streefde naar eentaligheid. Vanaf 1819 werd het Nederlands dan ook de enige officiële taal in de provincies West-Vlaanderen, Oost-Vlaanderen, Antwerpen en Limburg, in 1822 gold dat ook voor het arrondissement Brussel en Leuven, delen van de provincie Zuid-Brabant. Vanaf 1823 werd ernstig geprobeerd die regeling toe te passen, de overgangsperiode had lang genoeg geduurd.

Willem heeft overal lagere scholen opgericht die voor die tijd van een behoorlijk niveau waren. Onder de Franse bezetting was 59 procent van de mensen bij ons analfabeet, na vijftien jaar Hollands bewind was dat nog 50 procent. De Fransen hadden haast uitsluitend voor het middelbaar onderwijs van de betere klassen gezorgd. Achteraf zou België hetzelfde doen, met het gevolg dat tachtig jaar later slechts één land in Europa meer analfabeten telde dan België, namelijk Portugal. Alweer was de autocratische Willem verrassend democratisch, want volgens alle waarnemers was het onderwijs in onze gewesten erbarmelijk.

De onderwijspolitiek, behalve dan inzake seminaries, gaf geen aanleiding tot grootscheeps, georganiseerd protest, de taalpolitiek wel. De verfranste kringen voelden zich in hun broodwinning en in wat zij beschouwden als hun natuurlijke voorrechten aangetast. Toch had je edellieden die het eigenlijk normaal vonden dat de taal van de grote meerderheid ook officieel erkend werd. Het protest kwam voornamelijk van advocaten die onder de Franse bezetting waren opgeleid. Zij hadden goede relaties met de pers. Willem en diens minister van Justitie, de remonstrant Cornelis Felix van Maanen, die ten onrechte nogal eens als een koude calvinist is afgeschilderd, voerden opnieuw iets volslagen normaals en democratisch in, iets wat door de Franse bezetter was afgeschaft. Voortaan had de burger weer recht op een proces in zijn eigen taal. Hun Franstalige tegenstanders verdedigden met de luidruchtige huilerigheid van bedorven kinderen alleen hun eigen egoïsme.

Pas in 1828 slaagden zuidelijke liberalen en katholieken, die anders elkaars bloed wel konden drinken, erin zich te verenigen in wat terecht het Monsterverbond wordt genoemd. Op het kortzichtige egoïsme van de Franstalige liberale advocaten wees ik al. De clerus ontwikkelde een eigen strategie. Er werden twee petitionnementen opgesteld, schoolvoorbeelden van volksverlakkerij. Voor het tweede werden door schaamteloze, openlijke gewetensdwang, vanaf de kansel, door leugen en bedrog van landheren, kapelaans en pastoors, 360.000 handtekeningen verzameld. Handtekening is een oneigenlijk gebruikt woord, de meeste mensen waren analfabeet en duizenden zetten dus een kruisje om te eisen 'dat men aen Vlamingen en nog veel meer aen Walen het Hollandsch niet opdringe'. Voor de katholieke geestelijkheid was het Nederlands een satanische list om hier het calvinisme op te dringen. Vlaamse pummels tekenden voor de vrijheid van een taal, het Frans, die ze spraken noch verstonden, analfabeten tekenden voor persvrijheid – en zelfs al hadden ze kúnnen lezen, dan hadden ze die liberale kranten niet mógen lezen van de pastoor.

Nooit zijn de gewone Vlaamse mensen zo misleid door de geestelijke leiders aan wie ze verknocht waren. België had nooit kunnen ontstaan zonder het perfide bedrog en de machtshonger van de Katholieke Kerk.

In 1830 geeft Willem toe aan het aanzwellende protest van de hogere standen en hij voert de taalvrijheid weer in. Op dat moment wil nog niemand de scheuring van het koninkrijk, wel is sprake van een zekere bestuurlijke zelfstandigheid.

De omwenteling waarvan België het even onverwachte als ongewenste gevolg was, begon als een proletarisch hongeropstootje dat Hollandsgezinde én anti-Hollandse burgers de stuipen op het lijf joeg. Ik suggereer nu wel voortdurend dat Willem I een groot en nobel vorst is geweest, maar laten we ons geen illusies maken. De armoede van de arbeiders was in zijn koninkrijk even vreselijk als overal in Europa. De opstand kon slagen omdat een paar factoren elkaar toevallig versterkten. Er was misoogst. Er was de op het eerste gezicht onmogelijke samenwerking tussen katholieken en jonge liberalen. Er was de besluiteloze tactiek van prins Frederik en zijn troepen, die de orde kwamen herstellen. Er was de afkeer van alles wat Hollands was bij de gewone Vlaamse katholieken. Er was het revolutionaire elan van de Franstaligen die, vooral vanuit Luik, optrokken naar Brussel. Bovendien versterkten de leidende kringen in het noorden een aanvankelijk vooral warrig nationaal gevoel van de Belgen, door de opstand te beschouwen als een aanslag op het eigen, vertrouwde, knusse Holland.

De grote mogendheden gedoogden ten slotte de scheiding, zo niet was het oproer nu niet meer dan een voetnoot in de geschiedenisboekjes. Toen in augustus 1831 de Nederlandse troepen België binnenvielen, vouwden ze het nauwelijks bestaande Belgische leger binnen een paar dagen op. België kon zich alleen maar overeind houden omdat een fors Frans legercontingent het land binnengemarcheerd was.

De Belgische staat werd dus geboren uit de leugenachtigheid van de Katholieke Kerk, het wapengeweld van Franse soldaten en een wanhoopsoproer van proletariërs die ook na 1830 honger zouden blijven lijden. Niet wat je noemt een veelbelovend begin.

De lutherse prins Leopold van Saksen-Coburg-Gotha werd de eerste koning der Belgen. Eigenaardig genoeg heeft de Katholieke Kerk dit keer geen bezwaar tegen een protestantse koning, integendeel. Leopold I regeerde tot 1865. Zijn zoon Leopold II zou regeren tot 1909.

België kreeg een voor zijn tijd ultraprogressieve grondwet. De burger werd beschermd tegen staatsinmenging, de Belgische staat was allesbehalve almachtig. Inzake grondwettelijke rechten en vrijheden was België in 1830 de andere Europese landen jaren vooruit. Die grondwet was zo krachtig, elegant en helder geschreven dat ze menig land dat na België zijn onafhankelijkheid verwierf tot voorbeeld heeft gediend. Maar sierlijke formulering mag ons niet misleiden. In 1830 had nog niet eens één op de vijfennegentig inwoners van België stemrecht. Niettemin was België daarmee in toenmalig Europa een model van democratie. De leiders van de omwenteling vonden Nederland ondraaglijk achterlijk en verstard.

Sociale wetgeving bestond echter niet, behalve in het *na*deel van de arbeiders. Het probleem van de invloed van de Kerk in staatszaken zou pas jaren later aan de orde komen, en het taalprobleem werd schijnbaar liberaal, maar in feite dictatoriaal aangepakt.

Het gebruik der in België gebezigde talen is vrij, dat stipuleerde de grondwet. Dit wil zeggen dat het Frans vrij was en dat het Nederlands slechts met de grootste terughoudendheid, met tegenzin zelfs, geduld werd. Na 1830 verfranste het gerecht onmiddellijk in Brussel, in de Vlaamse provincies iets langzamer. De tendens was: hoe groter de afstand tussen rechtbank en burger, hoe sneller de verfransing. De rechters moesten volgens onze goede grondwet onafhankelijk zijn. Maar wat heb je daaraan als je in het Frans gevonnist wordt en je kent geen woord Frans? Toch was dat heel vaak de praktijk. Je vond zelfs rechters die een Nederlands pleidooi in een rechtszaak beschouwden als een belediging. In dat opzicht vormde de zogenaamde taaldwang van koning Willem een waarborg voor de gewone mensen die met het gerecht in aanraking kwamen. In naam van vrijheid en vooruitgang paste het liberale België een systeem toe dat veel en veel achterlijker was dan het middeleeuwse charter *De Blijde Inkomst*, dat tot de inlijving bij Frankrijk bleef gelden en dat bepaalde dat een proces in de taal van de beklaagde gevoerd *moest* worden.

Je kunt de katholieke Vlaamse analfabeten van 1830 hun kortzichtige en felle anti-Hollandse gevoel niet verwijten. Ze wilden geen Hollands maar Vlaams, wat ze kregen was een meedogenloze verdrukking van het Vlaams waar ze zo aan gehecht waren. Met zijn taalpolitiek was Willem zijn tijd honderd jaar vooruit. Pas in 1930 zouden we opnieuw de taalwetten krijgen die in 1830 onder triomfgeschal waren vertrappeld.

Een eerste schuchtere aanzet werd in 1873 gegeven, dankzij de wet-Coremans op het taalgebruik in strafzaken. Niet weinig rechters zouden de nieuwe wet doodgemoedereerd saboteren. Een belangrijk argument tegen die eerste taalwet was dat niemand protesteerde als de rechtsgang in het Frans verliep, ja, zelfs dat de betrokkenen uit vrije wil het Frans als procestaal kozen. De arrogante manier waarop Franstaligen taalwetten aan hun laars lappen én de verwarring die ze in stand houden door vrijheid te noemen wat eigenlijk gewetenloze pressie is, *le bilinguisme à sens unique*, tweetaligheid in één richting, het zijn constanten in de taalstrijd, nu nog.

De Vlaamse Beweging is in de negentiende eeuw een amalgaam van kleine en halve intellectuelen, slechte schrijvers, liberalen, pastoors, kapelaans. Ze is politiek verscheurd en naïef. Haar uitgangspunt is zwak: slechts *tweetaligheid* van Vlaanderen wordt geëist, wat het de Franstaligen mogelijk maakt krankzinnige eisen te blijven stellen.

De Vlaamse Beweging heeft een opgeklopt verleden gecreëerd, steunend op een korte, glorierijke periode van het graafschap Vlaanderen in de veertiende eeuw. Vandaar dat als reactie op het Franstalige Belgische staatsapparaat het *begrip* Vlaanderen ontstond, waarbij dan, onhistorisch, Brabant en Limburg horen: voor 1830 zou dat onbegrijpelijk zijn geweest. Vlaanderen is een derivaat van België.

Het is tekenend dat al in 1858 staatsprijzen voor Nederlandse letterkunde werden ingesteld. Prijzen voor dialectschrijvers, in feite was dát de bedoeling. In rechtszaken wordt het Nederlands vijftien jaar later en vijftig jaar, een halve eeuw, na de taalwetten mondjesmaat erkend en eigenlijk krijgt het pas echt vaste voet in de jaren dertig van de twintigste eeuw.

Onderwijs, administratie en politiek volgden. In 1874 mochten leraren Nederlands ook Nederlands spreken als ze dat vak gaven, in 1888 werd de eerste Nederlandse rede in de Kamer uitgesproken (er was nog geen simultaanvertaling). Pas in 1898 vierde heel Vlaanderen feest omdat de Gelijkheidswet was aangenomen: voortaan was het Nederlands een officiële taal in België en genoot het dezelfde rechten als het Frans. Maar het zou nog duren tot in 1962 voordat dat ook *feitelijk* het geval was.

België heeft niet alleen uit taalverdrukking en taalstrijd bestaan. We hebben een heftige schoolstrijd meegemaakt, die al in 1850 begon en met onderbrekingen duurde tot 1884.

Vanaf ongeveer 1880 vond een snelle groei plaats van de sociaaldemocratie, die niet enkel naar betere sociale verhoudingen voor de arbeiders streefde, maar ook naar de invoering van het algemeen stemrecht. Daar zijn bloedige stakingen voor gehouden, daar zijn doden voor gevallen. De eerste verkiezingen met meervoudig algemeen stemrecht (alle volwassen mannen één stem, sommige gediplomeerden en belastingbetalers meer dan één stem) werden in 1894 gehouden. De katholieke partij haalde alle zetels in de Vlaamse kiesdistricten, de socialisten en de liberalen haalden hun zetels uitsluitend in de Waalse. Het verkiezingsresultaat van 1894 liep vooruit op de territoriale indeling Vlaanderen-Wallonië, die pas tientallen jaren later tot stand zou komen. Het politieke overwicht aan weerszijden van de taalgrens, katholiek in Vlaanderen en socialistisch in Wallonië, zou de hele twintigste eeuw bewaard blijven.

Tot 1914 bleef de regering gesloten voor de socialisten, maar bij het uitbreken van de Eerste Wereldoorlog werd de rode voorman Emile Vandervelde minister van Staat. In 1916 trad hij toe tot de regering in ballingschap.

In 1885 verwerft koning Leopold II Congo. Het is geen Belgische kolonie, Leopold II is koning van twee landen en hij bezit een deel van het Congolese territorium, het kroondomein, persoonlijk. Zijn barbaarse en zeer bloedige uitbuiting van de Afrikanen wordt zelfs door koningen en keizers afgekeurd. Met het geld uit zijn kroondomein verfraait Leopold II Brussel grootscheeps, dat kan ik dagelijks zien wanneer ik onder de alle proporties tartende triomfboog in het Jubelpark door wandel. Een jaar voor zijn dood, in 1908, schonk Leopold II Congo aan België, de politici vonden dat een vergiftigd geschenk, maar je kon zoiets moeilijk weigeren. Het was dus voortaan *onze* Congo. De Brusselse financiële groepen en in de eerste plaats de Société Générale hadden er maar al te veel belangstelling voor. Sociale en medische zorg werden verstrekt door het bedrijfsleven en de katholieke missie. Het lager onderwijs, veel meer was er niet, werd in handen van diezelfde missie gegeven, zodat honderden West-Vlaamse paters de zwartjes Franse grammatica inpompten. Het kwam in hun goedige koppen niet op dat ze daar in die verafgelegen missieposten die zwartjes misschien eens Vlaams hadden kunnen leren, die gedachte was te subversief. Missie en Société waren in vergelijking met het schrikbewind van Leopold II een zegen voor de plaatselijke bevolking. Congo was weldra een van de best uitgeruste en georganiseerde kolonies van Afrika. Een van de ernstige fouten die gemaakt zijn is dat de vorming van een inlandse elite met opzet verwaarloosd werd. Bij de onafhankelijkheid in 1960 waren de Congolezen met een diploma van het hoger onderwijs niet talrijk genoeg om een voetbalelftal te vormen.

De Eerste Wereldoorlog zal België schokken, uithongeren, verwoesten. Op de brutale aanval door het Duitse Keizerrijk, op het wrede, willekeurige optreden van het Duitse leger reageert de internationale opinie met ongeloof en afgrijzen. *Poor little Belgium* wordt synoniem met vermoorde onschuld. Een golf van patriottisme spoelt over het land. Een kleine groep Vlamingen, de activisten, heult met de bezetter. De activisten willen zodoende oude Vlaamse eisen realiseren. De Duitsers gebruiken die Vlaamse onvrede in het kader van hun oorlogspolitiek. De activisten worden door de bevolking gehaat en uitgestoten.

Na de wapenstilstand wordt het gebied Eupen-Malmedy-Sankt Vith, tegen de zin van de Duitstalige bewoners, bij België gevoegd.

De wraakroepende taaltoestanden in het leger en de gruwelijke oorlogservaring aan het IJzerfront geven de Vlaamse Beweging een sterk pacifistische inslag die ze – behalve tijdens de collaboratie in de Tweede Wereldoorlog en de recente aberratie van het Vlaams Belang – de hele twintigste eeuw zal behouden.

Na 1918 zijn de regeringen niet meer homogeen, want het algemeen enkelvoudig stemrecht voor mannen wordt ingevoerd. Katholieken zijn nog wel permanent aan de macht, soms met liberalen, soms met socialisten, soms met beide partijen. Langzamerhand komen regelingen voor CAO's, ziekteverzekering, loonindexering en kinderbijslag tot stand in onderhandelingen tussen de zeer machtige vakbonden en de werkgevers. Na de massale staking van 1936 worden de veertigurige arbeidsweek en de betaalde vakantie verworven. De socialistische arbeidersbeweging is stukken sterker dan de katholieke, maar zij is inmiddels zo pragmatisch geworden dat men spreekt van biefstuksocialisme.

Vanaf 1930 keurt het parlement grote taalwetten goed. Ze waren al vanaf het begin van de eeuw in de maak. Zo krijgt België na precies één eeuw onafhankelijkheid zijn eerste Nederlandstalige universiteit, in Gent, en zullen gerecht, administratie en onderwijs in de Vlaamse gebieden voortaan eentalig zijn. Het hardst verzet het leger zich tegen nieuwe taalwetten. Pas in 1938 werd de wet goedgekeurd die Vlaamse soldaten een volledige opleiding in hun eigen taal garandeert. Talloos veel officieren zouden, zoals voorheen vele rechters, die wet nog jarenlang saboteren.

In 1934 maakt koning Albert I, de opvolger maar niet de zoon van Leopold II, een dodelijke val wanneer hij, enthousiaste alpinist, een hoge rots beklimt in Marche-les-Dames. Hij wordt opgevolgd door zijn zoon Leopold III.

De economische crisis heeft ons land even hard getroffen als de rest van de wereld. Het politieke leven is vrij instabiel in die jaren, de politici zijn in eerste instantie machteloos en verdeeld, de politieke wereld wordt geplaagd door financiële schandalen. De luidruchtige Franstalige fascisten van Rex behalen bliksemsnel succes en worden al even snel vernietigend verslagen. Het Vlaamse nationalisme begint vervaarlijk naar rechts op te schuiven.

In 1940 weerstaat het Belgische leger achttien dagen lang de Duitse invaller. Na de capitulatie blijft Leopold III bij zijn soldaten in België. Hij doet dat tegen de zin van de regering in en begaat enkele flaters tijdens de oorlog. Leopold, weduwnaar sinds 1935, hertrouwt, ondanks plechtige verklaringen dat hij het lot van de krijgsgevangen soldaten wil delen. Bovendien bezoekt hij Hitler in Berchtesgaden, om te praten over het lot van zijn land. Het verzet is heftig.

Opvallend en in het buitenland veel te weinig bekend is dat de joden in België beter in bescherming worden genomen door de bevolking dan in de meeste andere Europese landen; in België overleeft 55 procent van de joden de oorlog, in Nederland nog geen 25 procent.

De Vlaamse nationalisten collaboreren in groten getale, incoherent, beschamend, elkaar kleinzielig bevechtend, misdadig en wreed. De Franstalige fascisten collaboreren enthousiast. De repressie na de oorlog is zeer hard. Tot op heden blijven Vlaamse nationalisten amnestie eisen, omdat ze vinden dat de repressie de kleine collaborateurs veel harder heeft getroffen dan de grote economische collaborateurs (wat onbetwistbaar zo is). Bovendien beweren ze dat met opzet geprobeerd werd de Vlamingen te treffen (wat betwistbaar is).

Na 1945 ruimt België vliegensvlug de puinhopen op. Na 1945 verrijst even vlug het bouwwerk van de sociale zekerheid en de sociaaleconomische bedrijfsorganisatie. Het Belgische model van een gemengde overlegeconomie zal goed blijven werken. Dit wil niet zeggen dat het vrij is van soms hevige conflicten. De man met de grootste verdienste hierin is ongetwijfeld de Brugse socialist Achiel van Acker geweest. In 1948 krijgen de Belgische vrouwen eindelijk stemrecht. België is een van de laatste landen in Europa waar de helft van de bevolking dat recht niet had.

Leopold III was door de Duitsers als krijgsgevangene het land uit gebracht en kon niet meteen terugkeren. Als staatshoofd werd hij vervangen door zijn broer prins Karel. Het land raakte diep verdeeld over de terugkeer van Leopold III, de twee groepen begonnen elkaar steeds heftiger uit te schelden en te bekampen.

Er wordt een volksraadpleging georganiseerd, de eerste en tot nu toe de enige in de Belgische geschiedenis. De meerderheid wil dat Leopold terugkeert. Vlaanderen heeft massaal voor Leopold III gestemd, in Wallonië heeft hij geen meerderheid achter zich. Toch keert hij terug. Het wordt niet wat je noemt een triomftocht. De agitatie tegen Leopold is zo heftig en Leopolds koppigheid en onbegrip zijn zo groot dat hij in 1950 wel moet aftreden. Zijn zoon koning Boudewijn wordt koning der Belgen. Het tijdvak van Boudewijn zal meer dan veertig jaar duren.

Tussen 1954 en 1958 raakte België verwikkeld in een hoog oplaaiende schoolstrijd. De talrijke katholieken voelden zich bedreigd omdat de vrijzinnige (niet in de protestantse betekenis van het woord, maar in de Belgische, dus antiklerikale) regering van socialisten en liberalen het katholieke onderwijs bij het openbare achterstelde. Dankzij het Schoolpact, dat ervan uitgaat dat de ouders vrij moeten zijn in de schoolkeuze en dat de scholen van beide netten overal bereikbaar moeten zijn, kwam het tot een duurzame, zij het niet altijd makkelijk te bewaren schoolvrede.

In de jaren vijftig en zestig raakte Vlaanderen geïndustrialiseerd, vooral door middel van investeringen die uit het buitenland werden aangetrokken via een uitgebreide economische expansiewetgeving. De vader van die wetgeving was de Leuvense christendemocraat Gaston Eyskens. Hij placht er gaarne op te wijzen dat zijn naam precies dezelfde letters bevatte als die van de beroemde Engelse econoom Keynes. Wallonië raakte echter economisch steeds dieper in verval. De grote, gewelddadige staking van 1960-1961 was een uitbarsting van woede om die schijnbaar niet te stuiten afgang.

In 1960 verliest België zijn kolonie Congo, dat vervolgens Zaïre zal worden genoemd en sinds 1997 opnieuw Congo heet. De economische verwevenheid tussen beide landen blijft groot, met als gevolg dat kritiek op wantoestanden in Zaïre pas sinds de jaren tachtig wordt geleverd. Die kritiek stuitte telkens opnieuw op verontwaardigde protesten van dictator Mobutu en zijn aanhangers, maar de Zaïrese oppositie zocht altijd weer steun en toevlucht in België. Na de val van Mobutu en het aantreden van de nieuwe leider Kabila in 1997 verstomt de kritiek grotendeels. Intussen is de toestand in Congo en zeker ook in de vroegere Belgische mandaatgebieden Rwanda en Burundi ontaard in permanente burgeroorlog, plundering en zelfs in genocide. Kabila is vermoord. Zijn zoon heeft hem opgevolgd, maar het einde van de Congolese tragedie is voorlopig niet in zicht.

In de jaren zestig wordt de taalgrens juridisch vastgelegd. Vlaanderen wordt eentalig Nederlands, Wallonië was altijd al eentalig

Frans, Brussel is tweetalig en voorts wordt een Duitstalig gebied erkend.

Vanaf 1970 hervormt België zijn instellingen steeds meer in federale richting. Er komt culturele autonomie tot stand, vanaf 1980 wordt de gewest- en gemeenschapsvorming met eigen regeringen voor Vlamingen, Franstaligen en Brusselaars geregeld, in de grondwet staat eindelijk dat België een federale staat is.

Vanaf 1981 pakt België de recessie resoluut neoliberaal aan. De grote beleidsman van dat decennium, de man die de staatshervorming door het parlement gesleurd heeft en die het nieuwe economische beleid koppig heeft verdedigd, is de christendemocraat Wilfried Martens. De kolossale staatsschuld, in verhouding de grootste van Europa, is een ware obsessie geworden voor elke Belgische regering.

In de jaren negentig worden de regeringen geleid door de christendemocraat Jean-Luc Dehaene. Hij lijkt slechts één doel te hebben: België moet worden opgenomen in de eurozone, daartoe moet het begrotingstekort verminderen tot 3 procent. Met een niet eerder geziene lompheid ramt Dehaene de maatregelen die hij nodig acht door het parlement. De besparingen woeden zo verwoestend dat essentiële onderdelen van het staatsapparaat, bijvoorbeeld justitie, averij oplopen.

Op 31 juli 1993 overlijdt koning Boudewijn schielijk in zijn Spaanse vakantieverblijf. De week na zijn dood beleeft België een al tientallen jaren niet meer vertoonde opstoot van patriottisme en eenheidsgevoel. Die vaderlandsliefde is niet vrij van sentimentaliteit, maar ze is onmiskenbaar spontaan en authentiek.

De nieuwe koning is Albert II, Boudewijns broer. Wat hij aan charisma mist, maakt hij ruimschoots goed door zijn Belgische bonhomie. Leek Boudewijn op een heiligenbeeld in de kerk, Albert lijkt op de man die een biertje drinkt in het café om de hoek.

Op 17 augustus 1996 wordt in België de onschuld vermoord. In een voorstad van Charleroi vindt de politie de lijken van twee meisjes: het begin van de affaire-Dutroux. Na korte tijd al wordt duidelijk dat het justitiële en politiële apparaat onbekwaamheid koppelt aan mateloze arrogantie. De Belgische burger is tot in zijn ziel gewond. In woedende stilte stappen driehonderdduizend mensen uit alle delen des lands door de straten van de hoofdstad. Heel België protesteert tegen de falende justitie.

Het is niet het enige schandaal dat België door elkaar schudt in de nadagen van de twintigste eeuw. De 28 moorden die de Bende van Nijvel pleegde van 1982 tot 1985 zijn tot op heden niet opgehelderd. Hoge socialistische omes worden veroordeeld in een smeergeldaffaire. Een veearts die de runderen in de slachthuizen controleerde wordt doodgeschoten door de hormonenmaffia. In de lente van 1999 raakt plots bekend dat dioxine in kippenvoer is aangetroffen. Een grofkorrelige middenstander had er smeerolie door gedraaid. Na de ziel werd ook de maag van de Belg geteisterd. In beide crisissen, die van Dutroux en die van de dioxine, blijft Dehaene stokdoof en stekeblind voor wat de burger werkelijk beroert.

Bij de verkiezingen van 13 juni 1999 straft die burger de regering genadeloos af. Al jaren was de aanhang van christendemocraten en socialisten gestaag aan het afkalven. In 1950 haalde de christelijke partij nog 48 procent van de stemmen, in 1999 20 procent. In Vlaanderen kregen de katholieken in 1950 twee derde van de Kamerzetels, in 1999 minder dan een kwart. Het extreemrechtse Vlaams Blok, later Vlaams Belang, blijft groeien. In de stad Antwerpen wordt het een tijdlang de grootste partij. Na de verkiezingen van 1999 werd voor het eerst sinds 1958 een regering zonder christendemocraten gevormd, een paarse regering dus. Zij stond onder leiding van de bevlogen liberaal Guy Verhofstadt, in zijn begintijd de verpersoonlijking van het harde neoliberalisme, later tot matiging gebracht door jaren oppositie en het lezen van Canetti.

In 2007 waren de dagen van paars geteld. In Franstalig België werden de liberalen groter dan de socialisten. Dat was nooit eerder gebeurd. In Vlaanderen won een nieuwkomer bij de christendemocraten, Yves Leterme, de verkiezingen met een monsterscore. Zijn boodschap was: goed bestuur. Wat België kreeg was: geen bestuur. Regeringsonderhandelingen sukkelden eindeloos voort, regeringen krabbelden overeind en struikelden. Het einde volgde snel. Leterme viel in 2010.

Bij de verkiezingen van juni 2010 triomfeerden in Wallonië de socialisten. Hun sterkte is uniek in Europa. In Vlaanderen werden voor het eerst in de Belgische geschiedenis de Vlaamse nationalisten de grootste partij, met voorsprong nog wel. Het gevolg liet zich raden. Nog nooit hebben waar ook ter wereld regeringsonderhandelingen zo lang aangesleept.

In menig opzicht heeft België veel gemeen met Nederland. Wij zijn een klein grondwettelijk koninkrijk. Wij hebben een hoog welvaartspeil en een voorbeeldige sociale zekerheid. Ook bij ons hebben rooms-rode kabinetten de rooms-liberale van de jaren tachtig afgelost en trad uiteindelijk een paarse regering aan. Ook bij ons werd die weer afgelost door andere, moeizaam in elkaar gepuzzelde coalities. Ook bij ons zijn de zuilen afgebrokkeld. Ook bij ons klinken de traditionele partijen in. Maar dat is oppervlakte. België en Nederland hebben een zeer verschillende historische achtergrond, zijn anders georganiseerd, vertonen andere paradoxen, andere breuklijnen.

IJzerbedevaart

Dit hoofdstuk begint niet op de IJzervlakte, niet in Steenstrate of Passendale of Ieper, waar voor het eerst in de geschiedenis van de mensheid honderdduizenden jonge mannen met industriële middelen werden afgeslacht. Het begint dus niet tussen 1914 en 1918, evenmin in 1920, toen de eerste bedevaart uittrok naar Steenkerke of in 1928, toen de eerste steen van de IJzertoren werd gelegd.

Ik wil met u teruggaan naar de jaren tachtig van de twintigste eeuw, tot 1983, tot onder de ijskap van de Koude Oorlog. Het was de tijd voor 1989, het wonderjaar waarin de Berlijnse Muur in elkaar donderde en Europa zichzelf binnenstebuiten keerde. Het communisme verdampte, het rode gevaar verzwond en de SS-20-raketten die dreigend op West-Europa gericht hadden gestaan, werden omgesmeed tot ploegscharen – of tot tractoren. Maar in 1983 was daar allemaal geen sprake van. De Muur zou er nog ten minste een eeuw staan, zo niet langer, en op het IJzeren Gordijn namen wij nog geen enkel vlekje roest waar.

Ga met mij mee naar het station van de Brusselse voorstad Schaarbeek. Het is zondag 23 oktober 1983, een stralende herfstdag, goud en blauw. Op het vriendelijke plein voor dat station vertrekt een deel van een reusachtige vredesbetoging tegen kruisraketten, onze kruisraketten, niet die in het oosten, niet die van de Sovjets, die van de NAVO, die van het Westen, die van ons. In menige Europese stad vonden dergelijke betogingen plaats. In Den Haag waren het vijfhonderdduizend mensen. Ze drukten een brede vredeswil uit, die in deze lang vervlogen jaren de landen van West-Europa aanraakte. Brussel had sinds de Tweede Wereldoorlog nooit zo'n grote mensenmassa door zijn straten zien trekken. Later, op 20 oktober 1996 zou nog meer volk naar Brussel komen, in de Witte Mars, maar dat was een andere wil, een andere verontwaardiging.

Bij de NAVO, die haar hoofdkwartier heeft in Evere, een andere Brusselse voorstad, waren ze er niet gerust op. Wat bezielde die Belgen? Waren nu de aartsconservatieve, rechtse, suffe Vlamingen ook al aangestoken door hollanditis? Van NAVO-kringen zou je toch mogen verwachten dat ze doorgaans welingelicht zijn. Ze vergooien jaarlijks schuiven geld aan spionage. Maar van wat honderd meter buiten de voordeur van de NAVO-bunker in Evere hardop gezegd werd, snapten (en snappen) ze geen bal.

De belangrijke internationale kranten, *Le Monde*, *The Times*, de *Frankfurter Allgemeine*, schreven dat de grootste pacifistische betogingen in Nederland plaats hadden gevonden. Als je de absolute cijfers bekijkt, hadden ze gelijk. Maar relatief, in verhouding tot onze bevolking, vond in 1983 de grootste antiraketdemonstratie van heel Europa plaats in Brussel. Hoe kon het toch dat België, de trouwste bondgenoot van de Verenigde Staten, het kleine koninkrijk dat de NAVO met open armen had ontvangen toen generaal De Gaulle de trans-Atlantische organisatie uit Frankrijk verbannen had, dat net België besmet was door die vreselijke Hollandse ziekte? Dat kon je lezen in de grote, serieuze kranten. De grote, serieuze journalisten hadden er niets van begrepen, ook zij niet.

Ik snap maar al te goed dat zelfs de briljantste buitenlandse militairen, journalisten en politicologen de kluts kwijt waren. Ze zouden theorieën en categorieën hebben moeten gebruiken die je ook in de beste handboeken niet kunt vinden. Wat daar in Brussel gebeurde, was ondenkbaar. Het pacifisme dat tienduizenden Belgen op straat lieten zien had, zeker aan Vlaamse kant, lange wortels in het katholicisme en het nationalisme. Het was geen importproduct uit Holland. Het was – contradictio in adjecto – een *rechts pacifisme*. Een Vlaams en rechts pacifisme. Historici geven vaak de voorkeur aan antimilitarisme. Voor mijn part. De combinatie rechts antimilitarisme klinkt net zo paradoxaal.

Ik zal niet ontkennen dat naar de demonstraties tegen de kruisraketten duizenden Vlaamse, Waalse en Brusselse vakbondsmensen en sociaaldemocraten kwamen en een paar honderd trotskisten. De groenen waren er, toen al. Links was massaal vertegenwoordigd, dat lag in de lijn der verwachtingen. Maar even massaal zag je de gele vlaggen met de zwarte leeuw, de Vlaamse vlaggen die je ieder jaar bij de IJzerbedevaart ziet.

Evenmin ontken ik dat tienduizenden Franstalige landgenoten meedemonstreerden. Maar die dag was de overdonderende meerderheid in Brussel Vlaams. Een vriend van me kwam voor de gelegenheid met de trein, samen met zijn partijafdeling, want hij was een onvervalste rooie Antwerpse socialist. Hij schrok zich een ongeluk toen hij het station uitliep. Hij en zijn kameraden kwamen terecht in een woud van fiere Vlaamse leeuwenvlaggen. 'Ik docht da'k oep d'aëzerbeidevort was' (Ik dacht dat ik op de IJzerbedevaart was), zei hij me achteraf.

De IJzerbedevaart dus.

In 1983 kwamen er wel geen vierhonderdduizend op af maar toch enkele tienduizenden. De jongste jaren zie je er steeds minder mensen. Sinds 2003 is ze zelfs in tweeën gespleten. Enkele radicalen vonden dat de oude idealen van de bedevaart, *Nooit meer oorlog*, *Zelfbestuur* en *Godsvrede*, lelijk aan het verslonzen waren en organiseerden prompt een bijeenkomst die een veel rechtser publiek aantrok, zeg maar, een extreemrechts publiek.

Maar werd veel vroeger de oude IJzerbedevaart zelf niet in het doorgaans welingelichte Duitse weekblad *Der Spiegel* bestempeld als *Faschistentreffen*? Schreven de Britse kwaliteitskranten niet iets over *fascist rally*? Conclusie: die Antwerpse socialist schrok zich rot omdat hij in een fascistoïde tegenbetoging terechtgekomen was.

Die conclusie is fout.

De Vlaamse nationalisten hebben een krachtige, traditionele neiging tot vredelievendheid, zeg maar pacifisme. Met duizenden trokken zij, man, vrouw, kind, hond, buur, onder hun klauwende leeuwenvlaggen mee in de grote vredesbetogingen van de jaren tachtig. Er kwam maar geen einde aan de Volksunie-afdelingen uit dorpen en gehuchten. Steeds opnieuw zag je, net als op de eerste IJzerbedevaart in 1920, het bordje: NOOIT MEER OORLOG. Ik heb nog nooit gehoord van pacifistische fascisten.

Nooit meer oorlog. Dat kun je lezen op de IJzertoren waar elk jaar de IJzerbedevaart naartoe trekt. En voor buitenlanders die geen Nederlands kennen, staat erbij: *Plus jamais de guerre*, *No more war*, *Nie wieder Krieg*. Of kun je niet lezen.

Die Vlaamse nationalisten zijn dus niet alleen pacifistisch, ze zijn op de koop toe schaamteloos internationalistisch. Waren ze dan door een kronkel van de geschiedenis – je hebt dat in België wel meer – communisten geworden?

Alweer fout.

Die lui zijn rechts, centrum, centrumlinks of zitten in nog onduidelijker delen van het politieke spectrum.

Ik ben er maar één keer geweest, beroepshalve. Ik gruwde van de vlaggen, de trommels, de massazang, de bazuinen. Maar ik was niet verbaasd dat ik wapenwedloop, oorlog, leger en wat dies meer zij hoorde veroordelen – van raketten was toen nog geen sprake. Het verbaasde me niet omdat ik Vlaanderen ken. Toch leek zo'n bedevaart me obsceen als het ware. Duizenden overtuigd vredelievende mensen maken goedbedoelde gebaren die een buitenstaander alleen maar kan zien als fascistisch.

Dat is de tragedie van de IJzerbedevaart.

Door en door brave mensen komen massaal roepen dat ze vrede willen en recht eisen voor hun geliefde Vlaanderland en voor de hele wereld, want Vlaanderen heeft zijn zonen uitgezonden als missionarissen en het leed van de derde wereld is ons bekend. Maar die mensen doen dat op een manier die een van de moorddadigste en wreedste systemen aller tijden in herinnering roept. En alleen zij beseffen het niet. Zij weten van de prins geen kwaad en worden heel boos als je hen daarop wijst. Je trapt op hun ziel.

Het is dus niet zo'n wonder dat de Vlaamse regering nu juist die IJzertoren heeft uitverkoren om het symbool te worden van de Vlaamse Gemeenschap. Wat voor de Amerikanen het Vrijheidsbeeld is en voor de Tsjechen het Wencesłasplein, is voor de Vlamingen de IJzertoren.

Die uitverkiezing is niet zo makkelijk verlopen. Op de IJzertoren staat, behalve nooit meer oorlog, ook nog: AVV-VVK. Dat betekent: Alles voor Vlaanderen, Vlaanderen voor Kristus. Het verzet tegen het Vlaamse symbool was typisch Latijns, want Vlamingen zijn, meer dan ze het zelf willen weten, Latijns en Belgisch. Het verzet kwam uit vrijzinnige, dat wil zeggen niet-katholieke, dat wil zeggen antiklerikale hoek.

In die zaak is één ding zeer Vlaams. Ik bedoel daarmee: typisch voor de Nederlandstalige Belgische staatsburger. Dat is de naam, de titel die de IJzertoren gekregen heeft. Gedenkteken? Monument? Symbool? Of gewoon Toren? Niets van dat alles. Het ding heet: Memoriaal van de Vlaamse ontvoogding. Volgens de toen beschikbare uitgave van Van Dale betekent memoriaal: '1. (verouderd) aantekenboek waarin men achtereenvolgens lopende zaken vermeldt; 2. (thans) koopmansboek dienende tot aantekening van alles wat in de overige dagboeken geen plaats vindt'.

Koopmansboek. Het lijkt wel Hollands. Sindsdien is de dertiende, door prof.dr. Guido Geerts en drs. Ton den Boon herziene uitgave van Van Dale verschenen en daarin staat nog een derde betekenis: '3. (Belg.N., niet alg.) gedenkteken', want bij Van Dale volgen ze de ontwikkeling van de Nederlandse taal op de voet. Maar dat konden de Vlaamse volksvertegenwoordigers niet weten. Zij kozen een woord dat evenveel met een gedenkteken te maken had als een lamme met vendelzwaaien. Zij waren te vadsig om even in het woordenboek (elfde druk) te kijken. Uit de veertiende, herziene druk is het alweer geschrapt.

Waarom kiest katholiek, Vlaamsgezind Vlaanderen die IJzertoren? Ik heb geen behoefte aan die symboliek, maar ik geef toe dat ze moeilijk iets beters hadden kunnen kiezen.

Nooit meer oorlog. Dat is erop gezet door de nazaten van generaties die vierhonderd jaar lang geen eigen leger hebben gehad, maar wel altijd andere legers door hun dorpen hebben zien marcheren. In de hele taalstrijd zijn twee doden gevallen. Twee is tegelijk te veel en heel weinig. Het is iets waar Vlamingen en Franstaligen samen trots op mogen zijn. Toch is er misschien één uitzondering. Dat zijn de Vlaamse soldaten die met honderden tegelijk op de IJzervlakte gesneuveld zijn.

De tragedie van de Eerste Wereldoorlog heeft de Europese geschiedenis een eeuw lang beïnvloed. In die bittere betekenis is Nederland minder Europees dan België.

Nederland mag zich gelukkig prijzen dat het buiten het strijdperk is gebleven. Wij mogen ons gelukkig prijzen dat Nederland neutraal was, want het heeft duizenden Belgen veilig geherbergd.

In 1914-1918 heeft België de volle laag gekregen. Wij wel, Nederland niet, omdat ons land op de weg van het Duitse leger naar Frankrijk lag, zo simpel is dat. Via het neutrale Nederland kon Duitsland goederen invoeren die het voor de oorlogseconomie nodig had. Het was geen toeval dat de Duitse stafchef Von Moltke Nederland 'onze luchtpijp naar de Noordzee' noemde. Tijdens de Frans-Duitse oorlog van 1870 was België ternauwernood de dans ontsprongen. In 1914 lukte dat niet meer.

Duitsland eiste vrije doortocht voor zijn leger. België weigerde dat op grond van zijn in 1830 door de grote mogendheden gegarandeerde eeuwige neutraliteit. België ging in de verdediging. Frankrijk en Engeland zagen dat met angst en beven aan. België was niet alleen piepklein, het leek hun ook onbetrouwbaar. Was daar niet pas in 1912 een grote algemene staking geweest voor het algemeen stemrecht? Was het leger er zich niet volop aan het reorganiseren omdat de persoonlijke dienstplicht pas in 1913 werd goedgekeurd? Bovendien kibbelde de legerleiding voortdurend over de strategie die gevolgd moest worden. En die artillerie was al een schroothoop nog voor het eerste schot gelost werd.

Dat zootje mokkende arbeiders en Vlaamse boerenpummels, slecht bewapend, amper opgeleid, trok zich terug achter het riviertje de IJzer, liet wachter Cogge en schipper Geeraert de sluizen opendraaien en weerstond het machtigste en modernste leger van die tijd, dat van de Pruis, vier jaren lang, met een verbetenheid en een doodsverachting die in de hele wereld, ook bij de tegenstanders, grote bewondering afdwongen. Het waren vier jaren van modder, kou, bloed, vuur, sijpelende stront en mosterdgas.

Na bijna een eeuw vinden boeren die hun veld op de oude frontlijn ploegen nog altijd granaten. Het leger heeft nog altijd een speciale dienst die in de streek rondrijdt om obussen af te halen en ze onschadelijk te maken.

Ik heb in mijn leven maar één oud-strijder van 1914-1918 gekend, een stokoude West-Vlaming uit een door en door katholiek nest. In de smerige hel van de IJzervlakte is hij socialist en pacifist geworden en hij is dat zijn leven lang gebleven. Daar had je moed en overtuiging voor nodig, daar in zijn hoek. Zijn overtuiging kwam uit de ellende van zijn eigen lijf. Hij was textielarbeider, een man van weinig woorden. Over de oorlog zei hij bijna nooit wat. Meestal alleen: 'In den oorlog zien 't ol biëst'n' (In de oorlog zijn het allemaal beesten).

Hij kon het weten, hij was bij het gemene voetvolk. Wij kunnen ons slechts met grote inspanning voorstellen hoe in die tijd de verhoudingen in het leger lagen. Met leger bedoel ik zowel het Nederlandse als het Franse, het Britse, het Duitse, het Oostenrijkse en het Belgische. De sociale afstand tussen soldaten en officieren was onoverbrugbaar. In het Belgische leger was die afstand bovendien goed hoorbaar. Aangezien de officieren voor het allergrootste deel gerekruteerd werden in de hogere klassen, spraken ze Frans en de meeste kenden weinig of helemaal geen Nederlands. De meerderheid van de gewone soldaten was Vlaams. Er waren géén aparte compagnies voor Vlamingen en Walen. Dat was voor het strak gecentraliseerde België geen optie. De hogere officieren vonden de eenheid van het leger, of liever: hun conceptie van die eenheid, veel belangrijker dan de taal van een stelletje kleiwroeters en heikneuters.

De beveltaal was dus Frans. De Waalse soldaten begrepen de bevelen van de officieren goed, een hoop Vlaamse soldaten begreep die niet zo goed. Naargelang de oorlog vorderde werd het erger. De gesneuvelde officieren werden vervangen door mensen die, zeker in die tijd, weinig of niet hadden gestudeerd, Walen of Franstaligen uiteraard, de voertaal was nu eenmaal Frans en simpele Vlaamse jongens kwamen nooit in aanmerking voor een oorlogsbevordering. Die kersverse officieren wilden *zeker* geen Nederlands leren.

De gevolgen voor de Vlamingen waren letterlijk dodelijk. Aangezien de gewone soldaten altijd en overal veel meer en veel langer in de vuurlinie staan dan de officieren en aangezien die soldaten in grote meerderheid Vlamingen waren, sneuvelden zij ook het meest. Ik beweer hier natuurlijk niet dat de Walen *niet* meegevochten hebben, schouder aan schouder met hun Vlaamse kameraden stormden zij de vuurlinie in, ook de Walen telden hun gesneuvelden. Maar op hen sloeg niet: *Il faut que l'offensive belge ait comme but principal de faire massacrer le plus de Flamands possible.* (Het Belgische offensief moet als hoofddoel hebben zo veel mogelijk Vlamingen uit te moorden.) Dat schreef in volle oorlog Fernand Neuray, de hoofdredacteur van het ultrapatriottische blad *La Nation Belge*. De man werd nooit vervolgd.

De lijsten van de gesneuvelde soldaten vermelden wel hun eenheid maar nooit hun taal. Waren zij niet allemaal staatsburgers van het ene en ondeelbare België? Hoe kom je er nu achter wie Vlaming was en wie Waal? Men kan mijn vraagstelling misschien schunnig vinden. Welke taal je spreekt, heeft weinig belang als je aan stukken wordt gereten door Duits geschut. En toch denk ik dat het belang heeft. In de Vietnamese en Iraakse oorlogen sneuvelden in verhouding veel meer negers aan Amerikaanse kant. Terecht zijn de zwarten in de USA zelf daarover bijzonder boos. Waarom leverden zij meer kanonnenvlees dan de blanke Amerikanen?

In 1914-1918 gebeurde in de IJzervlakte iets gelijkaardigs. De nuchtere historicus L. Schepens heeft een nogal kil middel gevonden om die taalverhouding uit te rekenen, maar ik denk dat het accuraat is. Vlamingen zeggen graag met een tremolo in de stem dat aan de IJzer 80 procent van de soldaten Vlamingen waren en 80 procent van de officieren Franstalig. Daarom vond Schepens het de moeite waard dat eens precies uit te rekenen, ook al omdat Franstaligen de Vlaamse beweringen met grote verontwaardiging betwistten. Schepens is gaan tellen hoeveel graven op de soldatenkerkhoven een Nederlands en hoeveel er een Frans opschrift hebben. Per honderd graven telde hij achtenzestig Nederlandse opschriften. In die tijd bestond de Belgische bevolking uit 55 procent Vlamingen, 35 procent Walen en 10 procent Brusselaars. Voor de Brusselaars, hoewel vaak niet Franstalig thuis, was het Frans meestal wel de cultuurtaal – de tekst op hun grafsteen is bijgevolg meestal in het Frans gesteld. Iets meer dan 68 procent van de gesneuvelden komt uit iets meer dan 55 procent van de bevolking.

Dat kwam niet alleen omdat de Vlamingen verhoudingsgewijs veel soldaten leverden, niet alleen omdat ze niet bevorderd en dus ook niet naar veiliger sectoren overgeplaatst konden worden (daar moest je Frans voor kennen). Er is iets veel wreders en dommers aan de hand geweest.

Veel Vlaamse soldaten zijn de dood ingejaagd omdat ze de Franse bevelen van hun officieren niet verstonden: dat kostte hun de kop. Ik hoef er niet bij te zeggen dat de officieren hun eigen soldaten ook niet verstonden. Ik weet dat die stelling wordt betwist. De Belgisch-Amerikaanse historica Sophie de Schaepdrijver schrijft in haar overigens schitterende standaardwerk *De groote oorlog. Het koninkrijk België tijdens de Eerste Wereldoorlog*: 'In ieder geval is de aantijging dat Vlaamse soldaten sneuvelden omdat ze de Franse bevelen niet begrepen – een verhaal dat niet onder de Vlaamsgezinden aan het front is ontstaan maar in de activistische propaganda en dat na de oorlog werd verspreid door onder anderen de volksschrijver Abraham Hans – onjuist. De Vlaamse soldaten kenden in de praktijk van het frontleven, onder meer door hun verblijf in Franse opleidingskampen en hospitalen, voldoende Frans om de waarschuwingen als 'Danger de mort' terdege te begrijpen, zoals oud-strijders later getuigden; en de bevelen werden doorgaans door onderofficieren vertaald. Franse legeruitdrukkingen maakten verder vanzelfsprekend deel uit van de lingua franca die de honderd dialecten overspannende soldatentaal was' (blz. 190-191). Let wel: De Schaepdrijver probeert *niet* de ergerlijke taaltoestand in het leger te vergoelijken, op geen enkel moment. Toch vind ik dat ze een paar eenvoudige gegevens over het hoofd ziet.

Ten eerste maakt ze er zich al te luchtig van af door te stellen dat de toestand toch ook weer zo erg niet was omdat die nauwelijks of zelfs helemaal niet geletterde jongens toch allemaal een woordje Frans verstonden. Dat ruikt me toch te veel naar het idee dat nogal wat beter gesitueerde Franstaligen dierbaar is, namelijk dat Vlamingen die geen Frans kenden zo beleefd waren niet te bestaan.

Ten tweede is het bekend dat in situaties van uiterste spanning of paniek, waar één seconde het verschil kan maken tussen leven en dood, een bevel in de eigen taal altijd sneller wordt gesnapt dan een bevel in een andere taal. Vraag het na bij de Brusselse brandweer.

Ten derde is er aalmoezenier Van Gramberen die zich beklaagt bij Marie-Elisabeth Belpaire: '...de jammerlijke toestanden in 't leger, hoe Waalse dokters en officieren de mannen niet verstonden' (6 maart 1915). Ik denk niet dat het bevorderlijk is voor het moreel van de manschappen of voor de efficiëntie bij krijgsverrichtingen als de officier de taal van zijn soldaten niet begrijpt. En ook in het lazaret kun je sterven bij gebrek aan taal.

Ten vierde, vermeldde Frans van Cauwelaert, ook al in 1915, dat Vlaamse jongens in de dood werden gevoerd door officieren en onderofficieren die hun taal niet verstonden. Hij noemde dat een hemeltergend onrecht. Van Cauwelaert was allesbehalve een activist.

Ten vijfde, dat er geen geschreven getuigenissen van feiten bestaan wil niet zeggen dat die feiten niet plaatsgevonden hebben.

Die Vlaamse boerenzoons, dat Vlaamse arbeiderscanaille, dat zijn de doden die in de taalstrijd gevallen zijn. Zij hebben met hun leven de culturele verwaandheid van hun officieren betaald. En die officieren kwamen niet alleen uit Wallonië, ze kwamen vaak uit Vlaamse dorpen en stadjes, waar het gemene volk, 98 procent van de inwoners, een Nederlands dialect sprak.

De officieren konden zich niet eens op wetten beroepen om zich te verdedigen. De Taalwet van 2 juli 1913 bepaalde dat de kandidaat-onderluitenanten van de militaire school vanaf 1 januari 1917, en de gezondheidsdiensten vanaf 1 januari 1915, helemaal tweetalig moesten *zijn*, niet worden. De mededelingen aan de soldaten hoorden vanaf 1 januari 1914, dus maanden voor het begin van de oorlog, gelijktijdig in het Frans en het Nederlands gedaan te worden. Maar de bevelen werden in het Frans gegeven, zoals de bevelen in het Oostenrijkse leger in het Duits. Alleen had de k.-u.-k.-monarchie ervoor gezorgd dat bijvoorbeeld Tsjechen en Duitsers uit Bohemen niet in dezelfde compagnieën opmarcheerden. In België was men niet zo wijs.

Die wetten werden op grote schaal met voeten getreden, kortom, de meeste officieren trokken er zich geen zier van aan. In de IJzerloopgraven werd dodelijk duidelijk hoezeer de harde en onrechtvaardige sociale ongelijkheid, die overal in Europa bestond, bij ons samenviel met taalverdrukking.

De soldaten hebben gereageerd, romantisch, dweperig, katholiek. Zij namen het niet dat geschreven werd dat na de oorlog *la Belgique sera latine ou elle ne sera rien* (België zal Latijns zijn of het zal niets zijn). Ze namen het niet dat ze *flaminboche* werden genoemd, Vlaamse mof, dat zij, die dagelijks tot de knieën in het slijk stonden en onder het Duitse spervuur de slaap probeerden te vinden in de stinkende kazematten, dat zij, die de laatste strook Belgisch vaderland verdedigden, desnoods met blote handen, dat uitgerekend zij werden uitgescholden voor collaborateur. Je zou voor minder het schuim op de lippen krijgen.

De doodgewone Vlaamse soldaat reageerde eerst niet. Men mag nooit vergeten dat de leerplicht pas in ernst *na* 1918 in ons land is ingevoerd en dat dus veel soldaten nog halve of hele analfabeten waren. Bovendien spoelde na de schaamteloze en wreedaardige Duitse inval een golf van patriottisme over het land, een volkomen normale en terechte reactie. Vlaamse en Waalse jongens, soms niet ouder dan zestien jaar, meldden zich vrijwillig bij het leger, uit pure verontwaardiging.

Het protest aan het front kwam van een beperkte groep katholieke intellectuelen. Intellectuelen is zelfs een te mooi woord. Veelal waren het jonge priesters, seminaristen en onderwijzers. Er zaten maar weinig academici bij, zoals de byzantinist Adiel Debeuckelaere of de arts Frans Daels. Door de oorlogsomstandigheden aten ze, sliepen ze, schoten ze, rilden ze wekenlang samen met arbeidersjongens, handwerksgezellen, boerenknechts. De intellectuelen hadden voor het eerst in hun leven langdurig en intensief contact met de kleine man. De kleine man zag, hoorde, rook voor het eerst kerels van zijn leeftijd die niet alleen konden lezen en schrijven, maar die dat ook graag deden, desnoods om hem te helpen, kortom, geleerde mensen.

En aangezien die Vlaamse geleerde mensen, anders dan de Franstalige geleerde mensen, die stinkende Vlaamse boerenbeesten in hun eigen taal onomwonden zeiden welke rechten ze hadden en dat ze hun bevelen beter *in 't Vlaamsch* dan in het Frans konden krijgen, werden ze algauw door de legerleiding behandeld als een bende staatsgevaarlijke oproerkraaiers.

De legerleiding kon niet beletten dat de Frontbeweging, zoals de

Vlaamsgezinde actie aan het IJzerfront heette, duizenden sympathisanten kreeg. Wel overdreef de legertop schromelijk toen ze beweerde dat de helft van het leger bij die machtige stroming was aangesloten. Was het maar waar geweest.

De leiders van de Frontbeweging gedroegen zich, zoals gezegd, romantisch. Zo werd Debeuckelaere ruwaard genoemd en zijn assistent heette geheimschrijver. Dat curieuze *Oud-Vlaemsche* parfum is nadien om die beweging blijven hangen.

Toch waren hun doelstellingen erg redelijk, onberispelijk eigenlijk. Ze wilden een einde maken aan de verdrukking en de plagerij van de gewone Vlaamse soldaat. Ze wilden een *Vlaamsche Hoogeschool* in Gent – in die Vlaamse stad kon je enkel in het Frans naar de universiteit, in heel België trouwens. Ze wilden een vrij Vlaanderen en een vrij Wallonië in een onafhankelijk België. Onafhankelijk België, dus van die Duitse bezetting moesten ze niets hebben. Vlaanderen noemden ze vertederd 'moeders hoekje in vaders huis'.

O, ze zijn, een paar gevallen niet te na gesproken, zo integer geweest. Zeker is dat ze *niet* gecollaboreerd hebben. Hoe hadden ze dat ook gekund? Ze vochten in het Belgische leger tégen de Duitsers. Ze bevonden zich in het enige lapje België dat *niet* bezet was, achter de doorgestoken dijken van de rivier de IJzer. Ze wisten wel, via neutraal Nederland, wat de Vlaamse activisten wilden en deden, maar ze waren het daar vaak genoeg *niet* mee eens.

Hun acties waren door en door braaf. Het stoutste wat ze deden was, vooral aan het einde van de oorlog, deserteren – en dan zeker niet massaal, nee, sporadisch. Voor de rest verspreidden ze met de hand geschreven pamfletjes: 'De Vlaamsche strijders der voorlinie willen voor Vlaanderen hetzelfde recht als president Wilson aan elk volk erkent: "Vrije beschikking over zichzelf".' Of: 'Wij brengen hulde aan allen die nu lijden en vervolgd worden om hun Vlaamse werking. Eeuwig zal Vlaanderen hun namen gedenken.' De vlugschriften werden vermenigvuldigd op een primitief machientje. Nergens roepen ze op tot geweld, nergens tot gewapende opstand of tot muiterij tegen de gehate Franstalige officieren, alles bleef legaal. Het pleit voor de Vlaamse intellectuelen dat ze, voor één keer met een geladen geweer in hun handen, dat niet hebben misbruikt. Ze schreven open brieven aan koning Albert (hun opperbevelhebber), aan kardinaal Mercier, aan de Verbonden Grootmachten (de geallieerden dus, niet de Duitsers) en ze schreven het manifest met de gedragen titel *Vlaanderens dageraad aan de IJzer*. Ze hielden ook 's avonds laat of in de ochtendschemering, in het gebied achter het front, tochten met plakborstels en affiches. Ze betoogden per legerafdeling, kort, een halfuurtje meestal, en meestal ordelijk. Aan de grootste betoging namen ruim drieduizend mensen deel. Het bleef dus allemaal door en door fatsoenlijk, ze waren zo onschuldig als lammeren. Op geen enkele manier stond de bikkelharde reactie van het Belgische leger in verhouding tot de makheid van het protest.

Maar ze waren vooral zeer verward, ze raakten het vaak niet eens met elkaar en ze onderschatten het Belgische politieke establishment op desastreuze wijze. Dat de Vlamingen driekwart eeuw buiten de kring van de macht waren gehouden en dus normale politieke ervaring misten, wreekte zich op zulke momenten. Het zou zich later nog veel pijnlijker en beschamender wreken, toen een deel van de Vlaamsgezinden tijdens de Tweede Wereldoorlog blindelings collaboreerde.

Ik wil hier de rol beschrijven van één bepaalde priester. In de tijd van de collaboratie tijdens de Tweede Wereldoorlog zal ook hij terugkomen. Hij is *niet* de brancardier of aalmoezenier die met de manschappen in de vuurlinie staat. Hij is kapelaan achter die linie, hij heeft een moreel en intellectueel gezag dat wij nu nog moeilijk kunnen bevatten en is verbijsterend radicaal. Hij heet Cyriel Verschaeve.

Uit gesprekken achter het front tussen Vlaamse intellectuelen, wier belangrijkste leider de arts Frans Daels was, en Verschaeve zou de Frontbeweging worden geboren. Het Belgische gezag hield Verschaeve nauwlettend in de gaten. Als hij ging wandelen in zijn dorp Alveringem, werd hij altijd gevolgd door een gendarme, net zoals – ik schrijf dit aarzelend, maar de vergelijking dringt zich op – in een andere tijd in een ander land Václav Havel op al zijn wandelingen gevolgd werd door een mannetje van de geheime dienst. Verschaeve kreeg de reputatie van een soort martelaar: de onschuldige, geleerde, integere kleine geestelijke die werd gefnuikt door een vijandige overheid.

Voor de kern van de Frontbeweging het goed wist, gebruikte Verschaeve *hun* kanalen om *zijn* ideeën kenbaar te maken. En die waren, zoals gezegd, erg radicaal. Verschaeve had met het leger niets te maken en hoefde zich dus geen zier aan te trekken van discipline of kogels. Hij vond dat de Vlaamse soldaten een staat verdedigden die hun ondergang nastreefde, hun ondergang als Vlaming en als katholieke jongeling. Vanuit zijn pastorie heeft Verschaeve zelfs jongeren ertoe aangezet te deserteren. Daarop stond de dood met de kogel en Verschaeve wist dat. Toch is hij er pas mee opgehouden toen de mensen van de Frontbeweging hem durfden tegen te spreken. Ik vind het een akelig voorbeeld van de greep die de Kerk had op de jonge Vlaamse intellectuelen, dat ze zich door zo'n kapelaan, die letterlijk buiten schot bleef, lieten manipuleren.

Verschaeve zou niet in de Eerste maar in de Tweede Wereldoorlog zichzelf verstrikken in totale collaboratie. Maar je mag natuurlijk niet doen alsof de jongeren dat al in de Eerste Wereldoorlog hadden moeten voorzien.

Na de wapenstilstand (11 november 1918) richtten oud-strijders uit de Frontbeweging de Frontpartij op. Die had voor Belgische en Vlaamse begrippen ongewone trekken. Ze was pluralistisch, hoewel natuurlijk nagenoeg alle voormannen rooms waren. Het programma, het *IJzertestament*, was kort en duidelijk: zelfbestuur voor Vlaanderen, godsvrede, dit wil zeggen geen gehakketak tussen katholieken en antiklerikalen, en nooit meer oorlog. Het Belgische vaderland was hun weinig dankbaar voor de verschrikkingen die ze tot zijn verdediging hadden doorstaan. Tijdens de oorlog had het zeer Fransgezinde krijgsgerecht, dikwijls tevergeefs, geprobeerd voorbeeldige Vlaamse soldaten om hun sympathieën te veroordelen, en ze, tegen de zin van de krijgsauditeur, moeten vrijspreken. Na 1918 werden nog altijd pogingen ondernomen om die jongens gelijk te schakelen met de activisten, de collaborateurs. Debeuckelaere is zelfs voor korte tijd de gevangenis ingegaan, maar ook hij kreeg vrijspraak. Hij had verdomme onder Belgische vlag, als soldaat van het Belgische leger op de moffen geschoten, een wel zéér bizarre vorm van collaboratie, maar niet voor het dolgedraaide, triomfantelijk anti-Vlaamse Franstalige establishment in 1920.

In 1916 al leidde Cyriel Verschaeve een comité van Vlaamsgezinden dat de ronkende naam Comité voor Heldenhulde droeg. Zij wilden Vlaamse gevallenen Vlaamse grafstenen geven, grafkruisen welteverstaan, want katholiek waren ze toen allemaal. De kruisjes waren ontworpen door de Brugse kunstenaar Joe English, zoon van een Ierse vader en een Belgische moeder. De jongen heeft het einde van de oorlog niet gehaald, hij is gestorven aan blindedarmontsteking.

Joe English tekende een Keltisch kruis met daarop AVV-VVK, Alles voor Vlaanderen, Vlaanderen voor Kristus. Ook de blauwvoet stond op dat kruis afgebeeld. Door toedoen van de negentiende-eeuwse dichter Albrecht Rodenbach was de blauwvoet (een vogelnaam, men twijfelt tussen arend, een soort meeuw en jan-van-gent, de blauwvoet is dus géén indiaan) hét symbool van de Vlaamse Beweging, vooral voor Vlaamse *hoogstudenten*, zoals universiteitsstudenten toen vaak werden genoemd.

Die kruisjes werden op de soldatengraven gezet.

Maar in februari 1918 smeerden onbekenden de AVV-VVK-letters op zesendertig van die kruisjes vol met cement. Nu kunnen die letters mij gestolen worden, ik voel zelfs een lichte weerzin telkens als ik ze lees, vanwege de bekrompenheid en het provincialisme waarvan ze het symbool zijn geworden, maar je kunt nog zo Franstalig en anti-Vlaams zijn, het komt toch in je kleinste hersens niet op om graven te schenden van soldaten die voor het Belgische vaderland zijn gesneuveld.

Een monsterachtige oorlog, arrogantie van Franstalige officieren, woede om grafschending en piëteit hebben kort na de bevrijding duizenden mensen bij elkaar gebracht op de IJzervlakte. De bedevaart begon nog geen twee jaar na de wapenstilstand, als een hulde aan Joe English en aan alle Vlaamse soldaten die hun leven hadden gelaten bij de IJzer. De kreet 'nooit meer oorlog' was niet van de lucht. Zelfs in Vlaanderen werden de revolutionaire schokgolven gevoeld die door Europa gingen. En bovenal, en dit is zo Vlaams, die jongemannen die hulde brachten aan hun dode kameraden, wisten met lijf en leden, met neus, handen, voeten, darmen, verbrande longen wat oorlog was en ze wilden dát niet meer, nu niet, nooit niet, als ik het even op zijn Vlaams mag zeggen.

Vandaar dat al vlug op de voet van de toren gebeiteld stond: 'Nooit meer oorlog', in vier talen, want het is de Vlamingen van oudsher ingeprent hoe klein hun taal wel is.

Het lag in de lijn van wat in die tijd de massa's bewoog, bewoog in zeer letterlijke zin – men denke bijvoorbeeld aan de opstand van de spartakisten in het verslagen Duitsland. Voor de Vlamingen komt daar nog een dimensie bij. Die dimensie zorgt er telkens opnieuw voor dat de Vlamingen zeer oprecht, vanuit de buik, massaal vredelievend zijn en zijn gebleven. Dat massale pacifisme van ons is veel ouder dan de Hollandse variant en onvervreemdbaar Vlaams. Ik zei het al, het is het pacifisme van mensen die vier eeuwen lang geen eigen leger hebben gehad. Het is het pacifisme van mensen die gelukkig verstoken zijn gebleven van een echt vaderland en dus ook van de verblinding die daarmee verbonden is. Niet alleen hebben Vlamingen sinds 1585 in dienst van de Spanjaarden, Oostenrijkers en Fransen gevochten. Dat lot hebben ook de Walen manmoedig gedragen, daarom lijken ze trouwens zo sterk op ons. We hebben nog steeds geen eigen leger, want geen eigen staat, en toch is sinds het einde van de Koude Oorlog ook een einde gekomen aan de traditionele Vlaamse vredelievendheid. Het moderne Vlaanderen verkoopt wapens aan de dictator die ze wil kopen. Vlaams pacifisme, dat is voor moderne Vlaamse nationalisten een sentimenteel relict uit een verleden waar Vlaanderen gelukkig uit ontsnapt is. Wie nu nog wroeging heeft over Vlaamse wapenfabrikanten, krijgt van hen een meewarige blik toegeworpen.

Het Belgische leger was in 1914 niet het leger van de Vlamingen en als een soldaat dat niet meteen in de gaten had, was er altijd wel een baronnetje of een burgermanszoontje onder een officierenpet om hem met zijn neus in de Franse stront te duwen. In geen enkel land vonden de ongelukkige negentiende-eeuwse lotelingen dat het leger het hunne was. Toch was het hun niet helemáál vreemd. Het Belgische leger was de Vlamingen volkomen vreemd. Ze merkten al heel gauw dat hun al even proletarische Waalse medesoldaten een voetje voor hadden. Daar konden die Walen niets aan doen, ze kenden Frans, min of meer toch, en dat, alleen dat, hielp hen vooruit. Als Vlaamse rekruten de vaderlandse hymne moesten aanheffen, zongen ze niet de Franse tekst, die ze toch niet konden uitspreken, maar wel van begin tot eind het surrealistische distichon *In den tijd van de blekeblauw' petaten / In de blekeblauw petatentijd!* De Franstalige officieren, die er geen woord van snapten, luisterden aangenaam verrast naar de krijgshaftige Vlaamse stemmen.

Is ons wantrouwen tegen bevelen, uniformen en gebral eeuwenoud, dan heeft de Eerste Wereldoorlog het alleen maar versterkt. Op zichzelf zou dat al reden genoeg zijn geweest om de IJzerbedevaart tot vandaag de dag een massale toeloop te garanderen.

Maar er was veel meer aan de hand. Koning Albert had al voor de Eerste Wereldoorlog een opmerkelijke gevoeligheid voor de politiek van zijn land. Na de oorlog was Albert I lucide genoeg om te beseffen dat het algemeen enkelvoudig stemrecht (voor mannen) niet lang kon uitblijven. Hij wist zeer goed dat daardoor de gewone Vlaamse kiezers en dus hun belangen veel sterker in het parlement vertegenwoordigd zouden worden. Koning Albert heeft ook nooit de strenge tuchtstraffen die in het Engelse en Franse leger gangbaar waren willen toepassen op Belgische soldaten in het algemeen en op Vlaamse Fronters in het bijzonder. Dat stuitte hem tegen de borst en druiste volgens hem in tegen de Belgische gewoonten. Die koning Albert heeft de Vlamingen aan het front plechtig 'gelijkheid in rechte en in feite' beloofd, een zin waarmee na de wapenstilstand jaren geschermd is. Want die gelijkheid kwam er maar niet. In rechte is ze er gekomen vanaf 1930, in feite pas de laatste halve eeuw, vanaf 1962.

Ook de in vredestijd aanslepende onrechtvaardige toestand heeft de frontsoldaten en tienduizenden Vlamingen telkens opnieuw naar de IJzertoren gehaald. Die onrechtvaardigheid heeft ten slotte een aantal mensen tijdens de Tweede Wereldoorlog in de collaboratie doen belanden. De Vlaamse soldaten hadden voor België gevochten, deels uit oprechte vaderlandsliefde, deels ook in de hoop dat hun offer vruchten zou afwerpen, dat België uit eerbied voor hun strijd en leed hun taal echt zou gaan respecteren. Hadden Vlaamse soldaten niet op een steen van de vernielde kerk in het frontdorp Merkem geschreven: hier ons bloed, wanneer ons recht?

Natuurlijk waren en zijn de meeste bedevaarders katholiek. Tot een jaar of dertig geleden stemde dat overeen met de samenstelling van de Vlaamse bevolking. Waren de eerste bedevaarten besloten bijeenkomsten van oud-strijders en nabestaanden van gesneuvelden, aan het einde van de jaren twintig wordt een radicalisering waarneembaar die in het volgende decennium zal zorgen voor scherpe meningsverschillen binnen het organiserende comité. Voorzitter Daels huldigde een pluralistisch pacifisme. In 1931 belette hij bijvoorbeeld een groep geüniformeerde Weense nationaalsocialisten de tribune te bestijgen. Maar Daels en zijn medestanders konden de algehele verrechtsing van het Vlaamse nationalisme in de jaren dertig niet keren. Bij zijn stichting in 1933 sprak het Vlaams Nationaal Verbond zich uit tegen marxisme, liberalisme en parlementarisme. Het is bewezen dat er stevige contacten bestonden met het nationaalsocialistische bewind in Duitsland, en na 1933 legde nazi-Duitsland een meer dan gewone belangstelling aan de dag voor de Vlaamse nationalistische partij in buurland België. Aangezien de IJzerbedevaart een Vlaams-nationaal stempel droeg en draagt, kreeg ook zij autoritaire trekken. De combinatie tussen pacifisme en rechtse ideeën is alleen mogelijk in Vlaanderen. Alleen in Vlaanderen is het mogelijk dat oud-strijders amnestie vragen voor collaborateurs, telkenjare op de IJzerbedevaart.

In de jaren dertig ging de rechtse invloed erg ver. De kleine, opvliegende communist Jef van Extergem en zijn compagnon, de Aalsterse communist, later socialist, Bert van Hoorick, vriend van Louis Paul Boon, werden van de bedevaartweide geranseld door stoottroepen van het VNV, toen de Vlaams-nationalistische partij.

Tijdens de Tweede Wereldoorlog gingen de bedevaarten beperkt door, onder leiding van een *deel* van het organisatiecomité, want niet iedereen was zo naïef te denken dat Vlaanderens heil voortaan uit Duitsland kwam. Na de bevrijding heeft het vernieuwde comité de bedevaarten die in de Tweede Wereldoorlog met instemming van de Duitsers waren gehouden nooit erkend. Maar dat mocht niet baten. Die toren van een pacifistische generatie Belgische soldaten was door politieke stompzinnigheid van sommige flaminganten een symbool van collaboratie geworden.

Op 16 juni 1945 was er een eerste poging tot destructie. In de nacht van 15 op 16 maart 1946, even na tweeën, werd de toren opgeblazen. De veldwachter die de klap hoorde en het puin zag, heeft pas om zeven uur 's ochtends de rijkswacht gewaarschuwd. Het gerechtelijk onderzoek heeft niets opgeleverd.

Verzetsmensen en oud-strijders hadden al geruime tijd eerder gevraagd de gehate toren op te blazen. Dat ze de IJzerbedevaart associeerden met collaboratie was te verwachten. Dat ze het verschil tussen de Frontbeweging, die stamt uit de Eerste Wereldoorlog en die per definitie niets met collaboratie te maken *kon* hebben, en de collaboratie van de Tweede Wereldoorlog niet konden of wilden inzien – daar heb ik het moeilijk mee. Maar misschien ben ik daarin te rationeel. Ik weet niet of ik zelf in staat zou zijn helder te denken en telkens opnieuw duidelijk politieke nuances aan te brengen als ik persoonlijk oorlog, bezetting, bevrijding en nasleep had meegemaakt.

De sfeer van de jaren dertig is rond de IJzerbedevaart blijven hangen, als een mistgordijn dat het onmiskenbare pacifisme van dat jaarlijkse gebeuren aan het oog van buitenstaanders onttrekt. Merkwaardig genoeg is de sluier van een fascistoïde vormgeving voor organisatoren en deelnemers zelf ook versluierd. Het is nu voorbij, maar het heeft al te lang geduurd. Ze konden of wilden niet zien en horen wat zich aan iedereen die er voor het eerst komt met akelige helderheid opdringt. Tevergeefs wezen ze op tradities die stammen uit de jaren twintig of op wat ze noemden hedendaagse elementen in het spektakel. Maar wat moesten buitenlanders denken van de massazang, de vaandels, de landsknechttrommels?

En als het daartoe dan nog beperkt bleef. Maar tot overmaat van ramp kon de fine fleur van de hedendaagse Europese fascistische groepen jarenlang laaghartig misbruik maken van de jaarlijkse bedevaartdag om naar Diksmuide af te zakken. Gelukkig mogen ze nu niet meer door de straten paraderen, in zwarte uniformen, met strakke pas, Britse nazi's, Denen van verdacht allooi, Duitsers met zwart-wit-rode vlaggen. Het stadsbestuur heeft daar paal en perk aan gesteld. Het laatste wat overbleef, waren zangstonden in achterzalen van cafés. Het bedevaartcomité heeft die groepen nooit op de weide bij de toren gelaten. Maar evenmin heeft het bedevaartcomité duidelijk gezegd dat leden van het Vlaams Blok/Belang niet welkom waren op de weide, tot die partij haar toorn tegen het comité richtte. Wie bij de hond slaapt, heeft zijn vlooien. Probeer maar eens uit te leggen dat er aan die bedevaart geen vleugje fascisme kleeft.

In de eenentwintigste eeuw lijdt Vlaanderen geen onrecht meer. Het door oude en jonge radicale flaminganten zo gesmade Belgische parlement heeft stap voor stap de Vlaamse eisen ingewilligd. Geen wonder dat de bedevaart aantrekkingskracht verliest. Geen wonder dat het Vlaams Belang zonder succes geprobeerd heeft dit pacifistische gebeuren te usurperen. De Vlaamse fascisten hebben de bedevaart kunnen verstoren, maar nooit zijn ze erin geslaagd het organiserende comité naar hun hand te zetten. Vandaar dat ze met hun eigen ritueel begonnen zijn, de eerste keer in Steenstrate, vlak bij Ieper, waar de gebroeders Van Raemdonck, Vlaamse soldaten, sneuvelden in 1917. Er is een derde soldaat samen met de broers gesneuveld. Hij heette Aimé Fiévez en was een Waal.

Er zijn redenen om de IJzerbedevaart van 27 augustus 2000 historisch te noemen. Voor het eerst klonken woorden die uitgelegd kunnen worden als een officiële verontschuldiging van de Vlaamse Beweging voor haar collaboratieverleden.

Het was de eminente historicus Frans-Jos Verdoodt die het pardon van de Vlaamse Beweging uitsprak, een pardon 'over de vergissingen, de beoordelingsfouten en de verkeerde allianties uit een verleden dat straks bijna zestig jaar achter ons ligt'. Ik neem aan dat Verdoodt met pardon bedoeld heeft verontschuldiging, hoewel het woordenboek geeft 'vergiffenis, vergeving, kwijtschelding'. Of bedoelde hij beide? Wij bieden onze excuses aan, wij vragen pardon. In ieder geval zei hij ook dat 'het opnemen van de verantwoordelijkheid voor het oorlogsverleden *aan beide zijden* moet gebeuren' en daarmee bedoelde hij zowel 'de menselijke en politieke gevolgen van de collaboratie' als de 'juridische en populistische uitwassen van de repressie', van de zuivering na de bevrijding dus.

Ik kan er geen vrede mee hebben dat beide gelijkgesteld worden. Wel begrijp ik dat Verdoodt goede redenen had om zijn betoog zo en niet anders op te bouwen. Had hij zonder meer gezegd wat volgens mij voor de hand ligt, dat bijvoorbeeld 'een groot deel van de Vlaamse Beweging fout was in de oorlog', of nog 'heeft gecollaboreerd met een misdadig regime', dan had men hem weggejouwd of erger. Nu was het applaus warm, zij het niet algemeen. Het Vlaams Blok noemde de toespraak onbegrijpelijk. Kan dat verbazen?

Collaboratie, verzet, nasleep

Aan dit hoofdstuk begin ik met een mengsel van terughoudendheid en aandrang. Die aandrang heb ik omdat vooral in het buitenland, maar ook in België, grote misverstanden over verzet en collaboratie tijdens de Tweede Wereldoorlog blijven bestaan. Terughoudend ben ik omdat ik in 1947 geboren ben en dus gelukkig geen van de twee wereldoorlogen heb meegemaakt. Ik sta er telkens weer verbaasd over hoe vlot jeugdige Nederlanders onbarmhartig veroordelen wat mensen allemaal fout deden in omstandigheden waar ze zelf part noch deel aan hadden.

Uiteraard keur ik collaboratie niet goed. Maar mij interesseert het wel te weten hoe je jongens van zestien zover kunt brengen dat ze in zwarte uniformen zingend naar het wijde Rusland marcheren, hun dood tegemoet. Ik wil weten waarom mensen die een diploma van de universiteit hebben, sterker nog, die fijnbesnaard worden genoemd, collaboreren met een bezetter die boeken verbrandt en Heines gedichten verbiedt.

Mijn diepe katholieke, doodbrave grootvader van moederszijde, die met verzet noch collaboratie in de verste verte ook maar iets te maken had, zei volgens familieoverlevering vanuit zijn rolstoel telkens als hij Hitler op de radio hoorde: 'Uet taë smeirlap na toch ne kie' (Hoor die smeerlap nou toch eens aan). Waarom voelde zo'n doodgewone, politiek ongeschoolde, oude man in zijn zieke onderbuik wat sommige ervaren, degelijk geschoolde politici niet wisten of niet wilden weten: dit is afschuwelijk?

De grote meerderheid van de mensen was passief. Een paar collaboreerden, een paar gingen in het verzet. En allemaal waren ze bang. En allemaal probeerden ze te overleven, meestal op een niet al te edele manier. Zoals in alle bezette landen, in alle oorlogen. Ik probeer niets goed te praten. Ik probeer verzet en collaboratie níet over één kam te scheren. Daarvoor is mijn afkeer van uniformen te groot.

De wreedheden die door mensen in uniform begaan zijn, kunnen me letterlijk misselijk maken. En ik bewonder verzetsdaden zeer, omdat ik vrees dat ik daar zelf te bang voor zou zijn.

De Vlamingen collaboreerden, de Walen zaten in het verzet. Dat wil het cliché. Clichés zijn vaak verkeerd, maar dit is toch wel een zeldzaam verwrongen specimen. In de Eerste Wereldoorlog bleef het verzet beperkt, had je weinig economische collaboratie, was de politieke collaboratie Vlaams *en* was de grote meerderheid van de door de geallieerden zeer gewaardeerde Belgische frontsoldaten Vlaams.

In de Tweede Wereldoorlog bestonden er Waalse en Vlaamse collaboratie én Waals en Vlaams verzet. De collaboratie aan de top van de financiële wereld was zowel Franstalig als Nederlandstalig. De bekendste Belgische collaborateur is een Waal uit Bouillon, de mythomane, schreeuwerig liegende, na de oorlog naar het fascistische Spanje gevluchte een aldaar in 1994 overleden Léon Degrelle. En voor de trappen van de Sint-Pieterskerk in Leuven heb ik gesprekken gevoerd over pacifisme en dienstweigering met de bejaarde marktkramer Louis van Brussel, een onvervalste Vlaming, die meewarig het hoofd schudde terwijl hij mijn idealistische gebazel aanhoorde. Wat kon een melkmuil als ik zeggen tegen zo'n man? Hij was ooit communistisch partizanencommandant in het gewapend verzet.

Van oktober 1914 tot november 1918 was België nagenoeg geheel door de Duitsers bezet. Die waren niet geliefd, zeg maar gerust dat ze gehaat werden. We hadden het sinds meer dan tachtig jaar zonder buitenlandse bezetting gesteld, dat is voor onze streken uitzonderlijk lang. De mensen waren misschien niet meteen patriottisch, maar ze werden dat heel snel, want de Duitsers gingen ongemeen brutaal tekeer en er was, het kan verrassend klinken, weinig tucht in het keizerlijke leger. We moeten daarbij voor ogen houden dat wij in de loop van de twintigste eeuw helaas gewend zijn geraakt aan een soort barbarij waarvan men in 1914 nog geen flauw vermoeden kon hebben.

Duizenden burgers werden gedood bij de Duitse inval, een half miljoen mensen raakte werkloos, tweehonderdduizend mannen gingen vrijwillig of onder dwang werken in Duitsland en de thuisblijvers leden honger. In Leuven werd de universiteitsbibliotheek platgebrand, een misdaad tegen de beschaving. In slaperige provinciestadjes als Aarschot of Visé vermoordden de Duitsers willekeurig tientallen gewone burgers.

Ik lees in het weekblad *Ons Volk Ontwaakt* van 8 mei 1920 over Jacques Nijs en zijn drie zoons; ze werden 'te Aerschot op 20 Augustus 1914 door de laffe Barbaarsche troepen vermoord, en om de overblijvende familieleden te tergen, werden deze uit hun huis gejaagd, hetwelk dan onder hunne oogen in brand gestoken werd, tot er slechts een puinhoop overbleef'.

Vanaf 1917 begonnen de Duitsers de Belgische industrie te ontmantelen, machines mee te slepen naar Duitsland of ze tot schroot te verwerken. Naar schatting een kwart van de Belgische industriële uitrusting ging er op die manier aan.

In het buitenland werd België hét voorbeeld van de vermoorde onschuld. De Teutoonse reus vertrappelde met zijn laarzen het arm, onnozel Belgenkind. Of neem deze spotprent uit *Punch*: de grote Duitser, een streng worsten bengelt uit zijn broekzak, bedreigt met een lelijke knuppel een koppig Belgisch jongetje dat weigert uit de weg te gaan, al heeft hij maar een dun stokje. De Duitse overval schond het elementairste rechtsgevoel en spontaan – ach, een beetje aangewakkerd door geallieerde propaganda – welde internationale verontwaardiging op. Pianist Arthur Rubinstein wilde niet meer optreden in Duitsland vanwege de wandaden die de Duitsers in de *Eerste* Wereldoorlog in België hadden begaan.

Er bestond een Amerikaanse *Commission for Relief in Belgium*. Ik bezit nog een zak met *Belgian Relief Flour from the Northwestern Elevator & Mill Company Toledo Ohio*. Zo kwamen er duizenden ladingen meel het land binnen. Met toestemming van de Duitse bezetter werkte een Hulp- en Voedingscomité onder leiding van chemiebaas Solvay en Société Générale-bankier Francqui. Ze hielden de touwtjes in het land in handen, ze maakten zich onmisbaar voor de regeringen die na de oorlog zouden komen.

In West-Vlaanderen lag vier jaar de vreselijke frontlijn. België was het eerste slachtoffer in de wereldgeschiedenis van chemische oorlogvoering. Bij het West-Vlaamse stadje Ieper lieten de Duitsers op 12 juli 1917 mosterdgas op de vijand los; sindsdien wordt mosterdgas ook yperiet genoemd. Het vreet longen en ogen weg. De doodsstrijd is afgrijselijk. Yperiet werd daarna verboden, maar aangezien internationaal recht altijd wijkt voor macht werd dat laffe wapen nog geregeld gebruikt, door Spanje in Marokko, door Italië in Ethiopië, door Japan in China, er zijn nog meer voorbeelden en het houdt niet op. Denk aan de Koerdische stad Halabja, waar Saddam Hoessein in 1988 tijdens de Iraans-Iraakse oorlog zijn leger gas liet spuiten. Naar schatting vijfduizend mensen, ook vrouwen, kinderen en bejaarden, geen soldaten dus, verstikten.

De Franstalige Brusselse burgemeester Adolphe Max, dé incarnatie van de liberale, Belgische bedaardheid werd naar Duitsland gedeporteerd omdat hij weigerde zijn stad nog verder oorlogsschatting te laten betalen. Gabrielle Petit werd doodgeschoten door de Duitsers, omdat ze voor vluchtwegen zorgde waarlangs onze jongemannen naar het IJzerfront toe konden. Maar van verzet op grote schaal was tijdens de Eerste Wereldoorlog geen sprake. Er werd hoogstens lijdelijk verzet gepleegd. En er bestond een clandestiene pers: *La Libre Belgique* (waarvan een wereldoorlog later het eveneens clandestiene *Vrij Nederland* zijn naam zou lenen) werd in vijfentwintigduizend exemplaren gedrukt. Er was de *Vlaamsche Leeuw*. Er waren de inlichtingendiensten. Tienduizenden Belgen zijn naar het neutrale Nederland gevlucht en kregen daar een gastvrij onderkomen. En de oorlogswoekeraars werden rijk. In oude weekbladen zie je spotprenten van *baron Zeep*, kwabbig, ongemanierd en stinkend, stinkend rijk. Maar gestraft werden ze niet.

Iets heel anders was het activisme. De Duitsers hadden in 1914 niet op Belgische tegenstand gerekend en zeker niet op de verwoede tegenstand die ons leger bood. Ze wilden alleen maar dwars door België een makkelijke route hebben naar Frankrijk. Een echte nationaliteitenpolitiek voor België hadden de Duitsers niet uitgewerkt toen ze ons land binnenvielen. Maar al snel zochten mensen als kanselier Von Bethmann-Hollweg, generaal Ludendorff en gouverneur-generaal Von der Goltz diverse formules om België en omliggende gebieden tot een vazal van Duitsland te maken en zodoende de westflank van het keizerrijk afdoende te beschermen.

De Duitsers zouden vier jaar lang omzichtig en volgens eigen inzichten en tactiek inspelen op een reeks Vlaamse eisen en verzuchtingen die jaren van Belgische zijde geblokkeerd bleven. Die Vlaamse eisen waren stuk voor stuk normaal en gerechtvaardigd. Nederlanders zouden zich toen en nu niet kunnen voorstellen dat het in hun land anders geregeld kon zijn. De Vlamingen wilden administratie en bestuur in hun eigen taal, een universiteit in hun eigen taal, toepassing van de wetten des lands die nog voor 1914 waren aangenomen. Ze wilden niets buitenissigs. Maar aangezien België hun dat alles slechts druppelsgewijs wilde toekennen of het domweg geweigerd had, konden de Duitsers handig een aantal Vlamingen bewerken, zij het dat de prominentste zich niet lieten verleiden tot collaboratie.

Bij de overtuigde Vlamingen had je twee stromingen.

De *passieven*, die geen Duitse inmenging duldden om Vlaamse eisen te verwezenlijken en die de bevrijding afwachtten. De passivisten collaboreerden níét.

De *activisten* collaboreerden wél. Je trof bij hen mensen aan die Vlaanderen meer rechten wilden verschaffen in een Belgische federatie, desnoods met Duitse hulp. Er was ook een radicale beweging die België wilde afschaffen en een Vlaams Vlaanderen wilde, zelfstandig en met Duitsland verbonden. We dienen voor ogen houden dat het pangermanisme in 1914 niet besmet was door het nazisme, want dat bestond nog niet. Er is zelfs sprake geweest van een koninkrijk Vlaanderen.

De radicaalste groep komt in Gent bijeen. Zij heet Jong Vlaanderen en staat onder leiding van een voor Vlaanderen wat exotische figuur, de hervormde Nederlandse dominee Jan Derk Domela Nieuwenhuis Nyegaard, een pangermanist. De belangrijkste Nederlandse invloed komt van de kring rond Carel Gerretson, historicus, politicus en dichter (onder het pseudoniem Geerten Gossaert). De Duitse gezant in Den Haag noemde Gerretson zelfs 'onze Groot-Nederlandse vertrouwensman'.

Al in het eerste oorlogsjaar zoekt de bezettende overheid contact met Vlaamse activisten. De Duitsers richten op 11 januari 1915 in Brussel een dienst voor Vlaamse aangelegenheden op die een maand later wordt opgenomen in de algemenere *politische Abteilung* van het generaal-gouvernement dat de activisten tot eenheid probeert te brengen. De Duitsers doen dat niet uit Groot-Germaanse liefde voor het politiek naïeve, kleine Vlaamse broertje, nee, ze willen een brede, eensgezinde groep Vlamingen die goed hoorbaar op het internationale forum zelfstandigheid vraagt voor Vlaanderen. Dat zou een welkome steun kunnen worden bij vredesonderhandelingen, want de geallieerden, vooral de Amerikaanse president Wilson, hebben het zelfbeschikkingsrecht van kleine volkeren hoog in het vaandel staan. De Duitsers hebben er dus alle belang bij de Vlamingen ertoe te brengen dat ze kunnen bewijzen dat ook zij zo'n klein volk zijn, niet opdat ze hun eigen lot zouden mogen bepalen, maar om te doen wat Duitsland wil.

In 1916 vervullen de Duitsers een oude, rechtmatige Vlaamse

wens. In Gent wordt een Nederlandstalige universiteit geopend ter vervanging van de bestaande, uitsluitend Franstalige. Het academisch corps weigert iedere vorm van medewerking. Aan geen enkele Belgische universiteit werd tijdens de Eerste Wereldoorlog college gegeven. De hoogleraren weigerden te doceren voor de jongeheren die liever studeerden dan te vechten voor het vaderland aan het IJzerfront. Prominente geleerden als Henri Pirenne en Paul Fredericq werden naar Duitsland gedeporteerd. Nu was de wereldberoemde historicus Pirenne een Waal en de theoreticus van het belgicisme, maar Fredericq was zeer Vlaamsgezind en had voor 1914 geijverd voor vernederlandsing van zijn universiteit.

Mensen als de joodse flamingant Louis Franck* of de schrijver August Vermeylen, die in 1930 de eerste rector van de definitief vernederlandste Gentse universiteit zou worden, protesteerden openlijk bij de Duitse overheid. Zij wilden hun recht niet toegeworpen krijgen uit handen van de bezetter. De Von Bissing-universiteit, zo genoemd naar de Duitse gouverneur van het bezette gebied, had maar weinig succes. Krijgsgevangenen moesten worden vrijgesteld om de lege banken in de collegezalen toch enigszins te vullen.

Op 4 februari 1917 kozen de activisten onder elkaar een Raad van Vlaanderen. Ze gingen akkoord met het programma dat door de Vlaamse organisaties was opgesteld: '...voor Vlaanderen eene gansche en volstrekte onafhankelijkheid, eene zelfregering...'

Het door geen enkele democratische controle geregelde optreden van Vlaamse organisaties zal altijd een zwak punt blijven van de Vlaamse Beweging. Eigenmachtigheid zal haar nog geregeld brengen tot politiek naïeve en dus zware flaters. Die worden dan duur betaald en prompt beginnen de Vlaamse organisaties te jammeren over het onrechtmatige lot dat Vlaanderen ondergaat.

De eerste grote daad van de Raad was een stommiteit. Een dele-

---

* Die joodse Vlaamsgezindheid is een interessant verschijnsel. Zij wijst op vergaande integratie, vooral in Antwerpen. Mensen als Franck en Gunzburg verdedigden de vernederlandsing van de Gentse universiteit, maar bleven tijdens de Eerste Wereldoorlog loyale staatsburgers die ieder Duits aanbod afwezen. De Antwerpse, joodse flamingant Marten Rudelsheim koos dan weer de kant van het activisme. Ook Paul de Groot, die later de Communistische Partij van Nederland zou leiden, was een activist toen hij in Antwerpen woonde. Tegelijkertijd had hij banden met de eerste Belgische communisten.

gatie reisde naar Berlijn en werd ontvangen door kanselier Von Bethmann-Hollweg. De leden van de delegatie gingen ervan uit dat hun bezoek geheim zou blijven. De volgende dag stonden ze met hun gezicht in de krant. Zelfs de jolige bieravond waarop de Duitsers hen hadden uitgenodigd bleef niet onvermeld. Voortaan waren deze Vlamingen de kerels die met de Duitsers zaten te zuipen terwijl onze jongens in de loopgraven overhoop werden geschoten door diezelfde Duitsers. In bezet België stuurden zevenenzeventig prominente Vlamingen een protestbrief naar de rijkskanselier.

De Raad van Vlaanderen durfde niet eens verkiezingen uit te schrijven. De leden beseften terdege dat de meerderheid van de bevolking hun politiek verfoeide. Enkel verkiezingen met waarborgen voor de Duitse bezetter zouden eventueel mogen. De enige optie was de verkiezingen te vervalsen.

De eerste zelfstandige daad van de Raad van Vlaanderen werd door de Duitsers afgestraft. De Raad nam onverwacht een motie van August Borms aan en riep de politieke zelfstandigheid van Vlaanderen uit. Hoera, eindelijk vrij! Die onbesuisdheid had voor de heren onverkwikkelijke gevolgen. Nu waren pas echt verkiezingen nodig, zodat een nieuw samengestelde raad zelfstandig Vlaanderen kon opstoten in de vaart der volken. De Duitsers gaven het bevel tot verkiezingen. Alles bij elkaar zijn er van de één miljoen mannelijke Vlaamse kiezers nog geen vijftigduizend gaan stemmen, volgens de cijfers van de Raad zelf. De bevolking betoogde tegen de Raad in Tienen, Mechelen en Antwerpen. Om erger te voorkomen hebben de Duitsers er dan maar een eind aan gemaakt.

Toch kwam een nieuwe Raad bij elkaar en ook die keurde een motie goed waarin de politieke zelfstandigheid van Vlaanderen en het verdwijnen van België werden voorgesteld, met steun van de Duitsers uiteraard. Dat kwam de Duitsers ongelegen, want ze waren net contacten aan het leggen met koning Albert I achter het front om over een afzonderlijke vrede te praten. Koning Albert stuurde trouwens vanaf 1916 zelf aan op een afzonderlijke vrede met de Duitsers.

Alweer wordt de politieke onnozelheid van de Vlaamse collaborateurs pijnlijk duidelijk. De nieuwe Duitse kanselier Von Hertling noemde België openlijk *ein Faustpfand*, een pion die van pas kon komen bij internationale vredesonderhandelingen, en dus wilde hij het land bij elkaar houden. Op een gegeven moment vonden de Duitsers het welletjes en verboden ze de Raad bijeen te komen.

De belangrijkste activist was zonder enige twijfel August Borms. Hij heeft het aura gekregen van een engelachtige martelaar. Er zijn zelfs flaminganten die Borms vergeleken hebben met Gandhi en Martin Luther King. Dat is verkeerd en grotesk. Politiek was Borms een nul. Helaas worden nu nog altijd Vlaamsgezinden gevonden die juist dat beschouwen als een zeker teken van heiligheid.

Heiligheid?

Op 8 januari 1918 werd Borms gearresteerd door het Belgische gerecht omdat vooral hij ervoor gezorgd had dat Vlaanderen zijn onafhankelijkheid uitriep. Dat was een volkomen legitieme reactie van de Belgische justitie. De Duitsers zorgden ervoor dat Borms snel vrij werd gelaten. Vervolgens ging Borms bij de bezetter smeken om de rechters die hem hadden gearresteerd naar Duitsland te deporteren. Wie dat doet is laf en wraakgierig en dat is iets anders dan heilig.

Zes mensen werden inderdaad gedeporteerd, onder meer de flamingant Franck, die loyaal gebleven was aan België. Het gerecht en de balie hebben toen gestaakt tot de bevrijding.

Veel activisten ontkwamen in 1918 naar het neutrale Nederland en naar Duitsland. Ze hadden staatsmannetje willen spelen, ze waren nog niet leep genoeg om dorpsburgemeester te zijn.

Na de oorlog werden de activisten onverkort als landverraders vervolgd. Lodewijk Dosfel, die aan de Von Bissing-universiteit rechten had gedoceerd, werd tot tien jaar veroordeeld. August Borms kreeg de doodstraf, maar die werd in tien jaar gevangenisstraf omgezet.

Eigenaardig voor buitenstaanders is dat aan de ene kant het activisme door de gewone mensen werd uitgespuwd, maar dat de kopstukken van de Vlaamse Beweging die trouw waren gebleven aan de koning of die zelfs aan het front tegen de Duitsers hadden gevochten, dat de flaminganten die zichzelf dus niets te verwijten hadden het gedrag van de activisten níét afkeurden. Zo schreef het katholieke weekblad *Ons Volk Ontwaakt*, fel Vlaams maar ook fel vaderlands en fel anti-Duits (denk aan de 'laffe Barbaarsche troepen' in hetzelfde weekblad), bij de veroordeling van Lodewijk Dosfel: 'De Jury van Gent heeft Dosfel in de boeien geklonken. Het lag in haar macht hem van zijn vrijheid te berooven en zijn burgerrechten te ontzeggen. Zij kon niet treffen zijn geest noch zijn ziel. Zij kon niet stilleggen noch verflauwen doen den klop van dat groot, eerlijk hart, dat achter de kerkermuren van machtige liefde zal blijven slaan voor het Ideaal, voor het Recht en voor Vlaanderen.' En: 'Hij heeft gedwaald uit liefde, hij beging een politieken misstap, maar zijn geweten is rein.'

Je kunt dat pas begrijpen als je ten volle beseft hoe oververhit de anti-Vlaamse hetze was die na de Eerste Wereldoorlog losbarstte. Parlementsleden met een onberispelijk oorlogsverleden, zoals Frans van Cauwelaert of Alfons van de Perre, werden uitgekreten voor neoactivisten, wat dat ook moge betekenen. Alles wat ook maar zweemde naar Nederlands was *boche*, mofs. Dat de activisten gearresteerd werden, is evident. Maar dat oud-strijders de bak in vliegen wegens collaboratie is onvoorstelbaar; toch is het gebeurd.

Tijdens de oorlog had de wallingant Colleye al achter de linies geschreven: *La Belgique de demain sera latine ou elle ne sera rien.* Na de oorlog heeft het officiële België de mensen die met de bezetter hadden geheuld gestraft, dat spreekt vanzelf. Velen van hen waren flaminganten, misleid, onbenullig, simpele zielen, maar er waren ook baantjesjagers bij. De Vlaamse Beweging heeft sindsdien die categorieën met elkaar verward. Het heeft voor blijvende wrok en onuitroeibaar misverstand gezorgd bij de Vlamingen. We kregen de kwalijke neiging onze collaboratie goed te praten.

De activisten waren geen fascistoïde dwepers. Er zaten enkele integere intellectuelen bij, die van politiek geen kaas hadden gegeten, enkele kleinburgerlijke semi-intellectuelen, die zo mogelijk nog minder van politiek wisten en enkele walgelijke strebers. De mensen die wél het klappen van de politieke zweep kenden hielden zich afzijdig, omdat ze bij een Duitse overwinning de verduitsing van Vlaanderen vreesden en bij een geallieerde overwinning een overspannen, nietsontziende anti-Vlaamse reactie.

Een kloof gaapte tussen de leidende activisten en de anderen. Bij die anderen vond je veel non-conformistische jongeren, weerbarstige, verwarde en verhitte kerels, die wij nu links zouden noemen, die zichzelf in sommige gevallen bolsjewiek noemden. Een paar van hen stapten na de wapenstilstand over naar het georganiseerde communisme. Bij die activisten waren naar Vlaamse maatstaven opvallend veel niet-katholieken. Die jongeren hadden een hartgrondige hekel aan het slaapverwekkende, Franstalige, burgerlijke, katholieke België, aan de kleinburgerlijke, eveneens hoofdzakelijk katholieke Vlaamse Beweging (waarvan de leidende activisten juist typische voorbeelden waren), aan het nieuwe hoera-patriottisme van Vandervelde en zijn Belgische Werkliedenpartij. Politiek en sociaal voelden ze zich solidair met het Vlaamse proletariaat tégen de Franstalige kapitalisten, artistiek werden ze geboeid door het expressionisme.

Lode Craeybeckx zat na 1918 een tijdje in de gevangenis en werd later socialistisch burgemeester van Antwerpen. Marnix Gijsen kwam niet onbesmet uit de oorlog en werd later dichter, romancier en gevolmachtigd minister voor België in New York. Richard Minne was erbij, Willem Elsschot en natuurlijk Paul van Ostaijen, die moest vluchten naar Duitsland en daar ondergedompeld werd in het chaotische, half revolutionaire Berlijn, in expressionisme en dadaïsme. Het is dan ook niet verwonderlijk dat de zo Belgische, Franstalige Antwerpse auteur Roger Avermaete schrijft: 'Nous n'avons pas à nous occuper des chefs qui, entre parenthèses, ont été lamentables. Le succès indéniable de l'activisme est venu de l'adhésion enthousiaste de la jeunesse flamande. Cette jeunesse était nationaliste et révolutionnaire. Un vent de révolte souffle sous les crânes. Mais qu'on le veuille ou non, c'est l'activisme qui a réveillé la Flandre.' (We hoeven ons niet bezig te houden met de leiders, die, tussen haakjes, beneden alle peil waren. Ontegenzeglijk heeft het activisme succes gehad omdat de Vlaamse jongeren er zich geestdriftig bij aansloten. Die jongeren waren nationalistisch en revolutionair. Een opstandige wind blaast onder hun schedeldak. Maar of we het nu graag hebben of niet, het activisme heeft Vlaanderen wakker geschud.)

Die jonge mensen speelden in het *politieke* activisme geen rol van betekenis. Dat geeft aan hoe sterk het activisme verschilde van de collaboratie tijdens de Tweede Wereldoorlog.

Een aantal activisten, bijvoorbeeld August Borms en de dichter Wies Moens, is tijdens de Tweede Wereldoorlog opnieuw halsoverkop in de collaboratie beland. Maar die was veel grimmiger en ze was niet meer uitsluitend Vlaams. Vanaf het begin was er een enthousiaste Waalse collaboratie. En zowel de Vlaamse als de Waalse collaborateurs hadden zich voorbereid in de jaren dertig, toen het rechtse radicalisme overal in Europa de kop opstak. Vlak voor de Tweede Wereldoorlog waren niet alleen Duitsland, Italië, Spanje en Portugal fascistisch, maar ook bijvoorbeeld een land als Roemenië, en het bewind van Horthy in Hongarije kon je op zijn minst rechtsautoritair noemen.

In 1936 stichtte een half-afgestudeerde katholiek uit Bouillon, Léon Degrelle, de Rex-beweging. Die naam komt van *Christus Rex*,

Christus Koning, niet minder. Rex vertegenwoordigde een vorm van volbloed Latijns fascisme. Het grote voorbeeld was Mussolini, de *Duce* van Italië. De beweging keerde zich radicaal tegen wat ze noemde de *démocratie pourrie* (de rotte democratie); ze was dictatoriaal en corporatistisch. Rex had veel aanhangers in de betere katholieke, Franstalige bourgeoisie. In Vlaanderen was ze marginaal.

Léon Degrelle werd beschouwd als een begaafd, agressief, geïnspireerd scheldend politicus, een mooie jongen met een sonore stem, die eindelijk eens de moed had alle schandalen aan te klagen die zo typisch waren voor het slappe stelsel dat democratie heette. Hij gaf een krant uit, *Le Pays Réel* (Het echte land); hij stelde dat echte land tegenover 'le pays légal', het in zijn visie corrupte, door bankiers, joden, vrijmetselaars en volgevreten socialisten beheerste wettelijke land.

Bij de verkiezingen van 1936 doemde zijn partij op uit het niets en haalde in één klap eenentwintig zetels in de Kamer. Maar bij een tussentijdse verkiezing, die hij zelf had uitgelokt, nam Degrelle het op tegen de katholieke premier Van Zeeland, die door alle andere partijen, zelfs de communisten, werd gesteund. Degrelle kreeg 19 procent van de stemmen, het echte land gaf Van Zeeland 76 procent. Belgen houden niet zo van avonturen. In 1939 haalde Rex nog vier zetels, ondanks de grote sommen geld die de partij van de Italiaanse fascisten toegestopt kreeg.

Het Vlaamsch Nationaal Verbond was iets anders. Het steunde op de traditie van Vlaamse ontvoogdingsstrijd en aanvankelijk ook op de pacifistische doelstellingen van de Vlaamsgezinde Frontpartij, die ontstaan was uit de contacten tussen Vlaamse soldaten aan het IJzerfront. In de jaren dertig gleed het VNV af naar autoritair rechts; het had een eigen militie, de Grijze Brigade, en een grote leider, Staf de Clercq. In het stripboekje *Belgman* van Hugo Claus en tekenaar Hugoké heet hij Staf de Sterke en leert hij lammeren in laarzen lopen. Ik moet altijd vreselijk lachen als ik me Staf de Clercq als een fascistisch leider voorstel. Vooral foto's van De Clercq, in zwart uniform en met gestrekte arm, zijn onmeedogend en komiek.

Staf de Clercq was een onderwijzer uit een dorpje in het Pajottenland. Hij heette eigenlijk Jérôme Gustave Théophile – of, zoals wij dat zo stumperig vervlaamsen, Jeroom Gustaaf Theofiel. Staf dus, zoals Vlaamse mensen het weidse Franse Gustave voor huis-tuin-en-keukengebruik afkorten, of Stafke. Een Pajotse schoolmeester op geruite sloffen, hijzelf zou gezegd hebben, met de tanden op elkaar, zoals ze daar spreken, *karro slasjen*. Een figuur voor de gemeenteraad van zijn dorpje Kester, dacht ik, en achteraf las ik dat hij inderdaad vijftien jaar in die gemeenteraad heeft gezeten. Het Vlaamse volk had de Leider die het verdiende, in wie het zich, klein, beperkt, provinciaal, niet hoogdravend, maar sluw, kon herkennen, in *onze* Staf, 'ne gewone mens gelijk als al d'ander, gelijk als gij en ekik'.

Het verwondert me niet in het minst dat Staf de Clercq hard werkte (uitermate Vlaams), dat hij geliefd was bij zijn aanhangers en dat hij niet het geringste intellectuele kaliber had, hij schreef zelfs zijn eigen toespraken niet. Elk jaar riep hij zijn volgelingen bij elkaar op een landdag. En waar zou onze Staf dat doen? In zijn eigen dorp natuurlijk, op de Kesterheide. Nu wordt daar ieder jaar een grote motorcross gehouden.

Was Staf de Clercq niet zo'n verschrikkelijke collaborateur geweest, ik had hem nog graag gemogen, de Führer van het Pajottenland. Na de oorlog werd zijn graf geschonden. Dat is onfatsoenlijk en dom. Het wekt de oude wolf in de fascisten en daarbij, ik vind dat iedereen, zelfs de grootste schurk, in vrede moet kunnen rusten.

Het VNV was geen onbelangrijke partij. Bij de verkiezingen van 1936 haalde het zestien zetels, bij die van 1939 zelfs zeventien. In de Vlaamse kiesarrondissementen, de enige waar het VNV opkwam, kregen de Vlaamse nationalisten meer stemmen en zetels dan de liberalen. De partij had dus een stabiele, echt democratische basis, hoe autoritair haar strekking, zeker in de late jaren dertig, ook was. En ze kreeg geld uit nazi-Duitsland.

In 1940 besloot Staf de Clercq, na een korte aarzeling, het VNV samen te laten werken met de bezetter, hoewel hij doordrongen was van het Groot-Nederlandse ideaal, wat de Duitsers niet beviel, en hoewel zijn omgeving hem bij herhaling waarschuwde tegen een nieuwe vorm van activisme. Hij sleepte meteen duizenden Vlamingen de collaboratie binnen.

Vanaf 1931 marcheerden de groenhemden van de Dietsche Militie van het Verdinaso door de straten. Die letters staan voor Verbond van Dietsche Nationaal Solidaristen. Let wel: *solidaristen*, niet socialisten. Stichter en leider van het Verdinaso was de West-Vlaming Joris van Severen. Hij bewonderde het Italiaanse fascisme en zijn grote intellectuele voorbeelden waren Franse auteurs als Charles Maurras. Ook hij was dus Latijns gericht en in dezen zeer Belgisch.

Het Verdinaso had, strak en autoritair als het was, veel succes bij jonge katholieke intellectuelen, een elite die er bijvoorbeeld niet aan dácht deel te nemen aan zoiets grofs als verkiezingen. Velen van hen zouden later collaboreren, maar anderen zijn, misschien vreemd op het eerste gezicht, in het verzet terechtgekomen.

Het Verdinaso had in het begin een anti-Belgisch karakter. Van Severen, oud-strijder van het IJzerfront, Kamerlid voor de Frontpartij, had in 1928 een brandrede tegen België uitgesproken. Hij zou daarbij hebben geroepen: *La Belgique? Qu'elle crève!* (België barst!). Of hij die kreet nu werkelijk heeft gelost of niet (er is geen enkel hard bewijs), de woorden zijn intussen legendarisch en je hoort ze af en toe nog uit de mond van opgewonden flaminganten, maar alleen in het Nederlands.

In 1934 kondigde Van Severen de nieuwe marsrichting aan en de beweging keerde zich beslist tégen elke vorm van Vlaamse afscheiding of zelfs maar federalisme. Ze wilden samen met Wallonië, Luxemburg en Nederland tot het herstel van de zeventien provinciën komen. Van Severen zelf maakte een vreemde evolutie door. Tijdens en onmiddellijk na de Eerste Wereldoorlog was hij links, internationalistisch en socialistisch georiënteerd. Hij zou altijd een portret van André Breton, de paus van het surrealisme, in zijn werkkamer hebben staan en liet zich door mooie vrouwen graag Georges noemen. Later werd hij ultrakatholiek, steeds meer autoritair, voorstander van een corporatistische staatsordening, anticommunistisch en zeer Belgisch gezind. Bij de Duitse inval werd hij samen met al het andere staatsgevaarlijke tuig op transport naar Frankrijk gesteld. Communisten, fascisten, nationalisten, gevluchte Duitse joden en allerlei mensen die niets te maken hadden met politiek of wat dan ook, werden op last van de Belgische overheid, níét op bevel van de Duitsers, hun huis uit gesleurd en op de trein gezet. In het Noord-Franse stadje Abbeville werd Van Severen, samen met vele anderen, door dronken Franse soldaten in 1940 doodgeschoten.

Ik bewaar de herinnering aan een krachtige, bejaarde West-Vlaming die in mijn Brusselse buurt woonde. Hij had hoge ambten bekleed in 's lands bestuur. Hij was in het gewapende verzet geweest en had in vijf concentratiekampen gezeten. Die zeer levendige en beminnelijke man heeft me ooit gezegd: 'De Franstalige collaborateurs, dat waren gewoon fascisten, de Vlaamse werden dikwijls nog gedreven door idealisme.' Hij wilde niets vergeten, hij praatte niets recht dat krom was, maar hij gaf wel de achtergrond van de collaboratie correct weer.

Walen en Franstaligen hebben gecollaboreerd uit fascistische overtuiging, zoals de oude verzetsman uit mijn buurt zei, of uit eigenbelang. Collaboratie uit eigenbelang heb je altijd, overal, in alle landen die bezet worden. Zolang de bezetting duurt, is collaboratie voordelig. Of, zoals iemand het me ooit zei: 'Zij aten boter, wij niet.' Na de oorlog zal iets minder dan 70 procent van de vonnissen voor *politieke* collaboratie in het Nederlands zijn opgesteld en 70 procent van de vonnissen wegens *verklikking* in het Frans.

De collaboratie kwam niet onvoorbereid, er was een voedingsbodem voor, zoals overal in Europa. De grote en kleine burgerij en de Katholieke Kerk blaakten van communistenhaat – en niet omdat Stalin zo wreed was. Ze waren heel tevreden dat Hitler, net zo wreed, al het linkse tuig in Duitsland had uitgeschakeld. In de jaren dertig verafgoodde men uniformen, gesloten gelederen, gehoorzaamheid aan de leider. In Duitsland bestond geen werkloosheid meer, onze parlementaire democratie had dat probleem níét opgelost. Dat de Duitse werklozen in de wapenindustrie arbeid vonden, ontging de meesten. Ze zouden het snel ondervinden tijdens de blitzkrieg. Die blitzkrieg ging zo snel, dat de snelheid als bewijs voor de hopeloze zwakte van de parlementaire democratie kon worden uitgelegd.

En dan is er iets wat Nederlanders onmogelijk uit eigen ervaring konden weten. De Duitse soldaten gedroegen zich in België aanvankelijk zeer beleefd, correct, zelfs vriendelijk in vergelijking met 1914. Stralende Duitse atleten in onberispelijke uniformen kwamen zingend binnengemarcheerd. In 1914 hadden de soldaten van de Duitse keizer zich ordeloos, onvoorspelbaar en barbaars gedragen. Maar wat in 1914 een horde was, was in 1940 een leger. Algauw ondervonden de mensen dat ordelijk en gedisciplineerd veel dodelijker, kouder, wreder kan zijn dan tuchteloos en ongeregeld. En toen de blitzkrieg voorbij was, troffen de Duitsers in Vlaanderen ook nog een bruikbaar gefrustreerd nationalisme aan, net zoals in de Oekraine, Kroatië, de Baltische landen, Bretagne.

Het Belgische leger heeft na 10 mei 1940 achttien dagen standgehouden. Het was de bedoeling dat het zich langzaam zou terugtrekken, desnoods, zoals de vorige keer, tot achter de IJzer.

De ideeën van de generale staf komen altijd één oorlog te laat. Ondanks de steun die het Franse en het Britse leger ons boden op ons grondgebied was er geen houden aan tegen de Duitsers. Op 28 mei capituleerde België. De geallieerden waren op de hoogte gebracht. Er waren al twintigduizend doden gevallen, soldaten en burgers. De bevolking, die in paniek alle kanten uit was gevlucht, haalde opgelucht adem.

Precies in die chaotische dagen maakten de regering en de koning ruzie. Leopold III wilde in het land blijven bij zijn soldaten. De regering vond dat hij zich niet mocht overleveren aan de Duitsers. In het slot Wijnendale bij Brugge heeft koning Leopold III zijn besluit meegedeeld. Premier Pierlot antwoordde: Nous serons donc forcés, si le roi persiste dans ses intentions, non seulement de renoncer à le couvrir, mais de nous désolidariser publiquement avec lui (We worden dus, als de koning bij zijn standpunt blijft, niet alleen genoodzaakt hem onze dekking te weigeren, we zullen ons openlijk van hem moeten distantiëren.)

Leopold vond dat een regering die in het buitenland de strijd zou voortzetten zonder hem, onvermijdelijk tégen hem was. De breuk was dus zeer ernstig, niet alleen omdat onenigheid op dat moment hoogst ongewenst was, maar ook omdat volgens art. 64 van de grondwet alles wat de koning doet gedekt hoort te worden door ten minste één minister. Dit was een legitimiteitsbreuk.

In juni werd het Franse leger door de Duitsers opgevouwen, er komt een wapenstilstand en de Belgische regering, die zich angstig en besluiteloos door onbezet Frankrijk voortbeweegt, komt uiteindelijk nogal onsamenhangend in Londen aan. De scheuring tussen koning en regering zal ten grondslag liggen aan de Koningskwestie na de oorlog.

In België wilden de overheden die er nog waren – hoge administratie, banken, justitie, Kerk – tot elke prijs een herhaling van 1914-1918 vermijden. De Duitsers hadden toen het dagelijks bestuur van het land in handen en dat mocht niet meer gebeuren. In 1914-1918 was België aan de hongersnood ontsnapt door voedselpakketten uit Amerika, die pakketten zouden niet meer komen, België moest voor zichzelf zorgen; toen was de industrie ontmanteld, dat mocht nu niet meer gebeuren; toen was het bestuur tot stilstand gekomen, nu zou het voortwerken. De Duitsers maakten geen bezwaar, integendeel. België werd onder *Militärverwaltung* geplaatst, samen met de Franse departementen Nord en Pas-de-Calais, onder Von Falkenhausen en Reeder. In Nederland ging het anders. Daar werd een *Zivilverwaltung* opgericht onder leiding van *Reichskommissar* Seyss-Inquart. Pas drie maanden voor de bevrijding werd ook België onder burgerlijk bestuur geplaatst. De hele oorlog door werd België geëxploiteerd ten bate van de Duitse oorlogseconomie en België werkte daar, precies zoals Nederland overigens, aan mee.

Intern bleef België dus door Belgen bestuurd. Zo stond het ook in de wet die het parlement op 10 mei 1940, de dag van de Duitse inval, had goedgekeurd. De hoogste ambtenaren, de secretarissen-generaal, moesten in geval van nood het bestuur van het land overnemen (net zoals in Nederland). In juni 1940 lieten de secretarissen-generaal de bezetter weten dat zij en hun ambtenaren wilden meewerken zolang de Belgische wetten werden gerespecteerd. Dat was volgens de letter van de wet, het was ook, onvermijdelijk, collaboratie. De Duitsers voerden vanaf 1942 de mogelijkheid tot arbeidsverplichting voor mannen en vrouwen *in Duitsland* in, vanaf 1941 werd de bewegingsvrijheid van joden beperkt, vanaf 1942 werden ze op treinen naar het oosten gezet, de Duitsers begonnen ook steeds meer mensen te fusilleren wegens verzet of sabotage.

De pionnen van het binnenlandse machtsspel waren niet meer dezelfde als vroeger. Het VNV, de Vlaamse nationalisten dus, de Waalse Rex-fascisten en sommige oud-Verdinaso-leden collaboreerden. In de herfst van 1940 al werd de algemene SS-Vlaanderen opgericht en in 1941 werd een voorheen marginaal cultureel groepje, DeVlag (Duitsch-Vlaamsche Arbeidsgemeenschap, *Deutsch-Vlämische Arbeitsgemeinschaft*), opgenomen in de SS-structuur. DeVlag werd strakker en efficiënter georganiseerd en kreeg een ruime subsidie van de SS. Leider van DeVlag was de neerlandicus en germanist Jef van de Wiele. Ook hij wekt mijn lachlust op. Hoe kan iemand die Jef heet daar zo stram met gestrekte arm tussen allerlei militairen staan? Hoe kan een nazi, want dat was hij ongetwijfeld, wegens zijn drinkgewoonten de bijnaam Jef Cognac krijgen!? Het realistische Vlaanderen ontluistert deerlijk het Germanendom.

De Vlaamse politieke collaboratie was algauw een wriemelende hoop van elkaar bestrijdende fracties, en de chef van de *Militärverwaltung* Reeder speelde die virtuoos tegen elkaar uit.

In Vlaanderen wilde het VNV erkend worden als enige politieke organisatie. Het wilde de baas zijn in het Vlaamse landsdeel om zijn mensen te kunnen plaatsen in de ambtenarij. De Clercq en de zijnen hadden in het vooroorlogse België nooit de zoete vruchten van de macht mogen proeven. Het VNV sprak zich openlijk en ondubbelzinnig *voor* nationaalsocialistisch Duitsland uit. Dat was een scherpe koerswijziging. Het VNV was voor de oorlog zeker rechts, zeer rechts zelfs. Het was echter ook Groot-Nederlands of Groot-Diets, voor wie dat liever hoort. De driehoek die op zijn vlag prijkte, eigenlijk de Griekse letter delta, moest, sterk gestileerd, de landkaart der Verenigde Nederlanden verbeelden. Net dat idee, het centrale punt in de VNV-ideologie, moest op Duits bevel worden ingeslikt.

De Duitsers gebruikten het VNV omdat het in Vlaanderen nu eenmaal de grootste collaborerende beweging was, maar ze wilden niet praten over een toekomstig gewijzigd statuut van België, zelfs de geringste verwijzing verwierpen ze, daarover zouden ze zelf wel beslissen. De *Militärverwaltung* speelde handig de Vlaamse SS tegen het VNV uit, juist om te verhinderen dat het VNV zich als enige politieke organisatie zou opwerpen. Verdeel en heers.

Toch is het VNV onder leiding van dorpsschoolmeester Staf de Clercq en, na diens dood in 1942, van de briljante, maar lafhartige historicus en advocaat Hendrik Elias onverminderd door blijven collaboreren. Elias was intelligent genoeg om in te zien dat Vlaanderen door het Duitse Rijk opgeslorpt dreigde te worden en probeerde intern de collaboratie in te dijken. Maar hij miste de moed om openlijk met de Duitsers te breken.

De resultaten waren voor hemzelf en voor Vlaanderen rampzalig. Zelfs die ene overkoepelende eenheidsbeweging werd het VNV nooit. Wel heeft Staf de Clercq geworven voor de *Waffen*-SS, nog voor de Duitsers aan het Oostfront het goddeloze bolsjewisme begonnen te bestrijden, en hij heeft het Vlaams Legioen gesticht. Later werd dat de SS-*Sturmbrigade Langemarck* en twaalfduizend Vlamingen hebben zich daarvoor aangemeld. Er waren jongens bij van zestien jaar. Zoals een paar generaties later jongeren lang haar hadden en stiekem stickies begonnen te roken, zo trokken rebelse jonge kerels naar het Oostfront om het spook van het communisme tegen te houden en de christelijke beschaving te redden – of ze doken onder in het verzet, dat hing een beetje af van het gezin waar ze uit kwamen. Want ook dat was eigenlijk al voor de oorlog bepaald. Toen bestond in veel katholieke colleges de Offensiefbrigade, jonge propagandaploegen tegen het communisme, onder leiding van paters. De jongens en de mannen die naar Rusland trokken zijn bedrogen door de SS: ze kregen géén katholieke aalmoezeniers. Nog voor ze Leningrad belegerden of Stalingrad verdedigden, wisten ze al dat de SS net zo heidens was als het Rode Leger.

Daarnaast hebben achtduizend Walen zich bij het *Légion Wallonie*, later SS-*Sturmbrigade Wallonien*, voor het Oostfront aangemeld. Zij kregen wel aalmoezeniers en hun interne beveltaal was het Frans. Om dat te bekomen heeft de rexistische leider Degrelle zijn beweging met huid en haar laten opslokken door de SS. Degrelle is zelf naar het Oostfront gegaan; dat hebben De Clercq en Elias nooit gedaan, anders dan bijvoorbeeld de top-VNV'er Tollenaere, die als *Untersturmführer* bij Leningrad is gesneuveld. In verhouding zijn er precies evenveel Vlamingen als Walen met de Waffen-SS naar het Oostfront gegaan.

De Grijze VNV-brigade van voor de oorlog werd omgevormd tot de Zwarte Brigade. Voor oningewijden leek hun uniform sprekend op dat van de SS. Aan de Zwarte Brigade hebben de collaborateurs in Vlaanderen hun bijnaam overgehouden: *zwarten*. 'Die was zwart in de oorlog', 'zijn vader was *ne zwette*', 'hij is een *zwartzak*', 'in die familie waren 't allemaal zwarten', die bewoordingen zijn algemeen gangbaar voor mensen die tijdens de oorlog fout waren en zelfs voor hun nakomelingen.

Het VNV nestelde zich ook in de echte machtscentra. De secretarissen-generaal die zich niet voegden naar de Duitse eisen, werden vervangen. Zo zijn de VNV'ers Romsée en Leemans op Binnenlandse respectievelijk Economische Zaken terechtgekomen. Vooral Romsée werkte gewillig mee aan de ordehandhaving, lees vervolging van het verzet, zeer tot ongenoegen van een aantal van zijn collega's. Romsée was een van de knapste koppen van het VNV, onderhield goede relaties met het Hof en was thuis in de hoogste financiële kringen des lands. Romsée zorgde ervoor dat het Belgische apparaat langzamerhand, trouwens op een bij uitstek Belgische manier, via politieke benoemingen, in Vlaams-nationalistische handen kwam. In 1943 was al meer dan de helft van de Vlaamse oorlogsburgemeesters lid van het VNV, in Wallonië waren het overwegend rexisten.

Naarmate de macht van de SS in Duitsland en in het bezette gebied groeide, raakte het VNV meer in de verdrukking. Daarvoor zorgden de Algemene SS-Vlaanderen en DeVlag. Zelfs de nationaalsocialistische jeugdbeweging werd daarbij gebruikt. Wat DeVlag wilde, was duidelijk: onvoorwaardelijke trouw aan het nationaalsocialisme, het Rijk en de Führer – tot opname in het Duitse Rijk toe. De zeer nauwe banden tussen DeVlag en de Vlaamse SS waren organisatorisch, maar liepen ook via figuren als Robert Verbelen, Stormbanleider voor Brabant en Limburg en stafleider van DeVlag. Vlaanderen integreren in het Duitse Rijk, Vlaanderen nationaalsocialistisch maken, dat zag Verbelen helemaal zitten. Verbelen was beslist níét naief, wist zeer goed welke macht hij moest respecteren en verachtte de beuzelarijen van het VNV. Hij trad ongelooflijk brutaal en wreed op. Verbelen wordt verantwoordelijk gesteld voor welgeteld honderdeneen moorden en heeft nooit ergens spijt van gehad. Hij is Oostenrijks staatsburger geworden, werd door een Oostenrijkse rechtbank vrijgesproken van oorlogsmisdaden en werkte na de oorlog voor de CIA en de Oostenrijkse politie. Zijn werk in de contraspionage tegen de Sovjet-Unie werd door de Amerikanen hoog gewaardeerd.

De Vlaamse SS kon rekenen op een reeks intellectuelen: de dirigent Hendrik Diels, de eminente historicus Robert van Roosbroeck (die later nog zou meewerken aan de Belgisch-Nederlandse tv-serie over Willem van Oranje) en dichters als Pol le Roy, Cyriel Verschaeve en Ferdinand Vercnocke. Dat wij lang na de oorlog in een katholiek college nog les kregen over die twee erg slechte dichters, stemt tot droeve overpeinzingen over Vlaanderens onmacht om met zijn eigen duistere verleden in het reine te komen. Ik heb een hekel aan strenge veroordelingen vanuit comfortabele posities en talent blijft talent, denk aan Céline. Van Vercnockes hand echter is deze 'Ode aan Hitler':

> Ons hebt gij niet verwonnen, doch bevrijd:
> want wij, gekluisterd in den kerker van een staat,
> vijand van onzen stam, wij stonden op de bres,
> Germanen, broeders in den bloed, ten dood gedoemd.
> Nu waakt, ten voorpost, dien wij trouw behoedden,
> wij voor 't Rijk, spannend zijn dubblen wiek
> ten sprong, zinbeeld van adel en gestrenge macht:
> die op de bergtop woont en vergezichten peilt,
> de adelaar. O Held op land en zee, held in de lucht,
> die armoede, rijkdom, roof en geil verderf,
> die heerschappij van 't schuim, die landvraatzucht
> brandt uit de wereld, wreker en roede Gods,
> erken ons heldenmoedig volk, erken zijn oorsprong...

En zo gaat hij nog een tijdje door. Dát kregen we natuurlijk niet op school.

De Vlaamse SS had onvermijdelijk Belgische kenmerken. Niet dat ze, vooral in het Veiligheidskorps, milder optrad dan de Duitsers, maar ze moest geregeld worden uitgezuiverd. Het was bijvoorbeeld moeilijk te beletten dat SS'ers misbruik maakten van hun uniform om drank te smokkelen. De Vlaamse SS is nooit groot geweest. In juni 1943 had ze nog geen duizend actieve en nog geen vierduizend beschermende leden.

De Vlaamse SS ging soms zo bruut tekeer dat de Duitse *Feldgendarmerie* tussenbeide moest komen om een einde te maken aan foltering en mishandeling. En ze heeft actief meegewerkt aan de jodenvervolging. Het wreedst is ze opgetreden in het Hagelandse dorpje Meensel-Kiezegem, ten oosten van Leuven. In het buitenland is het onbekend, maar het verdient een bescheiden plaats naast namen van nog veel grotere gruwel, bijvoorbeeld Lidice of Oradour-sur-Glane. In Meensel-Kiezegem werden vijfenzestig mannen en vrouwen vermoord of naar concentratiekampen weggevoerd omdat verzetsmensen de zoon van een zwarte familie uit het dorp hadden doodgeschoten. De gedetailleerde uiteenzetting, met getuigenverklaringen, van het bloedbad en de weerzinwekkende rol van de Vlaamse SS in Meensel-Kiezegem danken we aan een geruchtmakende televisieuitzending van Maurice de Wilde. Maar zelfs hij heeft de hele waarheid niet kunnen achterhalen. In België werd na een halve eeuw nog veel gezwegen.

De Brusselse Franstaligen en de collaborerende Walen hadden veel minder af te rekenen met de soms moordende rivaliteit waarmee de Vlaamse collaborateurs zich in de ogen van de Duitsers hopeloos compromitteerden.

De rexisten werden tot en met de jeugdbeweging in de SS opgenomen. Volgens Degrelle waren de Walen trouwens volbloed-Germanen, die door een gril van de geschiedenis Frans waren gaan spreken.

Het *Département Sécurité et Information* (DSI) van Rex werkte actief mee aan de jacht op verzetsmensen, onderduikers en joden. DSI werkte vanaf 1944 exclusief samen met de *Sicherheitspolizei* en de *Sicherheitsdienst*, de politieke inlichtingendienst van de SS. Vooral de beruchte Franstalige Brigade Z spoorde in de laatste oorlogsjaren joden onverdroten op. Voor de volledigheid zeg ik erbij dat de Vlaamse SS en kleinere groepen als de Dietsche Opvoedkundige Beweging (gesticht in 1937, leider Bert van Boghout, die later mee de grondslag zou leggen en actief zou zijn voor het Vlaams Blok en die tot zijn dood in 2003 het extreemrechtse maandblad *Dietsland-Europa* leidde) of Volksverwering (ook gesticht in 1937) actief waren bij razzia's in joodse buurten.

Eén voorbeeld tot slot van het optreden van de rexistische DSI. De oorlogsburgemeester van Charleroi werd doodgeschoten door verzetsmensen. Als vergelding vermoordde de DSI in Courcelles bij Charleroi zevenentwintig mensen. Een twintigtal van hen werd in een kelder geduwd en na een angstige nacht een voor een op straat gesleept en met een nekschot afgemaakt. Na de oorlog heeft Degrelles rechterhand, Victor Matthijs, de hele verantwoordelijkheid op zich genomen. Hij heeft het een onvergeeflijke misdaad genoemd en is zonder een krimp te geven geëxecuteerd. De kelder in Courcelles is toegankelijk voor het publiek.

Mensen van alle groepen zijn tijdens de oorlog *uit* de collaboratie gestapt: rexisten die niet *Heil Hitler* wilden zeggen of vonden dat de Walen geen Germanen waren, VNV'ers als Daels, die een te grote Duitse invloed vreesden, de Groot-Nederlandse groep Nederland Eén in het VNV, die de collaboratie wilde saneren... Maar de grote hoop collaborateurs raakte gaandeweg totaal verstrikt in de netten van de bezetter en vooral in die van de SS. Het verwerpelijkste was hun medewerking aan vervolgingen en represailles. Verwerpelijk vind ik ook dat de leiding vanuit een voor haar toch tamelijk comfortabel België duizenden jongelieden (soms nog kinderen) opzweepte om voor Duitsland te gaan sterven in Rusland.

Parlement, partijen en regering waren in 1940 niet populair in België. Ze stelden zich verdekt op, voor zover ze nog in het land waren. Eén man deed dat niet, de voorzitter van de Belgische Werkliedenpartij, Hendrik de Man. Op 28 juni schreef Hendrik de Man een brief naar alle leden van zijn partij. De oorlog had het parlementaire bewind en de kapitalistische plutocratie in de zogenaamde democratieën weggeveegd, verkondigde hij. Dat was een verlossing voor het socialisme en voor de arbeidersklasse. De Man, in de jaren dertig de geïnspireerde ideoloog van de Belgische sociaaldemocratie, koos van meet af aan partij voor de bezetter.

Hij koos ook de zijde van Leopold III tegen zijn regering en nog meer dan voorheen werd hij een van de belangrijkste raadgevers van de koning. De Man stichtte de corporatistische Unie van Hand- en Geestesarbeiders (meer bekend onder zijn Franse afkorting UTMI,

Union des Travailleurs Manuels et Intellectuels), die de vakbond verving. Hij wilde met goedkeuring van Leopold III een regering vormen in bezet België. Die regering zou bestaan uit De Man zelf en figuren als Lippens (Société Générale), andere mensen uit het bedrijfsleven en topfiguren uit Rex en VNV die bereid waren met het traditionele België samen te werken, Leemans bijvoorbeeld, en zeker Romsée. Het zou uiteraard een regering zonder parlement zijn, een autoritaire regering onder Duitse protectie.

Koning Leopold was niet Duitsgezind en ook niet fascistisch, maar je kon niet loochenen dat hij naar autoritair gezag neigde. Hij heeft geprobeerd zijn regering in ballingschap zo ver te krijgen dat de ministers zichzelf zouden ontslaan, maar die poging is na een reeks misverstanden op niets uitgelopen. De regering gaf de vorst een unaniem negatief antwoord, zoals ze het in telegramstijl schreef.

De toplaag van het land was bereid samen te werken met de Duitsers op een onopvallende manier. De Duitsers vroegen niet meer. Wie een land bezet kan maar beter op goede voet staan met de traditioneel leidende kringen in de bankwereld, de industrie en de Kerk. Met het handjevol extremisten die een soort fascistische ideologie uitbralden, kon je niet veel beginnen. Degrelle was niet te vertrouwen: dat hij een tinnegieter was, zag iedereen. Het VNV, DeVlag en Verdinaso lustten elkaar rauw en verspilden hun tijd aan kleinzielig gekibbel.

Het verhaal gaat dat minister van Buitenlandse Zaken Spaak en minister van Financiën Gutt op 15 mei 1940 (België zou pas twee weken later capituleren) tegen Max-Léo Gérard van de groep Bank van Brussel, Galopin (Société Générale) en Collin (Kredietbank) zouden hebben gezegd: 'Messieurs, nous vous confions la Belgique' (Heren, wij vertrouwen u België toe). Zeker is alleen dat de drie bankiers gevraagd werd de salarissen van de ambtenaren voor te schieten.

De hoogste kringen wensten een politiek van het minste kwaad. Die hield dan wel in dat Belgen, precies zoals in de Eerste Wereldoorlog, naar Duitsland moesten voor de verplichte tewerkstelling. Daar stond tegenover dat onze uitvoer naar Duitsland vertienvoudigde.

Indien de economische elite van zichzelf dacht, met haar ideeën om het ergste te voorkomen en minimaal samen te werken, dat ze eerlijk was in 1940, dan bedroog ze het land. De Belgische economie werd in de Duitse oorlogseconomie opgezogen. Ik geloof niet dat de hoogste kringen waar ook ter wereld zichzelf bedriegen, nu niet en toen niet. Ze hebben er winst en macht uit gehaald en zijn er na de oorlog niet voor gestraft.

Zo financierde baron Paul de Launoit, van de groep Brufina, die de Bank van Brussel controleerde, in 1936 al de reclame voor Léon Degrelles fascistische krant *Le Pays Réel*. In 1938 was hij persoonlijk door Hitler uitgenodigd op de nazipartijdag in Neurenberg. De Launoit financierde tijdens de oorlog een aantal extreemrechtse groepen, maar was handig genoeg om ook het verzet te steunen. Tijdens de oorlog onderhandelde hij met Duitse banken om de positie van zijn aartsrivaal de Société Générale te ondergraven, maar hij liet niet toe dat de Duitsers bezit van zijn groep in België verwierven. De Launoit is na de oorlog nauwelijks lastiggevallen.

Alexandre Galopin van de Société Générale was de spil van de economische accommodatie, die daarom de Galopin-doctrine wordt genoemd. In die jaren controleerde de Générale maar liefst 40 procent van de Belgische industrie. Het hoeft ons dan ook niet te verwonderen dat de Duitsers geprobeerd hebben er hun zware hand op te leggen. Galopin wilde niets doen zolang er geen vredesverdrag was, zijn houding was veel duidelijker dan die van De Launoit. Hoe vaak de Duitsers – dat gebeurde via de Brüsseler Treuhandgesellschaft, men herkenne de naam – ook pogingen ondernamen om door manipulatie van dochterondernemingen binnen te dringen in het vermogen van de Générale, de oude rijke tante heeft haar geheimen nooit prijsgegeven.

Ook Galopin financierde verzetsgroepen. Hij wordt wel eens de sleutelfiguur van het verstandige verzet genoemd, een schandelijke term, want hij suggereert dat de mensen uit het maquis, die dagelijks hun leven op het spel zetten in de strijd tegen de nazi's, dom waren. In ieder geval heeft Galopin voor zijn vorm van verzet betaald. In februari 1944 werd hij door een groepje fascisten in zijn eigen huis doodgeschoten.

De Launoit is maar één voorbeeld van ondoorzichtige economische collaboratie op topniveau. De Belgische werkgevers eisten in de zomer van 1940 de bevriezing of zelfs verlaging van de lonen, de afschaffing van de werklozensteun en een langere arbeidsdag. Ze voegden er in officiële stukken aan toe dat de Duitse bezetting de werkgevers nieuwe mogelijkheden bood, omdat de vakbonden waren uitgeschakeld. Ook dat is nooit bestraft. De zuivering heeft de politieke collaboratie veel harder aangepakt dan de economische. In geen enkel land is het makkelijk de hoogste kringen te straffen.

Een deel van het Belgische verzet, een niet onbelangrijk deel, een gewapend deel, was extreemrechts. Je mag gerust zeggen dat het zich in de buurt van het fascisme bevond zoals dat in Latijnse landen bestond. Dat lijkt misschien eigenaardig, maar men mag niet vergeten dat in deze groepen een sterk Belgisch, Franstalig nationaal gevoel heerste en dat in heel het land de wrede Duitse bezetting van de Eerste Wereldoorlog nog lang niet vergeten was.

Het betrof de volgende organisaties:

- de Phalange van graaf Xavier de Grunne – Franco in Spanje had ook een falanx. De Grunne maakt met zijn Phalange vanaf 1941 deel uit van het Belgisch Legioen, de verzetsorganisatie van commandant Claser (uit de promotie van Leopold III aan de Militaire School).
- Het heropgericht Belgisch Leger (*Armée de Belgique*) van reservekolonel Lentz, voorzitter van de Belgische Reserveofficieren.
- Het Nationaal Legioen van de Luikse advocaat Hoornaert.

De Grunne, Claser en Hoornaert, drie reactionaire communistenvreters, zullen omkomen in Duitse concentratiekampen. Lentz overleeft het kamp van Sachsenhausen. Uit hun organisaties zal het Leger van België, vanaf 1944 het Geheim Leger (Armée Secrète) groeien, de enige echt militaire verzetsgroep die in ons land bestaan heeft.

Het is een rare vleugel van het verzet, de lieveling van de geallieerden. In het begin verzamelde het Geheim Leger net zo goed inlichtingen over Vlaamse SS'ers als over communisten. Tot een echte tegenwerking van de communisten kwam het niet, omdat het gemeenschappelijke doel, de strijd tegen de bezetter, alle tijd, middelen en energie in beslag nam.

Dan was er nog een Groupement d'Anciens Combattants autour du Roi (Oud-strijders rond de Koning).

Nog één rechtse verzetsgroep dient te worden vermeld, de Nationale Koningsgezinde Beweging, met meer dan achtduizend gewapende leden.

De Witte Brigade was niet specifiek rechts. Ze was Vlaamsgezind en ontstond in de kringen van de Antwerpse liberale Jonge Wacht. Daaruit komt haar stichter, Marcel Louette. Van haar bijna vierduizend gewapende leden vielen er zevenhonderd in Duitse handen. De onverschrokken Witte Brigade is het symbool van het Vlaamse verzet geworden, op den duur zelfs synoniem met verzet, hoewel ze zeker niet de grootste groep was. Maar mensen die tijdens de oorlog anti-Duits waren of die echt in het verzet zaten, worden in Vlaanderen algemeen witten genoemd. Dat klopt niet helemaal, er zaten bij die witten ontzettend veel roden. Maar de tegenstelling tussen wit (de kleur van het verzet) en zwart (de kleur der collaborateurs) verduidelijkt op archetypische wijze de kloof tussen goed en kwaad in oorlogstijd.

De grootste verzetsbeweging heette Onafhankelijkheidsfront (OF). Er zaten mensen in van allerlei politieke strekkingen: liberalen, katholieken, socialisten en veel communisten. Een van de stichters was de eerwaarde heer Boland, een priester dus; een andere was Fernand Demany, een communist. Het OF had vijfendertigduizend gewapende leden. Dertienduizend van hen waren communistische partizanen, die geleid werden door oud-strijders uit de Spaanse Burgeroorlog. De partizanen vochten als leeuwen, ze voerden een halve guerrillaoorlog en probeerden alle Duitsers en collaborateurs neer te schieten die ze in het vizier kregen. Dat het niet tot een guerrilla gekomen is zoals die toen in Joegoslavië woedde, heeft verschillende oorzaken. Ons land is te dicht bevolkt, zelfs in de Ardennen, de Britten en de Amerikanen wilden niets weten van een echte guerrilla, dus kregen de partizanen slechts mondjesmaat wapens. Die moesten worden gestolen bij de Duitsers en ook bij rijke Belgen. De partizanen opereerden in het hele land.

In de Dijlevallei bij Leuven waren de sabotagedaden berucht. De aanslagen op spoorwegen waren niet te tellen. In 1944 trokken de partizanen hun troepen samen in de Ardennen en ruimden de Duitse tegenstand in Wallonië op. Vooral in Limburg ontbrandde een strijd op leven en dood tegen de zwarten.

Jonge intellectuelen die pas waren afgestudeerd aan de traditioneel antiklerikale, wat we in België noemen vrijzinnige Université Libre de Bruxelles hebben de legendarisch efficiënte Groupe Général de Sabotage gevormd, de Groep G, die dan weer steun kreeg van de Special Operations Executive, de Britse sabotagedienst. Ook mensen van buiten het Brusselse vrijzinnige intellectuele gezelschap voegden zich bij de actie. De Groep G was bijzonder goed georganiseerd en bereidde haar aanslagen minutieus voor. Eén doel stond voorop: maximaal rendement bij het toebrengen van schade *aan de bezetter alleen.* Sluizen, bruggen, spoorwegen, treinen, ze hebben het allemaal met wiskundige precisie ontregeld. De Duitse troepen die werden aangevoerd om de landing in Normandië tegen te houden liepen in België vertragingen tot achtenveertig uur op. Het bekendste wapenfeit van de Groep G is *la grande coupure*, de grote stroomonderbreking. Van Kortrijk tot de Borinage en Luik zat het land zonder elektriciteit. Tot in de fabrieken van het Duitse Rijnland was de storing voelbaar.

In België waren alles bij elkaar ongeveer honderdduizend mensen bij het verzet betrokken, meer dan twee keer zoveel als in Nederland, maar met die cijfers moet je voorzichtig zijn. Wat is de definitie van verzet? Na de bevrijding doken talloze dappere tegenstanders van de bezetter op van wie niemand tot dan toe ooit gehoord had, ook niet in kringen van geheim agenten. Het Belgische vertoonde trekken van het Franse maquis en het was, net als in Frankrijk, niet altijd duidelijk waar de beslechting van oude vetes ophield en de vaderlandsliefde begon. In sommige streken, ik noemde al Limburg, botsten het verzet en de collaboratie zo hevig dat de wonden na tientallen jaren nog steeds niet dicht zijn gegroeid.

Het Belgische verzet was vermaard om zijn ontsnappingsroutes. De netwerken bestreken het gebied tussen Nederland en Spanje. Organisaties als Comète en Pat O'Leary hebben honderden jonge Belgen naar de geallieerde kant gesmokkeld en twaalfhonderd piloten, die het neerstorten van hun vliegtuig hadden overleefd, in veiligheid gebracht. Beroemd waren de inlichtingendiensten. Meer dan twintigduizend mensen in wel vijfentwintig verschillende organisaties hebben voor die dienst gewerkt. Ze waren vaak erg bescheiden. Pas toen mijn beminnelijke, hoogbejaarde buurman overleed, zag ik op de rouwbrief dat hij lid was geweest van de verzetsgroep Samoyède. Nooit had hij er met één woord over gerept. Bij de begrafenis speelde een primitief cassetterecordertje het partizanenlied. Ik beken dat ik tranen moest wegslikken.

In België werden de joden vervolgd zoals in alle bezette gebieden. Maar nergens in Europa, behalve in Denemarken, heeft de bevolking zich zo efficiënt verzet tegen de deportaties als in België. Ik gebruik bewust het algemene woord bevolking, omdat de weerstand van hoog tot laag, van benedictijner monnik tot gewone huisvrouw, heeft gefunctioneerd. *Gefunctioneerd*, dat wil zeggen dat je niet naar openlijke moedige verklaringen moet gaan zoeken of naar een

Februaristaking, met alle respect. Hier was het klein, geheim, doeltreffend werk, *plantrekkerij*, zoals wij dat in België noemen.

In zijn standaardwerk *Ondergang. De vervolging en verdelging van het Nederlandse jodendom 1940-1945* schat J. Presser het aantal joden in Nederland aan het begin van de oorlog op honderdveertigduizend en hij stelt dat tussen de negentigduizend en honderdzesduizend joden door de Duitsers werden omgebracht. In België was het aantal Belgische joden beperkt, ze vormden nog geen 10 procent van de totale joodse bevolking. Het totale aantal joden in 1940 wordt geschat op vijfenzestigduizend. De meesten van hen waren recentelijk gevlucht of geëmigreerd uit Duitsland en Centraal-Europa. Meer dan de helft zou de oorlog overleven. In België woonden aan het begin van de oorlog niet eens half zoveel joden als in Nederland. Na de oorlog waren het er evenveel.

De Belgische overheidsinstanties hebben zich zelden manhaftig verzet. Voor de oorlog waren er al tekenen van antisemitisme zichtbaar. In Antwerpen heeft de Vlaamse Conferentie van de Balie bijvoorbeeld al in 1939 nieuwe statuten goedgekeurd die joodse advocaten verboden zich aan te sluiten. Uit het begin van de bezetting in 1940 zijn enkele gevallen bekend (Antwerpen, Anderlecht, Luik) waar de politie optrad tegen Duitse soldaten die joden op straat lastigvielen of tegen antisemitische herrieschoppers. Toen de Duitsers de Belgische overheid probeerden te dwingen de joodse inwoners te registreren, botsten ze soms op sluwe vertragingsmaneuvers. Uiteindelijk registreerden de gemeenten hun joodse inwoners toch. Met de verordening op het jodenregister was het sein gegeven om een einde te maken aan de gelijkheid van de burgers voor de wet. Zodoende bewezen de nazi's wat ze nooit verborgen hadden, namelijk dat ze de democratische rechtsorde tomeloos verachtten en op haar vernietiging aanstuurden. De rechterlijke macht heeft zich daar het hardst tegen verzet, zij het niet overal en waar wel vaak met dodelijk gevolg. De deken van de Brusselse balie bijvoorbeeld, Louis Braffort, weigerde het register met aangesloten advocaten openbaar te maken, zodat de Duitsers bij gebrek aan namen ook geen joodse advocaten zouden kunnen schrappen. Bij de Antwerpse balie werden de confraters geschrapt. Braffort is door een rexistisch moordcommando omgebracht.

Wij zijn natuurlijk niet meer en ook niet minder antisemitisch dan andere landen en volkeren. In België zijn zoals overal joden verraden en verklikt, meestal in anonieme brieven. Maar geen enkele Belg, goj of jid, vertrouwt gezag en zeker niet gezag dat zich in laarzen voortbeweegt. Niemand is zo gehaaid in het ontduiken en omzeilen van reglementen als juist de Belgen. Niemand improviseert zo geniaal. Niemand snapt daar minder van dan juist de Duitser. Bovendien kwamen de joden hier te lande veelal rechtstreeks uit delen van Europa waar ze vervolging al aan den lijve hadden ondervonden.

Vlaamse volksvrouwen in bloemetjesjurk pakten kinderen die hun gearresteerde ouders plots kwijt waren op straat bij de hand, namen ze mee naar huis en hielpen ze de oorlog door. Onze kloosters, katholieke weeshuizen, kostscholen, *colonies de vacances catholiques* en sanatoria wemelden van de joden, vooral van joodse kinderen. Abten, pastoors en aalmoezeniers zorgden ervoor dat de joden in de doolhoven van de katholieke instellingen niet opvielen. Yvonne Névejan, de directrice van het Nationaal Werk voor Kinderwelzijn, maakt geld, medewerkers en gebouwen van een grote nationale instelling vrij om joden te verstoppen en om de kosten van het onderduiken te betalen.

In 1942 stichtten acht mannen, onder wie een katholiek, een communist, een ingenieur van Bessarabische afkomst, een Nederlander en een niet-joodse Belg het Comité de Défense des Juifs. Het maakte deel uit van het Onafhankelijkheidsfront, de grootste verzetsorganisatie. Ondanks zijn Franse naam werkt het comité in het gehele land. Er bestaat dan al een Association des Juifs de Belgique (Vereniging van Joden in België), maar die bij Duitse verordening opgerichte organisatie is vergelijkbaar met de Joodsche Raad in Nederland. In Nederland weigeren sommige mensen mee te werken en duizenden luisteren gelukkig niet naar de bevelen van de Raad. In België dicteert het Comité de Défense wat de Association moet doen en dat gaat regelrecht in tegen de Duitse eisen. De Association heeft het Comité alle speelruimte moeten laten; in de Association zitten zelfs mensen die voor het Comité werken.

Het Comité krijgt blanco identiteitsbewijzen toegestopt van lagere ambtenaren en van burgemeesters, bijvoorbeeld in mijn geboorteplaats Ukkel, het krijgt duizenden ravitailleringsbonnen via het ministerie van Landbouw en de stad Antwerpen. In Antwerpen wordt het verbindingswerk gedaan door niet-joden want de straat is voor joden zelf te gevaarlijk. In Brussel zouden nota bene rexistische militiemannen tipgevers worden.

De Belgische administratie was voor de oorlog veel minder overzichtelijk geordend dan de Nederlandse en beschikte over minder gegevens. De Duitsers waren daar met hun Pruisische ambtenarentraditie niet in het minst op voorbereid. Ze wisten zich geen raad met die myriaden handigheidjes. En dat een overheidsambtenaar níét zou gehoorzamen aan een order van hogerhand, dat ging het Duitse verstand kilometers te boven. Wij, Belgen, weten dat je daar altijd rekening mee moet houden.

Uit verslagen van de SS, de *Sicherheitspolizei* en het *Auswärtige Amt* (Buitenlandse Zaken) blijkt dat de joden veel hulp ontvingen van de arische bevolking en vaak ontsnapten met behulp van valse identiteitsbewijzen. O, die arische Belgen hebben het voor de oorlog wel eens gehad over vuile jood of smous. Maar als die vuile joden in hun eigen straat door gespuis in zwart uniform uit hun huis worden gejaagd en als bang wild voortgedreven, dan denkt diezelfde Belg: ja maar nee zo niet hè, maat, nu zijn ze toch aan 't overdrijven, en verschaft onderduikadressen bij nonkel pastoor in de Kempen of wijst een SS'er de verkeerde straat aan. 'Joden? Hier? Nee, zulle.' Gezag is er en dat moet je dulden, dat is nu eenmaal het leven. Maar meewerken? Dat gaat te ver.

In vredestijd is zo'n houding nogal hinderlijk, in bezettingstijd is zij een zegen. De Brusselse politie bijvoorbeeld weigerde zomaar joden te arresteren. Zij wilde geen burgers oppakken die niets misdaan hadden. In Brussel probeerde de overheid de geringe speelruimte die de Duitsers haar ondanks alles moesten laten ten volle te gebruiken. Die houding heeft de Duitse plannen doorkruist.

In juli 1942 kregen de eerste joden het bevel om zich naar de Dossinkazerne in Mechelen te begeven voor verplichte tewerkstelling. Dat was verdacht, want ook bejaarden, vrouwen en kinderen moesten mee. Van de ongeveer tienduizend opgeroepen joden zou veertig procent komen opdagen.

Op 4 augustus 1942 vertrekt vanuit Mechelen het eerste konvooi naar Auschwitz. De Duitsers zien in dat ze de joden niet zullen kunnen vangen zonder razzia's. Ze houden er vier grote, drie in Antwerpen, één in Brussel. In Antwerpen merken de Duitsers op de eerste dag van de tweede razzia dat er politieagenten zijn die hier niets van willen weten. De agenten waarschuwen de joden. Ze dwarsbomen dus de Duitse plannen. Naar het schijnt doen ze dat soms in ruil voor geschenken van de joden. De Duitsers dreigen onwillige agenten naar het concentratiekamp van Breendonk te sturen. De tweede dag treden de Antwerpse politieagenten wel op, ze gebruiken geweld. De Duitsers dreigden ermee politiemensen op te sluiten in het kamp van Breendonk. Voor de volgende razzia zullen de Duitsers niet meer samenwerken met Antwerpse politieagenten. Na de Antwerpse razzia's zijn naar schatting vijftienduizend mensen uit het stadscentrum verdwenen. Er komt geen noemenswaardige reactie. De oorlogsburgemeester zwijgt in alle talen.

Meer dan ooit duiken de joden onder. Vanaf de winter van 1942 glippen twee op de drie mensen die aan de razzia's zijn ontsnapt door de mazen van het SS-net en tot de bevrijding in september 1944 zullen enkele Belgische joden zelfs in de openbaarheid blijven leven. Ter vergelijking: in Nederland zullen joden nog tot in juni 1943 gehoor blijven geven aan de oproepen van de Joodsche Raad om zich te melden voor deportatie.

Nog één ding. De joden zijn in België zeer actief geweest in het gewapend verzet. Ze hebben dus niet alleen kunnen rekenen op het Comité en op dat mengsel van chaos, katholicisme, het omzeilen van regels en kleine, snelle hulp, *ni vu ni connu* (wat je niet ziet, weet je niet), dat zo Belgisch is. Ze hebben *gevochten* tegen hun beulen, ze hebben zich niet als schapen naar de slachtbank laten leiden.

Zo zijn er van het zestiende konvooi dat met 999 joden uit de Mechelse Dossin-kazerne vertrekt richting Polen 177 ontsnapt en uit het twintigste konvooi alles samen 231 op 1631. De gedeporteerden hadden zelf in Mechelen beitels, koevoeten en dergelijk tuig de wagons binnengesmokkeld.

Maar voor ze zelf hun wagons begonnen open te breken kregen ze totaal onverwacht hulp van buitenaf. Drie kerels van vooraan in de twintig overvielen de trein in het holst van de nacht, bij het dorpje Boortmeerbeek. Ze waren er op de fiets naartoe gereden vanuit Brussel. Met hun drieën hadden ze één revolver, vier nijptangen, één stormlamp en een vel rood papier. Ze slaagden erin vijftien joden te bevrijden. Daarna reed de trein door en pas kilometers verderop zullen nog tientallen anderen op eigen kracht ontsnappen. De drie jonge mannen heten Robert Maistriau, Jean Franklemon en Georges Livschitz. Later zullen de Duitsers Livschitz arresteren en fusilleren. De overval van Boortmeerbeek is de *enige die ooit op een jodentransport is gepleegd in heel Europa.*

Ik heb het voorrecht gehad de stokoude Robert Maistriau te ontmoeten. Een vrolijke, krasse baas was hij en hij vroeg zich af waarom iedereen het voortdurend wilde hebben over dat ene, korte moment. Ik heb zoveel andere dingen gedaan in mijn leven, zei hij grinnikend. Bij het spoor in Boortmeerbeek staat nu een monument: *Vriend voorbijganger, toon eerbied voor deze heldhaftige handen. Zij hebben hen gered, die door de krachten van het kwaad naar de hel werden gezonden.*

Bij de bevrijding komt de uitbarsting, vreugde, woede, de zuivering. In België hoor je in plaats van de term zuivering zeer algemeen het woord repressie gebruiken. Het blijft een thema in onze politiek. De amnestie voor collaborateurs wordt gevraagd. In 1997 diende de christendemocraat Suykerbuyk een voorstel van decreet in bij het Vlaamse parlement waardoor slachtoffers van de oorlog en van de repressie een kleine vergoeding konden krijgen. De meerderheid in de bevoegde commissie kon pas tot stand komen met de stemmen van het Vlaams Blok. Ik heb met Suykerbuyk over zijn voorstel van decreet gediscussieerd. Mensen die geleden hebben onder de bezetting kun je toch niet op één hoop gooien met mensen die fout waren en die daarvoor gestraft zijn, vond ik. Suykerbuyk was niet in staat dat te begrijpen. En met hem zijn vele flaminganten niet in staat dat te begrijpen.

Ik begrijp niet dat zij dat niet begrijpen. Overigens is het Vlaamse parlement niet eens bevoegd in deze zaak.

De zuivering werd vooral uitgevoerd door het Belgische krijgsgerecht. Ongeveer zes op duizend mensen zijn veroordeeld, dit wil zeggen, zeven op duizend in Vlaanderen en vijf op duizend in Wallonië en Brussel. Recent onderzoek wijst uit dat 62 procent van de repressievonnissen en zuiveringsbeslissingen in het Nederlands is opgesteld en 38 procent in het Frans; die verhouding wijkt nauwelijks af van de cijfers inzake taalgebruik die de volkstelling van 1947 geeft.

In Vlaanderen was de collaboratie in de meeste gevallen klein; een relatief hoog percentage mensen werd veroordeeld omdat ze lid waren van een of andere min of meer Duitsgezinde organisatie. Dat noemt men de politieke en culturele collaboratie. In Wallonië en over het algemeen in Franstalig België werd strenger gestraft dan in Vlaanderen en werden meer doodvonnissen uitgesproken én uitgevoerd. In België zijn meer gevangenisstraffen opgelegd dan in Nederland of in Frankrijk, maar bijvoorbeeld minder dan in Noorwegen.

Je hoort in Vlaams-nationale kringen nog altijd spreken over de overdreven straffen die werden uitgesproken. België bevindt zich in de buurt van het Europees gemiddelde, dus op dat punt hebben ze ongelijk. Maar August Borms was zo ziek dat ze hem op een stoel moesten vastbinden om hem te kunnen executeren. Ik deel de beate bewondering van een aantal Vlamingen voor Borms helemaal niet, integendeel, ik had het in dit hoofdstuk al over zijn politieke stupiditeit, zijn ijdele fratsen en vooral over zijn kruiperigheid. Maar hier is een begrijpelijke wraak haar doel ver voorbijgeschoten en beland in krasse onmenselijkheid.

Ik heb het ook niet over de excessen die bij de bevrijding zeker zijn voorgekomen. Excessen moet je nooit goedpraten, wel kun je volkswoede begrijpen na jaren wrede bezetting. Bovendien had de regering die pas uit haar Londense ballingschap was teruggekomen de grootste moeite om haar gezag te laten aanvaarden. De volksrepressie verzinkt in ieder geval in het niet bij wat de Duitsers hier hebben uitgespookt. En hadden de Duitsers en hun Belgische medestanders zelf niet vier jaar lang brutaal gedemonstreerd hoe je mensen straffeloos kon beroven en hoe weinig een mensenleven waard was? De kritiek van Vlaamse zijde vind ik grotendeels een vorm van zelfbeklag die weinig rekening houdt met de feiten. Dit wil niet zeggen dat er op de zuivering niets aan te merken valt.

Ten eerste zijn de grote economische en financiële collaborateurs vrijuit gegaan; ze waren onmisbaar voor de wederopbouw, dat is de redenering geweest. De kleintjes hard straffen en de groten vrijuit laten gaan, is een beschaafde justitie onwaardig.

Ten tweede zijn er aanwijzingen dat geprobeerd is het Vlaamse nationalisme eens en voorgoed uit te schakelen. De Vlaamse nationalisten van het VNV hadden van de bezetting gebruikgemaakt om zich te nestelen in een groot aantal machtsposities. De nationaalsocialistische retoriek namen ze op de koop toe. De nieuwe machthebbers na de oorlog, die voor de oorlog het VNV al als een geduchte concurrent beschouwden, zagen nu hun kans schoon: ze konden hun rivalen voor het leven hun burgerlijke en politieke rechten ontnemen. Vooral belgicistische katholieken zagen dat graag gebeuren. Anderzijds is het niet uitgesloten dat sommige socialisten en liberalen korte tijd geprobeerd hebben een aantal katholieke kiezers hun kiesrecht te ontnemen door middel van de zuivering. Zo werd de behandeling van collaborateurs het voorwerp van bekrompen partijpolitiek en dat kan nooit de bedoeling zijn geweest.

Ten derde, vooral de massa's nogal willekeurig geïnterneerden kwamen in een toestand van rechteloosheid terecht doordat de Belgische justitie, en vooral dan het krijgsgerecht, overrompeld werd door tienduizenden gevallen, wat zorgde voor chaos en verwarring.

Ten vierde was de strafmaat onverbiddelijk in de eerste maanden na de bevrijding, later relatief mild. Voor zeer vergelijkbare feiten werd in de beginperiode de doodstraf gegeven, enkele maanden later twintig jaar gevangenis. De strenge straffen die in de beginperiode werden uitgesproken, hadden tot gevolg dat vanaf 1946 vaak genade of eerherstel werd verleend en dat veroordeelden vervroegd werden vrijgelaten.

Ten vijfde verschilde de strafmaat sterk van rechtbank tot rechtbank. Dat had niets met taal te maken, de verschillen tussen de Vlaamse rechtbanken zijn bijvoorbeeld opmerkelijk; het had alles te maken met slechte, laten we maar zeggen niet-bestaande coördinatie. Het is een ziekte waaraan de Belgische justitie tot vandaag lijdt. Bijvoorbeeld, inzake softdrugs voert de ene procureur een gedoogbeleid, de andere wil harde repressie. Het toeval heeft dus in de rechtsbedeling een veel te grote rol gespeeld, in een periode en voor feiten die heftige emoties loswoelden.

Ten zesde zijn enkele gestrafte collaborateurs na de oorlog wonderlijk snel gerehabiliteerd en hebben ze nog tientallen jaren topfuncties in economie en politiek bekleed. Kleine collaborateurs die het volle pond gekregen hebben, zijn natuurlijk rancuneus. Victor Leemans werd op Duits bevel en zeer naar eigen zin secretaris-generaal op Economische Zaken. Hij was daar niet alleen nuttig voor de Duitsers maar ook en vooral voor de Belgische financiële en economische belangen. Na de bevrijding ging hij de gevangenis in, maar al in 1949 was hij senator voor de christendemocraten. De katholieke partij (CVP toen) bezette handig het terrein dat het VNV noodgedwongen had ontruimd. Leemans is in 1965 voorzitter van het Europees Parlement geworden, ondanks protest van Europese organisaties van verzetslieden, en vlak voor zijn dood werd hij nog beheerder van de bank van de Société Générale. Dat is een bekend en zelfs een berucht voorbeeld, maar het is lang niet het enige.

In Van Dale staat bij amnestie: 'algemene kwijtschelding van straf, m.n. voor politieke misdrijven'. Een synoniem is generaal pardon. Pardon betekent volgens datzelfde onvolprezen woordenboek: '(jur.) kwijtschelding van de wettelijke gevolgen van een misdrijf'. In die zin vind ik amnestie nu gewenst, behalve voor de zware gevallen. Maar in Vlaanderen wordt met amnestie vaak bedoeld: eerherstel. Dat kan alleen maar als er van een gerechtelijke dwaling sprake is geweest. Meestal is dat niet het geval en is er dus ook geen eer die hersteld kan worden. In geen enkel land wordt collaboratie, zelfs niet als iemand uit naïviteit heeft gecollaboreerd, gedoogd. Eerloosheid, of die nu het gevolg is van politieke domheid of van bewuste schurkachtigheid, mag in geen geval worden omgetoverd tot eer. Dat zou verraad zijn aan de gevoelens en vooral aan het leed van de overdonderende meerderheid van de *Vlaamse* mensen tijdens de oorlog.

Toen Leopold III stierf, was hij al tweeëndertig jaar geen koning meer. Zijn zoon Boudewijn besteeg de troon in 1951 en bleef er meer dan veertig jaar op zitten, discreet en bekwaam regerend, geliefd bij het grootste deel zijner onderdanen. Dat Leopold III zijn eigen regeertijd zo lang overleefd heeft, is het gevolg van de Koningskwestie, die van 1945 tot 1951 de passies in België hoog opgezweept heeft en het land tot aan de rand van de burgeroorlog heeft gebracht.

In 1940 maakte de constitutionele vorst Leopold III ruzie met zijn regering. Hij bleef in bezet België, de regering week uit naar Londen. Leopold had gezegd dat hij het lot van zijn soldaten wilde delen. Hij keerde terug naar zijn paleis in Laken als krijgsgevangene van de Duitsers en weigerde dus zijn ministers te volgen, die hij minachtte en aan wie hij een hartgrondige hekel had. Dat gebeurde allemaal in de opperste verwarring, terwijl anderhalf miljoen Belgen naar Frankrijk vluchtten, waar zij de beschamende debacle van het glorierijke Franse leger en de Franse republiek met eigen ogen konden aanschouwen. De regering, die zich nog niet opnieuw bij elkaar had geraapt in het veilige Londen, maar ontredderd door Frankrijk zwalpte, heeft Leopold laten weten dat ze wilde aftreden zodat met de Duitsers over vrede onderhandeld kon worden. Leopold wees dat af. Historisch onderzoek heeft aangetoond dat Leopold volledig op de hoogte was van de pogingen van de hoogste Belgische kringen om België in te schakelen in de nieuwe orde, dat hij niet afkerig was van dergelijke ideeën en dat hij zelfs geprobeerd heeft een eigen buitenlandse politiek te voeren. In 1945 was dat niet publiek bekend.

Maar al te goed bekend was dat Leopold allerminst het lot van de Belgische krijgsgevangenen had gedeeld tijdens de bezetting. De lustige weduwnaar Leopold was hertrouwd met Liliane Baels, de dochter van de gouverneur van West-Vlaanderen. Het kerkelijke huwelijk ging het burgerlijke vooraf, wat streng verboden is volgens artikel 16 van de Belgische grondwet (oude nummering). Er was haast bij, Liliane was in verwachting. Dat gebeurde allemaal met de zegen van kardinaal Van Roey. Zijne Eminentie was van oordeel dat katholieken zich nooit door bewuste grondwetsbepaling gebonden hadden gevoeld. Maar gebonden of niet, tienduizenden gewone mensen beschouwden het koninklijk huwelijk als verraad. Een gewone krijgsgevangene kon alleen smachten naar zijn toekomstige, maar met haar trouwen, nee.

En Leopold heeft een onderhoud gehad met Hitler in Berchtesgaden. Hij heeft Hitler gevraagd of hij de onafhankelijkheid van België kon waarborgen. Hij vroeg om de vrijlating van de Belgische krijgsgevangenen en om een verbetering van de bevoorrading. Dat contact alleen al kon politiek onmogelijk worden goedgepraat.

André de Staercke, tijdens de oorlog de secretaris van de Belgische regering in ballingschap en van prins-regent Karel na de bevrijding, intimus van Churchill, schrijft over Leopold III: 'Il réussit à se donner Churchill comme adversaire sans parvenir à se donner Hitler comme ami.' (Hij slaagde erin Churchill tot vijand te maken zonder dat hij Hitler tot vriend kon maken, mijn vertaling).

Leopold kon in 1945 niet opnieuw de leiding van het land in handen nemen, aangezien de Duitsers hem in juni 1944 met zijn gezin hadden overgebracht naar de omgeving van Dresden. Pas in mei 1945 werd hij door de Amerikanen in het Oostenrijkse plaatsje Strobl bevrijd. Intussen had België een staatshoofd nodig en dus legde 's konings broer prins Karel al op 21 september 1944 de eed af als prins-regent. Karel, bohémien, non-conformist, oefende zijn functie intelligent en gewetensvol uit. Je mag stellen dat hij de monarchie in België een grote dienst bewezen heeft door de moeilijke naoorlogse periode te overbruggen, want de republikeinse tendensen waren krachtig. Dat heeft niet belet dat hij later in conservatieve kringen (en natuurlijk ook door collaborateurs) werd afgeschilderd als een soort crapuleuze losbol, die met wreedaardige onverschilligheid doodvonnissen ondertekende van onschuldige Vlaamse idealisten. Ten onrechte. Karel heeft zijn taak gewetensvol vervuld, in ieder geval met meer inzicht in en respect voor de democratische instellingen dan zijn broer Leopold. Hij was omringd door uitstekende raadgevers en hij luisterde ook naar wat ze zeiden. Dat hij doodvonnissen ondertekende, was onvermijdelijk in dat tijdsgewricht. Historici zijn het erover eens dat Karel de monarchie in België zo niet gered, dan toch een grote dienst bewezen heeft. Het loon dat hij daarvoor zou krijgen van Leopold was kille, zeg maar gemene ondank.

De Londense regering werd afgelost door een nationale coalitie van katholieken, socialisten, liberalen en communisten, onder leiding van de gehaaide en krachtdadige Brugse socialist Achille van Acker. Die sprak alleen West-Vlaams dialect en een sissende variant van het Frans en zijn populaire bijnaam was Assiel Sarbong (Achille Charbon, Achille Steenkool), omdat dankzij zijn beleid in verbazend korte tijd de steenkoolontginning weer op gang kwam. *D'abord j'agis et puis je réfléchis* (daboor zazie epie ze refflesie, eerst handelen, dan pas nadenken) is een nog steeds geciteerde uitspraak van hem. Hij heeft gezorgd voor de bliksemsnelle wederopbouw van het land en voor de sociale zekerheid die tot nu toe stand heeft gehouden – en hij wilde niet dat Leopold zomaar terugkwam. Uit diens hofhouding moesten de heren worden verwijderd die te veel naar de Duitsers hadden gelonkt, Leopold zelf moest openlijk hulde brengen aan de geallieerden en verklaren dat hij een voorstander was van de parlementaire democratie. Leopold weigerde dat. We kunnen slechts gissen waarom. Hij wilde alleen terugkomen na een volksraadpleging. De bakens waren gezet.

In de loop van de Koningskwestie werd Leopold III een symbool dat het land scherp verdeelde. Vóór hem waren de katholieken en was Vlaanderen, tégen hem waren de socialisten, de gevaarlijke communisten en Wallonië. Voor zijn tegenstanders was hij *le roi des inciviques*, de collaborateurskoning, voor zijn medestanders was hij de dam tegen de baarlijke bolsjewistische duivel uit het oosten, de ridder zonder vrees of blaam der christenheid.

Leopold III wilde en kreeg het referendum. In onze grondwet staat geen woord over volksraadplegingen en normaal wordt de wil van de natie uitsluitend in het parlement kenbaar gemaakt, maar *adviserende* raadplegingen zijn mogelijk. Op 12 maart 1950 stemde 57,68 procent voor Leopolds terugkeer, 42,32 procent was ertegen. Een mooie meerderheid, maar in België ligt dat toch weer even anders. In Vlaanderen stemde 72 procent *ja*, in Wallonië stemde 58 procent *nee* en in Brussel stemde 52 procent *nee*. Van de provincies stemden er maar twee tegen Leopold, de Waalse industriegebieden Luik en Henegouwen, en in Brabant was de verhouding 50-50. Alle Vlaamse provincies en de Waalse provincies Namen en Luxemburg stemden in meerderheid voor Leopold.

De koning kon dus terugkomen, maar het was zeer de vraag of heel het land hem nog zou erkennen. Was hij nog wel de koning van álle Belgen? Tijdens de Koningskwestie werden in Luik ernstige gesprekken gevoerd over een Waalse afscheiding; Waalse meetings en betogingen volgden elkaar op; de Luikse vakbondsleider André Renard, die tien jaar later de grote staking van 1960-1961 zou leiden, sprak voor tienduizenden toehoorders over zijn droom van een socialistisch en democratisch Wallonië. Dat Renard geen geïsoleerde schreeuwlelijk was, zoals zijn tegenstanders hem graag afschilderden, bewezen de stakingen die nauwelijks een week na het referendum uitbraken. Op 24 maart legden een kwart miljoen Waalse arbeiders, kantoorbedienden en ambtenaren het werk neer. Maar het was geen zuiver Waalse zaak. In Vlaamse industriesteden als Gent of Antwerpen of Aalst had een substantiële minderheid tegen Leopold gestemd en in de loop van de maand maart werd ook daar en elders in Vlaanderen gestaakt. Er bestond dus een tegenstelling tussen Vlaanderen en Wallonië én een tegenstelling tussen de georganiseerde arbeiders en de rest van de bevolking én een tegenstelling tussen klerikalen en antiklerikalen, want de even burgerlijke als vrijzinnige liberalen zouden zich langzamerhand achter de socialistische positie scharen. Telkens als die drie tegenstellingen samenvallen, staat België op barsten.

Van buitenaf leek het of de socialisten een politiek voerden van relletjes en stakingen. In feite hebben ze zich, en vooral hun voorman, de welsprekende, de massa's opzwepende volkstribuun Paul Henri Spaak, de blaren op hun tong onderhandeld om telkens nieuwe compromissen te vinden. In de katholieke CVP wilde een ultraklerikale vleugel het rode janhagel trotseren en de koning onvoorwaardelijk terughalen: er was een meerderheid, dus waarom al die drukte? Maar aan de top van diezelfde CVP liepen ook andere lieden rond, die matigheid betrachtten en al hun vindingrijkheid bij elkaar schraapten om telkens opnieuw uitwegen te vinden.

Eerst wilde Leopold vermijden de koning van één partij, de katholieke, te worden. Maar gaandeweg raakte hij politiek steeds meer geïsoleerd, omdat hij niet alleen niet langer de koning van de Vlamingen was en zelfs niet meer van de katholieke Vlamingen, maar uitsluitend nog de koning van het meest onverzoenlijke, conservatieve deel van de katholieke partij, de koning dus van één groep binnen één partij. In 1950 waren de liberalen het in grote trekken eens met de socialisten, alleen houden liberalen niet zo erg van straatrumoer.

Bij de verkiezingen van 4 juni 1950 haalde de CVP voor het eerst en voor het laatst sinds de oorlog de absolute meerderheid in Kamer en Senaat. Een homogeen katholieke regering werd gevormd die iets deed wat, gezien haar politieke gewicht, wel begrijpelijk is, maar toch in de Belgische politiek uiterst zeldzaam blijft: ze drukte eenzijdig, zonder ook maar enigermate rekening te houden met de oppositie, haar wil door. De koning had laten weten dat hij niet langer bang was als koning van één partij beschouwd te worden en dat hij wenste terug te keren onder een homogeen katholieke regering. Het regentschap van Karel werd officieel opgeheven en Leopold kwam terug naar België.

Vijfduizend gendarmes en soldaten hielden de wacht tussen het legervliegveld van Evere bij Brussel, waar Leopold landde, en zijn paleis in Laken, eveneens bij Brussel. Heden ten dage zijn we zo gewend geraakt aan belachelijk, want zinloos, machtsvertoon van massa's arrogante, tot de tanden gewapende randdebielen die zichzelf veiligheidsagenten noemen, dat we vijfduizend uniformen op een nogal korte route acceptabel vinden. In 1950 was het een onbetamelijke machtsontplooiing.

Geen week later was de staking algemeen in Luik, ze breidde zich de daaropvolgende dagen snel uit over heel Wallonië en vervolgens naar Gent, Antwerpen, Brussel, Vilvoorde, Oostende, Mechelen en zo verder. In Grâce-Berleur bij Luik schoot de rijkswacht drie arbeiders dood. Meer dan honderdduizend mensen uit het hele land woonden hun uitvaart bij. Van andere Belgen kreeg Leopold de eerste dagen na zijn terugkeer een grootse bloemenhulde. De trappen van zijn paleis verdwenen van onder tot boven onder verwelkende ruikers.

Vanaf 31 juli begonnen stakers naar Brussel af te zakken. Antileopoldistisch België organiseerde onder leiding van de socialistische vakbond ABVV een mars tegen Brussel. De regering riep de eerste legereenheden uit het bezette Duitsland terug.

De dagen die nu volgen zijn verward en verwarrend. Tussen de zonsondergang van 30 juli en de zonsopgang van 1 augustus wordt een reeks nachtelijke kabinetsraden gehouden en ontmoet Leopold drommen politieke prominenten, die soms niet eens van elkaar weten dat ze met Leopold hebben gesproken. Het resultaat is dat hij zich knarsetandend neerlegt bij zijn ontslag. Zijn zoon Boudewijn zal meteen de eed afleggen, maar volgt hem officieel pas in 1951 op, wanneer hij meerderjarig wordt.

Leopold komt uit de Koningskwestie naar voren als een hogelijk starre, autoritaire persoonlijkheid, op het onbeschofte af, iemand die gaandeweg zijn greep op en zelfs zijn contact met de politieke werkelijkheid verliest. Hij heeft zijn zin doorgedreven, het referendum ís gehouden, hij heeft nogmaals zijn zin doorgedreven, hij keert terug, onvoorwaardelijk, en nog wil hij verdergaan. Terwijl stakers massaal naar Brussel trekken, terwijl compromisvoorstellen waar én socialisten én katholieken achter staan, op tafel liggen, probeert hij tegen de zin van zijn katholieke ministers (op één na) een nieuwe regering te vormen van ultraleopoldisten met een autoritair programma. Pas toen dat niet lukte, gaf hij toe. Zijn hele optreden lijkt meer op dat van een absoluut dan van een constitutioneel monarch.

Leopold en met hem de harde kern van de katholieke partij zondigden tegen de fundamenteelste regel van de Belgische politiek, tegen de *evenredigheid*. De katholieken zagen in de Koningskwestie een middel om andere volksdelen voorgoed of toch lange tijd van de macht weg te houden en eigen oplossingen eenzijdig mogelijk te maken. De socialisten en de liberalen waren er als de dood voor om van de besluitvorming uitgesloten te worden en hadden dus veel, ja, alles veil om dat te verhinderen. De oplossing was zo Belgisch als het maar kon: een compromis tussen katholieken, socialisten en liberalen.

Op 11 augustus 1950 legde kroonprins Boudewijn de grondwettelijke eed af als plaatsvervanger van zijn vader. Hij deed dat voor de verenigde Kamers van het parlement. In de doodse stilte voor Boudewijn de gelijke woorden uitsprak, riep de voorzitter van de Communistische Partij, Kamerlid Julien Lahaut: *Vive la République!*

Op 18 augustus 1950 werd hij in het deurgat van zijn huis in de Luikse arbeidersvoorstad Seraing doodgeschoten door onbekenden. Het gerecht heeft de moordenaars nooit gevonden.

Vijfendertig jaar na de feiten hebben de historici Van Doorslaer en Verhoeyen hen wél gevonden. In hun zeer gedocumenteerde studie leggen zij een verontrustende samenwerking bloot tussen de leiding van de katholieke Kerk, financiële en economische machtsgroepen, de Belgische Militaire Inlichtingendienst en de Contra-Informatie. Die konden gebruikmaken van de brede leopoldistische beweging in het land en die was op haar beurt ontstaan uit de rechtse tot extreemrechtse verzetsbeweging tijdens de oorlog. De top van die vleugel van het verzet had zeer goede betrekkingen met de onmiddellijke raadgevers van Leopold III. De moordenaars van Lahaut genoten hoge bescherming, zo hoog dat het gerecht hen nooit heeft kunnen, of liever, willen vinden. In het onderzoek zijn ondubbelzinnig aanwijzingen in de juiste richting gegeven, zelfs meer dan één keer. Ook dat is België.

De twee historici hebben dat fanatiek anticommunistische netwerk blootgelegd, maar ze zijn met hun informanten overeengekomen de naam van de daders te verzwijgen.

De politici die bij de Koningskwestie betrokken waren, hebben allemaal tot hun dood gezwegen. De Belgische archiefwet is de achterlijkste ter wereld. De boeken blijven honderd jaar dicht en gauw zal dat niet veranderen.

De taal is gansch het volk

Taalgrens

Op zondagen gaan we wel eens op bezoek bij een bevriend gezin in het dorpje Sint-Joris-Weert ten zuiden van Leuven. Die mensen wonen vlak bij de Dijlevallei en het Meerdaalwoud, je kunt er prachtig wandelen. Loop je naar de Dijle toe, dan kom je langs een paar huizen in een eindje straat naast de spoorweg. De bewoners spreken er Nederlands, of tenminste dat rare dialect waarin een huis een *èës* en buiten als *bèëte* wordt uitgesproken. Loop je de andere kant uit, naar het Meerdaalwoud of via een omweg naar het volgende dorp, dan steek je zonder het te merken de belangrijkste demarcatielijn van het koninkrijk over én de grens tussen Noordwest- en Zuid-Europa. De bosgrond geurt hier net zo romantisch als daarnet, de straat maakt een bocht zoals duizenden straten elders bochten maken.

Het huis van onze vrienden hebben we een paar minuten geleden haast slenterend verlaten. De villa in het bos ziet er uitgesproken Belgisch uit, de huizen langs de straat zo mogelijk nog Belgischer. Alleen spreken de bewoners hier Frans of een Waals dialect. Ze verstaan geen half woord Nederlands. Ze hebben met de tien kilometer verderop gelegen internationaal beroemde universiteitsstad Leuven niets te maken. Af en toe bezoeken ze er de vrijdagmarkt. Als de marktkramer een woordje Frans brabbelt hebben ze geluk. Anders behelpen ze zich met gebarentaal. In het dorpje Sint-Joris-Weert komen ze nooit. Ze gaan naar hun eigen Waalse dorpje Nethen.

De taalgrens is hier en op vele plaatsen in België eeuwenoud en messcherp. In het gezin van mijn vriend wordt wel eens *Vrij Nederland* gelezen. Van Dale staat er op de boekenplank. De kinderen lezen Guust Flater-strips, Thea Beckman, Bart Moeyaert en later Willem Elsschot of misschien Vitalski. Pa en ma kennen Godfried Bomans nog uit hun schooltijd, ze hebben weet van Boudewijn de

Groot, Bram Vermeulen, Koot en Bie en Pauw & Witteman. Zijn het overtuigde Groot-Nederlanders? Geen haar op hun hoofd denkt eraan. Maar hun buren tweehonderd meter verderop kijken naar de RTBF en hun kinderen lezen op school *Les malheurs de Sophie* en thuis Gaston Lagaffe-strips (waarvan Guust Flater de Nederlandse vertaling is).

Alle Vlamingen weten wat de RTBF is en ik ken een heleboel Vlamingen die liever Tintin lezen in het Frans dan Kuifje in het Nederlands. Walen hebben geen flauw benul van het Nederlandse tv-aanbod, laat staan van de literatuur. Voor hen is de taalgrens in noordelijke richting hermetisch afgesloten, waterdicht. De taalgrens is absoluut.

Of moet ik zeggen: was? In het naburige dorpje Sint-Agatha-Rode woont een ander bevriend echtpaar op een heuvelhelling. Vanuit hun tuin zien ze een andere, beboste heuvelhelling. Dat is Wallonië. Hun kinderen gingen naar de dorpsschool, een paar minuten te voet, kleine paadjes, een holle weg. De helft van de kinderen in die dorpsschool komt van bij die andere heuvelhelling, van over de taalgrens, van Nethen misschien of anders wel van Pécrot. Hun Waalse ouders vinden dat je niet jong genoeg Nederlands kunt leren. Hún ouders zouden er nooit zo over hebben gedacht. Maar de tijden zijn veranderd. Kijk, we wonen nou toevallig met onze neus bovenop die taalgrens, waarom zouden onze kinderen daar niet hun voordeel mee mogen doen?

Eeuwenlang, tot voor kort, tot gisteren als het ware, was dat absolute karakter van de taalgrens haar meest in het oog springende eigenschap, haar meest raadselachtige ook. Ze bezat die eigenschap niet overal, er zijn van oudsher menggebieden geweest. En hier en daar is ze in de loop der eeuwen opgeschoven.

De taalgrens loopt dwars door België in oost-westelijke richting. Sinds de Taalwet van 1962 valt ze samen met de provinciegrenzen.

Tot voor kort was de provincie Brabant een apart geval omdat de taalgrens er dwars door sneed. Nu is het noordelijke deel een aparte provincie geworden met de historisch absurde naam Vlaams-Brabant; ook *le roman pays*, Waals-Brabant, is een provincie geworden. Het hertogdom Brabant werd voor het eerst in twee stukken gescheurd na de val van Antwerpen in 1585. Spanje onderdrukte het zuidelijke deel, het noordelijke deel werd Generaliteitsland. Tijdens de Franse bezetting hebben de machthebbers in Parijs het resterende Zuid-Brabant (en een stukje Generaliteitsland) in tweeën gebroken tot département des Deux-Nèthes en département de la Dyle. België hakt met een onverbiddelijke federale bijl het oude hertogdom definitief aan spaanders: Vlaams-Brabant, Waals-Brabant en het tweetalige Brussel, dat bij geen enkele provincie hoort. Misschien kunnen die spaanders op hun beurt worden versplinterd. Hoelang zal het nog duren voor ten westen van Brussel het Pajottenland zijn onvervreemdbare rechten als jonge natie opeist?

Zei daar iemand dat Brussel tweetalig is? Klopt dat wel?

Kijk naar de straatnaamborden, kijk naar de wegwijzers, er is geen twijfel mogelijk. Het Brusselse gewest bestaat uit negentien tweetalige gemeenten en zal zich, alle stedenbouwkundige ontwikkelingen ten spijt, naar alle waarschijnlijkheid nooit uitbreiden. De grens van Brussel geldt officieel als taalgrens, niet tussen Vlaanderen en Wallonië, want Wallonië en Brussel raken elkaar nergens, nee, taalgrens tussen de zone waar Frans en Nederlands de officiële talen zijn, in principe op gelijke voet, en de zone waarin alleen het Nederlands de officiële taal is. De uitbreiding van Brussel en dus van het systeem van tweetaligheid zou gebeuren ten koste van Nederlandstalig gebied, want Brussel vormt een eiland binnen dat gebied. Het is een punt waarop de Franstaligen al jaren aandringen, waarop de Vlamingen al jaren nee blijven zeggen. Het probleem dat nu al jaren de politieke discussie behekst, het probleem dat ons het wereldrecord lang regeringsonderhandelen heeft opgeleverd, en dat we schroomvallig, zoals vrome joden hun godheid, met mysterieuze medeklinkers aangeven, het probleem BHV, heeft daarmee te maken. Laat dit voorlopig volstaan. Straks zal ik u, lezer, deze geheimenissen verklaren. Althans, ik zal het pogen.

Wie de taalgrens bekijkt, merkt dat er twee andere taaleilandjes bestaan. Eén ligt in het westen van het land, het andere in het oosten. Dat laatste stukje België was ooit berucht in de hele wereld. Het heet Voeren.

In 1962 legde het parlement de taalgrens vast. Voeren – dat toen nog uit zes zelfstandige dorpjes bestond – werd overgeheveld van de hoofdzakelijk Franstalige provincie Luik naar de Nederlandstalige provincie Limburg. Prompt protesteerden de Voerenaars. Niet dat hun taal Frans zou zijn. De Voerenaars spreken, behalve Nederlands en Frans en soms ook Duits, dezelfde dialecten (meervoud, naar het schijnt is er een tweedeling) als hun buren uit Nederlands Limburg. Die dialecten hoor je van Maastricht ongeveer via Eupen en verder tot diep in Duitsland. Boven die dialecten staan drie officiële talen: Nederlands in Nederland en België, Frans in België, Duits in België en Duitsland. De officiële taal is daar dus niet zomaar de zondagse versie van de dagelijkse omgangstaal. In Voeren heeft echt een taal*strijd* gewoed, hoewel de mensen zelden Nederlands of Frans spraken. Dat laatste is onder invloed van het conflict veranderd. De jongeren gingen of naar Franstalige scholen en vergaten het plat van hun voorouders, of naar Nederlandstalige scholen met een vergelijkbaar gevolg. Al geruime tijd komen echter ook veel mensen uit Nederland in Voeren wonen. De autochtonen noemen hen Hollanders, maar dat klopt niet, want de meesten zijn afkomstig uit het gebied net over de grens. Een vermakelijk neveneffect van die immigratie is dat de zogenaamde Hollanders nog wel de streektaal gebruiken.

Voeren grenst aan Nederlands Limburg, onderaan ertegenaan geplakt, maar het heeft geen centimeter grens met Belgisch Limburg. Ik heb ooit voorgesteld de omstreden gemeente aan Nederland te verkopen om zo de huizenhoge Belgische staatsschuld te delgen. Veel Voerenaars wilden niet naar Limburg omdat Luik dichterbij was en vertrouwder dan verre oorden als Tongeren of Hasselt. En de Voerenaars wilden vooral niet dat die daar in Brussel solden met hen.

Sinds de zes dorpen in 1976 gefuseerd werden, hebben de burgers van Voeren steevast een meerderheid van de lijst Retour à Liège (Terug naar Luik) naar de gemeenteraad gestuurd. De raadsleden van meerderheid en oppositie zaten elkaar broederlijk uit te schelden, niet in het Frans, niet in het Nederlands, maar in hun gedeelde dialect.

In die jaren treedt fruitkweker José Happart op de voorgrond. Happart is een echte Waal, hij komt uit de omgeving van Luik, is in zijn jeugd naar Voeren verhuisd en had na meer dan tien jaar nog geen woord dialect, laat staan Nederlands geleerd. Hij verrekte het gewoon. Zijn buren spraken Frans met hem en zijn broers en zijn ouders.

Happart was een stille, stoere man. Hij gedroeg zich uiterst beheerst en verhief nooit de stem. Zijn carrière is verbijsterend geweest. Zijn appelbomen snoeiend werd hij burgemeester, van burgemeester bracht hij het tot Europees parlementslid en boegbeeld van het gefrustreerde Wallonië. Nu heeft hij Voeren verlaten. Hij werd minister in de Waalse gewestregering, uiteindelijk voorzitter van het Waalse gewestparlement en is nu wethouder in de stad Luik.

Happart had een scherp gevoel voor politieke tactiek en ook zin voor humor. Hij ontmoette een Vlaamse vriendin van me op een feest in Luik en zei: 'Ça ne vous gêne pas, madame, de serrer la main à un terroriste?' (Stoort het u niet, mevrouw, de hand van een terrorist te drukken?) Want die reputatie had Happart destijds bij de Vlamingen. In onze kranten werd hij steevast de Voerense bendeleider genoemd. Maar Happart is al jaren uit onze kranten verdwenen.

Ook de zogenaamde Vlaamse Voerwandelingen worden niet meer georganiseerd. Enkele honderden Vlaamsgezinden, velen onder hen van uiterst rechts allooi, kwamen in gesloten gelederen de Voerenaars diets maken hoe Vlaams hun gemeente wel was. In een of andere wei botsten ze op kwaaie socialistische militanten die hadden gezworen dat Voeren Waals was en terug moest naar Luik. Op zo'n dag is een van de zeldzame schoten gevallen die in anderhalve eeuw taalstrijd gelost zijn. Gelukkig raakte niemand dodelijk gewond.

Het probleem Voeren leek zich te onttrekken aan elke oplossing, hoe vernuftig ook. Op oude dorpsvetes, die lang voor 1962 al bestonden en dus niets te maken hadden met taal, vetes zoals die in elk dorp kunnen broeien, entte zich het grote Belgische taalconflict. Voeren was het gedroomde alibi om een regering te laten vallen telkens als er andere redenen, minder populaire, opdoken om dat te doen. Wie zich inzake Voeren onverzoenlijk opstelde, zat in zijn eigen taalgroep en dus bij zijn eigen kiezers geheid goed.

Maar in de jaren negentig luwde de strijd plots. De doortastende minister van Binnenlandse Zaken Louis Tobback duldde niet dat Happart nog fratsen uithaalde of wetten naast zich neerlegde. Vlaamse en Waalse amokmakers bleven thuis. Een nieuwe wet dwong meerderheid en oppositie tot samenwerking. Nog altijd had Retour à Liège de meerderheid, maar die meerderheid slonk.

Bij de gemeenteraadsverkiezingen van 8 oktober 2000 mochten voor het eerst niet alleen de Belgische ingezetenen, maar ook de EU-burgers gaan stemmen. In Voeren zijn dat hoofdzakelijk Nederlanders. En zie, het wonder geschiedde. Retour à Liège verloor zijn meerderheid. De nieuwe burgemeester is de lijsttrekker van de Vlaamse Voerbelangen. Onmiddellijk spraken de Waalsgezinden over etnische zuivering. Maar dat is gezwollen retoriek. Beide partijen hebben elkaar het bloed onder de nagels vandaan gepest, jarenlang, en de Waalsgezinden hadden al die tijd de grootste macht om te tergen. Bij de gemeenteraadsverkiezingen van 2006 werd de tendens versterkt. Voerbelangen haalde negen zetels, Retour nog zes. Ik hoop dat vrede nu voorgoed haar intrede gedaan heeft in Voeren.

De andere enclave heet Komen, in het Frans Comines. Ze ligt klem tussen de provincie West-Vlaanderen en de rivier de Leie, die tegelijk de grens met Frankrijk vormt. Aan de Franse kant van de Leie ligt een groezelig hoopje baksteen dat eveneens Comines heet.

Toen in 1961 en 1962 het wetsontwerp over de taalgrens in het parlement werd voorbereid en besproken, lag het gebiedje nog in West-Vlaanderen. Toch werd er hoofdzakelijk Frans gesproken en de bewoners hadden met die toestand vrede. Ze wilden niet worden overgeheveld naar het verre Henegouwen. Tussen hen en die provincie lag niet zomaar een stuk België, maar een ander land. In deze streek was de taalgrens geen streep maar een wazige zone. Veel mensen zijn er tweetalig. Ik heb er een burgemeester gekend die Nederlands en Frans sprak, beide met een overduidelijk West-Vlaams accent. Het taalgedrag wil wel eens verschillen van generatie tot generatie. Komenaars zeggen dat ze echte Walen zijn, die overtuiging is een halve eeuw oud en intussen leren ze ijverig Nederlands, want werk vinden ze in Kortrijk. Bij de talentelling van 1846 zei 99,3 procent van de mensen in Neerwaasten dat ze Franstalig waren, in 1866 zei 85,8 procent dat ze Nederlandstalig waren. In 1880 vond dan weer 81 procent dat ze Frans praatten. Dat wijst niet meteen op een krachtige taalkundige identiteit. Over de (on)betrouwbaarheid van de talentelling zal ik het nog hebben.

Ondanks verzet is Komen toch deel gaan uitmaken van Henegouwen. De wetgever ging er in 1962 van uit dat taalgebieden homogeen moesten zijn en dat ze samen hoorden te vallen met de provinciegrenzen. Ten noorden van de taalgrens zou dan uitsluitend Nederlands gesproken worden, ten zuiden Frans.

Dat is de oorsprong van die twee enclaves.

Politiek wordt het anders uitgelegd. Je hoort in discussies over Voeren dat het in 1962 uitgewisseld is tegen Komen en een ander

West-Vlaams stuk dat bij Henegouwen is gevoegd, Moeskroen. Je hoort dat het voor Vlaanderen geen gunstige ruil is geweest, want in Komen wonen achttienduizend mensen en in Voeren maar vierduizend. In Komen en in Moeskroen hebben de mensen zich geschikt in de nieuwe situatie. Sindsdien is de rust er een keer verstoord in 1979, toen enkele Vlamingen een kleuterklas en een lagere school wilden oprichten en de Franstaligen vonden dat ze daar het recht niet toe hadden. Je zag op het tv-journaal kleine kinderen naar de schoolpoort lopen onder het dreigende gescheld van Franstalige heethoofden. De Franstalige RTBF heeft de moed gehad daar een lange uitzending aan te wijden, *Les sorcières de Comines* (De heksen van Komen). De Komenaars schaamden zich zo erg over wat ze zagen dat ze het Vlaamse schooltje voortaan met rust lieten, recht of geen recht. Ze wilden per se vermijden dat hun gemeente vergeleken werd met Voeren en eigenlijk willen ze dat nog steeds. Ze zijn dan ook behoorlijk boos geworden toen hun tien jaar later een politieke regeling werd opgedrongen, alleen maar omdat zo het Voerense probleem kon worden opgelost. Nee, de Komenaars willen, zoals de meeste gewone mensen, rust.

De homogeniteit van het taalgebied was dus het uitgangspunt bij het vastleggen van de taalgrens. Aangezien de taalgrens op de meeste plekken duidelijk is, wet of geen wet, kon de wetgever dat principe ook toepassen, mits hij hier en daar de provinciegrenzen wijzigde: vierenveertig gemeenten veranderden probleemloos van provincie. Het bracht alleen praktische moeilijkheden mee voor mensen die nu ineens voor allerlei zaken naar een andere hoofdplaats toe moesten.

Hoe scherp de taalgrens getrokken is, kun je het best nakijken in artikel 2 van de wet. Daarin staan de gehuchten en stroken grond vermeld die in 1962 van de ene gemeente naar de andere overgingen. Een Vlaams gehucht of een Vlaamse straat kon best bij een Waalssprekend dorp horen, en omgekeerd – tot de taalwet haar principe van homogene gebieden toepaste. Het gehucht La Corniche (station la Hulpe) ging van het Vlaamse Overijse naar het Waalse La Hulpe; een strook grond links van de Alsembergsesteenweg in Braine-L'Alleud naar Sint-Genesius-Rode; de hoeve La Bosquée van de Limburgse gemeente Montenaken naar het Waalse dorp Cras-Avernas; exotische namen als Koekomere, Warresaet of Al Savate, het staat allemaal in artikel 2.

Niet al die vierenveertig gemeenten waren zuiver Frans- of Nederlandstalig. Een deel ervan werd in 1962 opeens officieel eentalig, zelfs als er een flink aantal mensen woonden die een andere taal spraken. In bijvoorbeeld Landen en omgeving (net als Voeren uit het Waalse Luik weggehaald) werd daar geen rekening mee gehouden hoewel er toch veel Walen woonden, anders zou afbreuk zijn gedaan aan het beginsel van de homogene taalgebieden. Toch heeft de wetgever toegevingen moeten doen aan beide kanten van de taalgrens.

In 1962 kregen vijfentwintig gemeenten *faciliteiten* toegekend. Dat woord betekent dat een minderheid die een andere taal spreekt het recht krijgt die taal te gebruiken in contacten met de gemeentelijke overheid. Taalwetten regelen in België *alleen* de taal van de overheid. Thuis of op straat spreek je wat je wilt, desnoods Oezbeeks. Later zouden daar nog zes gemeenten in het Brusselse randgebied bij komen. Van die vijfentwintig lagen er twaalf in Vlaams en dertien in Franstalig gebied. De Nederlandstalige inwoners van de Franstalige gemeenten met faciliteiten maken spaarzaam gebruik van hun rechten. De Franstalige bewoners van Nederlandstalige gemeenten met faciliteiten maken wel uitgebreid van hun rechten gebruik. Soms zijn ze niet eens Franstalig en doen ze alsof (Voeren), maar meestal gaat het om echte Franstaligen en, kronkel in de Belgische wetgeving, soms vormen ze geen minderheid maar een meerderheid met de rechten van een minderheid. Hoe je rechten kunt gebruiken en hoever ze strekken, dat is vatbaar voor uiteenlopende interpretaties. De Franstalige interpretatie staat soms diametraal tegenover de Nederlandstalige.

In de praktijk betekenen faciliteiten dat een anderstalige burger in zijn gemeente van een reeks formulieren een exemplaar in zijn eigen taal kan krijgen. In 1997 stelde de Vlaamse minister Leo Peeters in een omzendbrief dat de Franstaligen telkens opnieuw te kennen moeten geven dat ze gebruik willen maken van hun recht op dienstverlening in het Frans. Het probleem is na weldra vijftig jaar juridische strijd nog steeds niet opgelost, maar is in de geschiedenis van de taalwetgeving een veeleer korte periode. Er kan in die gemeenten basisonderwijs in de andere taal worden georganiseerd en de anderstalige burger kan op het gemeentehuis in zijn eiegn taal terecht. Straatnamen en wegwijzers zijn tweetalig. Franstalige gemeenteraadsleden plachten hun eigen taal te spreken tijdens raadsvergaderingen in *Vlaamse* faciliteitengemeenten, dat recht werd betwist door de Vlamingen, en de Franstaligen hebben (voorlopig) moeten inbinden. In *Franstalige* gemeenten met faciliteiten wordt in de gemeenteraad Frans gepraat.

Over de Waalse gemeenten met faciliteiten voor de Vlamingen kunnen we kort zijn. In Komen, Edingen en dergelijke plaatsen zie je overal netjes tweetalige bordjes, in het glazen kastje aan de muur van het gemeentehuis zijn alle *Avis* ook Berichten. Er is niks aan de hand. In winkels of op straat hoor of zie je weinig anders dan Frans. Veel winkeliers willen de klanten best in het Nederlands of in het dialect te woord staan. Die gemeenten liggen tenslotte tegen de taalgrens aan en de klant, Vlaming of Waal, blijft koning. Een handvol lieden vindt dat ze op de barricaden staan van de Franse beschaving tegen het Germaanse barbarendom. Een heel enkele keer willen zij wel een keer de *Marseillaise* aanheffen, maar zij betekenen in het dagelijks leven niets.

In een reeks Vlaamse gemeenten met faciliteiten is het nauwelijks anders. Zo zijn er bijvoorbeeld in Mesen (West-Vlaanderen), Ronse (Oost-Vlaanderen), Bever (Brabant) of Herstappe (Limburg) geen problemen. De Franstaligen maken steeds minder gebruik van hun rechten en je zult op straat een beetje meer Frans horen spreken dan ergens anders in Vlaanderen.

Tot zover kun je zeggen dat de wettelijke regeling en de vriendelijke praktijk voorbeeldige oplossingen zijn voor overgangsgebieden. Anders is het in de zes gemeenten in het Brusselse randgebied. Die horen alleen maar niet bij Brussel omdat de Vlaamse parlementsleden doodsbang zijn dat een golf van verfransing over de Nederlandstalige Brusselse ommelanden zal spoelen.

Dat probleem staat sinds enige tijd bekend als BHV. Brussel-Halle-Vilvoorde. Halle en Vilvoorde zijn de namen van twee Vlaamse steden op een steenworp van Brussel. Samen met Brussel en met drieëndertig andere gemeenten, waaronder de al vermelde zes faciliteitengemeenten, vormen die steden een afzonderlijk arrondissement, zeg maar kiesdistrict, in de provincie Vlaams-Brabant. Het is gedeeltelijk tweetalig, in Brussel, en gedeeltelijk Nederlandstalig. Om de zaken niet nodeloos eenvoudig te maken heb je in het Nederlandstalige gebied ook nog eens de faciliteitengemeenten, zes waar er problemen zijn, plus één, Bever, zonder problemen. In niet weinig officieel Nederlandstalige gemeenten van het arrondissement, bijvoorbeeld Overijse of Beersel of Grimbergen, tref je behalve grote groepen Franstaligen ook veel kapitaalkrachtige expats aan. Beide groepen kunnen in dergelijke gemeenten geen taalrechten laten gelden.

Terug naar de zes faciliteitengemeenten. Voor een goed begrip: zij grenzen allemaal aan het tweetalige Brussel.

Door rijke Franstalige villabewoners is gedurende tientallen jaren zware sociale druk uitgeoefend op de gewone dorpelingen. Zeker in drie gemeenten (Kraainem, Linkebeek, Wezembeek-Oppem) is door toestroming uit Brussel gaandeweg een Franstalige meerderheid tot stand gekomen die meer dan 70, zo niet 80 procent vormt van de Belgische inwoners. In twee, Drogenbos en Wemmel is de taaltoestand evenwichtiger. Drogenbos wijkt af van de andere, want het werd niet verfranst door welgestelde burgers maar door de toevloed van Waalse arbeiders. In Sint-Genesius-Rode hadden de Vlamingen lang een meerderheid, maar bij de gemeenteraadsverkiezingen sinds 1994 haalden de Franstaligen die dan weer. Zij vormen ongeveer twee derde van de Belgische ingezetenen.

Dat de meerderheid rechten van een minderheid heeft, is moeilijk aanvaardbaar, vooral als je Franstalig bent en/of veel geld hebt. Niemand geeft graag de gemakken van een oude overheersing op. De inwijkelingen of hun kinderen begrijpen niet dat ze in die Vlaams-Brabantse dorpen niet doodgewoon alle rechten van de Brusselse Franstaligen kunnen laten gelden. Brussel ligt dichtbij, ze hebben er hun werk, school, winkel. Als Vlamingen zeggen: 'We laten niet meer over ons heen lopen', vinden die Franstaligen dat een aantasting van hun vrijheid, noemen de Vlaamse rechtsopvatting het *droit du sol* (bodemrecht) en verwijzen naar het volgens hen Teutoonse en zwaar besmette 'Blut und Boden'. Ze vergeten even dat in Frankrijk het droit du sol voluit geldt.

In die Brusselse randgemeenten (niet in alle – in het oude, industriële Drogenbos bijvoorbeeld bewaren tweetalige patriarch-burgemeesters al jaren vrede en evenwicht) staat de Vlaamse interpretatie van de faciliteiten onverzoenlijk tegenover de Franstalige. De Vlamingen vinden dat de faciliteiten een in de wet vastgelegde vriendelijkheid zijn. Mensen die een andere taal spreken, komen zich in onze dorpen vestigen. We helpen hen een beetje zodat ze zich mettertijd aanpassen aan hun nieuwe omgeving. Faciliteiten zijn een overgangssysteem. De Franstaligen vinden dat faciliteiten een recht zijn voor mensen die overal ongehinderd hun taal willen kunnen spreken en dat dat recht behouden moet blijven en liefst nog uitgebreid wordt. Ze vragen dus al jaren faciliteiten in meer gemeenten, in meer vormen en voor altijd. Ze vragen ook dezelfde rechten voor de Franstaligen in het Brusselse randgebied als voor de Vlamingen in Brussel zelf. Ze vinden zichzelf al toegeeflijk, want in de gemeenten van dat randgebied, ook als ze officieel uitsluitend Nederlandstalig zijn, is het percentage Franstaligen soms hoger dan dat van de Vlamingen in Brussel. Faciliteiten zijn een blijvend recht en dat is nu ook vastgelegd in de staatshervorming.

Beide interpretaties lopen mank.

De Vlamingen miskennen realiteiten. De Franstaligen zullen zich niet aanpassen, nooit. Waarom zouden ze? De nabijheid van Brussel zorgt ervoor dat ze Franstalig kunnen blijven, ze hebben hun eigen clubs en verenigingen, de faciliteiten zijn, zoals dat heet, *bétonnées* (in beton gegoten) en ze krijgen steun van de snel aangroeiende groep welgestelde buitenlandse inwoners die zich te goed voelen om Nederlands te leren en dus de minachting en het onbegrip van de Franstaligen graag overnemen. Bovendien staat in de wet nergens dat de faciliteiten voorlopig zijn.

De Franstaligen denken en zeggen dat ze opkomen voor vrijheid, terwijl ze de vrijheid van de ander miskennen. Brussel is na twee eeuwen brute dwang, broodroof, grenzeloze geringschatting voor de taal van kleine mensen verfranst. En het is de hoofdstad van een tweetalig land. De Vlaamse minderheid wordt extra beschermd, als compensatie van extra bescherming die de Franstalige minderheid nationaal krijgt. Dat weten de Vlamingen en zij zullen de Franstaligen in het randgebied nooit dezelfde rechten gunnen als de Brusselse Vlamingen.

Sinds 2002 is het probleem helemaal netelig geworden. In dat jaar heeft de regering de kiesdistricten veranderd. Voorheen waren het delen van provincies (arrondissementen). Voortaan zouden ze samenvallen met de provinciegrenzen, behalve voor de senaat en Europa. Daar kreeg je één Nederlandstalige en één Franstalige kieskring.

Die overlapten elkaar in BHV en daar zat hem de knoop. Walen en Franstaligen konden ook in Halle-Vilvoorde een senator of een Europees parlement kiezen, dus in een stuk van Vlaanderen. Nederlandstaligen mochten in geen enkel stuk van Wallonië stemmen. Daarbij kwam nog dat voor de federale kamerverkiezingen in ons land *twee verschillende kiesstelsels* golden, één voor de burgers van Vlaams-Brabant, waar je moest kiezen volgens de oude arrondissementen, en één voor de burgers in de rest van het land, waar je stemde volgens de nieuwe omschrijvingen. Tot slot geldt in heel het land een kiesdrempel van 5 procent. Maar in BHV en aanpalend arrondissement geldt die alleen *binnen* de resultaten voor de Franstalige lijsten en *binnen* de resultaten voor de Nederlandstalige lijsten. Ook dat is net even anders geregeld dan elders in het land. Geen wonder dat het Grondwettelijk Hof het hele systeem nog geen jaar later naar de prullenmand verwees, in een omstandig arrest van meer dan veertig bladzijden. Het Hof liet wel toe dat de nieuwe kieswet van 2002 bleef bestaan, even toch. Binnen vier jaar moesten de nodige aanpassingen zijn doorgevoerd. Er gebeurde... niets. Ook in 2010, zeven jaar na het arrest van het Grondwettelijk Hof, heeft België vrolijk verkiezingen georganiseerd. BHV moet op de een of andere manier gesplitst raken, maar niemand heeft tot nu toe een bevredigende oplossing gevonden. Ik vind dat men nu maar eens in alle steden en dorpen grote affiches moet aanplakken:

DRINGEND GEVRAAGD!
OPLOSSING VOOR BHV!!!
€ 1.000.000 BELONING!!!!!!!!!!

(zich aanmelden: Koninklijk Paleis, Brussel. Vragen naar Albert)

Wij waren thuis onder meer geabonneerd op *La Libre Belgique*, een oerdegelijke, aartsconservatieve, katholieke, koningsgezinde krant, ontstaan als patriottisch sluikblad tijdens de Eerste Wereldoorlog. De *Libre* had duizenden Vlaamse abonnees. Franstalige Vlamingen uit de betere standen (bestonden er andere?) van Gent, Brugge en Antwerpen lazen die krant, maar net zo goed mensen die thuis geen Frans spraken, zoals wij. Onder meer aan de *Libre* heb ik het te danken dat ik even vlot Frans lees als Nederlands.

In 1961 en 1962 las ik dagelijks de rubriek *La journée* op pagina 2. Daar trok die deftige *Libre* geestdriftig ten strijde tegen *le clichage de la frontière linguistique* (het vastleggen van de taalgrens). Het leek de redactie een onverdraaglijke gedachte dat België in twee of zelfs in drie taalgebieden zou worden verkaveld. In de lezersbrieven stonden hartenkreten van gegoede burgers uit Vlaanderens steden en dorpen, die tot hun afgrijzen moesten vaststellen dat zij voortaan automatisch als Nederlandstalig zouden worden beschouwd en met hun Frans niet meer terecht zouden kunnen op het gemeentehuis of in het postkantoor. Nu, een halve eeuw later, lijken die reacties wereldvreemd. De taalgrens bestond al meer dan duizend jaar, waarom zou je ze dan niet officieel mogen erkennen?

Er was natuurlijk veel meer aan de hand. Twee taalgrenzen zouden vanaf 1962 samenvallen: de feitelijke, oeroude geografische taalgrens en de legale taalgrens, terwijl *binnen* Vlaanderen de *sociale taalgrens* tussen de Franssprekende betere standen en de gewone mensen zou worden uitgewist.

De taalgrens Frans-Nederlands lag tot in de twintigste eeuw nog *in* de Franse Republiek, ergens tussen Duinkerke, Kassel en de strook ten noorden van Rijsel of, officieel, Dunkerque, Cassel en Lille. De grens tussen Nederlands en Frans is in Frankrijk opgeschoven. Ze tendeert nu naar de grens tussen het koninkrijk België en de Franse Republiek, de grens dus tussen de provincie West-Vlaanderen en het Département du Nord. In stadjes als Steenvoorde, Hazebroek of Wormhout hoor je alleen maar Frans. Dat is het gevolg van dwang en terreur op school: *Interdit de parler le flamand* (Verboden Vlaams te spreken). De Franse Republiek heeft die politiek van *Gleichschaltung* toegepast in alle gebieden waar andere talen werden gesproken, en dat waren er nogal wat, vooral door middel van openbare school, administratie en leger. De twintigste eeuw deed de rest met radio, tv, auto's en betere wegen. De Franse assimilatiepolitiek is wonderwel geslaagd, in het Département du Nord net zo goed als in de vele andere departementen waar andere talen dan Frans werden gesproken, en dat is geen geringe prestatie als je bedenkt dat in 1835 slechts drieëntwintig van de negentig departementen Frans spraken.

In België is de taalgrens bijna overal stabiel gebleven. In duizend jaar tijd zijn de verschuivingen miniem geweest. In Brabant zijn bijvoorbeeld Op- en Neerheylissem (nu Hélécine) rimpelloos verfranst in de zeventiende en achttiende eeuw. In Moeskroen sprak in 1846 meer dan 90 procent Picardisch Frans en werd de bevolking geleidelijk tweetalig door de komst van West-Vlaamse textielarbeiders. In het West-Vlaamse dorp Rekkem, aan de Franse grens, sprak in 1846 67 procent Frans, in Spiere zelfs 90 procent. Nu is Rekkem zonder de geringste twijfel een Vlaams dorp en Spiere is een Vlaams dorp met faciliteiten. Er zijn dorpen met een echt Nederlandse naam, waar al eeuwen Waals of Frans gesproken wordt. Waterloo is het bekendste, maar niet het enige geval.

België had één middel om te weten te komen hoeveel mensen Frans, Nederlands of Duits spraken. Geregeld organiseerde de overheid, tegelijk met de volkstellingen, talentellingen. Die tellingen waren niet altijd betrouwbaar. De eerste kwam er op initiatief van Adolphe Quetelet, wiskundige, directeur van het Koninklijk Observatorium en uitvinder van de statistiek. Deze geniale Franssprekende Gentenaar zette de Belgische regering ertoe aan in 1841 een Centrale Commissie voor de Statistiek op te richten. Die commissie wilde onder meer weten hoe dat nou precies zat met *les langues usitées en Belgique*, de in België gebezigde talen. De heren hadden een ongebreideld positivistisch geloof in het heil van cijfers en in de Bijdrage van de Wetenschap tot de Vooruitgang der Volkeren.

Bij de eerste talentelling van 1846 werden fouten gemaakt. Het verwondert me eigenlijk dat je er maar zo weinig kunt aanwijzen. De belangstelling voor de taal van de gewone mensen was nieuw, en het tellen van wie wat sprak gold als een revolutionair idee. De middelen waren weinig verfijnd, de afstanden (gemeten in tijd) reusachtig, de controle moet wel primitief geweest zijn. Ondanks deze bezwaren wordt de telling van 1846 nog altijd beschouwd als de betrouwbaarste die ooit is gehouden: de resultaten stroken grotendeels met latere, wetenschappelijke gegevens. Dat is geen anti-Waalse vaststelling. Ik heb al het voorbeeld gegeven van Rekkem. Er waren nog andere gemeenten die toen in meerderheid Franstalig waren, zoals bijvoorbeeld Zandvoorde, die nu rustig bij het Vlaamse land horen.

Later werd de talentelling minder betrouwbaar. Quetelet en zijn commissarissen lieten in 1846 vragen wat de gewone omgangstaal wás. Bij latere tellingen werd gevraagd welke van de drie nationale talen de mensen kónden spreken. Onmiddellijk daalde het aantal Nederlandstaligen drastisch ten voordele van de tweetaligen. Vanaf 1910 kwam er de vraag bij welke taal de mensen *het meest* spraken. Langzamerhand veranderde de talentelling in een referendum, vooral omdat vanaf 1932 de officiële taal van een gemeente veranderde als ten minste 30 procent van de mensen een andere taal sprak. Pas door die koppeling muteerde de talentelling tot politiek middel en bijgevolg werd er naarstig gemanipuleerd. De tellers oefenden soms druk uit om Frans in plaats van Nederlands in te vullen, formulieren werden vervalst, zoals in het taalgrensstadje Ronse, waar geknoeid is ten voordele van de Franstalige, welgestelde minderheid. Vooral de talentelling van 1947 werd van Vlaamse zijde betwist. De resultaten, die de Vlamingen benadeelden, werden pas in 1954 bekendgemaakt. Tevoren had een homogeen katholiek kabinet dat geweigerd. Het liberaal-socialistische kabinet dat in 1954 aantrad, was meer aan Franstalige invloed onderhevig.

De Vlaamse Beweging ging zich steeds sterker verzetten tegen wat ze noemde gebiedsroof. Toen in 1960 een nieuwe volkstelling werd georganiseerd, heeft een honderdzeventigtal Vlaamse burgemeesters de telformulieren teruggestuurd naar het Nationaal Instituut voor de Statistiek. De documenten waren opgesteld in twee talen en je zou ze dus achteraf makkelijk kunnen gebruiken om toch de talen te tellen. Het waren niet zomaar wat dorpsburgemeestertjes die hun medewerking weigerden, Antwerpen was er bijvoorbeeld bij. De Vlamingen wilden dat de taalgrens eindelijk werd vastgelegd. De Franstaligen vonden zoiets dictatoriaal. Laat de mensen toch rustig in alle vrijheid de taal spreken die ze willen spreken, vonden ze. Maar in feite bedoelden ze: laat de mensen in alle rust hun taal verdringen en het Frans overnemen.

De taalgrens werd wettelijk vastgelegd in 1962 en is de definitieve bevestiging geworden van het territorialiteitsbeginsel. Dat wil zeggen dat een taal bij een streek hoort, dat de grenzen van die streek en dus ook van die taal vastliggen en dat de mensen die zich in die streek vestigen zich moeten aanpassen aan het officiële taalgebruik. Met wat ze thuis spreken heeft de wetgever niets te maken.

In 1920 en 1931-1932 werden belangrijke taalwetten besproken in het parlement. Het zag er in 1920 al naar uit dat het territorialiteitsbeginsel ingang zou vinden, de eentaligheid van Vlaanderen en Wallonië. Kort gezegd: streektaal is voertaal. Toen in 1921 de wet definitief werd goedgekeurd stemden vooral Vlamingen en Brusselaars voor. De Walen stemden tegen of onthielden zich, evenals enkele Franstalige Vlaamse liberalen. Interessant is dat ook de Vlaamse nationalisten van de Frontpartij tegen stemden. Zij vonden de wettekst te laks. Sancties ontbraken en er waren te veel achterpoortjes. Toch is dankzij deze wet het Nederlands in honderden Vlaamse gemeenten er sterk op vooruit gegaan. De Vlaamse nationalisten waren dus de bondgenoten van de Walen en van de door hen gehate franskiljons uit de Vlaamse provincies.

De wet werd gebrekkig toegepast, maar dat zou niet lang duren. In 1932 kwam er een beslissende doorbraak van het eentaligheidsbeginsel streektaal-voertaal. Net iets eerder hadden de socialisten als eerste belangrijke politieke stroming zich uitgesproken voor de eentaligheid van Wallonië én van Vlaanderen. Dat laatste was minder evident dan het lijkt. Territorialiteit in Wallonië, taalvrijheid in Vlaanderen, dat was tot op dat moment zo ongeveer het uitgangspunt waarvan de Franstaligen droomden. De voorstellen om in *heel* België, van Wuustwezel tot Saint-Ghislain, van Oostende tot Vielsalm, de *twee* talen officieel te maken en op gelijke voet te behandelen, zijn gestrand op Waalse tegenstand. Om dat te voorkomen wilden de Walen de Franstalige burgers van Antwerpen en Gent wel laten vallen. Achteraf bekeken is die Waalse onverzettelijkheid voor de Vlamingen en de Nederlandse taal een goede zaak geweest. In de sociale verhoudingen van het interbellum zou een veralgemeende tweetaligheid de verfransing van de Vlaamse provincies hebben betekend.

Maar in 1932 was het roer dus om. Een meerderheid van de Walen stemde voor de nieuwe wet op het taalgebruik in bestuurszaken. Ook nu stemden de Vlaamse nationalisten van de Frontpartij tegen. En in 1962, toen de taalgrens het Vlaamse grondgebied definitief vastlegde en afschermde, konden de Vlaamse nationalisten er niet toe bewogen worden om de wet goed te keuren. In 1962 onthielden ze zich.

Ik vind het een ontluisterende, maar geen verrassende vaststelling. Ontluisterend, omdat de Vlaamse nationalisten de beslissende politieke doorbraken voor de Vlamingen saboteerden of er zich van afwendden. Niet verrassend, omdat de Vlaamse emancipatiebeweging zich in haar radicale component telkens opnieuw antipolitiek opstelt, omdat ze geen verstand heeft, erger, omdat de Vlaamse Beweging het immoreel vindt verstand te hebben van het politieke bedrijf. Ze wíl niet samenwerken met de vuile democratie. Dat zou haar engelachtige zuiverheid maar bedreigen.

Zekerheid over het ontstaan van de taalgrens hebben we niet. Er zijn alleen hypothesen en die zien er allemaal min of meer aannemelijk uit. Of fantasierijk, u mag kiezen.

De historicus Godefroid Kurth beweert dat de taalgrens de lijn is tot waar de Frankische stammen in de vijfde eeuw na Christus oprukten. De taalgrens zou een overblijfsel zijn van de grote volksverhuizing, uit de tijd toen het Romeinse Rijk instortte. Voor die vijfde eeuw waren onze door Germanen en Kelten bewoonde gewesten geromaniseerd. Volgens Kurth werden de Franken in hun opmars naar het zuiden gestuit door het zogenoemde Kolenwoud en door restanten van de Romeinse verdedigingsgordel ten noorden van de heirbaan Bavai-Keulen. Die legerweg liep van west naar oost, net als de taalgrens. Maar intussen is aangetoond dat dat Kolenwoud zich veeleer van het noorden naar het zuiden uitstrekte. Het Meerdaalwoud bij Leuven en het Zoniënwoud bij Brussel zijn er overblijfsels van. Dat het Meerdaalwoud een hermetische grens is, blijkt uit de aanhef van dit hoofdstuk.

Later werd de theorie genuanceerd. Wellicht de belangrijkste bijdrage werd geleverd door de Gentse toponymist Maurits Gysseling. Nog voor Julius Caesar onze gewesten onderwierp aan het Romeinse gezag (58-51 voor Christus) waren in het huidige België Germaanse stammen komen wonen. Zij hadden de bevolking die zij er aantroffen echter niet uitgemoord. Dat amalgaam van Germanen en wie weet wat voor volk werd onder de Romeinse overheersing geromaniseerd. Maar nog in de tweede en derde eeuw van onze jaartelling vindt men in Noord-Gallië bij welgestelde lieden zowel Latijnse als inheemse eigennamen. Je kunt je moeilijk voorstellen hoever de romanisering in het dagelijks leven doorgedrongen was. Was de lingua franca echt Latijn? Alleen het geschrevene is tot ons gekomen, maar dat leert ons zo goed als niets over de dagelijkse omgangstaal van een samenleving waarin weinigen kunnen lezen en schrijven. Sprak men verlatijnst Germaans? Of hoorde je Keltische invloeden? Was men misschien meertalig? Was het gebied homogeen? Gysseling vermeldt onder meer een Keltisch taaleiland en Germaanse vlekken op de kaart.

Aan het einde van de derde eeuw al trokken horden Franken, Germanen dus, ongeredderd door onze gewesten. Ze hebben zich zowel in het noorden als in het zuiden tussen de Gallo-Romeinse bevolking gevestigd. Door de Romeinen verslagen Franken werden soms gebruikt om ontvolkt land te koloniseren. De Franken vormden allesbehalve een eenheid. Er is sprake van Saliërs, Chamaven, Bructeren, Usipeten, misschien zelfs van Chatten en nog andere vreemd klinkende benamingen. Franken sloten bondgenootschappen met de Romeinen. Zo moesten zij de Rijn bewaken. Maar het mocht niet baten. In de laatste nacht van het jaar 406 steken horden Germanen de stroom over.

Een groot deel van Gallië werd Romaans-Germaans menggebied. In het zuiden hebben de Franken, die er sinds de Romeinse tijd huisden, zich aangepast, in het noorden zijn de Gallo-Romeinen in de Frankische meerderheid verdwenen. De taalgrens zou dan niet zozeer de lijn zijn die aangeeft waar de Germaanse verovering tot stilstand is gekomen, maar de lijn waarop germanisering en romanisering elkaar in evenwicht houden.

Een streep tussen homogene taalgebieden zou zich volgens Gysseling al in de achtste eeuw zijn gaan aftekenen. Daarbij moeten we rekening houden met een breed overgangsgebied in Midden-België en met taaleilanden, Romaanse in Germaans gebied, Germaanse in Romaans gebied. Sint-Truiden was in de vroege Middeleeuwen overwegend Romaans en Leuven wellicht gedeeltelijk tot in de negende eeuw, maar ook bijvoorbeeld het Nederlandse Vaals was Romaans en zelfs een deel van het Moezeldal in Duitsland. In sommige dorpen is daar het Romaanse element zelfs tot in de twaalfde eeuw te traceren.

Maar er zijn nog andere gegevens die je onmogelijk als toeval kunt beschouwen.

De taalgrens loopt parallel met een grens tussen twee types woningen. In het noorden is die Frankisch, dat wil zeggen verspreid, in het zuiden geconcentreerd, dat wil zeggen Gallo-Romeins.

Een fascinerende conjectuur is deze: de taalgrens zou de lijn volgen die de hypothetische, prehistorische, verdwenen Belgische taal in het noorden begrensde, de taal die voor de komst van de Romeinen door een aantal stammen hier gesproken werd. Ten noorden van die lijn was het gebied zeer dun bevolkt, nog dunner nadat de Romeinen de aldaar wonende Eburonen uitgeroeid hadden. In dat geval zou de taalgrens dus niet duizend, maar meer dan tweeduizend jaar oud zijn. Alleen scheidt ze nu andere talen dan voorheen.

De taalgrens is een oeroud gegeven. De talen die de mensen spreken hebben niets te maken met hun etnische oorsprong. Vlamingen Germanen noemen en Walen Romanen heeft weinig zin. Er zijn Germaanse en Romaanse dialecten. Die worden gesproken door mensen die vooral sterk op elkaar lijken. De grens tussen die dialecten ligt al eeuwen nagenoeg vast. Wel wordt het gebruik van de officiële, algemene talen nadrukkelijk beïnvloed door de leerplicht, het staatsapparaat en, recenter, door de media. De paradox is dat in ons land die uniformerende mechanismen tot gevolg hebben gehad dat de mensen ten noorden en ten zuiden van de taalgrens steeds minder op elkaar zijn gaan lijken.

Over de geografische taalgrens zijn regeringen gestruikeld. Tienduizenden mensen zijn herhaaldelijk op straat gekomen om allerlei eisen in verband met die grens uit te schreeuwen. Waalse metaalarbeiders met rode sjaaltjes en Vlaamse fascisten met kortgeschoren koppen raken, hun zondagsrust opofferend, slaags in agrarische gebieden. Kamerleden en senatoren zwoegen, hun nachtrust opofferend, door debatten heen, allemaal voor die taalgrens.

Tot overmaat van ramp is er nog een andere taalgrens. Daarover is weinig wetgevend werk verricht, niemand is er ooit voor op straat gekomen, de polemieken zijn schaars. Ze bestaat nog, al heeft ze veel van haar belang verloren. Ze heet *sociale* taalgrens en ze is, denk ik, in de Belgische geschiedenis belangrijker geweest dan de geografische.

Taal onderscheidde in de dorpen de baron van de boeren, de dokter en de notaris van de ongeletterde ondermens. In de steden sprak de betere middenstand Frans en de kleinere had het graag gedaan. Een Franstalige uit Gent, die zich altijd met trots een Vlaming noemde, heeft me eens één zin toevertrouwd die de sociale taalgrens samenvatte: 'On parlait le flamand aux animaux et aux domestiques.' Men sprak Vlaams met de dieren en de knechten. In die volgorde. De man had tranen van berouw in zijn ogen toen hij die woorden uitsprak.

In 1973 werd het septemberdecreet uitgevaardigd. Het bepaalde dat de voertaal in de bedrijven in Vlaanderen het Nederlands moest zijn. Dat, vonden de Franstaligen, was een onduldbare inbreuk op de taalvrijheid. Dat de directeur van een fabriek in Oostende of Turnhout meer dan honderdveertig jaar na de onafhankelijkheid zijn personeel in het Frans mocht afsnauwen, dat reglementen en mededelingen in het Frans aan de werknemers bekend werden gemaakt, dat vonden die Franstaligen het toppunt van vrijheid, vermoed ik. Bazen hebben altijd en overal meer gelijk dan ondergeschikten, bazen noemen dat altijd en overal vrijheid. In de Vlaamse provincies viel de lijn die overal ter wereld de baas van het personeel scheidt samen met een taalgrens. Sprak iemand in het bedrijf Frans, dan was hij de baas of ten minste staflid, sprak iemand Nederlands, dan was hij ondergeschikte. Die meester-slaafverhouding is pas in de jaren zeventig snel beginnen te veranderen. Het Vlaamse bedrijfsleven is natuurlijk precies even kapitalistisch gebleven als vroeger. Alleen spreekt de baas nu meestal de taal van zijn werknemers, meer nog dan in Nederland. Want bij ons zal hij zelfs met hetzelfde accent hetzelfde dialect spreken.

De laatste jaren doet zich een nieuw en voor Vlaanderen bijzonder eigenaardig verschijnsel voor. Het is streng verboden Frans te spreken met je personeel, maar Engels mag dan weer wel. Vroeger steigerde een rechtgeaarde flamingant omdat raden van bestuur in het Frans vergaderden. Vroeger steigerde een rechtgeaarde Franstalige Vlaamse bourgeois bij de gedachte dat hij de aandeelhouders in het Nederlands zou moeten toespreken. Nu spreken ze allemaal braaf en slaafs en eendrachtig Engels. Tenminste, als je de ongearticuleerde klankenbrij die ze uitbraken Engels mag noemen.

In het dagelijkse leven is de ommekeer spectaculair geweest. Je wordt niet meer minachtend gemonsterd als je in een exclusieve zaak iets in het Nederlands bestelt. Uit het openbare leven in Vlaanderen is het Frans helemaal verdwenen. Het heeft zich teruggetrokken in golfclubs, in de huiskring, op familiefeesten. In Vlaanderen is het Frans een chique privétaal geworden. Daar fungeert het nog als code voor de écht betere kringen. *Je vous souhaite une super année 1993 à tous les deux.* Aldus een nieuwjaarskaartje dat de burgemeester van een gemeente ten noorden van Antwerpen schrijft naar een Vlaams echtpaar dat in een andere gemeente ten noorden van Antwerpen woont.

De taal van de adel is in Vlaanderen nog in zeer grote mate het Frans. Maar ze kennen allemaal Nederlands, want ze willen hun onaantastbare positie in banken en bedrijven niet kwijtraken. De noodzaak van tweetaligheid begint nu zelfs door te dringen tot in Wallonië en, zeer onlangs nog een hersenschim, tot in de huiskamers van de Brusselse bourgeoisie.

Die discrete Franstaligheid in Vlaanderen is een restverschijnsel uit het verleden en ik verwerp het niet. Je kunt privétaalgebruik nu eenmaal moeilijk in wetten reglementeren zonder te vervallen in hinderlijke dwingelandij. En zelfs al zou je het Frans kúnnen verbieden in die kringen, wat ik zeker niet wens, dan vinden de hogere klassen wel andere tekenen des onderscheids. De Belgische geschiedenis is wat ze is. In Vlaanderen hebben de bourgeoisie en de adel nu eenmaal meer dan tweehonderd jaar gedacht dat ze zich van de lagere standen hoorden te onderscheiden door Frans te praten. Nederlands spreken, dat deed men niet, dat was onbeschoft. Je mócht natuurlijk op een aristocratisch feest hoorbaar je soep opslurpen of Nederlands spreken, maar zoiets *ne se faisait pas*.

Helemaal is het niet voorbij. In elk geval kunnen die bourgeoisie en die adel niet meer doen of de taal van de gewone mensen niet bestaat. Die taal beheerst het openbare leven. En dat onrechtvaardige en vernederende verleden heeft ons één groot voordeel opgeleverd. Wij kennen ook Frans, die taal is ons zeer nabij. Wij hebben de plicht deze kennis te cultiveren. Niet iedereen krijgt de kans om zomaar, gratis, op de gewone school, in zijn omgeving, een sterk verschillende taal van nabij te leren kennen. Het blijft ook nu nog een wereldtaal en is een welkom tegenwicht tegen het platte imperialisme van het Engels (dat wij ook kennen). In Vlaanderen bedreigt het Frans het Nederlands niet meer. Vandaag zijn de Vlamingen een gevaar voor hun eigen taal.

Nederlands

Eerste verhaal. Begin jaren tachtig.

Bij mij thuis zitten enkele Nederlandse vrienden gezellig te kletsen. Koffie, pils, jenever, koekjes, blokjes belegen kaas. Al die Nederlanders wonen in Brussel en omgeving, sommigen al jaren. We krijgen het over de Nederlandse School in Brussel. Mijn kinderen gingen daar naartoe. De school ligt om het hoekje, vijf minuten lopen bij mij vandaan, en Belgische kinderen waren er altijd welkom. Zegt een heel vriendelijke dame met een joekel van een randstedelijke tongval: "Ik vind dat de kinderen zo mooi praten daar, ook de Belgische, helemaal zonder accent. Maar ja, de leerkrachten hebben ook geen accent."

Dat klinkt ongeveer zo: 'Ik fin dat de kindru soow mooi prate daaju, hejlemaal sonjder uksent. Maju ja, de leejukwaCHtu hebbe oowk CHejn uksent.' Die CH schrijf ik in hoofdletters om een uit weteringen en grienden opgemalen geschraap bij benadering weer te geven. Ik vind trouwens dat mijn kinderen met een dik accent van radio Hilversum naar huis komen en het stoort mij niet.

Ik vraag die dame: 'Vindt u dan dat *ik* met een accent praat?' In mijn oren klinkt dat ongeveer zoals het daar geschreven staat, die dt niet te na gesproken. Ze kijkt me verbaasd en wat lacherig aan. 'Ja, natuurlijk, u praat Vlaams' (Ja, n'tuuwul'k, u pwaat Flaams).

Tweede verhaal, begin jaren zeventig.

Examen aan de universiteit van Leuven, schriftelijk. Studenten sociale wetenschappen horen ook fatsoenlijk Nederlands te kennen, ze dienen dus een examen Nederlands af te leggen. Eigenlijk vinden ze dat maar niks. Ze kennen toch Nederlands, het is hun taal, of niet soms?

Hun wordt een tekst voorgelegd. Ze moeten die corrigeren. Er staat een reeks fouten in die in België vaker tegen het Nederlands worden gemaakt (*camionette*, *zich interesseren aan iets* of het alomtegenwoordige *aan de prijs van* enzovoort). De studenten zijn tevreden als ze uit de zaal komen waar ze een uur hebben zitten pennen. Het was echt gemakkelijk. Doodeenvoudig. Zo mogen ze nog examens geven.

Na een week wordt het resultaat meegedeeld. Kreten en gefluister in de gang naast het examensecretariaat. Woede, ongeloof. Ze vergelijken elkaars papieren. Hun verbazing stijgt nog. Is er dan niemand geslaagd, werkelijk niemand? De voorzitter van de studentenvereniging gaat het binnen vragen. Tja, zegt de secretaris van de examencommissie, eentje is er geslaagd, die jongen die altijd zo mooi praat, de andere zestig niet, ik weet ook niet wat er gebeurd is (voor alle duidelijkheid: die jongen is níét G.v.I.).

De hooghartige doofheid van de Hollander, de zelfgenoegzaamheid van de Vlaming. De Nederlander die, terwijl hij jaren in Brussel gewoond heeft, nog altijd denkt dat het Nederlands de taal is van het Koninkrijk der Nederlanden, dat dus ten zuiden van Hoogstraten *geen* Nederlands wordt gesproken. En in dat Nederlands is maar één accent accentloos, dat van de Randstad. De rest is provinciaal, achterlijk, boers en hij haalt minachtend de schouders op als iemand hem op zijn vooringenomenheid wijst.

De Vlaming die zichzelf wijsmaakt dat tientallen jaren overheersing door het Frans geen littekens hebben gekerfd in de huid van zijn taal, dat hij, als hij de taal van zijn dorpskom wat bijkleurt, voldoende afmattende intellectuele arbeid heeft verricht en vlekkeloos Nederlands spreekt. Die boos wordt op de pretentieuze Hollanders zodra die het daar niet mee eens zijn.

Hollands: koud, schraperig, hooghartig, bedolven onder Engelse woorden.

Vlaams: plat, onbeholpen, maar niet onprettig eigenlijk.

Aan beide heb ik een hekel. Maar ik houd van Nederlands.

Ik, geboren in Brussel, maar als zuigeling al verhuisd naar Utrecht, heb leren spreken in Holland. Als kleine jongen kwam ik, bij het begin van de lagere school, weer in België terecht, waar ik meteen *nen Ollander* of zelfs *ne smijrigen Ollander* of *Kèskop* werd. Dat laatste was ik, dat zal ik niet betwisten, maar eer ik het goed wist, had ik de kaas van mijn kop geschaafd.

Op achttienjarige leeftijd sprak ik een soort algemeen beschaafd Vlaams, waarin de gallicismen krioelden als maden in een kreng. De jaren België hadden hun werk gedaan. Woedend was ik toen ik de symptomen bij mezelf begon waar te nemen, toen de gigantische omvang van de averij me steeds duidelijker voor ogen kwam te staan. Het enige waarvoor ik achteraf echt dankbaar ben gebleven, is het feilloze gevoel dat ik gekregen heb voor het geslacht van woorden. In Nederland is dat in de negentiende eeuw al zoek, als ik Multatuli's *Ideeën* mag geloven. Maar voor mij blijft een stoel altijd *ne* stoel en dus mannelijk, zoals *ne* man. En een tafel blijft altijd vrouwelijk zoals *een vraa* (vrouw). Dat had ik dan toch te danken aan België.

Ik heb opnieuw Nederlands geleerd: woord voor woord, zin per zin heb ik mezelf taal ontwend en taal bijgebracht. Ik moest en zou een taal hebben, want wat ik sprak was geen taal. Het zwoegen heeft vruchten afgeworpen, maar helemaal bevredigend is het resultaat niet. Geregeld betrap ik mezelf op diepgewortelde relicten van het Frans (iemand aan de deur zetten (*mettre à la porte*) bijvoorbeeld). Goede Hollandse vrienden, die België kennen, begrijpen en dus niet minachten, hebben me daarbij altijd geholpen. Maar het blijft sisyfusarbeid. Ik heb mijn taal niet met de moedermelk ingezogen, de taal die ik spreek, de taal die ik schrijf is van a tot z kunstmatig; rondzwervend in mijn taal, dien ik elke seconde op mijn hoede te zijn voor geniepige overvallers. Iedere lust die ik schep in mijn taal heb ik betaald met zevenvoudige last.

Ik weiger de luiheid van de Vlaming te delen. Maar ik wil ook geen Randstads praten. Mijn tongval, mijn rollende r, mijn zachte g, mijn zuivere ee en oo, ik wil ze niet kwijt. Ik vind ze duizend keer muzikaler dan wat in Holland gangbaar is. En ik wil er ook niet om worden uitgelachen, laat staan gediscrimineerd.

Ik wil Nederlands spreken. Dat zou de gewoonste zaak van de wereld moeten zijn, want Nederlands is de officiële taal van de Vlaamse provincies en een van de twee officiële talen van de stad waar ik woon en werk, Brussel. Dat staat zo in onze grondwet. Maar ik merk elke dag dat Vlamingen dat níét gewoon vinden.

Waarom dan niet Vlaams, want dat spreken jullie toch?

Misverstand.

In Nederland wordt wel eens gezegd: we praten Hollands. Bedoeld wordt meestal: Nederlands. In België wordt heel vaak gezegd: we spreken (*klappen*, *kouten*, *kallen*) Vlaams. Bedoeld wordt meestal: Nederlands.

Vlaams, echt Vlaams, wordt gesproken in drie landen, maar lang niet in het hele gebied dat nu Vlaanderen wordt genoemd.

Vlaams wordt gesproken in het Franse Département du Nord, in de Belgische provincies Oost- en West-Vlaanderen en in Zeeuws-Vlaanderen.

In Frankrijk is het op sterven na dood. In het hoofdstuk over de taalgrens had ik het al over de nietsontziende taal- en schoolpolitiek die de vele talen van Frankrijk dodelijk gewond of gewoon vermoord heeft. Een generatie geleden werd in het Franse grensstadje Halluin (Halewijn, ja) nog in het Vlaams van de streek gepreekt. Nu praat iedereen Frans, zelfs lieden die in de rue du Dronckaert wonen.

In Zeeuws-Vlaanderen is het nog springlevend. Je zult het niet meer meemaken, een soldaat van het Nederlandse leger van Hare Majesteit die je in Arnhem in het platste West-Vlaams geld vraagt om *nor uus ep te bal'n*. En waar dat huis dan wel staat. Niet in Holland. In *Sluus*, in Sluis. Je zult het niet meer meemaken, omdat de soldaat vandaag in zijn mobieltje staat te loeien. Maar wel in hetzelfde dialect. Het had me in dat stadje al eerder verbaasd dat een winkeljuffrouw in zuiver West-Vlaams iets naar achteren riep en mij aansprak in nauwelijks getemperd Hilversum-3-Hollands. *Dat* is de lingua franca in het hele koninkrijk. Het sluipt zelfs de dialecten binnen.

Niets daarvan in de Belgische provincies West- en Oost-Vlaanderen. Vooral in West-Vlaanderen wordt het prachtige dialect van hoog tot laag gesproken bij alle gelegenheden. In officiële toespraken worden de *uuz'n* (huizen) wel *eujz'n* of zelfs *geujz'n* en de *tied'n* (tijden) *teejd'n*, maar daar houdt het dan ook mee op. In de werkelijk betere kringen is de echte cultuurtaal trouwens nog altijd het Frans. Vooral in Kortrijk en Brugge voelt de hogere burgerij zich zeer verwant met die taal en beschouwt ze Noord-Frankrijk nog altijd als haar eigen grondgebied. De eeuwenoude grenzen van het graafschap Vlaanderen wis je niet zomaar uit.

West-Vlamingen hebben twee houdingen: of ze spreken onbekommerd dialect of ze schamen zich ervoor. Ze hebben de grootste moeite hun sterk opvallende hebbelijkheden te verbergen. Ze verwisselen, zoals de Zeeuwen, hulpeloos de g en de h (hoed wordt goed en 't is goed wordt 't is hoed). Voor mij hoeven ze niets te verbergen, maar de West-Vlamingen die écht Nederlands leren, spreken het schitterend, sommigen zelfs wat overdreven Hollands. Ze hebben de harde g nodig om het verschil te horen met de h.

De West-Vlaamse dialecten – trouwens alle dialecten in Nederlandstalig België – verschillen van dorp tot dorp en soms zelfs van gehucht tot gehucht. Dat kan heel ver gaan. Zo wordt lopen soms uitgesproken als *loëp'n*, elders ongeveer als *loe'e'm*. Een emmer heet hier *seule*, verderop *oaker*, en dat hoort allemaal bij het West-Vlaams. Heel veel West-Vlaamse woorden klinken Hollanders die goed willen luisteren vertrouwd in de oren, bijvoorbeeld het voornaamwoord van de tweede persoon enkelvoud (je en niet het Brabantse gij, *van'n'uch'nd* voor vanochtend, *tuksjtje* voor slaapje, tukje). Ik vind het jammer dat West-Vlamingen zich in hun pogingen om Nederlands te spreken Brabantse woorden laten opdringen (bijvoorbeeld het logge voormiddag dat ochtend vervangt).

Op Gents ben ik dol. Ik vind het een vertederend ruwe taal, het doet me denken aan een kolensjouwer die een kind wiegt. Gents is een traag dialect, zijn klanken slepen. Een strop (hun eigen bijnaam) is *ne stroowp*, pakken wordt *paakken*. De r en de g van de Gentenaars zullen de Nederlanders fascineren. Die is namelijk keihard, vlakbij een keel-r. Als je niet beter zou weten, zou je denken dat de Gentenaars hun stad Rent noemen. De r van de Gentenaar lijkt op de Franse. Gent heeft iets met het Frans. Ook hier bestaat nu nog een sterke Franstalige bourgeoisie. In Gent hield ik ooit een lezing voor tweehonderd *Gentse* Franstaligen, in het Frans. Ik was onder de indruk. Zij klaagden. Hun kinderen maakten te veel fouten als ze Frans spraken.

Gents is een deining van glijdende klanken die nergens echt bij horen. Snobisten vinden het een ruw taaltje. Dialectologen zeggen dat het zo weerbarstig geworden is doordat de Gentse textielarbeiders elkaar alleen konden verstaan als ze boven het helse gekletter van de schietspoelen uit brulden. Kenners zoals wijlen de dichteres Christine D'haen beweren dat het echte Gentse dialect, met eigen woorden en wendingen, is afgesleten tot een tongval. Ik luisterde graag naar Christine D'haen. Haar glanzende Nederlands kreeg een vibrerende diepte telkens als de subtiliteit van haar Gents er *en sourdine* doorheen klonk.

Ten oosten van Gent houdt het Vlaams op. Wij spreken Brabants, hoewel we dat meestal *Vloms* noemen. Ook bij ons verschuift het taalgebruik van dorp tot dorp. Wat in Leuven *voëlbak* heet (vuilnisbak), is twee dorpen verder al *vèèlbak* geworden, het gaat van *stroat*

(Antwerpen) via *straat* met een heel erg Haagse aa (Mechelen) tot *stroet* met lange oe (Brussel).

De Antwerpenaars zijn dialectsprekers zonder complexen. Ze gaan ervan uit dat iedereen die ze tegenkomen hen ook meteen begrijpt. Nu klopt dat niet. West-Vlamingen en Limburgers hebben er soms de grootste moeite mee. Het zal de Antwerpenaars een rotzorg zijn. Ik heb geen bezwaren tegen tongvallen en dialecten, integendeel, maar dan wel met een gelijk recht op onverstaanbaarheid voor iedereen. Overigens versta ik hen zonder moeite en ik geef graag toe dat weinig conversatie zo spits, zo snel, zo geestig is als de Antwerpse.

Ook in Antwerpen wordt het dialect van hoog tot laag gebruikt. Ik heb burgemeester Janssens eens een lied horen zingen over de Keyserlei, de brede straat bij het centraal station. Excuseer, de Kaaëzerlaaë. Loepzuiver gekwaakt. De burgemeester zal nou wel niet vaak Antwerps gebruiken als hij de gemeenteraad voorzit, maar hij kan het met evenveel verve spreken als de putjesschepper. Het is de eerste taal die hij leerde, zoals het dialect voor honderdduizenden Vlamingen van kust tot Maas, van hoog tot laag, nog steeds de eerste taal is. In een land als het onze, waar taal zo vaak misbruikt werd om sociale verschillen te benadrukken, zit daar toch iets democratisch in, iets solidairs.

Limburg is bij ons, zoals in Nederland, een geval apart. Met eigen oren heb ik kunnen vaststellen dat die Limburgers elkaar, over de staatsgrenzen heen, beter begrijpen dan de overige bevolking van de landen waar ze, jammer genoeg gescheiden van elkaar, nu eenmaal bij horen. Toen de Maas tijdens een verregende winter weer een keer buiten zijn oevers trad, ben ik met de burgemeester van het Belgische Lanaken rondgetrokken, eerst door de ondergelopen straten van zijn eigen gemeente, daarna aan de Nederlandse kant. In Nederland sprak deze man precies hetzelfde dialect als in België en kreeg hij antwoorden in, zo niet precies hetzelfde, dan toch een nauw verwant dialect. Ik hoorde daar Limburgers onder elkaar bezig en de buitenstaander was ik, zowel in België als in Nederland.

Het is dus niet zo gewoon dat wij allemaal Nederlands spreken. De kennis van de wereld begint voor veel Vlamingen (Brabanders, Limburgers) bij de kennis van een dialect. En met dialect bedoel ik dialect, niet wat Nederlanders daar soms voor aanzien.

Tot mijn pijnlijke verbazing kreeg ik eens van een Hollands jongetje te horen dat ik zo'n raar dialect – *soowun waajju djullekt* – sprak. Als ik dat werkelijk had gedaan, had hij gedacht dat ik Hongaars sprak, denk ik.

Ik ben nogal sterk in het imiteren van dialecten, misschien omdat ik er zelf nooit een ten volle heb mogen spreken. Dat imiteren is een heel amusant gezelschapsspel. Je zit met twee Belgen aan tafel van Nederlandse vrienden. Die vinden je Vlaams zo prachtig. Dan is het moment gekomen om écht Vlaams te spreken. Hun oren tuiten, ze denken dat ze Jutlands of Mecklenburgs horen, ze geloven je niet, ze denken dat je je grap zorgvuldig geconstrueerd hebt, dat je die hese keelklanken waar de zeewind door blaast hebt gerepeteerd. Je hoeft niets te repeteren, je imiteert getrouw wat duizenden dagelijks spreken tussen Brugge en Kortrijk.

Als de dialecten in het dagelijks leven oppermachtig zijn, is er weinig plaats voor Nederlands. Je krijgt dat op school, maar bijna als een vreemde taal, zoals Zwitsers Hoogduits leren.

Dat heeft gevolgen voor het taalgebruik.

Als je toch Nederlands spreekt, is het dooraderd met dialect, in woorden, in klanken, in zinsconstructies. Dooraderd, dat klinkt alsof het dialect de taal ook vers bloed geeft. Mij valt het omgekeerde op. De taal lijdt aan bloedarmoede omdat je niet echt iets van jezelf spreekt. Je durft bijvoorbeeld een woord niet te gebruiken want het zou dialect kunnen zijn. Ik hoor het hem nog zeggen, die Leuvense hoogleraar: *Dat tink voor de rolstores op t'ale* (Dat ding om de rolluiken op te halen). Hij kende het woord zwengel niet en durfde het woord *zwingel* niet te gebruiken, want dialect en hij hoogleraar. Het resultaat is wrakhout.

Als je daar de sporen aan toevoegt die de jarenlange overheersing van het Frans in onze taal heeft nagelaten, krijg je wat dikwijls Vlaams wordt genoemd. Dat hebben we natuurlijk wél gemeenschappelijk, van de kust tot de Maas, over alle dialecten heen, en het blijft onze taal teisteren. Want hoe sterk ook de dialecten van Noord-Brabant op die van onze Kempen lijken, Noord-Brabanders zijn nooit gevoelig *aan* iets, verwachten *zich* nooit *aan* iets, interesseren zich nooit *aan* iets en ze verkopen hun waar aan de klant, nooit *aan* een zacht prijsje. Dat zijn gallicismen, er zijn er honderden, en ze verpesten onze taal, iedere dag opnieuw. Het Nederlands van de radioreclame bijvoorbeeld is doorspekt met gallicismen. Maar daar houdt het niet op. Teksten voor radioreclame lijken geschreven te worden door lieden die van top tot teen bezeten zijn door één obsessie: de moedwillige vernieling van de Nederlandse taal. En dus gaat het niet over bedrijven die contact hebben met elkaar, maar over connecting companies, of anders over piepel pauwer die instemt, zo uitgesproken, en voorts nog over market places en e-billings, maar ik weet niet of ik hier alles correct weergeef, want natuurlijk wordt ook het Engels moedwillig vernield.

Goede Nederlandse uitdrukkingen, voorzetsels, zelfstandige naamwoorden enzovoort worden verdrongen, in die mate dat mensen het echt Nederlandse equivalent onnatuurlijk beginnen te vinden. Ten tweede loopt, precies daar waar de rijksgrens zich bevindt, een kleine taalgrens. Verstopt als een verstekeling in onze Nederlandse wantaal is het Frans opgerukt tot voor de poorten van Roosendaal. Daaraan merkt de Nederlander die de rijksgrens richting België oversteekt dat hier een andere taal wordt gesproken. Bedorven Nederlands, het stinkt ten hemel, maar hij snuift het met welbehagen op als was het een exotische odeur en hij roept verrukt: 'Leuk toch, dat Vlaams!'

Er is trouwens iets anders, iets vuils de taal in de zuidelijke Nederlanden aan het aantasten, aan het doodknijpen. Het is een manke usurpator in kale kleren, maar hij heeft de verwaandheid en de lompheid van de parvenu. Hij heet *Verkavelingsvlaams*.

Verkavelingsvlaams, dat is de taal die gesproken wordt in de betere villa's op de verkavelde grond van onze verminkte dorpen. Het is de taal van de jongens en de meisjes die naar een deftige school gaan en andere kinderen uitlachen omdat die zo onbeschaafd praten.

De woordenschat van die jongens en meisjes is niet plat, o nee, maar ze is arm. Hun zinsbouw is niet dorps, maar krom. Hun uitspraak is niet lelijk, maar karakterloos.

Geef mij Hoog-Hollands of Boerenmeetjeslands, geef mij arbeiders-Gents van de Muide of de Statenvertaling, geef me alles maar dat niet. Van het Verkavelingsvlaams verlos ons Heer!

Bovendien denken die lammelingen dat ze fatsoenlijk Nederlands spreken! Ze vinden zichzelf te verheven voor dialect en Hollands haten ze. Ze halen hun neus op voor het goeie, door en door Nederlandse *oe-sjitte-gaë* (hoe heet-e gij) van het dialect, ze vragen *oe noemde gij* en antwoorden: ik *noem* Jan. Wie beweert dat er een verschil is tussen heten en noemen is een spelbreker en wil Vlaanderen uitleveren aan de Hollanders. Het zijn de mensen die vragen *wadduur iest* (wat uur is het, letterlijk *quelle heure est-il*) om te weten hoe laat ze naar een vergadering van Vlaamse nationalisten moeten gaan.

Verkavelingsvlaams, het is de taal van een nieuwsoortig, door en door vals Vlaams zelfvertrouwen, het is de taal die uit minachting voor de spraak van gewone mensen en uit angst voor het Nederlands geboren is, een wangedrocht is het, die taal van het nieuwe Vlaanderen, dat blaakt van intellectuele luiheid. Het allerergste is dat het waardeloze Verkavelingsvlaams steeds vaker door gewone mensen wordt overgenomen. Hoorde ik laatst de slager niet zeggen: *Ik heb e goe contact naar mijne zoon toe*?

Inderdaad, je hoort op alle banken filologen en sociolinguïsten de Belgische variant van het Nederlands toejuichen. Ook kondigen zij plechtig het einde van de standaardtaal af, met groot vertoon van zogezegd realistische analyses en progressieve, in werkelijkheid echter regresserende denkbeelden. Hoera! Driewerf hoera! Weg met de norm! Weg met de onderdrukker! Weg met de taalpolitie! Die taalgeleerden doen mij denken aan lieden die de rode stoplichten willen afschaffen om dan gnuivend de botsingen te kunnen tellen.

Taalgeleerden beweren dat ze verschijnselen bestuderen en niet beoordelen. Larie. Ze spreken het doodvonnis uit over het goede Nederlands en zouden maar al te graag dat vonnis zelf voltrekken.

Ook ik oordeel, maar ik ontken het niet. Ik haat die zogenaamde variant omdat hij mijn taal, het Nederlands, naar het leven staat en haar voedingsbodem, het dialect, wurgt. De weerzinwekkende halftaal wordt als drijfmest over het land uitgesmeerd. Een Vlaams gewest is er al, ze zijn nu ook nog een Vlaamse taal (níét die van Guido Gezelle, níét die van de vos Reynaerde, níét die van Heer Everzwijn) aan het gaar stoven. Alle smaak is allang verkookt, alleen de walm blijft hangen.

Nee, ik eis de lust op die de *Spannung zwischen Mundart und Schriftprache* (Max Frisch, niet toevallig een Zwitser die dat schrijft) wekt. Laten we als voorbeeld nemen de dichtbundel *Wreed geluk* van Hugo Claus. Een groot dichter als Gerrit Komrij, die een recensie schreef, heeft natuurlijk onmiddellijk het oxymoron opgemerkt (twee tegengestelde begrippen in eng verband). Wat hij niet kan weten is dat hier alledaags dialect onderhuids klopt, wat iedere Vlaming dan weer wél weet zodra hij de woordcombinatie leest. Wreed geluk is immers een geijkte uitdrukking in vele dialecten. In mijn eigen Brussels bijvoorbeeld klinkt het zo: *vrie chance*.

Tot op mijn sterfbed zal ik me verzetten tegen de kromtaligheid van Vlaanderen. Dat vecht meer dan een eeuw om Nederlands te mogen spreken; mag het dat eindelijk, dan begint het erop te trappen. De Franstaligen hebben ons altijd het verschil tussen *flamand* en *néerlandais* voorgehouden om ons te vernederen. Nu vernederen wij onszelf.

Het duidelijkst kun je het horen op de televisie. Acteurs zouden dienaars moeten zijn van het Nederlands, ook als zij in soaps of aanverwante programma's optreden. Nee, vooral in soaps. Maar zodra zij hun mond opensperren, hoor je dat zij verraders van het Nederlands zijn. Zij schenden met sombere ijver hun eigen taal. En een taal kan zich nog minder verzetten tegen mishandeling dan een kind. Spreken zij informele taal? Spreken zij zoals de gewone mensen spreken? Neen. Goed Nederlands bestrijkt alle registers, dus ook het informele. Zij zijn te laf en te lam om goed Nederlands te spreken. En de gewone mensen praten in het dagelijkse leven op alle denkbare manieren, maar niet zo. Die acteurs kliederen hun grauwe, stinkende eenheidssmurrie over de jolige veelkleurigheid van de volkstaal. Hun Verkavelingsvlaams is de dood in de pot. En hetzelfde geldt voor leiders van spelprogramma's en nog meer voor de nieuwste milieuramp die onze huiskamers onbewoonbaar maakt, het zouteloze gewauwel van de stendupkomiediejuns.

De dialecten zijn bij ons nog springlevend. Ik zou zeggen gelukkig maar, want het zijn tientallen kleine afzonderlijke talen met alle rijkdom van dien. Wie ze niet kent, kan zich ook niet koesteren in de intieme kring van hun warmte. Ik zou ook zeggen: jammer, want het gebruik van het Nederlands lijdt eronder en de ziekte van het Verkavelingsvlaams mogen ze voor mijn part uitroeien met zware pesticiden.

Toch gaan ook die dialecten achteruit. Ze verliezen veel oude zuivere woorden. Die worden dan meestal vervangen door Brabantse (Antwerpse) import. In Nederland domineert de taal uit de Randstad op een hinderlijke manier. Bij ons domineert de taal uit de driehoek Antwerpen-Brussel-Leuven.

En dan onze politici.

Ook in het land van het poldermodel of in het rijk van de *spindoc-*

tors wijzen de tekenen op ernstig taalverval in de politiek. De wolligheid, de huichelarij, het oneigenlijke woordgebruik, de vaagheid, iedereen die goed oplet als politici het woord voeren, kent de ontbindingsverschijnselen. En de pr-jongens die tegenwoordig de heilsleer van de partijen voor de gewone kiezer vertalen, zijn professionele taalfolteraars.

Vlaamse politici combineren de typische trucs van alle politici waar ook ter wereld met het gebrekkige Nederlands dat de meeste Vlamingen gebruiken. Uitzonderingen, mensen die gewoon spreken en zelfs af en toe onomwonden zeggen waar het op staat, worden dan ook bejubeld of juist gehaat als fonteinen van welsprekendheid. De grote meerderheid echter spuwt een smakeloze, kleurloze, ondoorzichtige woordenbrij over de kiezers uit.

En dan is er nog de Belgisch-Byzantijnse stijl, waaraan niemand helemaal ontsnapt. Wat te denken van deze zin: 'Op het vlak van de gedebudgetteerde dossiers moeten we enkel nog de budgettaire contraintes finaliseren.' Of: 'Wij voorzien naar de toekomst toe concertatie met de syndicaten van de openbare diensten die nu ook akkoord zijn om de denkpiste van de responsabilisering na te gaan met als bijzondere hefboom het assessment.' Ik zuig geen woord uit mijn duim.

Wie of wat ze verlinken, staat hun niet duidelijk voor ogen. Met de grootste ernst kramen ze hun onzin uit op de televisieschermen. Niemand vertrekt een spier, iedereen doet alsof hij de wartaal begrijpt. Het heeft niets te maken met de structuur van de Belgische politieke instellingen. Dat je bij ons een Kamer en een Senaat hebt en in Nederland een Eerste en een Tweede Kamer of dat België schepenen heeft en Nederland wethouders is het gevolg van 1830. Er bestaan nu eenmaal twee afzonderlijke staten en die hebben zo hun eigen instellingen. Die heten ook niet hetzelfde in Duitsland, Oostenrijk en Zwitserland of in Frankrijk en België. Waarom zouden ze ook?

Ik bedoel iets anders. Je kunt die zinnen waarschijnlijk heel goed omzetten in begrijpelijk Nederlands, begrijpelijk, dat geldt in de eerste plaats voor ons, want wij kiezen hen. En Nederlanders snappen natuurlijk onmiddellijk dat we willen praten met de bonden omdat die er ook aan denken de ambtenaren meer verantwoordelijkheid te geven of iets in die trant. (Raadseltje: welk voorbeeld werd hier vertaald?)

De Belgisch-Byzantijnse stijl is een extreme vorm van politieke taalmishandeling. Het is brutale onverschilligheid voor taal, ook van politici die beweren dat ze koene voorvechters zijn van de Vlaamse zaak. Ik kan er begrip voor opbrengen dat je gauw Franse woorden overneemt als je de hele tijd met Franstalige ministers in de kabinetsraad zit. Maar een Vlaams politicus hoort dat te weten en dient dus dubbel op te letten. Ze weten het nauwelijks en hun taal laat hen zo Siberisch koud dat ze aanmerkingen daarop alleen maar weg kunnen smalen. Daarbij, het komt hun goed uit. De mist der onbegrijpelijkheid wordt er alleen maar dikker van.

Het is een dooddoener te zeggen dat een volk de leiders heeft die het verdient. Toch kun je in Vlaanderen zeggen dat de politici de taal spreken die het volk verdient.

Dat is toch zo vreemd in mijn land: vechten voor de eigen taal maar weigeren die taal fatsoenlijk te spreken en te schrijven. Mensen via school, krant of radio de stuipen op het lijf jagen met vermaningen over taalzuiverheid en aan de andere kant nauwelijks wéten dat je die taal spreekt.

Je zou zeggen dat mensen die vechten voor iets, dat iets dan ook als een groot goed beschouwen en het bijgevolg met de grootste zorg zullen omringen. Hebben de Vlamingen dan gevochten voor hun dialecten? Maar juist de Vlamingen hebben nostalgisch gestreefd naar de eenheid van de Nederlandse taal en cultuur. Holland had daar niet meteen een boodschap aan, dat kon terugkijken op de Gouden Eeuw en toen hoorden wij er al niet meer bij.

We hebben er heel zorgvuldig op gelet dat in wetteksten onze taal Nederlands zou heten en niet Vlaams. We hebben zelfs een Taalunie. Waarom spreken we die taal niet? Zelfs nu ik voor de vierde en laatste keer dit boek herschrijf, houdt aarzeling mijn pen tegen. Ik moet het toegeven: het Nederlands is onze taal niet.

De Vlamingen hebben zich verzet tegen het opgedrongen Frans omdat het miskende wat ze met de moedermelk hadden ingezogen: hun moerstaal. En dat was hun dorpse dialect. Ik heb daar respect voor. Frans was alles, sociaal, internationaal, intellectueel, Vlaams was niets. En toch wilden die mensen zichzelf blijven.

Een voorbeeld. Een ambachtsman – hij is intussen overleden – stuurde zijn kinderen in Brussel naar de Nederlandstalige school. De oorlog was pas voorbij en makkelijk was die keuze zeker niet. Alles wat met Nederlands te maken had, stonk in de opgetrokken neuzen der Franstaligen naar collaboratie. Dat was smaad. De man had niets met collaboratie te maken en de nazi's deden hem kokhalzen.

Toch verloor hij er werk mee. Maar hij hield vol, 'want,' zei hij, 'anders kunnen mijn kinderen straks mijn eigen vader en moeder niet meer verstaan en hoe moet ik dan nog bij die mensen binnenkomen?'

Die man was niet erg geletterd. Hij kende wel uitstekend Frans (dat heb je vaker bij Vlamingen), maar hij bleef zijn eigen taal spreken. Nederlands? Filologisch wel, maar voor hem niet. Hij sprak het dialect van de noordkant van Brussel. Hij kon alleen door ingespannen te luisteren bij benadering snappen wat een Hollander zei.

De kinderen van die man zijn van mijn generatie. Ze hebben op school Nederlands geleerd, als een vreemde taal, ik zei het al. *Zoals hun ouders op school Frans leerden als een vreemde taal, zo hebben zij Nederlands geleerd.* Alleen sluit Nederlands gelukkig veel dichter aan bij het dialect waarvan ze zich thuis bedienden en gaat het terug tot een verleden dat ik niet graag zou willen missen.

De voedingsbodem voor het verzet tegen het Frans was het dialect. Dat heeft de doodgewone mensen – lang niet allemaal, veel zijn er verfranst, vooral in Brussel – de kracht en de warmte gegeven om weerstand te bieden.

De notie Nederlands heeft geholpen om die dialecten respectabel te maken, er een taal van te maken die dezelfde rechten verwierf als het Frans. Je kon het Nederlands niet missen en toch wilde je om de dooie dood niet voor Hollander worden versleten.

Het resultaat was en is bevreemdend.

Je neemt massa's woorden en constructies uit het Frans over en tegelijk verwijt je de Nederlanders dat ze te veel Franse woorden gebruiken. Je trekt het toilet met een *chasse* door, maar je vindt etages en etalages belachelijk. Je zegt vest (*veston* in het Frans) voor jasje en *gilet* voor vest en je vindt het aanstellerij dat een Nederlander een pantalon draagt in plaats van een broek.

Meteen heb je een waterdicht excuus voor je eigen luiheid. Het is een redenering waarmee Vlamingen onvermoeibaar blijven aankomen. Die redenering werkt als het mechaniekje van een valdeur. Ik maak een stekelige opmerking over Vlaamse taalluiheid, de knop met Franse woorden van Hollanders wordt ingedrukt, het vooroordeel valt tussen mij en de ander in, de discussie ontaardt in welles nietes. Het geroep klinkt nauwelijks door de valdeur heen.

Anderzijds kon je bij ons een krampachtig streven naar taalzuivering waarnemen. Taalrubriekjes floreerden in kranten, op radio en tv. Die tijd is lang voorbij. Maar nu nog heeft de Vlaamse overheid een dienst taaladvies en een taaltelefoon. Bij de openbare omroep werkt een taaladviseur. In Vlaanderen hebben wenken voor goed taalgebruik andere achtergronden dan in het buitenland.

De eerste is het Franse model. Geen land ter wereld is zo gecentraliseerd als Frankrijk, geen dialect heeft met vergelijkbaar succes niet alleen de status van nationale taal, maar ook die van universele taal verworven als dat van het *Île de France*. Op dat gebied eisen de Fransen volledige onderwerping en wie zich onderwerpt, wordt ook geaccepteerd. De pikzwarte Senegalese dichter en later president Léopold Sédar Senghor gaf voor de Tweede Wereldoorlog al Frans aan de Franse kindertjes van het Lycée Descartes in Tours. Revolutionair? Hoezo? Gewoon cartesiaanse logica. Hij kende hun taal beter dan zij.

Wij wilden het even goed doen als de Franstaligen. Vandaar de hang naar accentloos praten, vandaar dat verwoede wieden in de overwoekerde taaltuin van ons Nederlands. Er is maar één taal, één uitspraak, die van Parijs. Ik bedoel het ABN.

Een tweede drijfveer is het verzet tegen het Frans. Als iedereen zegt dat je géén taal spreekt, ga je je uiterste best doen om wél een taal te praten en dan liefst zo goed mogelijk. En aangezien de onderdrukkende taal het Frans is, gooi je al die Franse woorden eruit. Dus wordt centrifuge droogzwierder, exploitant uitbater en telefoon spreekdraad. Vandaar dat sommige Nederlanders denken dat wij zuiverder praten dan zij. En als ik heel eerlijk ben, die droogzwierder vind ik heel mooi. Voor de meeste Nederlanders is dat apparaat alleen komisch, maar er is al geruime tijd iets aan het veranderen. Hoorde ik daar niet uit een Rotterdamse mond het woord uitbater?

Beide, conformeren en verzet, zijn ingegeven door ons minderwaardigheidscomplex. Spraken we Nederlands in eigen land, dan werden we weggehoond omdat we de wereldtaal Frans verwierpen. Dat we dat níét deden, dat we integendeel ijverig Frans leerden en het tot onze vreugde zeer goed leerden lezen, spreken en schrijven, deed niet ter zake. Je tastte de hegemonie van het Frans aan, dat was een zonde tegen de Heilige Geest. Spraken we ten noorden van de rijksgrens Nederlands, dan werden we net zo goed weggehoond, want we spraken een plat taal*tje*, met een zonderling accent, sappig, ouderwets, enfin, allesbehalve gewoon Hollands. Gelukkig durven de Franstaligen ons nog maar sporadisch uit te lachen en zijn wij het nu die de Nederlanders bespotten. Maar ik veracht het opgeblazen, luie, valse zelfbewustzijn dat ons oude, fraai gelaagde complex aan het verdringen is.

Steeds dreigender hangen de kwade dampen van het Verkavelingsvlaams over onze gewesten. Ik blijf dus de boetepredikers der taal verdedigen, die van vroeger, die van nu. Zolang zij irritant peuteren aan de restanten van ons Franse koloniale verleden zal ik hen toejuichen. Alleen als zij de overgang van dialectwoorden naar het algemeen Nederlands willen tegenwerken, zal ik hen bestrijden. De meesten van hen zijn trouwens niet meer tegen die verrijking van de moedertaal gekant. De algemene taal heeft de dialecten van ons nodig als moedermelk.

Het Nederlands is schrijftaal, is algemene omgangstaal geworden dankzij de Statenvertaling. Dat leerden wij nou wel op school, maar wij wisten niet hoe die eruitzag en zeker niet hoe die klonk. Wij waren katholiek, de priesters verboden ons dergelijke ketterse teksten te lezen en onze spreek- en schrijftaal is er bijgevolg ten hoogste indirect door beïnvloed. Toch werkten aan die vertaling lang niet alleen Hollanders mee.

Ten eerste barstten de staatse steden uit hun voegen door de toevloed van voortvluchtige protestanten uit de Zuidelijke Nederlanden. En ten tweede hebben de Hoogmogende Heren van de Staten-Generaal en de leden van de Nationale Synode te Dordrecht er streng op toegezien dat in de vertaalcommissie bekwame geleerden zaten uit alle Nederlandse gewesten. Alle, dat betekent van Steenvoorde (nu in Frankrijk) tot Groningen via Hoogstraten (nu in België). Alleen Drenthe wilde ontheven worden van de revisorenplicht. De Nederlandse taal was in hun landschap niet wel bekend, meldden de Drentse synodeleden. Bogerman was een Fries, Gomarus een Bruggeling en Baudartius kwam uit Deinze, ten zuiden van Gent. Ook Thysius en Walaeus kwamen uit het zuiden. De Statenbijbel is doorspekt met Vlaams en Brabants.

Het is jammer dat de nieuwste Bijbelvertaling, waaraan scharen bekwame theologen, filologen, exegeten, historici en ander hooggeleerd volk massa's tijd en moeite hebben besteed, gesteld is in een idioom dat het midden houdt tussen een welzijnswerkersrapport en de jammerklacht van een leraar met een burn-outsyndroom. Het is zonde dat deze slaapverwekkende pap iedere zondag aan de christenen in de Lage Landen wordt opgelepeld. Zijn de kerken nog niet leeg genoeg? Wordt het taalgevoel al niet genoeg belaagd?

Sinds de Tweede Wereldoorlog zie ik een andere heilzame invloed op het dagelijkse taalgebruik inwerken en ook ditmaal vooral binnen de Nederlandse rijksgrenzen. Ook over die invloed hebben we op school niets geleerd. Ik bedoel de Bommelverhalen. Dankzij mijn goede vader (tja) lazen wij die thuis en, net zoals in Nederland, begonnen *de eenvoudige doch voedzame maaltijd* en *met uw welnemen* tot onze dagelijkse omgangstaal te behoren. Toen ik nog voor het departement Sociologie van de Leuvense universiteit werkte, verving ik systematisch het lelijke, rammelende woord referentiekader (*frame of reference*) door denkraam. Geen van de professoren, wetenschappelijk medewerkers of andere breinbazen wist waar het woord vandaan kwam. Ik tref het nu aan in geschriften over de meest uiteenlopende onderwerpen.

De derde invloed moet uit Vlaanderen komen. Je begint er al iets van te merken. Heel langzaam vinden enkele van onze prachtige dialectwoorden hun weg naar het algemeen Nederlands in Holland. Las ik niet bij de oer-Hollandse Maarten 't Hart het woord goesting? Marten Toonder waardeerde zulke woorden al lang. Een voorbeeld uit *De kwanten*: 'Kijk, dat vind ik nu leuk,' riep heer Ollie uit. 'Dat is net iets voor een heer van mijn stand. Ik ga mee naar Goesting, jonge vriend.'

'Waarom?' wilde de chauffeur weten.

'Omdat ik daar zin in heb,' zei heer Bommel, 'dat spreekt!'

Einde citaat.

Hoe kun je mooier zeggen dat een man geil naar een prachtige, onbereikbare moordgriet staat te kijken dan: 'Ik stond daar met mijn broek vol goesting.' Als je zulke dingen afwijst, wordt je taal abstract en iel.

Er zijn natuurlijk véél meer invloeden te ontwaren. In een rede die Hugo Brandt Corstius op 1 september 2000 te Leuven uitsprak voor de aldaar vergaderde neerlandici extra muros riep hij uit: 'Laat Honderd Nederlandsen Bloeien!' En hij noemt ze op, van Kaaps en Paaps via Bommeltaal en Kamagurks tot de Tale Kanaäns en Belgisch Beschaafd. Het is een hilarische reeks. Gelukkig heeft Brandt Corstius het Verkavelingsvlaams vergeten.

Dat prachtige Nederlands is de taal van noord én zuid, voor wie daar nog aan mocht twijfelen. Naar buiten treden als een eenheid is voor de Nederlandse taal en cultuur een zaak van leven of dood. Onze taal wordt door tweeëntwintig miljoen mensen gesproken. Weinig is dat niet, echt veel is het ook niet. Het is meer dan Zweeds, Deens, Noors en IJslands samen, het is minder dan Pools of Roemeens.

De grote talen in de EU (Frans, Engels, Spaans, Duits) hebben een sterke neiging de andere (Nederlands, Deens, Grieks, maar ook Italiaans, de taal van Dante en Petrarca, of Portugees, wereldwijd spreken meer mensen Portugees dan Frans) weg te drukken. Als we willen dat onze taal overleeft, moeten we eendrachtig voor haar opkomen.

Het Engels lijkt aan een onstuitbare zegetocht te zijn begonnen. Vooral Nederlanders juichen dat toe. 80 procent van de Nederlanders vindt dat je maar één buitenlandse taal moet leren en zie, de loop der geschiedenis voert hen mee naar zonovergoten toppen, laat Engels nou net de taal zijn die in Nederlandse scholen ijverig aangeleerd wordt. Daarbij, Engels is toch zó gemakkelijk! Dus proberen zij van dageraad tot avond iets te spreken dat zij voor Engels aanzien. De Dam? Dat is *on walking distance* van het Rokin. Wat is de *expiring date* van je *creditcard*? Hoedehel is die meneer? *What for people are that*? Hijgend van kosmopolitische opwinding wentelen mijn taalgenoten zich in het stof voor de taal der Angelen en der Saksen. En ook de Vlamingen zetten luid kwelend de sluizen open. Kijk een willekeurige krant in, je hebt niet eens vijf minuten nodig: Geen trotse *masters of the universe* meer. De Belgische bedrijven zijn *back on track*. *Eat this*, Elio di Rupo. Zeker als je van mening bent dat *the proof of the pudding is in the eating*. Wat eigenlijk *not done* was. Ik ben *fair and square* geklopt. O, het staat zo volwassen, zo wereldwijs, zo lekker globaal! Je hoort zo helemaal bij de echte wereld van de grote mensen! Ziedaar de zelfbevlekking van de provinciaal.

Ik ben dol op het Engels van *When to the sessions of sweet silent thought*, van *There's a certain slant of light, / Winter afternoons* – of *Do not go gentle into that good night*. Maar ik zie niet in waarom de taal van *hedge funds* (hefboomfonds) en *collateral damage* (randschade) ook de taal van Europa zou moeten worden.

Defaitisme is uit den boze. Ik ken ze, de frasen die ieder protest smoren in de kiem. Iedereen spreekt toch al Engels! De opmars is niet te stuiten! Wat wil je dat de Chinezen praten met buitenlanders? En vooral: wees nou toch eens realistisch.

'Point n'est besoin d'espérer pour entreprendre ni de réussir pour persévérer.' Die woorden worden toegeschreven aan Willem de Zwijger. In de negentiende eeuw en tot diep in de twintigste eeuw werd de strijd voor de rechten van het Nederlands in België ook niet realistisch genoemd. Zoals het Engels vandaag, was toen het Frans de taal van de toekomst. Politici, professoren, hoge rechters, intellectuelen, schrijvers, kardinalen, eigenaars van fabrieken, allemáál zeiden ze met de volle kracht van hun beredeneerde, koele overtuiging dat het Nederlands geen toekomst had. Wie verdedigde het Nederlands in België? Op een paar heldere koppen na, kanunnik David, Jan Frans Willems, Frans van Cauwelaert, Camille Huysmans, werd het Nederlands verdedigd door gesjeesde politici, romantische warhoofden, derderangs dichters, halvegare intellectuelen met veel te lange baarden en dorpskapelaans in kaal gesleten soutanes. Maurice Maeterlinck, Nobelprijs voor de literatuur 1911, een Europese beroemdheid in zijn tijd, noemde die grof gebekte, slecht geklede, onwelriekende voorvechters van het Nederlands: *...une poignée d'agitateurs que leur naissance obscure au fond des fermes et leur éducation tardive ont rendus incapables d'apprendre le français* (... een handvol agitatoren die door hun obscure geboorte ergens achter in een boerderij en een al te late opleiding niet meer in staat zijn Frans te leren, in de Franse krant *Le Figaro*, 5 juli 1902). Achteraf heeft Maeterlinck zich verontschuldigd, maar toch, hoe is het mogelijk het dat een eminent auteur zoiets in de krant schrijft? Het komt omdat internationaal befaamde, geëerde geesten op elk gebied, Maeterlinck dus, kardinaal Mercier, professor Eugène Dauge, procureur-generaal Charles de Bavay, politici als Rogier en Janson ervan overtuigd waren dat het echt beter zou zijn als iedereen gauw Frans begon te spreken. De vernederlandsing van het onderwijs was volgens hen een aanslag op de cultuur – Maeterlinck heeft zich heftig verzet tegen de vernederlandsing van de Gentse universiteit. Vlaanderen zou zichzelf voorgoed afsnijden van de beschaving. We mogen er niet aan twijfelen dat al die grote mannen het oprecht goed meenden met arm Vlaanderen. Zelfs een groot Vlaams schrijver als Cyriel Buysse was ervan overtuigd dat de kleine Vlaamse man zich alleen kon emanciperen door Frans te leren.

Nog in 1965 hoorde ik uit de mond van een jonge, intelligente, welopgevoede Franstalige Antwerpse jezuïet, afkomstige uit de hoge bourgeoisie, dat over twintig jaar heel Vlaanderen Frans zou spreken. De strijd voor het Nederlands was een achterhoedegevecht, zei hij. De beschaving had beslist dat al die kleine talen moesten verdwijnen. Wie het Nederlands nog verdedigde, was niet realistisch. Dat bijna een halve eeuw geleden. Vervang Frans door Engels, de pater door een ceo en je hebt een zeer herkenbaar hedendaags verhaal. Over een halve eeuw zal ik niet meer leven. Ik ben benieuwd welke taal de flitsende, realistische geesten van dat toekomstige tijdvak zullen ophemelen. Chinees? Swahili? Turks?

Want wie kreeg gelijk?

De pummels kregen gelijk. De ranzige kapelaans kregen gelijk.

De halfafgestudeerde baardapen kregen gelijk. De slechte dichters kregen gelijk. De warhoofden kregen gelijk. De randdebielen van de politiek kregen gelijk. Al wie verwrongen, onwerkelijke, mistige, staatsgevaarlijke, achterlijke fantasietjes had uitgebroed, kreeg gelijk.

De verlichte geesten, de machtigen, de heren met goede manieren, goede opleiding, goede smaak en goed geld, zij kregen ongelijk, bar en boos ongelijk. Hun realisme was een duur woord voor kortzichtigheid. Hun realisme was een levensleugen die hun eigenbelang moest verbergen. Hun realisme was intellectuele luiheid. Hun realisme was niet meer dan een fantasietje.

Vandaag evolueert de wereld veel sneller dan honderd jaar geleden. Wie de knieval voor het Engels verdedigt als enig mogelijke optie, op grond van realisme, is dus nog veel kortzichtiger dan kardinaal Mercier of Maurice Maeterlinck. Honderd jaar geleden zei kardinaal Mercier dat het Vlaams (het woord Nederlands ontbrak blijkbaar in zijn vocabularium) niet geschikt was voor wetenschappelijk werk. Kamerlingh Onnes had net de Nobelprijs gekregen en Huizinga's eerste boek was al gepubliceerd. Als je een taal van haar hoger onderwijs berooft, vernietig je haar op termijn. We weten dat er Nederlandse ministers zijn geweest die voorstelden aan de universiteiten maar meteen in het Engels te doceren. Vandaag zijn er Vlaamse nationalisten die hetzelfde willen. Zij zijn allebei, maar de Vlaamse nationalisten toch het meest, leeghoofden zonder geheugen.

In dit hoofdstuk heb ik me boos gemaakt om de luiheid en zelfgenoegzaamheid van mijn landgenoten. Nederlanders, vond ik vroeger, moesten zichzelf maar beschimpen. Intussen heb ik mijn schroomvalligheid overwonnen en hekel ik in mijn geschriften de zelfgenoegzaamheid en het provincialisme van de Nederlanders.

Het Hollandse, randstedelijke provincialisme dient te worden opengebroken. Die smalle normen voor taalgebruik en accent dienen te worden verbreed om zo plaats te bieden aan wat de rest der Nederlanden te bieden heeft.

Het Vlaamse nouveau-richeprovincialisme hoort schoppen te krijgen. Die vettige eigendunk, die nergens op steunt, verpest onze taal en cultuur. Maar het waardevolle van dat provincialisme verdient onze zorg: de oprechte liefde voor de taal, een liefde die bittere ervaring achter de rug heeft, en de baldadige vreugde van de dialecten.

Brussel

Brussel heeft iets meer dan één miljoen honderdduizend inwoners en groeit snel aan. Geen enkele stad in Nederland is zo groot, geen enkele zo internationaal. Ja, natuurlijk, Brussel is de hoofdstad van Europa. Dat is daar maar één aspect van en niet eens het belangrijkste.

Brussel is de grootste stad waar Nederlands gesproken wordt. Tegelijkertijd hoort Brussel bij de vijf grootste Franstalige steden van de wereld, na Parijs en Montréal, groter dan Marseille, vergelijkbaar met Lyon of Rijsel. Hoeveel inwoners Dakar heeft, weet ik niet. En dan hebben we het alleen nog maar over de twee officiële talen. Forse contingenten Italianen, Spanjaarden, Marokkanen, Turken, Grieken, Kosovaren, Polen, Roemenen en Bulgaren hebben zich in Brussel gevestigd, eerst als gastarbeider, al gauw voorgoed. Hun kinderen zijn er geboren. Zeven op tien kinderen die in Brussel worden geboren zullen thuis noch Frans noch Nederlands spreken. Een héél kleine minderheid van de buitenlanders is werkzaam in de Europese instellingen. Meer dan een op tien Brusselaars is van Noord-Afrikaanse afkomst.

Steeds meer buitenlanders nemen de Belgische nationaliteit aan. In het Brusselse gewestparlement zetelen negenentachtig verkozenen. Veertien van hen hebben een Arabische naam. Ze zijn dus lichtjes oververtegenwoordigd. Bij gemeenteraadsverkiezingen zie je op de affiches in cafés en op straat opvallend veel gezichten van Turken, Marokkanen en zwarte Afrikanen die precies even sportief en vertrouwenwekkend proberen te glimlachen als de kandidaten die Jansens of Dupont heten. Zij horen er helemaal bij. De tijd der knuffelturken en alibi-ali's ligt definitief achter ons.

In Brussel heeft het woord taal geen enkelvoud. Ik stel voor hier een kleine praktische oefening in te lassen. Iedereen kan meedoen. Je moet er wel enkele uren voor uittrekken.

Neem de metro van station Stokkel naar het Weststation, lijn M1, van oost naar west, van rijk Brussel naar arm Brussel. Tel de talen. Probeer de talen te benoemen. Neem een notitieboekje en een potlood mee of anders een elektronische contraptie, want voor je het einde van de rit bereikt, kom je vingers en tenen tekort. Je reist door een linguïstische doorsnede waarin de taallagen even duidelijk boven elkaar liggen als de aardlagen in een geologisch bodemprofiel. Vergeet niet: taal hangt samen met sociale klasse. Bij de talen onder de grond horen boven de grond arme of rijke mensen, herenhuizen, kantoren of stedelijk verval.

In het begin is het niet al te moeilijk. Frans en Nederlands uiteraard, in allerlei registers en scheeftrekkingen, maar ook Euroduits, Eurospaans en natuurlijk het hele gamma steenkolenengels. Boven ons, brede lanen en parken. Na station Schuman, onder het diepgevroren en weerzinwekkend lelijke hart van de Europese Unie, krijgen de twee nationale talen van België weer even de overhand, maar dat sterft snel weg. We zijn nu voorbij de wijk met de ministeries.

Tot in Sint-Katelijne kunnen we nog wat jonge Vlaamse bobo's horen zwatelen. Boven: de Dansaertstraat met zijn avant-gardistische modewinkels, de restaurants van de *Vismet* (Vismarkt), het literatuurhuis Passa Porta. We naderen station Zwarte Vijvers. Boven: verkrotting. Vuilniszakken groeien uit de stoep. Gaten in het wegdek. Armoe troef. De stemmen klinken steeds jonger en duiken steeds dieper de kelen in, hees, met splinters. Arbeidersspaans, proletarisch Portugees, Arabisch, Berber. Is dat Albanees? Geen Turks, dat is voor een andere metrolijn, voor andere krotten. De donkere jongens en meisjes die de toekomst van deze stad zijn, verven de nationale talen met nieuwe kleuren. Tegelijk spreken ze ook ontegenzeglijk Belgisch. Hun Frans klinkt niet zoals het Frans in de banlieues van Parijs, hun Nederlands klinkt niet zoals het Nederlands in Slotervaart. Steeds meer Hongaars. Tsjechisch soms. Roemeens. Het meest nog het Pools met zijn dozijn sis-klanken. En dan zijn er de talen die je niet zomaar thuis kunt brengen. Van die krijgen we er steeds meer, maar wellicht wordt mettertijd de gave des onderscheids ons deel.

Van oudsher willen Brusselaars graag van de ene taal naar de andere wandelen. Beginnen ze een zin in de ene, dan eindigen ze hem in de andere taal. *Il a perdu tout son bollewinkel*, van dergelijke mengsels kijkt de rechtgeaarde Brusselaar niet op. Het is een zalig zootje, want er komen steeds meer talen bij en de nieuwe Brusselaars spelen het spel dapper mee. Terecht schrijft Stefan Hertmans in *Steden* dat de Brusselaars zich uitdrukken '...in talen die niet de hunne zijn, zich reddend met een handjevol uitdrukkingen die ze op straat hebben geleerd'. In die zin begint Brussel steeds sterker te lijken op Afrikaanse metropolen, waar de talen uit het ommeland over elkaar struikelen, of op sommige steden van de vernietigde Dubbelmonarchie, zoals Czernowitz, waar, volgens het woord van de dichteres Rose Ausländer, de karper zweeg in vijf talen. Ik heb die talenchaos ooit zo beschreven: '...want Brussel is een geniale taalmachine, / alleen de kleine magiër kan haar bedienen.' Of is Brussel als een groot, krakend, onopgemaakt bed '...waar talen elkaars lijf berijden'? Sommige Franstaligen doen alsof Brussel alleen hun taal spreekt. Blijkbaar zijn ze niet in staat de tweetalige, veeltalige, ongrijpbare chaos te accepteren die de charme van Brussel uitmaakt. De Franstaligen willen *Gleichschaltung*, maar dat is buiten de gewone Brusselaar gerekend, waar die ook vandaan komt.

In Brussel zijn tienduizenden mensen elke dag opnieuw bereid elkaars talen te spreken, het zijn er intussen veel meer dan twee. Juist daarom is Brussel zo kostbaar, zo onmisbaar voor de toekomst van Europa. Elke dag opnieuw beseffen tienduizenden Brusselaars: het is niet zozeer dat we met elkaar móéten leven tegen heug en meug, we vinden die principiële bastaardij wel zo leuk, we wíllen met elkaars verschillen leven. We zijn zinnekes. Dat zijn hondjes, u kent ze wel, niemand kan hun ras bepalen, trouwe dieren, vriendelijk, je krijgt ze niet kapot. We zouden geen Brusselaars zijn als we dat niet uitbundig vierden. Om de twee jaar trekt dan ook de Zinnekeparade dwars door Brussel. Het is een krankzinnige optocht, een joelend feest, iedereen is welkom, op voorwaarde dat je niets au serieux neemt, vooral jezelf niet. Want zonder zelfspot, zonder onze verrukkelijk absurde, oneerbiedige, Brusselse zwans, zouden we verdrinken in melancholie. *Non peut-être*! Nee misschien. Weet u niet wat dat betekent? O, het is gewoon: ja.

Mijn vrouw en ik rijden huiswaarts in de metro en we praten over een kennis, een zekere Simon. Op de bank naast ons, twee jongelui met Noord-Afrikaans uiterlijk. Zij spreken iets gutturaals. Wij spreken Nederlands, zij snappen van ons hele Simon-verhaal natuurlijk geen gebenedijd woord.

'Meneer,' vraagt de magerste bedeesd in uitstekend Frans, 'wie is die Simon over wie u de hele tijd spreekt?'

Wat wil die kerel in vredesnaam van ons?

'Ja, ziet u, ik zou zo graag willen weten of het Simon Petrus is, u weet wel, de apostel.'

We zijn nu niet meer verbaasd, maar verbijsterd.

'O, die Simon, dat is gewoon een kennis van ons,' stoot ik er eindelijk uit.

'Wij zijn namelijk christenen, meneer.'

Lieve help, denk ik, nu zijn Jehova's getuigen ook al de islamieten aan het bekeren.

'Hier noemen wel meer mensen zich christelijk,' zeg ik zo objectief mogelijk.

'Maar wij zijn Assyrische christenen,' zegt nu de tweede jongen. 'Wij spreken Aramees, de taal van Jezus Christus!'

'Aha, zo hebben die parabels dus geklonken,' roept mijn vrouw blij verrast.

'Ja, jubelen de twee. Zo sprak Gods zoon. Zo sprak God zelf.'

In onze stad mag dan een Babylonische spraakverwarring heersen, we hebben toch maar medeburgers die Assyrisch praten. Als het einde der tijden ophanden is, wordt Brussel zeker gered. Want een handvol vrome Brusselaars zal God om genade smeken in Zijn eigen taal.

Brussel heeft ook zijn eigen taal. Ja, er bestaat zoiets als Brussels. Dat oude, Brabantse dialect is de mooiste taal ter wereld, men vergeve mij dit kleine, onschuldige chauvinisme, maar *dei schuun toêl* raakt danig in de verdrukking.

Menig buitenlander die in Brussel woont zal zeggen dat hij dat dialect nog nooit heeft gehoord. Menig Belgisch inwoner van de Europese hoofdstad zal met grote stelligheid zeggen dat het uitgestorven is. Dat het ten hoogste nog wordt gemummeld door een paar bejaarden. Beiden dwalen.

Daar zijn verschillende redenen voor. Al te veel buitenlanders, vooral de rijke soort, die in de hoofdstad van Europa wonen, komen haast nooit buiten hun eigen kring. Eurocraten en andere expats zullen je zonder blozen vertellen dat het Engels de *lingua franca* is in de hoofdstad van Europa. Ze dwalen alweer en ze weten zelf niet hoe erg. In hun eigen kring wordt inderdaad steeds vaker een soort primitief Engels gehoord. Maar die kring is zéér beperkt. Ja, in de Ierse pubs, die in Brussel even populair zijn als overal ter wereld, kent de Ierse barman gewoonlijk alleen de taal van zijn erfvijanden.

Als expats met Belgen in aanraking komen, zijn dat vaak Franstaligen. Om het even wat zij beweren over de Brusselse taaltoestanden, het is en blijft vertekend en verwrongen. Wie de twee talen niet spreekt, moet zijn mond houden over dergelijke zaken. Een buitenlandse correspondent in Belfast die alleen de protestantse kranten leest en alleen met protestanten praat, zal het nieuws vervalsen. Hetzelfde geldt uiteraard voor de katholieke kant.

Ik heb eens een jonge Duitse eurocrate horen zeggen dat de Vlaamse televisie in ieder geval *Scheisse* was, stront. Werkelijk, dat woord nam ze in de mond. Ik vroeg haar welke programma's ze precies bedoelde. Ze had nog nooit naar de Vlaamse televisie gekeken, bekende ze.

Ik heb Nederlanders gekend die zelfs na een tienjarig verblijf in Brussel halsstarrig blijven ontkennen dat de Brusselse straatnaamborden tweetalig zijn. Alle Brusselse straatnaamborden zijn tweetalig, al tientallen jaren, trouwens, heel Brussel is officieel tweetalig, van hoog tot laag, dat moet volgens de Belgische grondwet en we zijn daar nogal scrupuleus in. Tot voor kort hadden we zelfs een straatnaambord in het centrum waarop stond: *Treurenberg Treurenberg*, maar die linguïstische finesse is helaas weggesaneerd. Goed, als buitenlanders niet willen zien, waarom zouden ze dan willen luisteren?

Luisteren echter is lang niet zo makkelijk als het lijkt. De Brusselaars hebben de neiging hun allereigenste, intiemste taal te verstoppen. Het is een taal voor huis-, tuin- en keukengebruik. Je komt er niet mee op straat. Onder de centenaarsdruk van het oppermachtige Frans, decennialang de deftige taal en de enige toegestane taal in scholen en gemeentehuizen, heeft de Brusselaar een soort schaamte ontwikkeld. Zijn eigen taal is niets waard. 'Qu'est-ce que j'irais faire avec mon Vloms van in 't strotche?' (Wat zou ik beginnen met mijn Vlaams van in het steegje?) hoorde ik als kleine jongen een Brusselaar zeggen. Die zin staat in mij geheugen gebrand.

Tegenover mijn huis woonden twee oude mannen, broers. Ze waren voortdurend met elkaar aan het mompelen in de oude taal. Maar nooit tegen mij. Op mijn Nederlands, noch op mijn Brussels gingen ze in, het was altijd weer hoffelijk van 'B'jour m'sieur, fait beau 'jourd'hui, n'ce pas?' Kortom, de gebruikelijke oppervlakkige hoffelijkheid die de dagelijkse omgang met buren veraangenaamt. Op een dag liet ik nieuwe ramen aanbrengen in mijn voorgevel. Dat interesseerde hen, ze stonden voortdurend op hun stoep te kijken, te wijzen naar de vorderingen en commentaar te geven. Toen ik zelf de zaak eens ging controleren, richtte een van hen zich tot mij: *Schuun, menier, schuu werk*, zei hij. Na jaren! Ik stroomde vol dankbaarheid. Eindelijk accepteerden ze me echt. Eindelijk had ik recht op de echte taal.

Of hadden ze al die tijd geen Brussels willen spreken met mij omdat ik zoveel jonger was dan zij? Ik ken het verschijnsel maar al te goed. Je staat in de rij te wachten bij een loket, achter twee vrouwen op leeftijd die schitterend Brussels spreken tegen elkaar, schitterend, ja, het is een taal die flonkert van de anarchistische, absurde humor, de *zwans* is terecht beroemd. Een van de twee praat nu met de jongedame achter het loket. Frans. Altijd Frans, ook al komt de jeugdige ambtenaar overduidelijk uit Vlaamse dorpen als Kortenberg of Schepdaal, dat doet er niet toe, tegen een jongere spreek je Frans. Mijn schoonouders hadden een kruidenierszaak in een Brusselse arbeiderswijk. Telkens als mijn vrouw haar moeder hielp in de winkel, spraken de klanten met ma Brussels, maar Frans met de dochter, binnen het bestek van hetzelfde gesprek, terwijl die twee naast elkaar stonden. Waarom? De redenering was even simpel als vals: de school is Frans, dus de jeugd spreekt Frans en daarbij, je moet die jongeren niet lastigvallen met Brussels, dat zal toch verdwijnen. Mijn vrouw is altijd naar Nederlandstalige scholen gegaan, want het onderwijs was zelfs in de jaren vijftig van de twintigste eeuw al niet meer uitsluitend Frans. Vandaag leven en werken er twee volwaardige schoolnetten naast elkaar, één Nederlandstalig, één Franstalig. De Franstalige scholen hebben het onderwijs van de Nederlandse taal altijd verwaarloosd. Zij leverden géén tweetaligen af. Dat begint nu eindelijk te veranderen. Je hoort steeds vaker stemmen opgaan alle scholen van Brussel twee- of meertalig te maken. Dat is verderf. De Nederlandstalige scholen hebben altijd, tientallen jaren lang, keurige tweetaligen afgeleverd. Vandaag zijn de Nederlandstalige scholen in de dagelijkse realiteit meertalige instellingen. Ze hebben zich niets, maar dan ook niets te verwijten. In het verleden is de zogezegd tweetalige school *altijd* synoniem geweest met verfransing. De hoge taal duwde de lage taal weg. De Vlamingen die in Brussel pleiten voor de meertalige school kennen de geschiedenis van hun eigen onderdrukking niet. Bovendien willen zij een fantastisch systeem met fantastische resultaten vernielen. En misschien het ergst van al, zij schieten de kleuterjuffen, schoolmeesters, leraressen en leraren in de rug die zich met onverdroten idealisme elke dag opnieuw uit de naad werken om hun klas, waarin tien of twintig talen rondzwerven, én Nederlands én Frans én wiskunde én geschiedenis én nog een hoop andere nuttige en beschavende kennis bij te brengen. Mijn lof voor deze dappere mensen zij de hoon voor wie hun werk miskent.

Gelukkig is het Brusselse dialect niet verdwenen. Als je het wilt horen, moet je je oor te luisteren leggen. Je moet cafés in Laken of Jette gaan opzoeken, je moet rondzwerven op een van de talrijke markten, je moet onbescheiden doordringen in een wereld die wordt afgeschermd.

Ook ik dacht dat het Brusselse dialect aan het uitsterven was. Maar omdat ik acht jaar lang een bevoorrechte plek heb kunnen bezoeken, weet ik nu dat het springlevend is. Acht jaar was ik met plezier lid van de cabaretgroep 't Createef Complot Zonner Complexe. Die groep trad uitsluitend op in het Brussels. En altijd weer liep daar in de Marollen het bovenzaaltje van café 't Warm Water vol. Aan folklore deden we niet. Het ging er stekelig over stadspolitiek. De groten van het Franse chanson en het Nederlandse lied werden met plezier briljant vertolkt, maar altijd vertaald in het dialect, Brassens en Brel en Ferré en Boudewijn de Groot en Robert Long. Jong en oud zaten er door elkaar, de procureur kwam er luisteren en het meisje van de post en allen laafden zij zich aan de bronnen van hun echte taal. Op een dag kregen we er een nieuwe bij, een buschauffeur. Ik heb hem zijn leeftijd niet gevraagd, maar ouder dan vijfendertig was hij zeker niet. En zijn Brussels was perfect.

Wat spreek je waar in Brussel?

Ik zou zeker niet durven te zeggen: alles overal. Er bestaat ongetwijfeld, ook vandaag nog, de neiging om in situaties waar je niet van tevoren weet wat de taal van de ander is, Frans te spreken. Meer dan eens gebeurt het dat de ene Vlaming een hele tijd in het Frans bezig is met een andere Vlaming eer ze allebei ontdekken hoe belachelijk ze zichzelf aan het maken zijn. Anderzijds wordt impliciet de regel gehanteerd: je spreekt wat je wilt met wie je wilt.

In winkels huldig ik de voor de hand liggende regel: de klant is koning. Dit wil zeggen dat ik er meestal het Nederlands gebruik. Tot zowat 1980 echter lag dat niet zo voor de hand. Zeg maar dat het je onmogelijk werd gemaakt. Soms blaften ze je af, dan weer lachten ze je uit of werd je eenvoudigweg genegeerd. Er waren wel winkeliers die je te woord stonden in je eigen taal, maar dat waren uitzonderingen. Vandaag is de handelaar die weigert Nederlands te spreken de uitzondering. Iets vaker tref je iemand die de taal echt niet kent. Zulke mensen verontschuldigen zich dan vaak. Eén uitvlucht die je steeds vaker begint te horen, is toch nogal goedkoop: *je suis français(e)*. Alsof Fransen te dom zouden zijn om talen te leren. De algemene regel is: hoe duurder de winkel, hoe meer tweetaligheid, hoe meer meertaligheid ook. De Brusselse winkelier weet dat de tijd van arm Vlaanderen voorbij is. In Brussel, zoals overal, spreekt men de taal van het geld.

Ik sta aan te schuiven in het supermarktje om de hoek. In de rij voor mij spreekt een klant tegen het meisje aan de kassa Engels. Zij antwoordt in het Engels. Daarna komt een dame die Frans spreekt. Geen probleem. Ik denk, kind, je zult toch wel Nederlands spreken, hoop ik, anders beloof ik je dat ons gesprek zéér onaangenaam zal zijn. En ja hoor, ze sprak vlot Nederlands. Ik heb haar van harte gefeliciteerd. Ze was een Turkse, zei ze. Dus de wereldtaal Turks kende ze ook nog. En misschien zelfs Koerdisch. Zulke meisjes hebben vaak zelf niet in de gaten hoe uitzonderlijk hun dagelijkse prestatie aan de kassa eigenlijk is. Zij worden zwaar onderbetaald. Zij zijn het die riante bonussen verdienen en nooit krijgen. Hun maatschappelijk nut overtreft vele malen dat van alle Brusselse bankiers bij elkaar. Zij zijn belangrijker voor de Europese gedachte dan de voltallige Europese Commissie. Zij begrijpen tenminste waar het in de hoofdstad van Europa werkelijk om gaat.

Franstalige instanties hebben moeite om die nieuwe veeltaligheid te aanvaarden. Zo schrijft de commissaris-generaal van de Franse Gemeenschap (in 2011 omgevormd tot de Federatie Wallonië-Brussel) in een officieel stuk dat negen op tien Brusselaars Franstalig zijn. Zelfs als hij – met hulp van het Vlaams Belang – alle buitenlanders de stad uit zou gooien, haalt hij zijn cijfer nog niet. En hij is van één leugen niet doodgevallen. In dezelfde tekst beweert hij ijskoud dat de naam Brussel Keltisch is en betekent *la lande de la chapelle*, de heide van de kapel. Ik zou dat Keltisch wel een keertje willen zien. Je moet, commissaris-generaal van de Franse Gemeenschap zijnde, een uitgestrekte heidevlakte, dicht begroeid met onwaarheden, uit je duim zuigen om er de waarheid in te verbergen.

Enkele jaren geleden kwamen wij, een stuk of wat Franstalige en Nederlandstalige Brusselaars, samen om ernstig van gedachten te wisselen over de problemen van onze gemeenschappelijke stad. Wat lacherig stelden we vast dat iedere overeenkomst tussen de Franstaligen in ons gezelschap en de reëel bestaande Franstalige op louter toeval berustte. Niet een van hen had als kind thuis Frans gesproken met zijn ouders. Italiaans en Spaans, ja, en Arabisch en Jiddisch. Eén lid van ons gezelschap stamde wel uit een Franstalig gezin, maar hij, juist hij was een Vlaming, afkomstig uit de welgestelde West-Vlaamse textielbourgeoisie.

Brussel is dus géén Waalse stad met een Vlaamse minderheid, zoals buitenlanders soms in ernst verklaren, evenmin is het een Vlaamse stad die verfranste door Waalse inwijking en nog veel minder is de stad verfranst sinds de middeleeuwen. Er is inwijking geweest uit alle delen van het land, maar het meest uit Vlaanderen. Er is ook traditioneel veel inwijking uit het buitenland. Geen bonafide historicus twijfelt er nog aan dat in het huidige Brusselse gewest de taal van de verpletterende meerderheid Brabants was – een Nederlands dialect dus – tot in de negentiende, volgens sommigen tot diep in de twintigste eeuw.

Het moge intussen duidelijk zijn dat Brussel niet zomaar tweetalig is geworden. Het was niet altijd zo in Brussel en zelfs tijdens mijn leven – ik ben geboren in 1947 – is het in zeker opzicht anders geweest.

Brussel is meer dan duizend jaar oud. Brussel is het grootste deel van die tijd vooral een Brabantse stad geweest, na enige strubbelingen de hoofdstad van het hertogdom Brabant, dat het kerngebied, het rijkste en het meest beschaafde deel van de Zeventien Provinciën was. Brabant liep van *le roman pays* ten zuiden van Brussel, waar van oudsher Frans wordt gesproken, tot boven Breda en 's-Hertogenbosch, tot bij de grote rivieren in wat nu Nederland is. De scheuring der Nederlanden in 1585 heeft het luisterrijke hertogdom wreed verdeeld. Het noordelijke stuk van het hertogdom Brabant werd Generaliteitsland, het zuidelijke onderging het lot van de Spaanse, later Oostenrijkse Nederlanden: vreemde overheersing, cultureel verval.

Al die tijd is Brussel Brabants gebleven. Dr. Paul de Ridder, Vlaams nationalist maar tevens eerlijk historicus, heeft overtuigend bewezen dat de stad Brussel officieel sterk gehecht was aan het gebruik van het Nederlands, veel meer en veel grondiger dan bijvoorbeeld de steden uit het graafschap Vlaanderen, dat bij de Franse kroon hoorde. Hij heeft onder meer de rekeningen van de Brusselse ambachten uitgeplozen. Die werden in het Nederlands gesteld tot de Fransen ons aan het eind van de achttiende eeuw kwamen bezetten. Het kapittel van de kathedraal gebruikte het adagium *Capitulum est flandricum*, het kapittel spreekt Nederlands, en daarmee uit.

De stad Brussel zal dus haar eigen Brabantse volkstaal als ambtstaal blijven gebruiken tot het einde van de achttiende eeuw, tot de Oostenrijkse Nederlanden in 1795 werden ingelijfd bij Frankrijk. Wel verbleven in Brussel sinds de tijd der Bourgondiërs, de vijftiende eeuw dus, hovelingen en edellieden van velerlei herkomst. Eén voorbeeld slechts: op de Brusselse Hofberg was het dat keizer Karel v, de Habsburger in wiens rijk de zon nooit onderging, troonsafstand deed ten voordele van zijn zoon Filips II. Wat was de voertaal van deze edellieden? Het Eedverbond der Edelen, dat de naam geus consacreerde, haalde die eretitel uit het Frans, *gueux*, schooier, want men sprak Frans met elkaar, hoewel velen ook de volkstaal machtig waren. Later kwam het Spaans, maar in de achttiende eeuw sprak een heer van stand zeker Frans, zoals overal in Europa trouwens. De invloed op het taalgebruik van het stadsbestuur en van de gewone mensen was echter uiterst beperkt. Dat in Brussel een heleboel mensen *ook* Frans kenden, was logisch. De stad ligt dicht bij de taalgrens, het huidige Wallonië was met de vervoermiddelen van die tijd niet eens een dagreis gaans. Maar zelfs aan de vooravond van de Franse bezetting is het Nederlands nog altijd de taal van Brussel. Tot 1794 is nog geen 5 procent van de mededelingen die het stadbestuur richt tot de bevolking opgesteld in het Frans. In die tijd telt Brussel minder dan 15 procent Franstaligen, altijd rijk en/of edel volk. Toen al gold dat het Frans een taal was van hogere orde, een taal van verfijning, maar vooral van geld en macht.

En dan komen de Fransen. De jakobijnen dulden alleen in uiterste nood een plaatselijke taal naast hun Frans, draagster van beschaving, redelijkheid en deugd. Door middel van het opgelegde Frans willen zij de mensen ontrukken aan bijgeloof en achterlijkheid. De taal is de dienares der Verlichting. Zo ook bij ons, hoewel niet zonder moeite.

Wetten, notarisaktes, vonnissen en dergelijke moesten allemaal in het Frans worden opgesteld. Een vertaling mócht erbij en werd er in feite ook aan toegevoegd, omdat de betrokkenen er anders geen jota van snapten. Dat was in Brussel nog nooit gebeurd. Het bleek dan ook erg moeilijk mensen te vinden die dat allemaal min of meer vlot in het Frans konden doen. Onderwijs in het Frans geven was ook al niet makkelijk. De nieuwe Franse overheid voerde daartoe mensen uit het oude Franse territorium in.

Toch is er resultaat. De Fransen hebben onze gewesten een kwarteeuw bezet. Ze hebben de mensen ingeprent dat alles wat officieel is in het Frans moet zijn geschreven en gesproken of je krijgt alleen maar last. Ze hebben de mensen ingeprent dat het Brabants, de taal van de gewone man in Brussel, van nul en generlei waarde is, goed voor thuis, maar je komt er niet mee op straat.

Ondanks de verpletterende militaire en administratieve macht, ondanks de glorie van de Franse cultuur, zijn de Fransen er niet in geslaagd Brussel gelijk te schakelen. Wanneer in mei 1814, na Napoleons eerste nederlaag in Leipzig, baron de Vincent wordt aangesteld tot gouverneur-generaal van de Zuidelijke Nederlanden, stellen de boetmeesters der negen Brusselse ambachten een rekest op waarin zij het herstel van de nationale taal, het Nederlands vragen. 'Wij moeten nog altijd blozen omdat wij onze nationale taal in geen enkele officiële akte mogen gebruiken, wij bevinden ons nog onder het juk van de Franse taal,' schrijven zij, overigens in die Franse taal, want de baron zou het ver beneden zijn stand achten al was het maar één blik te werpen op een brief gesteld in de volkstaal. Baron de Vincent laat de boetmeesters gerechtelijk vervolgen. Niet aldus de nieuwe Hollandse koning Willem I.

Willem lijft het noordelijke deel van Zuid-Brabant, dus het deel dat Nederlandse dialecten spreekt, dus ook Brussel, bij het Nederlandse taalgebied in. Waarom? De grote meerderheid sprak er een vorm van Nederlands.

De reactie tegen de vernederlandsing die Willem I wilde doorvoeren was in Brussel ongemeen heftig. Dat kwam niet omdat de gewone mensen het Frans boven hun eigen taal verkozen, een argument dat de Franstaligen heden ten dage durven te gebruiken. De boze reactie was kwam uitsluitend van mensen die Frans praatten, de elite dus, maar ook vaak Franse immigranten, revolutionairen op de vlucht voor de restauratie. Zij waren het die konden lezen en schrijven. Hoe zouden reacties die daar van afweken, mondelinge bijvoorbeeld, tot ons zijn gekomen? De meeste mensen die Brabants kenden, konden geen Nederlands schrijven, wel een heel enkele keer Frans. De analfabeten, de meerderheid van de bevolking, hadden het te druk met een stuk dagelijks brood onder de tand te krijgen. Eerst het vreten, dan pas de taal, dat spreekt. De meerderheid heeft dus gezwegen en zeker niet iets geschreven wat historici kon opvallen. Alleen om die reden al is het verzoekschrift van de Brusselse boetmeesters een document van het allergrootste belang. Het drukt de wil uit van het zelden schrijvende volksdeel, van de overdonderende meerderheid dus.

Toen kwam 1830, toen kwam België.

De gevolgen voor het taalgebruik in Brussel waren ingrijpend. Brussel was de hoofdstad van het nieuwe koninkrijk, in Brussel werd geadministreerd, de adel had zijn residenties in Brussel en naargelang de jonge staat steviger op poten kwam te staan, gingen de ambtenaren van die staat in Brussel wonen. Dat waren er heel wat, want België was, naar Frans model, naar negentiende-eeuws ideaal, jakobijns strak gecentraliseerd. In 1830 had Brussel vijftigduizend inwoners, in 1875 had het er een kwart miljoen, in 1914 driekwart miljoen. Brussel begon echt te verfransen, vooral de boven- en middenlaag van de bevolking, in veel grotere mate dan de onderlaag. De Belgische staat en de Brusselse burgerij zorgden er angstvallig voor dat Brussel administratief alleen het Frans gebruikte, in steden en dorpen verderop in het land werd iets meer toegeeflijkheid aan de dag gelegd. Maar de dorpen die de uitdijende hoofdstad langzamerhand inpalmde, ondergingen hetzelfde lot: Elsene, Sint-Joost-ten-Node, Schaarbeek, noem maar op. Natuurlijk werd het middelbaar onderwijs in het Frans verstrekt, maar ook het lager onderwijs gebruikte uitsluitend die taal in Brussel. Het onafhankelijke België nam zodoende een dwangmaatregel over van een buitenlandse bezetter.

Bij de gewone mensen raakte steeds steviger de overtuiging verankerd dat alléén het Frans de taal van de toekomst kon zijn, dat je je diep moest schamen voor je eigen taal en dat je er maar beter voor kon zorgen dat je kinderen die helemaal niet meer kenden.

Bij de eerste talentelling in het jonge koninkrijk België, in 1846, sprak in Sint-Lambrechts-Woluwe, dat is de Brusselse gemeente waar ik al meer dan dertig jaar woon, 0,4 procent van de bevolking Frans. De notaris? De baron? De dokter? Ik weet het niet. In ieder geval was het rijk en/of hoogopgeleid volk. Vandaag is Sint-Lambrechts-Woluwe een van de sterkst verfranste onderdelen van het Brusselse gewest. Het wordt al sinds 1976 bestuurd door de fanatiek Franstalige partij FDF. Nemen we een andere gemeente, eveneens zeer Franstalig, Etterbeek. In 1846 sprak daar 2,9 procent van de mensen Frans. In álle gemeenten die vandaag het Brussels Hoofdstedelijk Gewest vormen sprak de meerderheid van de bevolking Nederlands, op één uitzondering na: Sint-Joost-ten-Node. Maar zelfs in de gemeente die nu bekendstaat als *l'oasis francophone*, de Franstalige oase, in Elsene, sprak de meerderheid Nederlands. In dertien van de negentien gemeenten sprak 90 procent of meer Nederlands, in drie 80 procent of meer. In die jaren begon de liberale elite in Brussel, want die had de macht, verwoede pogingen te ondernemen om het Nederlands (of de Brabantse variant ervan) uit te roeien. Later zouden de socialisten daar dapper aan meewerken. Alle middelen waren toegestaan.

Er was de dwang.

Je praat Frans of niemand begrijpt je. Aan het loket zijn alleen Franstalige formulieren. De Nederlandstalige vinden ze toevallig niet. Door Nederlandse papieren te vragen bén je al een spelbreker, je doet niet zoals iedereen. Je bent een querulant, zelfs als je je op je elementairste recht beroept. Nu, geen nood, als je die formulieren maar eenmaal keurig in het Frans hebt ingevuld (en ze willen je daarbij heus behulpzaam zijn) hoor je erbij, ben je voor eeuwig Franstalig.

Er was de grootstedelijke spot voor het boertje van buiten.

Zeker vroeger was je, als je Nederlands praatte, per definitie een boertje van buiten. 'Que viens-tu faire en ville?' (Wat kom je doen in de stad?) vroeg iemand achter het loket op het postkantoor ooit. Ik antwoordde: 'J'y suis né' (Ik ben er geboren). De man kwam uit een Ardens dorp. Spot is een vernietigend wapen, want niet iedereen kent goed Frans en niet iedereen heeft altijd, zoals ik die ochtend wél, een goede nachtrust genoten.

De scholen deden alsof er geen Nederlands bestond. Veel kinderen kwamen in de eerste klas en kenden alleen hun Brabantse dialect, geen woord Frans. De onderwijzer was daar ambtshalve blind en doof voor. Probeerde hij toch te horen en te zien, dan werd hij daarvoor gestraft.

Een oude Brusselaar, hij is intussen overleden, heeft me verteld hoe hij, een jongen uit de arbeidersbuurt Molenbeek, in de jaren tussen de twee wereldoorlogen op het Brusselse atheneum (toen vergelijkbaar met het gymnasium in Nederland) achteraan in de klas werd gezet. Zijn wilde haar, zijn versleten kleren *en* zijn vieze taal waren nauwelijks aanvaardbaar voor deze *Institution d'Enseignement*, deze Onderwijsinstelling. Ze móésten hem wel dulden, want hij was de slimste van de klas en de beste in Frans. De brave onderwijzer van de lagere school had na veel aandringen zijn eenvoudige ouders ervan overtuigd dat hij *noe den attenei* (naar het atheneum) moest gaan. De man voelde de vernedering tot in het diepst van zijn ziel, toch aanvaardde hij die. Zeiden zijn ouders niet, als ze vanuit de voorstad Molenbeek het echte Brussel binnenliepen: 'En na Frans klappe' (En nu Frans spreken), zodat die deftige Brusselaars niet zouden horen wat voor laag, gemeen volk ze waren?

Wat stel ik nú vast? Dat het Franstalig onderwijs in Brussel op precies dezelfde manier de kinderen van de migranten behandelt. Taal en cultuur van de grote meerderheid werden en worden eenvoudigweg genegeerd. De gevolgen zijn nog erger, want de culturele verschillen zijn veel groter. Er is geweld in de klassen. Kinderen spijbelen. Later gaan ze van school zonder diploma en vinden ze geen werk. De Franstalige scholen hebben de zaak jarenlang uit de hand laten lopen voor ze reageerden. En de Vlamingen, die toch een historische ervaring hebben van culturele discriminatie, vertellen hun eigen verhaal zelden of nooit aan migranten.

Het dodelijkste wapen was de evidentie en helemaal is die nog niet weg. In Brussel praat je Frans en daarmee uit, net als in Parijs of Lyon of Nancy. Wie dat niet doet overtreedt de spelregels en wordt navenant behandeld.

U vraagt u misschien af hoe het mogelijk is dat er vandaag nog één woord Nederlands wordt gesproken in Brussel. Ik geef het grif toe, de veerkracht van het Nederlands is ook voor mij een raadsel.

In de talentelling van 1947, de laatste die ooit werd gehouden in een klimaat dat het Nederlands vijandig gezind was, zegt een kwart van de Brusselse bevolking dat ze het meest of zelfs uitsluitend Nederlands spreekt. Dat is een minderheid. Interessanter is dat bovendien nog de helft zegt tweetalig te zijn. Slechts een miniem percentage van de Franstaligen was in die tijd tweetalig. Zelfs in Elsene, de Franstalige oase, was nog bijna 30 procent van de bevolking tweetalig, lees Vlaams. Mijn gevolgtrekking is dat in 1947 een meerderheid van de Brusselse bevolking (er waren er toch nog altijd een paar die geen Frans kenden) in het gewone dagelijkse leven – níét voor de officiële papieren – als basistaal Nederlands, meestal een dialect, gebruikte.

De mensen die in 1947 zeiden dat ze het meest of uitsluitend Nederlands spraken, stonden lang niet allemaal als Nederlandstaligen *ingeschreven*. Alleen een kleine minderheid onverbeterlijk stijfhoofdigen had zijn officiële Nederlandstaligheid losgewrikt – ja, dat woord moet je gebruiken – bij het gemeentebestuur. De meeste Nederlandstaligen hadden Franstalige paspoorten, betaalden Franstalige elektriciteitsrekeningen en velen stuurden hun kinderen naar de Franstalige school, uit opportunisme of omdat die nu eenmaal het dichtstbij was. De Franstaligen gebruiken dat telkens opnieuw als middel om de talen in Brussel te tellen: 11 procent Nederlandstalige paspoorten, 15 procent pensioenaanvragen in het Nederlands enzovoort. Het Nederlands is een uitstervend minderheidsverschijnsel, zeggen ze. Ze dwalen of zijn te kwader trouw.

Op het winkelraam van mijn schoonouders stond 'Alimentation Générale'. Al hun rekeningen en formulieren werden in het Frans ingevuld, tot hun kinderen, groot geworden en verontwaardigd over zoveel laksheid, dat veranderden. Volgens de Franstalige redenering waren die mensen Franstalig. Nee, zeg ik, hun huistaal was Brabants, hun kinderen gingen naar een Nederlandstalige school en ze bezochten meestal een kerk waar de mis in het Nederlands werd opgedragen. Zeggen de Franstaligen: het stond hun toch vrij hun hele handel te laten vernederlandsen, belastingformulieren en alles? Zeg ik: dat is kwade trouw. Waarom? Het stond hun vrij, formeel, ja. In de praktijk gebruikten de Franstaligen álle middelen, slinkse, geoorloofde en ongeoorloofde, om onoverkomelijke hindernissen op te werpen zodat hun de lust verging een Nederlandstalig papier te eisen. En omdat het gewone neringdoenden waren, kozen ze de weg van de minste weerstand. Niet iedereen wordt als querulant geboren.

Hoe is het anders te verklaren dat jaren geleden burgers die bij verkiezingen kandidaat waren van het extreem-flamingantische Vlaams Blok in paniek vaststelden dat zij officieel helemaal geen Vlamingen waren. Hun papieren waren Frans. Op papier waren zij Franstalig.

En ik? Noem ik mezelf een Vlaamse Brusselaar of een Brusselse Vlaming? Over dat subtiele verschil zijn al heroïsche discussies gevoerd. Zij zijn zinloos. Want ook de betekenis van woorden als Vlaams, Vlaming of *flamand* schuift op. De semantiek kent geen genade en nog minder een taalgrens. Migrantenjongeren gebruiken vandaag de dag het woord *flamand* zonder onderscheid voor Franstaligen en Vlamingen. *Flamand* is al wie zich gewillig aanpast aan de Belgische omgeving, of die nu Vlaams is of Brussels of Waals of, waarom eigenlijk niet, *deutschsprachig*. Zo zegt een Marokkaanse jongen tegen zijn vader: 'Pa, ik zie je graag, maar ik schaam me als ik met jou over straat moet. Jij ziet er veel te *flamand* uit.'

Vandaag is Brussel dus allang niet meer Nederlandstalig, maar zeker ook niet Franstalig. Het linguïstische toekomstperspectief van Brussel lijkt me ongemeen aantrekkelijk: Brussel als stad van louter minderheden. Brussel als omgevallen toren van Babel.

Ik zeg niet dat er geen taalproblemen meer zijn.

Ik noem de twee belangrijkste. Ziekenhuis en school.

In de openbare ziekenhuizen van het Brusselse gewest kent 15 procent van de artsen Nederlands en 30 procent van de patiënten is Nederlandstalig. In de privéziekenhuizen is de toestand ongelijk, het kan beter, maar ook veel slechter. De taalwet, die eist dat wie contact heeft met het publiek, tweetalig is, zou daar niet van toepassing zijn, argumenteren de Franstaligen. Er is medisch en verplegend personeel dat zijn uiterste best doet, er zijn ziekenhuizen die vele tolken in dienst hebben, want het probleem is natuurlijk niet meer beperkt tot die ene taal.

Maar ik vind het onverantwoord dat in een stad als Brussel de portier van het ziekenhuis wel tweetalig is en de arts niet. Die dokter heeft geen enkel excuus. Wie zeven jaar en langer de moeilijkste dingen kan studeren, kan er ook wel een taal bij leren. Er zijn genoeg voorbeelden van kinderen die in een ziekenhuis naar hun moeder vragen *en die niet worden begrepen*. De arts die dat maar normaal vindt, is zijn beroep onwaardig.

De school is lange tijd dé verfransingsmachine van Brussel geweest. Die tijd is voorbij. Door tweetalige reclamecampagnes is het Nederlandstalige onderwijs er destijds in geslaagd veel Franstalige kinderen en kinderen uit tweetalige gezinnen, die vroeger onherroepelijk verfranst zouden zijn, binnen te halen. De Marokkaanse kruidenier die zegt, *il faut vivre avec son temps*, en zijn dochter naar de Vlaamse nonnenschool stuurt, is geen uitzondering meer. De toevloed is zelfs zo groot dat er acute problemen rijzen. Er zijn klasjes waarin je de eerste dag van het schooljaar tevergeefs zult zoeken naar een kind dat Nederlands spreekt. Veel Belgische, Franstalige ouders willen maar niet begrijpen dat het onderwijzend personeel tijdens spreekavonden Nederlands spreekt. Ze vinden de Vlaamse leerkrachten dan intolerant. Er is omkadering, er zijn taakleraren, er is bijkomend taalonderricht, maar de opdracht is ver van eenvoudig. De groep kinderen die thuis geen Nederlands spreekt, is bijvoorbeeld meestal het tegendeel van homogeen: Marokkanen, Turken, Senegalezen, Libanezen, Polen, Latijns-Amerikanen, enzovoort. En in het gezin van een anderstalig kind is het Nederlands meestal totaal afwezig. Het kind moet op school niet nieuwe aspecten van zijn moedertaal aanleren, het moet het Nederlands als een vreemde taal vanaf het eerste woord verwerven. Toch zijn er scholen waar zeker een behoorlijk niveau wordt gehaald, ook voor Nederlands. Alles hangt af van de inspanningen en de creativiteit van de leerkrachten en voor hen past maar één woord: bewonderenswaardig.

Ik weet het, er zijn scholen waar het niet meer wil lukken. De mogelijkheden van het Nederlandstalige onderwijs in Brussel stuiten op hun grenzen. Een van de oudste en beste instituten van de stad, het Heilig Hart in Ganshoren, heeft in wanhoop zijn deuren gesloten. Moeten sluiten. Men slaagde er niet langer in de toestromende allochtonen behoorlijk te scholen. Aan de leerkrachten zal het niet gelegen hebben.

Was ik een Vlaamse nationalist, quod non, dan zou ik als een gek investeren in die Nederlandstalige Brusselse scholen. Men doet het wel, mondjesmaat, niet van harte, het beleid is te krenterig. Vlaanderen, een van de heel rijke regio's in Europa, zou karrenvrachten geld veil moeten hebben om in de scholen van zijn eigen hoofdstad de kinderen het Nederlands bij te brengen. Nogmaals, 70 procent van de kinderen die in Brussel worden geboren spreken noch Frans noch Nederlands thuis. Je zult geen nieuwe Vlamingen kweken, maar wel mensen die het Nederlands van meet af aan als een normaal en zelfs een onvervreemdbaar deel van hun eigen identiteit beschouwen. En zij zullen in de meerderheid zijn. Dus, waarop wachten we eigenlijk?

Intussen is er te weinig plaats in de scholen! Niet zomaar een paar banken tekort, nee, nee, het gaat om een paar duizend kinderen. Ouders, grootouders, vrienden, buren kampeerden dag en nacht op de stoep voor de scholen om toch maar op tijd een plaatsje voor de kleine te bemachtigen. Nu gaat het per telefoon. Bange ouders schakelen ooms, tantes, grootouders, neven, nichten en vrienden in om onophoudelijk het magische nummer te bellen dat toegang zal verschaffen tot de gewenste school, desnoods uren- en dagenlang. Lukt het niet, dan krijgen vaders en moeders te horen dat ze met hun kleuter op de achterbank elke ochtend door het spitsuur moeten ploegen naar een school vijf kilometer verderop. Daar is misschien nog een plaatsje. Misschien. En als dat er niet is, dan gaat u maar naar een andere stad. Dergelijke enormiteiten worden met een uitgestreken smoel meegedeeld. Toegegeven, die hemeltergende wantoestanden tref je ook in Antwerpen aan of zelfs in Gent. Maar in Brussel zit het toch net nog even anders. In Brussel zou het Vlaamse beleid nog liever kindjes naar de Franse school afvoeren, dan dat het de conclusie trekt die al die kindjes moeiteloos kunnen raden. Bouw er wat scholen bij. Of tenminste klaslokalen. Maar dat is te ingewikkeld voor de harses van de minister van Onderwijs. Hoe ging die kreet van het zelfbewuste, zelfstandige Vlaanderen ook alweer? Wat we zelf doen, doen we beter? Een gotspe.

Brussel is een stad: het oude hartvormige deel, met daaraan toegevoegd delen van Sint-Joost, heel Laken, Haren, Nederoverheembeek.

Brussel omvat daarbij ook nog negentien gemeenten. Wat hebben die met elkaar gemeen? Ze horen bij hetzelfde gewest. Waarom horen uitgerekend die negentien bij dat Brusselse Gewest en een handvol andere niet? Veel doen die negentien niet samen: brandweer, vuilniskar, ruimtelijke ordening, min of meer. De Brusselse gemeenten zijn er apetrots op dat ze niet gefuseerd zijn. Een fusie vinden ze een autoritaire aantasting van de gemeentelijke democratie, die in onze streken al eeuwen bestaat. Lange tijd werd met afschuw verwezen naar het statuut dat de bezetter tijdens de Tweede Wereldoorlog aan Brussel had opgelegd: *Gross Brüssel* en daar voegde men dan in één adem aan toe: *Ça jamais!* (Dat nooit).

In feite verdedigen die (verkozen) burgemeesters hun sjerp, hun macht, hun leengoed. Want zo'n gemeentelijk mandaat fungeert als vangnet. Verlies je bij federale of gewestelijke verkiezingen je zitje, dan is er nog altijd de troost van de gemeente. De gemeente is de plaatselijke, vertrouwde machtsbasis van de partijen. De Franstalige partijen, die er kamerbreed heersen, zouden wel gek zijn als ze die opgaven.

Ik woon in een rustige straat met bomen en huizen, aangelegd in 1905. Mijn gemeente heet Sint-Lambrechts-Woluwe. Aan het eind van de straat begint Etterbeek, ook aangelegd in die periode, maar zonder bomen. Mijn bakker woont nog in Woluwe, om naar mijn slager te gaan moet ik één straat oversteken, de slager woont dertig meter verder dan de bakker, in hetzelfde Brussel, maar wel in een andere gemeente. Als ik een brief ga posten, honderd meter verderop, doe ik dat in Schaarbeek. Toen mijn kinderen naar de lagere school gingen (vijf minuten lopen), kwamen ze door twee gemeenten. Later gingen ze naar het atheneum (een flink kwartier lopen) en deden ze al drie gemeenten aan. Mijn dochter ging naar de pianoles (twintig minuten lopen), ook door drie gemeenten, maar niet dezelfde. Toen mijn zoon achttien was, ging hij graag op zoek naar nachtelijke jazz en kwam dan te voet terug (één uur lopen); ik kan niet tellen hoeveel geheel zelfstandige gemeenten hij allemaal doorkruiste.

De Brusselse gemeenten worden niet gefuseerd, maar zijn sinds 1988 dan toch samengebracht in één gewest (zie hoofdstuk Wetstraat). Het gewest werpt zich steeds sterker op als de belangrijkste beleidsinstantie in Brussel. Het probeert bijvoorbeeld door middel van ordonnanties inzake ruimtelijke ordening een einde te maken aan het kleine gekonkel waarin Brusselse gemeentepolitici zich verkneukelen, het probeert bijvoorbeeld een vervoerspolitiek te ontwerpen voor het héle gewest. Uiteraard is het gewest bevoegd binnen de grenzen van de negentien gemeenten samen, niet daarbuiten. Zo is de afbakening van Brussel, die de Franstaligen met grote ijver hebben bestreden, in de dagelijkse beleidsvoering een vaststaand feit geworden. Nederlandstaligen en Franstaligen beginnen elkaar te waarderen omdat ze noodgedwongen samen de problemen van het Hoofdstedelijke Gewest, zeg maar van hun gemeenschappelijke, moeilijke stad, te lijf moeten gaan.

De meeste Vlamingen die er niet wonen, wantrouwen Brussel. Ja, Brussel is dan wel de officiële hoofdstad van de Vlaamse Gemeenschap – de Antwerpse burgemeester Craeybeckx stuurde ooit de kreet 'Vlaanderen laat Brussel niet los' de wereld in – Brussel blijft een vijand. Dat wordt steeds duidelijker naarmate de separatistische gedachte veld wint. Voor de mensen die willen dat België verdwijnt en dat Vlaanderen zich uitroept tot onafhankelijke republiek, is Brussel een sta-in-de-weg. Het onmogelijke kind van de Belgische echtscheiding. Brussel is echter veel meer dan een meertalig monster. Het ligt met duizenden financiële en economische kettingen vastgeklonken aan Vlaanderen en natuurlijk ook aan Wallonië. Het is de hoofdstad van de Europese Unie. Stel dat België barst en dat de Unie verhuist naar, pakweg, Praag of Wenen. Dat is een economische ramp, voor Brussel zelf in de eerste plaats, maar ook voor de andere restanten van België.

Toch is de taal noch de verhouding met Vlaanderen of Wallonië vandaag het grootste probleem van Brussel. Brussel heeft twee schandvlekken: armoe en werkloosheid. De twee zijn eng met elkaar verbonden. Brussel telt meer dan 20 procent armen. Brussel telt meer dan 20 procent werklozen. In de hoofdstad van Europa is het dus erger gesteld dan in Oost-Berlijn en net iets minder erg dan in Letland. In sommige buurten loopt het percentage werklozen op tot 40 of 50 procent of meer. De jeugdwerkloosheid bedraagt meer dan 30 procent. Dat is twee keer zoveel als het gemiddelde van de EU. Een derde van de kinderen groeit op in een gezin waar niemand werk heeft. De drie plattegronden van onderwijsachterstand, van diepe armoe en van verkrotting overlappen elkaar nagenoeg voor 100 procent.

Het heeft óók met taal te maken. De werklozen zijn nog net niet 100 procent Franstalig. Het Franstalige onderwijs draagt hier een verpletterende verantwoordelijkheid. Het Nederlandstalige onderwijs heeft sinds het bestaat altijd perfecte tweetaligen afgeleverd. In de Franstalige scholen is het Nederlands evenzeer een verplicht vak als het Frans in de Nederlandstalige scholen, maar men heeft er dat vak jaren verwaarloosd, ik zei het al. Boycot is het correcte woord. Aangezien je in Brussel en onmiddellijke omgeving, Vlaams-Brabant, nog niet eens vloeren mag schrobben als je niet tweetalig bent, zit je met een probleem. Bovendien zijn er veel jongeren die zonder diploma de school verlaten. Het strakke Franstalige onderwijsmodel, waarin alles wat niet Frans klinkt genegeerd wordt, blijkt catastrofaal te zijn, vooral voor de zwaksten in de samenleving.

De laatste tijd is een schuchtere verandering merkbaar. Eindelijk, eindelijk organiseren een paar Franstalige scholen, de betere, wat alle Franstalige scholen al tientallen jaren hadden moeten organiseren: degelijk onderricht in de Nederlandse taal. Er zijn er zelfs die vakken als aardrijkskunde of rekenen in het Nederlands geven.

Aangezien Brussel een kleine stad is, leven arm en rijk op elkaars lip. Een Franse banlieusard moet de RER en de metro in, dat kost allemaal geld, en het duurt dan nog drie kwartier eer hij boven de grond komt op de Champs-Élysées. Een werkloze Marokkaanse jongere die aan de benedenkant van de Marollen de deur achter zich dichttrekt van een flatgebouw dat ongunstig afsteekt bij de voorsteden van Kaliningrad, staat na een wandelingetje van vijf minuten op de Grote Zavel, gratis en voor niks, op een van de weelderigste pleinen van Europa, kloffies bij Emporio Armani, chocola bij Pierre

Marcolini, gebakjes bij Wittamer, restaurants als Le Vieux Saint-Martin en de bescheiden glans van antiek, alles peperduur, kijken mag, aanraken niet, niet in je mond stoppen en nog veel minder jatten. Ik vind het een godswonder dat dergelijke jongeren zich zo rustig houden.

Het is haast onbegrijpelijk dat de fundamentalistische islam in Brussel geen grotere aanhang heeft. Ze zijn er, de dolgedraaide imams, die haat en vernietiging prediken tegen de kafirs, een Belgisch-Marokkaanse journaliste was de eerste die erover schreef. Ze zijn er, de jongeren die slechts wazige ideeën hebben over hun geloof, maar die zich laten opzwepen door wat ze te horen krijgen via de schotelantennes of op de goorste webstekken van Saudische salafisten.

Maar er zijn ook tekenen van integratie. De demografische ontwikkeling liegt niet. Islamitische gezinnen worden steeds kleiner. Vervolgens, het is onmogelijk te voorspellen wat voor migraties de volgende tien, twintig jaar zullen meebrengen. De migranten zijn nu vooral Pools en Roemeens. We moeten niet wegmoffelen dat er een probleem is, vooral met jonge mannen van Marokkaanse afkomst. Blijkbaar gedijt het Marokkaanse familieverband slecht in een Noordwest-Europese stad. De socialisering gebeurt op straat, wat wil zeggen in bendes. Nogmaals vind ik het een wonder dat de moeilijkste wijken niet vaker in opstand komen.

Ik ben zeer trots op mijn verscheurde, verwarrende, verwaarloosde stad. Ik weet niet of ik op een andere plek zou willen wonen. Ik ben er trots op dat mijn taal het hier volgehouden heeft. Ik denk dat Brussel niet kan zonder Nederlands, maar het Nederlands kan evenmin zonder Brussel. Voor de hele Nederlandse cultuur, van Bierum tot hier, is het van levensbelang dat zij in Brussel oog in oog staat met de Franse cultuur en met de andere grote en kleine culturen die naar Brussel zijn afgezakt. Brussel is het venster van de hele Nederlandse cultuur op Europa en op de wereld. In Brussel moet die Nederlandse cultuur het beste van zichzelf geven, het brandpunt van de Nederlandse cultuur moet Brussel zijn.

Geschiedenis verloopt niet rechtlijnig. Kwade historie heeft soms gunstige gevolgen. Brussel heeft het voorrecht te leven bij gratie van twee culturen. Dat is in Europa een zeldzaamheid geworden. In andere steden, Praag, Vilnius, Sarajevo, werd het samenleven met meer dan één taal, meer dan één cultuur, meer dan één godsdienst in bloed gesmoord. Niet aldus in Brussel.

Brussels ene taal is Noord-Europees en is sterk getint door het protestantisme en zijn opvatting over gewetensvrijheid. De andere is thuis in een reusachtig gebied dat loopt van mijn straat tot aan de Middellandse Zee, een taal van grandeur en Verlichting, van emancipatie, zelfs nu nog. Beide talen, beide culturen hebben vaak en zwaar gezondigd tegen wat het beste in hen was. Ik wil geen van beide missen.

In januari 2011 stond ik samen met een bende andere kunstenaars op het podium van de Koninklijke Vlaamse Schouwburg in Brussel, dat is de plek waar een Belgische koning voor het eerst in het openbaar Nederlands heeft gesproken, in 1887. Wij protesteerden tegen de al te enggeestige nationalistische opvattingen die ons land teisteren en wij kwamen op voor solidariteit tussen Vlamingen en Franstaligen. Ik zong een liedje, een bewerking van een hit uit 1971, 'De Peulschil', die destijds in alle jongerencafés grijs gebruld werd. 'Ik ben de bastaard, ik ben de bastaard, de bastaard staat hier', luidde mijn gelegenheidsversje. Ja, verdomd, ik ben een bastaard, en ook daarop ben ik trots.

Wallonië

Wie wil nou Wallonië kennen? Voor een Hollander bestaat België uit Vlaanderen en ergens daaronder, in het zuiden, wordt dan ook nog wat Frans gesproken. Maar wie kent een Waalse uitvinder, een Waalse schrijver of musicus, een Waalse Nobelprijswinnaar? Wallonië, zijn dat niet die prachtige beboste Ardennen, waar je zo mooi kunt kamperen en waar ze van die gezellige hotelletjes hebben en lekker eten, maar waar het helaas veel te vaak regent?

Wallonië is net als alle andere landen van Europa, op IJsland na geloof ik, een artificieel samenraapsel. Vlaanderen zoals wij het nu kennen is ontstaan als reactie op België. Het huidige Vlaanderen is een kunstmatig derivaat van het kunstmatige België. Het idee Wallonië is daar dan weer een reactie op. Wallonië is een nevenproduct van een derivaat.

De naam Wallonië voor het Franstalige deel van België, zonder Brussel dan wel, is pas in 1842 bedacht. De Naamse volksdichter Joseph Grandgagnage zou de uitvinder zijn. De naam werd verspreid door de veel betere dichter Albert Mockel. Een benaming die ik mooier vind en die al veel eerder gebruikt werd, is *le roman pays*, het Romaanse land, nu alleen nog gangbaar voor Waals-Brabant. Toch is het opmerkelijk dat Franstalig Zwitserland *Suisse romande*, Romaans Zwitserland wordt genoemd, ook een grensland in een menggebied.

De naam Waals voor een taal is negenhonderd jaar ouder. In de *Gesta Abbatum Trudonensium*, de kroniek van de abdij van het – nu Limburgse – Sint-Truiden wordt over abt Adalardus gezegd dat zijn taal niet het Diets is, maar wel *quam corrupte nominant romanam theutonice walonicam* (die ze verkeerdelijk Romeins noemen, in het Diets Waals), en een andere abt werd verkozen *quoniam theutonica et gualonica lingua expeditus* (omdat hij vlot de Dietse en Waalse taal sprak). Die Waalse taal is het Latijn van het vervallen keizerrijk zoals het gesproken werd door mensen van Frankische, Keltische en wellicht zelfs pre-Keltische afkomst, vermengd met de tongvallen die een scheut immigranten meesleepte uit alle delen van het Romeinse Rijk. De naam zelf werd door de Germanen gegeven die in het noorden van onze gewesten het overwicht hadden. Mensen die een soort Latijn spreken en vlak bij Germanen wonen, dat is de betekenis. De Duitstalige Zwitsers noemen Romaans Zwitserland *Welschschweiz*.

Het Waals is dus een zeer oude taal en het wordt vandaag de dag nog door menigeen gesproken. Maar Waals is, net zoals Vlaams, een veel te algemene naam. Er is Picardisch in het westen, bijvoorbeeld in het slaperige stadje met zijn veel te grote kathedraal, Doornik, dat zeer lang bij Frankrijk hoorde. Er zijn de eigenlijke Waalse dialecten, die al evenzeer als de Vlaamse en Brabantse van dorp tot dorp verschillen. Je hebt helemaal in het zuiden van de provincie Luxemburg, in la Gaume bij Virton, het Lotharings. En je hebt het Champenois, het dialect van de Franse Champagne dus, dat bij Neufchâteau wordt gesproken. Het woord *château* (kasteel) wordt achtereenvolgens als *katjeu* of *katjoo*, *sjato* (dicht bij de Franse uitspraak), *tsjestja*, *tsjestè*, *tsjatie* en *tsjettee* uitgesproken en dan hebben we het nog niet over woorden die sterk van het Frans afwijken, zoals *pôchi* voor *avare* (vrek), of *vos m'gwîrrez*, *vous me cherchez* (u zoekt me), of *pazê* voor *sentier* (paadje).

Nooit is geprobeerd de dialecten van Wallonië tot een eenheidstaal om te vormen, zelfs niet de zuiver Waalse dialecten, zelfs niet het Luiks. Het Frans is sinds de dertiende eeuw de officiële taal van het Waalse gebied en wordt in de twintigste eeuw ook steeds meer de volkstaal.

Toen ik een jaar of vijfentwintig was kwam ik eens bij de socialistische vakbond in Brussel een stoffig mannetje tegen dat niet reageerde op een Nederlandse vraag van me, ook niet op een Franse vraag en dat, na een gebrekkige Spaanse vraag – was hij misschien een oud-strijder van de Burgeroorlog? – uitbarstte in een stroom van deinende Romaanse klanken, waaruit ik alleen het woord *Wallon* kon opvissen en iets dat klonk als *komorowe* en bij nader inzien *camarade* moest beduiden. Een Waal die nauwelijks Frans kende, honderd jaar geleden waren dat er tienduizenden.

En toch is de oudste akte die ooit werd gesteld in *langue d'oïl*, de taal waaruit zich het hedendaagse Frans zou ontwikkelen, een Waalse akte, het Charter van Chièvres in Henegouwen, uit 1194.

Nooit is getwijfeld aan de culturele en zo mogelijk staatkundige band met Frankrijk. Ook het klassenverschil tussen de talen is duidelijk. In kerstliedjes keuvelen de herders in het Waals, de engelen spreken Frans.

De Waalse literatuur is een volksliteratuur, ze ontstaat pas in de zeventiende eeuw en is voor alledaags gebruik: het volk zingt *cramignons* (volksliedjes). Vandaar dat de Walen in de tweede helft van de negentiende eeuw de Vlaamse eisen niet goed snapten. Het Frans was voor hen de officiële taal van het koninkrijk, een wereldtaal en de taal van de beschaving. Daarnaast had je die allercharmantste dialecten. Of die nu Vlaams of Waals heetten, dat maakte toch geen enkel verschil, voor deftig gebruik waren ze ongeschikt, hoe kon je daar nou aan twijfelen.

Ik ben erg gesteld op Wallonië. Het is tegelijk een oeroud industriegebied en een oeroud cultuurgebied, een combinatie die zelden voorkomt.

De zevenentwintigste september van 1984 is een gouden dag. Ik rijd naar Charleroi, de morsige, grijze, dooreengesmeten industriestad. Ik moet naar de steenkolenmijn van Le Roton. Een brede, betonnen steenweg tussen rijen lage huizen, een zijstraatje. Daar is de mijn.

Een zwarte man voert vier magere katten tussen schroot en oud roest. Binnen trekt een arbeider zijn schone kleren aan een ketting omhoog tot het plafond. Achter de ijzeren lift rijden karretjes kolen over een wirwar van sporen de helling af naar de kolenwasserij. Het zijn de laatste kolen van Wallonië. Morgen gaat de laatste mijn van het Zwarte Land, *le Pays Noir*, dicht. Morgen is het steenkolentijdperk in Wallonië voorbij. Het heeft meer dan zeven eeuwen geduurd.

Wallonië was de eerste streek van Europa waar de mensen steenkool gebruikten, Wallonië zou drie eeuwen lang de enige streek blijven op het continent. Een van de twee Franse woorden voor steenkool, het zeer verspreide *houille*, is Luiks. Het komt van *hoye* of *hulhe*, wat op zijn beurt weer van Frankische oorsprong is. In het Brabants noemen we steenkool trouwens *oele*.

In 1195 schrijft een monnik voor het eerst over de zwarte aarde waar je vuur mee kunt maken, in Haspengouw. In 1248 worden in Henegouwen al dertig putten gemeld, in de Borinage zijn er aan het einde van de dertiende eeuw al *trous* (gaten) in onder meer Frameries, Quaregnon en Dour. In die dorpen zal eeuwen later het socialisme vaste voet krijgen bij de arbeiders. Dwars door Wallonië heen loopt van de Franse grens tot Luik, even onderbroken in Namen, een kolenlaag die honderdzeventig kilometer lang is.

De Walen vinden waterpompen uit en vernuftige luchtschachten, want in de zestiende eeuw zijn de dagzomen afgegraven en moeten ze dieper de aarde in, tot onder de grondwaterspiegel desnoods. Het kapitaal wordt geleverd door grote landheren, door kloosters uit de omgeving en door Luikse burgers. In de achttiende eeuw graven Luikenaars de eerste schachten in het Duitse Ruhrgebied. In de negentiende eeuw is Wallonië een van de verst ontwikkelde industriegebieden in Europa, alleen vergelijkbaar met Midden- en Noord-Engeland en het Tsjechische land. In de jaren twintig van de vorige eeuw gaan sommige mijnen al dicht, bijvoorbeeld die in Bernissart, waar de skeletten van een dertigtal dinosaurussen, iguanodons, zijn gevonden. Na de Tweede Wereldoorlog is de Waalse kolenontginning ten dode opgeschreven. De 151 mijnen zijn nu allemaal gesloten.

De metaalindustrie is in Wallonië nog ouder dan de kolenontginning. Voor de Romeinen onze streken inlijfden, stookten de Nerviers tussen Samber en Maas al met hout kleioventjes heet om er het ijzer in te smelten dat ze ter plaatse vonden.

De hele Middeleeuwen door blijft de ijzerindustrie belangrijk. In 1340 wordt in Marche-les-Dames bij Namen een echte oven voor gietijzer in gebruik genomen. Goed gietijzer verkrijg je door het erts lang te laten carboniseren. Die methode werd vroeger in vakkringen *la méthode wallonne* genoemd.

De spijkersmeden, *les clawetiers*, en de wapensmeden verwerven Europese faam. De streek van Luik wil de bedenkelijke roem van zijn precisiewapens niet verliezen. Afrikaanse burgeroorlogen werden en worden uitgevochten met schietijzers van de Fabrique Nationale d'Armes de Guerre, gelegen in Herstal, op een boogscheut van Luik. De Waal Louis de Geer trekt via Dordrecht en Amsterdam naar het hoge noorden en leert de Zweden hoe ze op zijn Waals ijzer moeten gieten. Tevens was hij de grootste kanonnenfabrikant voor de protestantse legers in Duitsland en ook voor de Verenigde Oost-Indische Compagnie. Walen staan dus aan de wieg van een ijzerindustrie die ter wille van haar kwaliteitsproducten overal ter wereld hoog wordt aangeslagen.

Koning Willem I van de Verenigde Nederlanden is een groot beschermheer van de Waalse staalindustrie. Vergeet niet dat de Koning der Nederlanden steeds geld ter beschikking heeft voor de industrie, zegt hij tot de Luikse staalbaas met de Engelse naam John Cockerill. Van 1820 tot 1830 zal 40 procent van de overheidshulp der Verenigde Nederlanden *uitsluitend* voor Cockerill bestemd zijn. In 1850 is Cockerills staalbedrijf het grootste ter wereld.

Maar ook elders in Wallonië zullen koud- en warmwalserijen, gieterijen en hoogovens honderdduizenden tonnen staal produceren: buizen, spoorstaven, blik, draad. De staalindustrie wordt het hart van Wallonië. Tienduizenden blijven er werk vinden, ook als de steenkoolmijnen op een paar na dicht zijn. Het lot van een stad als Charleroi was verweven met de staalbedrijven van Hainaut-Sambre en de Triangle, die later zullen fuseren met Luik tot Cockerill-Sambre.

De aftakeling van de staalfabrieken betekent meteen de versloddering van de industriedorpen die samen het o zo Waalse, o zo Belgische en bij motregen haast Noord-Engelse Charleroi vormen. Hetzelfde geldt voor de voorsteden van Luik. Ga naar Seraing of Ougrée. Daar kun je kilometers rijden langs een verschrote, industriële vergroeiing van buizen, torens, loodsen, stapelplaatsen, liften en golfplaat: staal en nog eens staal. De gelijkenis met de afgestorven Kombinate in de DDR is treffend. Maar schijn bedriegt.

De Walen hebben volhardend gevochten voor hun staalindustrie, hoewel die al jaren verliesgevend was en hoewel het, gezien de Aziatische concurrentie en de krimpende Europese markt, bij voorbaat een verloren gevecht was. Maar laten we niet vergeten dat de Walen al eeuwen een soort zesde zintuig voor technische vernieuwing bezitten. Ook nu heeft dat hen gered.

Dat in 1967 in Zelzate bij de Nederlandse grens een reusachtig staalcomplex verrees langs het Kanaal Gent-Terneuzen, konden de Walen eerst niet geloven. Het was een brute aantasting van een onaantastbaar geachte industriële positie. Die moderne staalfabriek vlak bij diep water én in handen van Vlamingen, het was een ontkenning van eeuwen roemrijke industriële geschiedenis, het kondigde de afbraak aan van een van de twee gebieden in Europa waar de industriële beschaving uit de grond was gekrabd en vervolgens gesmeed. Maar de markt is onverbiddelijk.

In 1980 gaven de Waalse staalbedrijven nog altijd rechtstreeks werk aan achtendertigduizend mensen en indirect aan tachtigduizend. Het saneren en het financieren van de miljardenverliezen die zich in de loop der jaren hadden opgestapeld, dat probleem zou de Belgische politiek jarenlang blijven beheersen.

Het probleem was zo beladen met Vlaams-Waalse conflicten – moesten de Vlamingen miljarden blijven storten in wat tot vervelens toe de bodemloze put van het Waalse staal werd genoemd – dat slechts een manager uit Frankrijk heil kon brengen. Toen in 1983 de vijftigjarige *polytechnicien* Jean Gandois werd aangetrokken uit Frankrijk, trof hij een van de rotste staalondernemingen van Europa aan. Het personeelsbestand wás al gehalveerd in vergelijking met tien jaar eerder en de productie zakte zienderogen in.

Cockerill-Sambre is drastisch afgeslankt, in Luik werken nu nog drieduizend mensen. In februari 1999 werd de aankoop van Cockerill door de Franse staalreus Usinor bezegeld en in 2002 fuseren Usinor, het Luxemburgse Arbed en het Spaanse Aceralia tot Arcelor, 's werelds grootste staalbedrijf. In 2006 fuseert die groep op haar beurt, na een vijandig bod, met de Indiase staalreus Mittal tot ArcelorMittal.

Het Waalse staal is nu mondiaal staal. De jongste tien jaar zijn revolutionair geweest. Wie nog oud ijzer of stoffige loodsen wil zien, helse vuurhaarden, bonkige gietmeesters die tussen hun tanden de Internationale fluiten, zal lang moeten zoeken. Het bedrijf heeft de nieuwste elektronica en technologie in huis, de meeste productieprocessen zijn aan het oog onttrokken, in specialisaties als vlak koolstofstaal en spectaculair resistente corrosiebestendige afwerklagen is ArcelorMittal Liège, want zo moeten we Cockerill-Sambre intussen noemen, wereldleider.

Het heeft de Walen dus nooit aan kunde ontbroken.

Voor de Eerste Wereldoorlog waren hun fabrieken de meest geavanceerde van de wereld. De Walen zijn het slachtoffer geworden van de Franstalige financiële groepen die België overheersen, van de holdings. Die zorgen voortreffelijk voor hun eigen belangen, of ze nu een fabriek hebben in Zelzate of in Seraing. Het Belgische kapitalisme liet de Waalse industriële structuur in puin vallen toen die minder begon op te leveren dan allerlei vormen van financiële speculatie. Wallonië is kapotgegaan aan kapitalistische verwaarlozing.

Toen in 1976 het staaldrama zich steeds dreigender begon af te tekenen, was metaal in de portefeuille van de Société Générale goed voor 26 procent. Een kwarteeuw eerder was de meerderheid van de aandelen afkomstig uit de metaalsector, 53 procent, de Société Générale had dus nog maar half zoveel aandacht voor die sector. Bij Brussel-Lambert viel het portefeuilleaandeel in diezelfde periode terug van eenenzeventig naar twaalf procent. Tegelijk stegen de zuiver financiële pakketten.

En dan de glasindustrie. In de negentiende eeuw groeide ook die uit tot de belangrijkste in Europa. Nu is ze op sterven na dood. Daarmee is Charleroi zijn tweede industriële pijler kwijt.

Charleroi schudt zijn lethargie van zich af. Het heeft het druk bezochte vliegveld Charleroi Brussels South. Daarnaast ligt het wetenschappelijk en technologisch bedrijvenpark Aéropole, waar meer dan 160 ondernemingen actief zijn in biotechnologie, communicatie en luchtvaartindustrie.

Tot de Tweede Wereldoorlog besloeg de grote infrastructuur het hele land gespreid. Brussel lag als een spin in het spoorwegnet, het dichtste van de wereld, dat zowel Antwerpen en Oostende als Verviers en Quévy-Saint-Ghislain aandeed. Toen de autowegen oprukten, werd ook dat anders. Neem een Michelinkaart van België, trek onder Brussel een streep dwars door het land van Moeskroen naar Moelingen, en iedereen kan het overwicht van de autowegen ten noorden van de taalgrens zo zien. En dan heb ik het nog niet over de peperdure, gigantische infrastructuur in de havens van Antwerpen, Zeebrugge en Gent.

Al wat Wallonië eeuwenlang naar de top van de industriële en technische ontwikkeling heeft gebracht is weggevaagd, is van nul en generlei waarde meer: ijzer, steenkool, vindingrijkheid en een door tientallen generaties aangescherpte technische vaardigheid. Hoe je zink uit erts haalt, is uitgevonden door een Waal; het gietijzer van fatsoenlijke kwaliteit is uitgevonden door een Waal; de *areine*, de hellende afwatering in kolenmijnen, is uitgevonden door een Waal; een Waal heeft uitgevonden hoe je goedkoop industrieel soda kon maken; de dynamo is uitgevonden door een Waal; zelfs de saxofoon is uitgevonden door een Waal.

Wallonië werd snel een economisch kerkhof. De tekenen waren al oud, maar werden gecamoufleerd of niet begrepen. Vanaf 1870 begon de meeropbrengst in de steenkoolmijnen te dalen. Aan het begin van de twintigste eeuw, nog voor in Limburg naar kolen werd geboord, voerde België al meer kolen in dan uit. Toch zou de laatste Waalse mijn pas tachtig jaar later dichtgaan. De achteruitgang van staal- en glasnijverheid werd eerst na de Tweede Wereldoorlog merkbaar.

Werkloosheidscijfers liegen niet. Tot 1964 is het percentage werklozen in Vlaanderen hoger dan in Wallonië. Vanaf de negentiende eeuw tot diep in de twintigste eeuw zijn tienduizenden Vlamingen gaan werken in Wallonië, ze pendelden dagelijks of wekelijks met de trein. Of ze gingen er wonen. Noodgedwongen. De grootvader van de vermoorde Luikse socialistische *patron* André Cools was een keuterboertje uit de Kempen, *un travailleur immigré flamand* noemde zijn kleinzoon hem, een Vlaamse gastarbeider. Neem een telefoonboek van Luik of Charleroi en zoek bij De en Van, want zo is de alfabetische volgorde in België opgesteld. Je vindt de Vlaamse namen dus samen en het gaat bladzijden en bladzijden door. De honger in het dorp van herkomst beet zo hard, dat de Vlaming in het ondergrondse duister van de steenkoolmijn ging rondkruipen, bedreigd door instortingen en grauwvuur. Vlamingen waren dronkenlappen, messenvechters en slechte arbeiders. De Vlaamse nationalisten die vandaag uit de hoogte neerkijken op de Waalse medemens, zouden daar eens wat vaker aan moeten denken.

Maar de tijden zijn veranderd. En hoe. Vandaag is het percentage werklozen in Wallonië twee keer zo hoog als in Vlaanderen. In de Borinage zit een op de vier mensen zonder werk. In La Louvière en Charleroi zijn er kinderen die zelfs hun grootvader nooit hebben zien werken.

Toen ik mijn dichtbundel *De iguanodons van Bernissart* schreef, heb ik in die Borinage het dorpje Bernissart bezocht. Mijn vrouw zei: 'Hier staan veel te veel huizen.' Ze had gelijk. Die straten met hun lage, verveloze krotten bleven zich maar vertakken, het kerkplein was een vlakte en er was niets, niets, niets. Een dorp zonder werk. De mijn, de Charbonnages de Bernissart, ging dicht in 1927. Je kunt er nauwelijks nog iets van zien: 'Een behaarde bult – een afvalhoop...' schreef ik in 1982.

Het Zwarte Land is bezaaid met industriële relicten. Indrukwekkend is Le Grand Hornu, niet ver van Bernissart trouwens, dat door een plaatselijk Belgisch-Italiaans dichter *la cathédrale boraine*, de kathedraal van de Borinage, is genoemd.

Henri de Gorge, die het domein met de schachten, 963 hectare groot, in 1811 kocht, was een ondernemer die de boeken van de utopische socialist Fourier las. Hij gaf in 1819 (Hollandse tijd!) aan de Doornikse architect Bruno Renard de opdracht een wijk met vierhonderd arbeiderswoningen te ontwerpen en een atelier waar alles gemaakt kon worden wat je in een steenkoolmijn nodig had. Die Renard was niet de eerste de beste. Hij wordt beschouwd als een begaafd neoclassicistisch architect. Het bedrijf van De Gorge heeft vijfhonderd arbeiders in dienst en uit de mijnen wordt weldra honderdduizend ton kolen per jaar gehaald. Renard bouwt voor De Gorge een nijverheidstempel van kolossale afmetingen, een arena binnen een industriële kloostergang en een drievoudige toegangspoort bekroond met een Grieks timpaan. Zijn model was de Koninklijke Zoutziederij die Claude Nicolas Ledoux ontwierp in het Franse Arc-et-Senans, een wereldberoemd monument. De werkmanshuizen zijn voor die tijd comfortabel, er is bijvoorbeeld warm water, en ze hebben een moestuin. In 1954 gaat de laatste schacht dicht en een paar maanden daarna beginnen de gebouwen te barsten. Jarenlang staat dit grafmonument van de Waalse industrie te eroderen, er is sprake van sloop, tot een architect uit het dorp, Henri Guchez, het in 1971 voor een half miljoen frank koopt, zelfs voor die tijd absurd weinig geld. De provincie Henegouwen heeft het intussen overgenomen. Het museum voor hedendaagse kunst van de Franse Gemeenschap is er nu gevestigd. Dat is al een reis waard, het gebouw alleen van Le Grand-Hornu is dat zeker ook. De hele streek, de Borinage, heeft is van een droeve, in lompen gehulde schoonheid voor wie goed wil kijken. De kleine, groene heuvels tussen de dorpen in lijken gemaakt voor hobbits. Maar het zijn met gras en struiken begroeide storten voor steenkoolafval. Je hoeft echt niet naar Engeland toe, het industriële verleden is in Wallonië even groots, even troosteloos.

Gelukkig is er meer dan de esthetiek van het verval. Wallonië tilt zichzelf uit zijn economische moeras omhoog. De regionale Waalse overheid heeft geïntegreerde plannen voor duurzame economische ontwikkeling ontworpen. Ze worden genoemd naar het Marshallplan, dat na de Tweede Wereldoorlog het verwoeste Europa erbovenop moest helpen. Ze mogen werkelijk geïntegreerd heten, want ze brengen mensen samen uit economie, ecologie, vorming en wetenschap.

Maar eerder al was een nieuwe industriële as tot stand gekomen, van noord naar zuidoost, langs de autoweg Brussel-Luxemburg, dwars op de lijn Bergen-Luik, de lijn van het Zwarte Land. De Waalse bedrijven van nu zijn geen kolossen meer zoals vroeger. Hier groeit kleiner bedrijf, niet meer geconcentreerd in naargeestige negentiende-eeuwse industriestadjes, maar verspreid. De provincie

Waals-Brabant en de grensstreek bij het Groothertogdom Luxemburg horen bij de rijkste van het land. Charleroi is de tweede luchthaven van het land, bedrijven als Caterpillar en Federal Express hebben er hun Europese zetel, GlaxoSmithKline heeft er vier vestigingen en op een van de goorste plekken van het gore Zwarte Land, in La Louvière, heeft Franco Dragone zijn wereldomvattende entertainmentbedrijf neergepoot, Franco Dragone, die werkt van Macao tot Las Vegas, voor Céline Dion en voor het Cirque du Soleil.

Walen blijven Walen. Hun nieuwe ondernemers willen aan de spits staan van de hedendaagse technische ontwikkeling. Een Waalse traditie van eeuwen her leeft weer op. Volgens cijfers van de bank KBC lag in de jaren 2000-2007 de bruto toegevoegde waarde in Wallonië iets hoger dan in Vlaanderen. Dat is de eerste keer in vijftig jaar. Serieuze studiebureaus voorspellen dat in 2050 Wallonië Vlaanderen economisch zal overvleugelen.

De Waalse provincies kunnen bogen op een beschaving en een cultuur die de vergelijking met de Provence, Toscane, Vlaanderen, Brabant, Bohemen of het Rijnland met glans doorstaan. Alleen lijkt die van *le roman pays* in de vergetelheid weggezonken te zijn, want buiten de grenzen weet niemand het. Binnen de grenzen groeit de belangstelling voor het eigen verleden zienderogen.

Ze is ook zo oud, die cultuur, ze begint voor het tijdvak van die grote Waalse keizer Carolus Magnus, Karel de Grote. In 648 al worden de abdijen van Stavelot en Malmedy gesticht, in dezelfde eeuw nog die van Lobbes, Celles en Fosses en – door vrouwen – die van Bergen, Andenne en Nijvel. Orval, Saint-Hubert en Val-Saint-Lambert zullen volgen. Wallonië wordt op het continent het gebied dat het eerst en het meest intensief door de Ierse kloosterbeschaving is beïnvloed. Wallonië groeit uit tot het brandpunt van de cultuur in Noordwest-Europa.

Voor het eerst sinds het einde van de *Pax Romana* verenigt Karel de Grote Europa, van Spanje en Italië tot de Noordzee en de Elbe, onder één kroon. Karel de Grote hield hof in Aken, maar hij verbleef bij voorkeur in Herstal en Jupille, in het Luikse gebied, hij was een groot liefhebber van jachtpartijen in de Ardennen. Kerken werden gebouwd, het bestuur, voor zover mogelijk in zo'n groot rijk, redelijk georganiseerd, het onderwijs werd verbeterd, een paleisschool gesticht, heidense Saksen werden verslagen, gedeporteerd, gekerstend en, indien ze dat weigerden, over de kling gejaagd. Dat allemaal organiseerde hij in het Waalse kerngebied van het rijk. Uit de culturele renaissance dateren de bevallige, ronde, duidelijk leesbare Karolingische minuskelletter, het haast klassieke Latijn van Karels chroniqueur Einhard, en de kopiistenschool, die voor die tijd een buitengewone accuratesse aan de dag legde.

De invloed van Luik, dat het Athene van het noorden wordt genoemd, strekt zich uit tot in Polen, Praag, Mainz, Florence, Cluny en Chartres, Catalonië, Wells en Utrecht. Luik verdwijnt pas definitief in de schaduw wanneer in 1253 in Parijs de Sorbonne wordt gesticht.

En dan de muziek! De laatveertiende-eeuwse componist Johannes Ciconia, die custos, cantor en musicus van de kathedraal van Padua werd, Gilles Binchois, Jacques Arcadelt en talloze anderen. De bekendste Waalse componist, die in mijn muziekencyclopedie 'Zuid-Nederlands' wordt genoemd, was Roland de Lâtre, beter bekend als Orlandus Lassus, die als koorknaap naar Italië vertrok, werkte in Sint-Jan van Lateranen, in Mantua, Palermo, Milaan en Napels en in de hofkapel van München. Tweeduizend composities staan op zijn naam, waaronder twaalfhonderdvijftig motetten. Hij is zijn Franse taal nooit vergeten:

Hé bonjour ma toute belle,
Ma mignardise, Bon jour
Mes délices, mon amour...

(Goeiedag, mijn allermooiste,
lekkernijtje, goede dag,
dag, mijn liefde, dag mijn lust...)

In de eerste helft van de zestiende eeuw was deze Waal uit Bergen de beroemdste componist van Europa.

Ik wil slechts en passant de achttiende-eeuwse operacomponist André Modeste Grétry vermelden, of François Joseph Gossec, die talloze strijdliederen voor de Franse revolutie componeerde, of François Joseph Fétis uit Bergen, een der grootste muziekhistorici van de negentiende eeuw.

Veel groter is de schuchtere, diepgelovige César Franck. Deze geboren Luikenaar werkte in Parijs. Hij was de leermeester van Duparc, d'Indy, Chausson. Al te weinig bekend is een andere leerling van

Franck, de uiterst begaafde Guillaume Lekeu, die pas vierentwintig was toen hij stierf aan de tyfus, na het oplepelen van een besmette sorbet. Zijn sonate voor viool en piano in G-groot, zijn Adagio voor strijkorkest en de Orkestfantasie op twee volkswijsjes uit Anjou zijn nooit weggeweest van de podia. De rest van zijn oeuvre wordt langzaam herontdekt.

De Belgische viooltraditie is in werkelijkheid een Waalse traditie. De befaamde Belgische vioolschool was in feite een Waalse of zelfs een Luikse vioolschool, met intensieve contacten in Parijs. François Prume, Joseph Dupont, de gebroeders Massart, de familie Marsick, Mathieu Crickboom en de grote drie, Henri Vieuxtemps, Eugène Ysaÿe en Arthur Grumiaux waren Walen. Hun duizelingwekkende muzikaliteit en virtuositeit heeft tientallen jaren in de hele wereld de standaard van het vioolspel bepaald.

En waarom wordt Rogier van der Weyden in vredesnaam altijd een *Vlaamse* primitief genoemd? De man werd geboren in Doornik, toen een Franse, Picardische stad, heette Rogier de la Pasture en heeft, toen hij naar Brussel trok, zijn naam laten vernederlandsen, anders telde je in die tijd in Brussel niet mee. En de kleine meester Hendrik met de Bles was een Waal en heette Henri Blès. Baudelaire bewondert satanische en wellustige tekeningen van Félicien Rops uit Namen. Een gekruisigde Christus, maar dan afgebeeld als naakte, geile vrouw, zorgt nog steeds voor schandaal. Het akelig geniale burgermannetje René Magritte woonde in Brussel, maar was een Waal. En wie ooit naar een Waals provinciestadje gereisd is in een rijtuig van de Belgische Spoorwegen vindt Paul Delvaux' treinen en stationnetjes vermoedelijk vertrouwd. Je zou zeggen dat het surrealisme de Walen goed ligt.

Je vindt daar sporen van in de romans van de te vroeg aan aids overleden Waalse ex-seminarist, ex-strijder in Brazilië, waar hij een tweede vaderland vond, Conrad Detrez, en zeker bij een van de grootste dichters uit de twintigste eeuw, alle literaturen bij elkaar genomen, de Waal Henri Michaux. De in Brussel woonachtige Waal William Cliff wordt als een der belangrijkste levende dichters in de Franse taal beschouwd. En wie weet dat Georges Simenon een echte Luikerwaal was, die begonnen is als reporter bij de aartsconservatieve katholieke krant *la Gazette de Liège*?

De Belgische films die de laatste jaren de ene prijs na de andere weg-kapen – in 1999 kreeg *Rosetta*, in 2005 *L'enfant*, beide van de gebroeders Dardenne de Gouden Palm in Cannes – zijn in werkelijkheid door en door Waals. Even Waals is de in Fankrijk en ver daarbuiten bejubelde acteur Benoît Poelvoorde.

Rogier de la Pasture alias Van der Weyden, Orlandus Lassus, César Franck, René Magritte, Henri Michaux, Georges Simenon, Arthur Grumiaux, de gebroeders Dardenne, nu ik die namen achter elkaar opschrijf, begin ik me af te vragen waarom zoveel Walen vandaag de dag nog steeds aan een minderwaardigheidscomplex lijden.

Een paar jaar geleden liep ik doelloos door Utrecht, een stad die me na aan het hart ligt omdat ze mijn kleuterjaren bewaart, toen iedereen lief was en de zon de bakstenen zacht deed gloeien. Ik kwam langs de Pieterskerk en zag op de deur een briefje hangen waarop tot mijn verbazing de zondagdienst in het Frans stond aangekondigd. Nu wist ik wel dat er Waalse kerken bestonden in Nederland, maar ik dacht dat het niet meer dan een dierbare historische naam was, en dat er in die kerken allang in het Nederlands gezongen en gebeden werd. Ik dacht ook dat *Waalse* kerk een oneigenlijke benaming was en dat de leden afstamden van de *Franse* hugenoten. Dat klopt gedeeltelijk, maar de stichters van de Waalse kerken waren heuse Walen, of liever Henegouwers en Picardiërs, die net zo goed als tienduizenden Vlamingen en Brabanders gevlucht zijn voor de Spaanse bezetter en zijn ketterjacht. Er bestaan Waalse kerken in de belangrijkste steden van Nederland en in enkele minder belangrijke, van Groningen tot Breda, van Arnhem tot Leiden.

De Waalse stichters van die kerken kwamen vooral uit Henegouwen. In Henegouwen zijn sinds de zestiende eeuw enkele protestantse gemeenten moeizaam overeind gebleven, biddend in kelders en op laren. Van Dour is het protestantisme uitgezwermd naar onder meer Pâturages en La Bouverie, in Rongy bij Doornik bestaat al vier eeuwen een protestantse gemeente. Doornik was de enige Waalse stad die zich bij de Unie van Utrecht aansloot. De kerk van Dour is in 1827 (Hollandse tijd!) gebouwd en in 1927 werd een marmeren gedenkplaat aangebracht: 'A la mémoire des Dourois, ignorés ou connus, qui au prix de grandes souffrances ont entretenu pendant 250 ans la flamme de la foi Evangélique. L'Eglise Protestante de Dour' reconnaissante (Ter herinnering aan de inwoners van Dour die, bekend of onbekend, ten koste van groot leed tweehonderdvijftig jaar lang de vlam van het Evangelisch Geloof brandend hebben gehouden. De dankbare Protestantse Kerk van Dour).

De Waalse protestanten zijn de bange jaren voor het Tolerantie-Edict van 1781 doorgekomen mede met de steun van hun gevluchte Waalse (Henegouwse) broeders en zusters in de Republiek. De grootste figuur van het Waalse protestantisme is de in Nederland welbekende Guido de Brès of Brescius. Deze glazenier studeerde theologie en schreef omstreeks 1559 de *Confessio Belgica*, die in 1563 door de Synode van Armentières als officiële belijdenis van de Waalse kerken, toen nog echt in Henegouwen gevestigd, werd aangenomen.

Die *Confessio Belgica* is niets anders dan de Nederlandse Geloofsbelijdenis, zo luidt de enige correcte vertaling, en die belijdenis geldt, kleine wijzigingen daargelaten, tot op heden. Ze is ouder dan de Heidelbergse Catechismus. Maar sterker, de *Confession de Foi* van Guido de Brès is nog altijd die van de *Reformed Church in America*, een denominatie met een kwart miljoen leden en negenhonderd gemeenten. Ze telde twee presidenten onder haar lidmaten, Martin Van Buren en Theodore Roosevelt. De belijdenis van Guido de Brès kreeg in 1788 een Engelse vertaling en heet sindsdien *The Belgic Confession*.

Hoe komt deze Waalse belijdenis daar terecht? De verklaring is verrassend. New York werd gesticht door Walen en níét door Pieter Stuyvesant. In 1624 al brengt het goede schip de Nieu Nederland van de West-Indische Compagnie een dertigtal gezinnen naar Amerika, calvinistische Walen, die voor de Spanjaard gevlucht waren naar de Republiek. Ze dankten de Hollanders voor de geboden gastvrijheid, zeg maar redding, maar ze bleven zich Zuid-Nederlanders voelen en ze spraken Frans. Andere schepen vol Walen zullen volgen.

De eerste directeur die de West-Indische Compagnie in Nieuw-Amsterdam aanstelt is Pierre Minuit, een Waal uit de diaspora. Hij zal het zijn die het eiland Manhattan koopt van indianen. In 1628 schrijft predikant Michaëlius dat het Avondmaal in Nieuw-Amsterdam gevierd wordt in het Frans en volgens Franse ritus. Dat is de uitdrukkelijke wens van de gemeente, en de predikant, zelf geen Waal, schikt zich daarnaar, hoewel hij niet zo goed Frans kent. Het grondgebied wordt Nieuw-Nederland genoemd, in het Latijn *Novum Belgium*. Dat kun je lezen op het eerste zegel van wat later de staat New York wordt (*Sigillum Novi Belgii*, 1626) en op het eerste zegel van Nieuw-Amsterdam: *Sigillum amstelodamensis in novo Belgio*. In nieuw België? Nee, Belgium is de gangbare Latijnse naam voor de Nederlanden, en de Nieuw-Nederlandse bevolking is grotendeels Waals.

In 1924 is in Battery Park, Manhattan, een gedenksteen opgericht door de Henegouwse provincieraad ter nagedachtenis van de eerste Waalse kolonisten. De Waalse reformatie heeft aan beide zijden van de Atlantische Oceaan een groot verleden.

Het prinsbisdom Luik bleef achthonderd jaar lang een vrijwel zelfstandige staat. Het oudste stadcharter van Europa ten noorden van de Alpen werd al in 1066 aan Hoei toegekend, een stad van dat prinsbisdom. Veruit het opmerkelijkste document is het charter van Albrecht van Cuyck uit 1196. Daarin werd plechtig verklaard dat het volk geen herendienst meer hoefde te verrichten, dat, behalve in tijden van grote nood, de dienstplicht was afgeschaft, en dat een Luiks burger alleen voor zijn eigen schepenbank terecht mocht staan. Bovenal mocht zijn goed niet meer worden aangeslagen en was zijn woning onschendbaar: *Pauvre homme en sa maison est roi* (een arm man is koning in zijn eigen huis), het is ouder en trotser en duidelijker dan het Engelse *my house is my castle*. De onschendbaarheid van de woning is altijd een van de eerste rechten die worden afgeschaft als in een land een dictator de macht grijpt. Albrecht van Cuyck was zijn tijd ver vooruit.

Ruim een eeuw later werd na een bitse strijd tussen patriciërs en ambachten de vrede van Fexhe getekend, in 1316. Ook de tekst van dat verdrag was revolutionair en hij bleef, ondanks latere strakke Bourgondische en Habsburgse centralisatie, overeind tot de Franse Revolutie. De inwoners van de goede steden van het Luikse land werden vertegenwoordigd in de *Sens du pays*, de Staten, het parlement dus. Het Franse woord *sens*, in het Nederlands zin, kan staan voor: een bepaalde richting (denk aan wijzerzin); voor betekenis; voor verstand, *bon sens* betekent gezond verstand; en voor zin als mening (zoveel hoofden, zoveel zinnen). Het is het mooiste woord voor parlement dat ik ken: richting geven, meningen weerspiegelen, je verstand gebruiken, zin verlenen. En die *Sens* mag wetten wijzigen, de begroting opstellen en controleren en zelfs weigeren troepen te leveren. De tekst zegt het prachtig: '*... se en aulcuns cas la loy et les coutumes du pais sont trop larges ou trop roydes ou trop estroites* *chu doibt estre atempreit par le Sens du pais*' (als in voorkomend geval de wetten en de gewoonten van het land te breed of te stroef zijn of te eng, dan moeten die worden aangepast door de Zin van het land). De vrede van Fexhe voert in het prinsbisdom praktijken in die elders pas veel later zullen worden afgedwongen: onschendbaarheid van woning en eigendom, het verbod op uitzonderingsrechtbanken (in Luik is de inquisitie nooit binnen gekomen), verbod op machtsmisbruik door ambtenaren.

Aan het begin van de veertiende eeuw had Luik dus al een vroege vorm van parlementaire democratie, met een beknopte maar heldere grondwet. Het symbool van Luiks vrijheid was een zuil op een breed voetstuk, het *Perron*. Dat Perron siert het wapen van Luik en tevens het stadsbeeld. Het staat op een pleintje voor het stadhuis, waar een van de oudste straten van de stad begint, *En Féronstrée* (de straat der ijzersmeden). De Luikenaars zijn erg aan hun Perron gehecht. Het werd in de vijftiende eeuw door de Bourgondische hertog Karel de Stoute geroofd, de Bourgondiërs hebben Luik platgebrand, geplunderd en de bevolking in de Maas gegooid, maar het Perron kwam terug en is gebleven. Luik blijft zorgvuldig buiten de oorlog tussen Spanje en de opstandige Nederlanden, Luik behoort zelfs niet tot de Oostenrijkse Nederlanden.

Als de Fransen komen, worden hun soldaten én hun ideeën met geestdrift ontvangen, hoewel het oude, vrijheidslievende prinsbisdom ophoudt te bestaan en verdeeld wordt over een aantal Franse departementen. Fransgezindheid en vrijheidsliefde zullen telkens opnieuw opduiken in Luik. In 1830 vechten Luikenaars in de Belgische opstand, Luikse vrijwilligers marcheren naar Brussel, niet zozeer om België te bevrijden van het Hollandse juk als wel om zich te kunnen aansluiten bij Frankrijk.

De rest van Wallonië is kleinsteeds en dorps. De rest van Wallonië is traag, stijfhoofdig en conservatief. De onverzettelijkheid van de Ardennezen is even spreekwoordelijk als die van Friezen of West-Vlamingen. Wallonië heeft een oeroud industrieel verleden. Nijverheid en kolenwinning vond je overal, minder in de steden dan op het platteland, omdat daar plaats was voor grootgrondbezit, dit wil zeggen ruimte én geld om te investeren. Pas in de negentiende eeuw zijn de industriedorpjes opgezwollen tot stedelijke conglomeraten. Op Luik en Doornik na trof je in Wallonië geen welvarende handels- en industriesteden aan, zoals die in Vlaanderen en Brabant wel bestonden: Gent was ooit groter dan Parijs, Antwerpen was een tijdlang het centrum van de Europese beschaving. Je mag nooit vergeten dat Wallonië een combinatie is van oud stedelijk gebied (vrij, links, rebels) én het ruwe woud en moerasgebied van Fagne, Famenne en Ardennen, én het rijke landbouwgebied van Haspengouw (Hesbaye) en Condroz. Alle drie zijn ze even aantrekkelijk.

De Waalse beweging is een reactie op de Vlaamse Beweging, die een reactie op het Franstalig overwicht in België was.

In 1888 ontstonden de Société de Propagande Wallonne en de Fédération Wallonne. Tien jaar later werd dat de Ligue Wallonne. De deelnemers aan de Waalse Congressen die volgen, stellen met bezorgdheid vast dat het Nederlands (zij noemen het Vlaams) oprukt in België. De Walen voelen zich bedreigd omdat parlementsleden Nederlands beginnen te spreken, omdat rechters en advocaten in Vlaanderen Nederlands moeten kennen, anders begrijpen misdadigers hun vonnis niet, omdat in 1898 het Nederlands als officiële taal wordt erkend naast het Frans. Ze beginnen zich afschuwelijke dingen voor te stellen, bijvoorbeeld dat Vlamingen ooit de euvele moed zouden hebben om een Waal in Antwerpen in het Nederlands aan te spreken. In 1910 noemt de Franstalige hoogleraar Van Wetter de pogingen om de Gentse universiteit te vernederlandsen *un crime de lèse-civilisation*, een misdaad tegen de beschaving. Volgens de Walen kan het Nederlands nooit gelijkwaardig zijn aan het Frans en mag het dus zulke erkenning niet krijgen.

Waalse Congressen hebben geëist dat het Frans werd ingevoerd in het lager onderwijs in *Vlaanderen* en dat in datzelfde Vlaanderen het Nederlands op de middelbare school *verboden moest blijven*. En als ze hun zin niet kregen, dreigden ze met afscheiding, de Walen.

Jules Destrée, een zeer intelligent, integer en bewogen Waals socialistisch Kamerlid, bezield door een grote liefde voor schone kunsten en gewone mensen, schrijft in 1912 een beroemd en berucht geworden brief aan koning Albert: *Sire, il n'y a pas de belges* (Sire, er zijn geen Belgen). Dat stukje zin is blijven nazinderen. Maar vreemd is dat uit die brief, geschreven door een verstandig en eerlijk man, onbegrip en angst spreken. Destrée vindt dat de Vlamingen Vlaanderen van de Walen gestolen hebben, omdat de Walen weldra niet meer in het Frans terecht zullen kunnen in Roeselare of Herentals.

Die gedachte zal ten grondslag liggen aan de twijfelachtige manier waarop Franstalige Belgen nu nog het begrip taalvrijheid hanteren: wel voor mij maar niet voor jou. En dan is er de begrijpelijke angst voor overheersing door de Vlaamse meerderheid. Ook toen al vormden de Walen een minderheid, hoe Franstalig het officiële België ook was.

De Waalse beweging eiste al snel federalisme, met nog meer aandrang dan de Vlaamse Beweging. Tijdens de Tweede Wereldoorlog gaat de Waalse beweging in het verzet en clandestiene groepen als Wallonie Libre en Rénovation Wallonne ontstaan. In 1945 wordt in Luik een Waals Nationaal Congres bijeengeroepen. Alle Waalse parlementsleden en ministers worden uitgenodigd. In de Waalse beweging nemen politici altijd het voortouw en dat is een groot voordeel ten opzichte van de Vlaamse strijdverenigingen, waar het wel eens aan democratische controle wil ontbreken. Op dat Waalse Congres stemt net geen meerderheid van de 1046 deelnemers voor aanhechting bij Frankrijk, en 15 procent voor de onafhankelijkheid van Wallonië. Het congresbureau schrikt daar nogal van op, het enthousiasme één jaar na de bevrijding is overweldigend. Het bureau legt een andere motie ter stemming voor: Waalse zelfstandigheid binnen België. De Waalse auteur Charles Plisnier – niet de eerste de beste, hij woonde en werkte in Parijs en was de eerste buitenlander die de Prix Goncourt kreeg – houdt daar een gloedvol pleidooi voor, het Congres juicht hem langdurig toe en zingt de Marseillaise.

De Waalse beweging zal een ander spoor vinden, hoewel op geregelde tijdstippen toch weer het idee van afscheiding opduikt. Na de Koningskwestie en de staking van 1960-1961, wanneer niemand de economische achteruitgang van Wallonië nog kan negeren, zal de Waalse beweging op federalisme aansturen uit economische overwegingen. Ze wil door middel van structuurhervormingen de wegrottende Waalse economie redden. Nationalistische partijen, zoals de Mouvement Populaire Wallon, verschijnen en verdwijnen. Dat komt niet omdat ze slecht georganiseerd zijn of geen stemmen krijgen, maar omdat de andere partijen en dan vooral de sterkste partij, de socialistische, het federalistische gedachtegoed ijverig tot het hunne maken. Wallonië is na de oorlog, zeker sedert de jaren zestig en nog meer sedert 1980 en de daaropvolgende staatshervormingen, een eenheid geworden, een zelfbewust gewest dat een eigen, Waalse, zelfstandige koers vaart. De Parti socialiste speelt in die evolutie een eersterangsrol. De roden hebben klappen gekregen, zij het minder hard dan hun katholieke tegenhangers in Vlaanderen en veel minder hard dan de sociaaldemocratische zusterpartijen in de buurlanden.

Er zijn nog altijd genoeg Waalse gemeenten waar de socialisten de absolute meerderheid halen, hier en daar zelfs met meer dan 60 procent. In Wallonië is de PS veruit de sterkste politieke formatie. De Waalse liberalen hebben een brede volkspartij gevormd en komen opzetten, net zoals de groenen, die nu al een op vijf kiezers weten te overtuigen. De Waalse (ex-)christendemocraten lijken op weg te zijn naar het verdwijnpunt. Maar christendemocraat of liberaal, groen of rood, allemaal hebben ze één gemeenschappelijk doel: hun landstreek met voorzichtigheid, maar vastberaden redden uit het economisch puin waaronder ze bedolven lag.

Ik ben blij dat Wallonië een deel is van mijn land. Ik wil alle kasteelhoeven van de Condroz wel kopen, ik ben gelukkig dat in België nog de verlatenheid van Famenne en Ardennen op me wacht. 's Winters drink ik er graag *peket* (jenever) en eet ik er graag *potée* (sperziebonen, rookspek en aardappelen). Mijn liefde voor de Borinage staat al in een dichtbundel opgetekend. Mijn liefde voor de grijze natuurstenen dorpen in Namen, Luxemburg of Luik is even groot. Ach, Waals-Brabant is volgebouwd door lieden die Brussel ontvlucht zijn en het zwarte land concurreert met het ergerlijkste dat industrieel Engeland uit de grond heeft gestampt. Maar daarbuiten is Wallonië dunner bevolkt, bedachtzamer bebouwd – ik moet toegeven dat de Walen, ondanks veel onbekommerd Belgisch bouwen, hun land liefdevoller en met meer eerbied hebben behandeld dan de Vlamingen het hunne.

En ten slotte dit: ondanks de tastbare tegenspoed van het industriële Wallonië, heeft de bruine pest er nooit een schijn van kans gekregen. In welvarend Vlaanderen maar al te zeer. Het wordt hoog tijd dat wij Vlamingen eens in de leer gaan bij de Walen.

De laatste Belgen

In het stadje Eupen staat op de Werthplatz een monument dat uniek is in België. Het herdenkt de mannen van Eupen en omgeving die gesneuveld zijn in de Frans-Duitse oorlog van 1870. Er zijn geen Belgische vrijwilligers naar het buitenland getrokken in die tijd. Eupen lag niet in België. Vanuit Eupen, Malmedy en Sankt Vith kon je twaalfhonderd kilometer naar het oosten reizen zonder één douanier tegen te komen, tot achter Königsberg bleef het allemaal Duitsland. Königsberg heet intussen Kaliningrad en ligt in hetzelfde land als de Oost-Aziatische stad Vladivostok.

Eupen, Malmedy en Sankt Vith waren stadjes in een keizerrijk dat zich uitstrekte van Metz in Lotharingen en Schlettstadt, nu Sélestat, in de Elzas tot aan de steden Memel en Hadersleben, nu respectievelijk Klaipeda in de herrezen republiek Litouwen en Haderslev in Denemarken. 'Von der Maas bis an die Memel, von der Etsch bis an den Belt', zongen de Duitsers in de tijd dat mijn vader en mijn moeder werden geboren. Het is een regel uit de toenmalige nationale hymne 'Deutschland über alles'.

Na 1918 kwam het gebiedje te liggen in een onooglijk tweetalig koninkrijk aan de Noordzee, in het nieuwe vaderland heette het de Oostkantons en ook wel *les cantons rédimés*, de teruggekochte kantons. Duitsland heeft sindsdien een derde van zijn grondgebied verloren, het werd aan stukken gereten, kwam in twee vijandige militaire blokken terecht en heeft zichzelf, toen vrijwel niemand er nog op rekende, in ijltempo herenigd. Het heeft een hoge prijs betaald voor een satanisch bewind en voor twee wereldoorlogen, die van Duitse bodem uitgingen.

In 1940 voegde Hitler de Oostkantons bij het Rijk. In 1945 werden ze weer een deel van België. Dat zijn ze nog en de plaatselijke bevolking heeft daar vrede mee. Zelfs een herenigd Duitsland lokt slechts weinigen.

Toch zijn de Oostkantons zeer tegen hun zin bij België ingelijfd. Alleen in het Waalssprekende Malmedy en onmiddellijke omgeving wilden ze niet bij Pruisen blijven. Vooral na de eenmaking had men geprobeerd Pruisisch Wallonië, zoals Malmedy en aangrenzende gemeenten heetten, te germaniseren. De officiële taal in het hele Rijk was Duits. Het Frans werd zelfs in de lagere school verboden (1887) en de priesters mochten niet meer preken in die taal. Ze deden het dan maar in het Waals.

België had zo zijn eigen methodes om de mening van de bevolking te vragen. De stemgerechtigden mochten gaan protesteren tegen de aanhechting. De uitslag van die proteststemming lijkt wel ouderwets communistisch: van de meer dan dertigduizend stemgerechtigden waren er nog geen driehonderd tegen de aanhechting, onder hen ruim tweehonderd Duitse ambtenaren. Uiteindelijk stemden welgeteld negenenzestig mensen tegen België. Zo oneerlijk als de gouverneur van het nieuwe gebied, luitenant-generaal Herman Baltia, het referendum organiseerde, zou vandaag de duisterste dictator van Afrika het niet durven. Diezelfde Baltia had in een verklaring aan de bevolking geschreven: 'La consultation populaire [...] sera entourée de toutes les garanties d'impartialité' (De volksraadpleging [...] zal voldoen aan alle voorwaarden van onpartijdigheid). Zo geschiedde niet. Alleen in Eupen en Malmedy werden registers geopend. Dat begon al moeilijk. De boeren woonden verspreid tussen de wouden en de vervoermiddelen waren, zeker na vier jaar oorlog, slecht. De stemming was niet geheim. Je moest je handtekening in een register zetten en de Belgische regering kreeg inzage in die registers. Belgische ambtenaren probeerden uit alle macht mensen die ondanks alles toch opdaagden ervan te overtuigen dat ze beter niet konden protesteren. Ze dreigden mensen met uitwijzing naar Duitsland of met intrekking van voedselbonnen. Gemeenteambtenaren die kwamen tekenen, kregen vaak ontslag. Verklikkers togen aan het werk. Kosten noch moeite werden gespaard om de bewoners van de Oostkantons kennis te laten maken met de zegeningen der democratie in hun nieuwe vaderland.

De inwoners van de Oostkantons kregen in 1925 stemrecht. Ze kozen massaal de katholieke partij, die in het kanton Sankt Vith zelfs meer dan 80 procent van de stemmen haalde. Alleen, de kandidaat met de meeste stemmen kwam als bij wonder niet in het parlement. Een Waalse Luikenaar nam zijn plaats in. Ten tweeden male toonde de Belgische democratie haar milde gelaat aan de nieuwe staatsburgers.

In 1929 kwam in de Oostkantons een eigen pro-Duitse christelijke partij op. Ze had geen schijn van kans om een verkozene naar het parlement te sturen, want de Duitstaligen vormen een minderheid in een voor de rest Franstalige kieskring. In Eupen haalde die partij de helft van de stemmen, in Sankt Vith twee derde en in het toch sterk Waalse Malmedy ruim 40 procent.

Bij de volgende verkiezingen gingen de *Heimattreuen* achteruit. In 1932 verbood de Luikse bisschop, mgr. Kerkhofs, op een andere partij dan de (Belgischgezinde) katholieke te stemmen. Zo ging dat toen in het democratische België.

In 1933 grepen in Duitsland de nazi's de macht. Ze steunden de *Heimattreuen* met raad en geld. Allerlei verenigingen voor heemkunde, natuurstudie, zweefvliegen of gymnastiek waren mantelorganisaties die werkten aan de terugkeer naar het Duitse vaderland. Jongemannen uit de Oostkantons, waar de werkloosheid groot was, vonden werk over de grens in Duitsland. Hitler en zijn geldschieters zorgden wel voor banen. Die jongelieden werden bewerkt door partijmensen die hen er zonder veel moeite van konden overtuigen dat in een nabije toekomst de streek weer in het grote vaderland zou worden opgenomen. Deserteurs uit het Belgische leger werden zorgzaam in Duitsland opgevangen en verklapten de geheimen van de Belgische verdedigingslinie aan de Duitse legerleiding.

Het is dus niet zo verbazend dat een aanzienlijk deel van de bevolking klaarstond om de Duitsers met open armen te ontvangen. In Sankt Vith hingen bijvoorbeeld de hakenkruisvlaggen al triomfantelijk aan de gevels toen de Duitsers de stad binnenreden op 10 mei 1940.

Een paar jaar eerder hadden de Duitsgezinde nieuwe Belgen nog iets anders gedaan. Na de *Kristallnacht* op 9 november 1938 vluchtten joodse Duitsers in drommen hun land uit. Een van de meest geschikte streken om ongemerkt de grens over te komen was de Eifel, het eenzame woudgebergte waarvan sinds 1920 een stukje Belgisch geworden was. De sneeuw lag hoog in de winter van 1938. Duitssprekende grensbewoners hebben uitgeputte, halfbevroren joodse vrouwen, kinderen, bejaarden, de grens over gedragen naar de eerste warme kamer aan de veilige, Belgische kant. In die streek ontstond een waar netwerk van vluchtroutes. De Belgische rijkswachters hadden de plicht de wanhopige joodse Duitsers terug te sturen. Ze hebben dat vaak gedaan, maar niet weinigen hebben ze oogluikend doorgelaten. Er zijn joden die betaald hebben voor de hulp, maar veel grensbewoners deden eenvoudig wat volgens hen hun plicht was, zonder enig winstbejag.

Een goeie week na de Duitse inval, op 18 mei 1940, werden de Oostkantons (en een gebiedje bij Moresnet, maar laat ik dit verhaal niet nodeloos ingewikkeld maken) bij het Duitse Rijk ingelijfd. Voortaan woonden in Eupen, Malmedy en Sankt Vith weer Duitsers. De gevolgen waren even logisch als bitter. De Wehrmacht mobiliseerde de mannen. Als *Volksdeutsche*, zoals de Elzassers en de Sudeten, kregen ze de gevaarlijkste, meest vooruitgeschoven opdrachten. Meer dan achtduizend mannen en jongens trokken zo naar het front. Ze heetten *Zwangssoldaten*. Zestienhonderd van hen keerden weer als invalide, meer dan drieduizend van hen zijn nooit teruggekomen. Heel anders dan de *malgré-nous* uit de Elzas, werd de *Zwangssoldaten* achteraf niets vergeven. Frankrijk heeft het probleem van de Elzassers in het Duitse leger opgelost in 1954. Pas in 1989 keurde het Belgische parlement een wet goed 'houdende maatregelen ten gunste van de personen die het statuut bezitten van de verplicht ingelijfde bij het Duitse leger en hun rechthebbenden'. Die laatste toevoeging was, bijna een halve eeuw na het uitbarsten van de Tweede Wereldoorlog, echt wel nodig.

Tijdens het Von Rundstedt-offensief in december 1944 heeft de geallieerde luchtmacht Sankt Vith op tweede kerstdag platgebombardeerd. Van de vierduizend huizen stonden er nog vijfhonderd overeind. Malmedy hebben de geallieerden per vergissing twee keer platgegooid.

Na de oorlog was België onbarmhartig. Het deed of de bij het Derde Rijk ingelijfde bevolking in haar geheel gecollaboreerd had. Tijdens de zuivering werd een op de vier inwoners (zuigelingen inbegrepen) vervolgd. 80 procent van de dossiers is geseponeerd, wat wijst op grote voortvarendheid bij het Belgische krijgsgerecht. De helft van de overige 20 procent is echt vervolgd. Dat is tien keer zoveel als in Vlaanderen, vijftien keer zoveel als in Wallonië en acht keer zoveel als in Brussel. Ambtenaren die, scrupuleus trouw aan Belgische voorschriften, waren blijven doorwerken na de Duitse bezetting, kregen bij tientallen ontslag. De zuivering in de Oostkantons lijkt veeleer op een wraakoefening dan op een poging om recht te laten geschieden. De Belgische regering in ballingschap heeft nóóit officieel geprotesteerd tegen de annexatie. Integendeel, volgens een brief van de Belgische minister van Justitie – juli 1940, dus nog geen drie maanden na de inlijving – ging de Belgische regering akkoord met de nieuwe grens en bijgevolg met het afstoten van de Oostkantons.

Na de Tweede Wereldoorlog bleef het jaren erg stil rond de Oostkantons. De bevolking was murw, ze wilde van politiek niets meer weten. Er heerste grote angst dat elke uiting van zelfs het onschuldigste Duitse gevoel ongenadig afgestraft zou worden. Er is geijverd om het gebied van boven tot onder te verfransen. De Waalse liberaal Buisseret vond dat België de Duitse taal moest uitroeien, dat de omgangstaal uitsluitend Frans moest zijn om de Duitse invloed te breken. Zeker de school mocht alleen het Frans gebruiken, de breuk met de Duitse cultuur moest en zou definitief zijn. Daarbij loog Buisseret toen hij beweerde dat dit de algemene wens van de bevolking in de Oostkantons was. Bij liberalen en socialisten leefde de gedachte, die teruggaat tot de Franse Revolutie, dat de bevolking via verfransing aan de invloed van de Katholieke Kerk onttrokken zou kunnen worden. Dat die mensen bij toeval aan de grens waren geboren en in een kwarteeuw al drie keer tegen hun zin van nationaliteit waren veranderd, namen ze niet in acht. Systematisch werd geprobeerd de scholen te verfransen. In het middelbaar onderwijs lukte dat een beetje, maar toch ook weer niet echt goed.

Die periode is voorbij. Er zijn Franstalige scholen in het gebied, maar de kinderen gaan meestal naar de gewone Duits-Belgische *Mittelschule*. De universiteit bezoeken ze van oudsher in Luik, of, katholiek als ze zijn, in Louvain-la-Neuve. Het opengooien van de Europese grenzen voor de diploma's van de lidstaten van de EU zou in dat grensland een schaalverkleinend effect kunnen hebben. De zuigkracht van Aken is groot; nu al gaan jonge mensen, vooral uit Eupen en omgeving, graag naar Aken om door te leren. Het ligt een stuk dichterbij dan Luik.

In 1962 werd de taalgrens vastgelegd. Het Duitse taalgebied kreeg officiële erkenning, met rechten voor de Franstaligen die daar wonen. In Malmedy is het omgekeerd. Daar kan de Duitstalige minderheid aanspraak maken op een paar rechten, maar ze doet dat zelden. Dat wil niet zeggen dat die van Malmedy weigeren Duits te praten. De middenstand zal daar gek zijn. De klant is koning en de Pruisische Walen praten een heel aardig mondje Duits als er geld van over de taal- of landsgrens op hun toonbank terechtkomt. Maar sinds 1962 is het definitief uit met de Oostkantons. Je hebt nu Duits-Oost-België, daar wonen zeventigduizend Belgische staatsburgers en die horen niet meer bij hun oude Waalse lotgenoten uit Malmedy.

Telkens opnieuw als ik in dat gebied kom, sta ik ervan te kijken hoe Duits het is. De Sankt Niklauskirche in Eupen met haar grote kopergroene ui, de zware Midden-Europese bouwtrant, zelfs in Sankt Vith, dat na 1945 helemaal weer moest worden opgebouwd, het ziet er allemaal zeer Duits uit. Daarentegen vinden Duitse bezoekers van over de grens dat het er juist zo ánders uitziet dan bij hen. Hen verrast het Duitse dorpjes en stadjes aan te treffen te midden van klodders België: Belgische villa's, Belgische cafés, Belgische middelgrote ondernemingen. Ik ontdek zwarte Duitse overkappingen op welgedane, statige huizen. Zij ontdekken Belgische gevels en pretentieuze burgermanswoningen. Het is een grensgebied en de bewoners ervan beseffen dat.

Eerst wilden ze van België niet weten. Nu begint het erop te lijken dat ze de laatste echte Belgen zijn. *Zij* hebben geen last van taalstrijd. Ze vinden België best wel een aardig land. Ze hebben, met een bevolking van een middelgrote provinciestad, een zelfstandig statuut gekregen waarop België trots mag zijn. In andere landen heerst het oude volksgebruik om dergelijke minderheden met mortiervuur te bestoken vanaf de omliggende heuveltoppen. Weinig minderheden in Europa worden zo gesoigneerd als de Duitstaligen bij ons; waarin een klein land groot kan zijn. Zo te zien zou België beter uit een paar dozijn van die minderheden bestaan, elk met een vergelijkbaar statuut. De taalstrijd zou versplinteren.

Aan de Kaperberg in Eupen staat een klassiek, grijs huis. Daar vergadert de *Rat* van de *Gemeinschaft*. De Rat heeft vijfentwintig leden. Er is een vergaderzaaltje, er zijn kantoren voor de fracties. Ze hebben zowaar simultaanvertaling in de raadzaal, want er komt weleens hoog bezoek uit het binnenland.

In oktober 1986 hadden de Duitstaligen zelfs een primeur. Ze mochten hun *Rat* rechtstreeks kiezen. Daar waren de Brusselaars pas drie jaar later aan toe. De Vlamingen en de Walen volgden nóg wat later. Intussen spelen Belgische nationale invloeden ook in de politiek van dit gebied hun rol. Na de verkiezingen van 1999 werden de katholieken, die voorheen oppermachtig waren in de *Rat*, naar de oppositie verwezen. Sindsdien heerst een paarse coalitie met de lokale bijmenging van de regionalistische partij ProDG.

De Duitstaligen hebben vier ministers met bevoegdheid inzake kunstonderwijs, welzijnszorg enzovoort, kortom de cultuursector en wat in het jargon van de staatshervorming heet: de persoonsgebonden zaken. Voor een aantal bevoegdheden maken de Duitstaligen deel uit van het Waalse Gewest, bijvoorbeeld ruimtelijke ordening, industriebeleid enzovoort. De discussie over die afhankelijkheid is nog niet ten einde. Steeds meer stemmen gaan op om van de *Gemeinschaft* een volwaardig gewest te maken, naast Wallonië, Vlaanderen en Brussel. Ook bij het gebed zonder end van de onderhandelingen in 2010-2011 lag dat idee weer op tafel. Het Waalse Gewest had al de bevoegdheid over monumenten en landschappen en over werkgelegenheid overgedragen aan de Duitstalige gemeenschap. Maar tot nader order gaan nog altijd een paar Duitstalige parlementsleden naar de Waalse Gewestraad in Namen. Ze hebben daar recht op een volledige vertaaldienst, ze kunnen zelfs het woord voeren in het Duits. Ook in het nationale parlement in Brussel hebben zij dat recht. Ze maken er maar af en toe gebruik van, vooral op de plechtige, historische momenten, want de heren Gehlen, Somerhausen en vroeger Kofferschläger kenden altijd Frans en soms zelfs Nederlands.

In Eupen verschijnt de krant *Grenz-Echo*. Dit serieuze, katholieke blad werd gesticht in 1927 als tegenwicht voor de plaatselijke Duitsgezinde pers. De *Grenz-Echo* is altijd loyaal Belgischgezind geweest, zeer redelijk en zelfs een beetje vaderlijk als het over gemeenschapsproblemen gaat. De krant werd jaren geleid door de keiharde, compromisloze Henri Michel, ondanks zijn naam zeer Duitstalig, ondanks zijn Duitstaligheid een gevangene van de nazi's. Hij zat in het concentratiekamp Oranienburg, maar keerde er levend uit terug.

De Duitstaligen hebben al jaren een eigen omroep. De BRF, de *Belgische Rundfunk*, is een volwaardige radiozender, met nieuws, muziekprogramma's en alles erop en eraan. Er is zelfs een televsie-uitzending die elk uur wordt herhaald. De BRF heeft een redactie in Brussel, tussen de Franstalige en Nederlandstalige vleugel van het omroepgebouw aan de Reyerslaan. Hun bescheiden, vriendelijke journalisten zie je op alle grote persconferenties, na kabinetsraden, in het parlement, bij regeringscrises. Ze spreken allemaal goed Frans en behoorlijk Nederlands. Met een journalist uit de rest van België zullen ze niet zo gauw Duits spreken, ten eerste omdat weinig journalisten bij ons die taal kennen en ten tweede gebiedt een soort hoffelijkheid hun het Duits vrijwel uitsluitend in eigen kring te gebruiken.

In de grensstreek heeft de BRF-radio unieke troeven in handen. In de Bondsrepubliek is geen enkele zender zo plaatselijk. De meest nabije staat in Keulen, de notie plaatselijk betekent in Duitsland iets anders dan in België, iets groters, iets wijders. De BRF maakt gretig gebruik van dat schaalverschil. In de BRF komen Duitsers uit Monschau en het Eifelgebied aan hun trekken voor kleine gebeurtenissen: veemarkten, dorpsfeesten, een weg die versperd is, langlaufwedstrijden. Bij verzoekprogramma's krijgen jarige kinderen en oma's sneller aandacht over de grens, in België, dan in Duitsland. De BRF kan rekenen op een trouw publiek van een half miljoen luisteraars tussen Antwerpen, Roermond, Düsseldorf en Luxemburg.

Duitstalig België voelt zich zeer Belgisch. Historisch is deze streek er het laatst bij gekomen en daar hebben de inwoners lessen uit getrokken. Ze weten hoe voordelig een grenspositie kan zijn; hoe nadelig die geweest is, hebben ze aan den lijve ondervonden. Hun *Rundfunk* is lang niet het enige voorbeeld van die thans voordelige positie. De Eupense Kamer van Handel en Nijverheid zegt dat Duitstalige Belgen zeer in trek zijn als tussenpersoon bij firma's uit Duitsland, Zwitserland en Oostenrijk, die zich in België willen vestigen. Niet alleen kennen ze perfect Duits, ze kennen ook allemaal Frans en mensen die wat gestudeerd hebben spreken Nederlands en Engels. De Oost-Belgen weten wat er in Duitse landen gebeurt, ze kijken naar de Duitse televisie, ze lezen Duitse kranten en weekbladen, al was het maar de *Aachener Volkszeitung*. Ze weten hoe België werkt. Daarachter komen is geen geringe opgave, anders had ik dit boek niet geschreven. Ze kunnen goed opschieten met Vlamingen én Walen, ze kennen beider gevoeligheden en hebben er mild begrip voor. Ze kennen het Belgisch recht en hebben in hun kleine gemeenschap persoonlijk contact met de politici die op hun beurt goede connecties hebben met sleutelfiguren in de Brusselse doolhof of in de Waalse hoofdstad Namen. Het zijn dus voor Duitsers, Oostenrijkers of Zwitsers de gedroomde mensen om bedrijven te begeleiden die zich in de hoofdstad van Europa of het Antwerpse havengebied willen vestigen.

Iemand als Serge Brammertz is een schoolvoorbeeld van wat dit kruispuntgebied leveren kan. Geboren in Eupen. Vloeiend viertalig. Hoofdaanklager bij het Joegoslavië-tribunaal in Den Haag. Voorheen plaatsvervangend aanklager bij het Internationaal Strafhof, vertrouwd met wreedheden in Darfur, Uganda en Congo. Intussen leidde hij nog bij de Verenigde Naties het onderzoek naar de moord op de Libanese ex-premier Rafik Hariri. Ziedaar een Duitstalige Belg. Waarin een klein stuk grond groot kan zijn.

Op een februariochtend liep ik, worstelend tegen ijzige regen en boze windstoten, door de Hauptstrasse van Sankt Vith.

In de degelijke tapperij Pip-Margraff zou ik Bruno Kartheuser ontmoeten, classicus, dichter, uitgever van het wonderlijke literaire tijdschrift *Krautgarten*. Ik schudde de hand van een gedrongen, tuinkabouterachtige man. Hij offreerde me *Wacholder*, een jenever uit het hoogveen die ik hierbij warm wil aanbevelen.

Kartheuser is een jongen van de streek en daarvoor schaamt hij zich geen seconde. Maar hij levert wel al jaren een verbeten gevecht tegen de bedomptheid die een gemeenschap bevangt die zich plots moet gedragen als een staat. Het kleinsteedse, het dorpse, dat in bredere verbanden binnen de proporties blijft waarvoor het nut heeft, pompt zich hier vol macht en eigendunk. De paden die uit het woud leiden worden afgesneden, de muren van het vaderhuis schuiven enger om je heen, de vloer waarop je vrij kunt bewegen krimpt. Kartheuser zoekt en vindt literaire contacten binnen zijn taal, buiten zijn land, in Duitsland, Oostenrijk, Zwitserland, en buiten zijn taal, binnen zijn land, bij Vlamingen, Walen, Brusselaars.

Een paar jaar later. We zitten koffie te drinken in Parijs, Hotel Raspail. Ik blijf daar wonen, zegt hij, daar hoor ik thuis, daar ligt mijn taak. Maar gelukkig zijn goede boekhandels nooit ver. In Aken en Keulen. Hier om de hoek, zeg ik. Hij glimlacht wetend.

De laatste Belgen hebben ijverig onze goede, maar ook onze slechte manieren geleerd. Ze beginnen hun ruimte kwistig en slordig te ordenen. Politiek hebben ze niet alleen de partijen overgenomen, tot de regionalisten toe, maar ook de Belgische politieke zeden en gewoonten. Ze weten alles van politieke benoemingen, de ene dienst is de andere waard, zoveel mannetjes plaats jij, zoveel mannetjes plaats ik. Ze gebruiken daar het Oostenrijkse woord *Proporz* voor. Ze hebben ineens de Latijnse tegenstelling tussen klerikaal en antiklerikaal ontwikkeld. Kortom, in de politiek gedragen ze zich aan die oostelijke rand van België alsof ze er sinds 1830 bij gehoord hebben.

Ze bewonen het kot dat België in 1918 tegen zijn huis heeft gebouwd in zijn achtertuin. Het hoort niet bij de stijl van het hoofdgebouw, zo dat al een stijl heeft, maar door de jaren heen zijn huis en koterij, na kleine en grote vertimmeringen, na hardhandig ingrijpen van een boze buur, na slooplannen, uiteindelijk bij elkaar gaan horen. Ik zeg dat zonder een spoor van minachting, want ik hou van mijn Duits-Oost-België. Het heeft me de stof geleverd voor het derde deel van mijn dichtbundel *Plattegronden* (*Het lange lopen*), geen streek is mooier om op smalle ski's door te wandelen. En als België geen koterij meer had, was het België niet meer.

Het labyrint

De schoonheid der wanstaltigheid

Misschien is de gewoonte aan het verdwijnen omdat in België, Nederland en in de rest van Europa de uniforme lelijkheid zich in steeds kwaadaardiger gezwellen uitstulpt. Nederlanders komen naar België om huisjes te kijken. Huisjes, dat is wel een zeer oneigenlijk diminutief, want wij bouwen nonchalant woningen die drie tot vier Nederlandse huizen met gemak kunnen inslikken. Bovendien bouwen we ze overal. Bovendien hebben we lak aan de dictatuur der architecten. Bovendien willen we allemaal een huis met een tuin. Aan pasgetrouwde stellen vragen de wederzijdse schoonouders eerst bezorgd of ze al bouwgrond hebben gekocht, vervolgens pas of er een kleine op komst is. De Belg heeft een baksteen in zijn maag, het is hier te lande een vaak gehoorde kreet.

Nederland is zeker zo dichtbevolkt als België, zo niet dichter, en toch ziet het er veel leger uit. Nederland bouwt zich een ongeluk en toch lijkt het of de Nederlanders zich nooit echt aan de woningnood hebben ontworsteld. Woningnood? Belgische antropologen reizen naar Nederland om het verschijnsel te bestuderen.

De manier waarop in België gewoond wordt verschilt zo sterk van die in Nederland dat je het onmiddellijk ziet als je over de grens komt. Zijn de slagbomen afgeschaft? De douaniers omgeschoold? Het mag niet baten.

De overgang tussen België en Noord-Frankrijk is een droom voor lieden die het Europa zonder grenzen liefhebben. Je hebt al een geoefend oog nodig om uit te vissen welke elementjes de huizen van Halluin en Bailleul – Halewijn en Belle – Frans maken en die van Rekkem of Dranouter Belgisch. Maar wie het verschil tussen de huizen van Vroenhoven en Maastricht niet ziet of tussen die van Teuven en Slenaken, moet dringend naar de oogarts toe.

Kortgeleden kreeg ik weer de kleine schok waar ik telkens naar uitkeek als ik met de trein naar Amsterdam reisde. Dit keer reed ik in de auto door oostelijk Zeeuws-Vlaanderen. Het was nog mooier dan tussen Essen en Roosendaal, want het Nederlandse Nieuw-Namen en het Belgische Kieldrecht zijn aan elkaar vastgebouwd. Je zíét de grens tussen de huizen door lopen. Dit huis staat in Nederland, onmiskenbaar, dat huis staat in België, even onmiskenbaar. Twee centimeter van elkaar verwijderd! De breedte van een voeg scheidt twee werelden. Je rijdt van Vlaanderen naar Vlaanderen, maar de ene gevel schreeuwt Holland, de andere België. De vorm van de ramen, de gordijntjes, de deur, het dak, de gebruikte verf, zelfs de kleur van de baksteen is anders. Zou de klei aan weerszijden van de grens verschillen? Of kopen aannemers in De Klinge hun baksteen diep in België en die in Clinge de hunne diep in Nederland? Dat is natuurlijk de betekenis van het woord grens, of landsgrens, dat je met je rug naar elkaar toe staat. Je hoort overduidelijk níét bij elkaar, al woon je vlak bij elkaar en spreek je dezelfde taal, ja, hetzelfde dialect.

Als een Nederlander over ruimtelijke ordening in België hoort spreken, zal hij wellicht met zijn ogen knipperen. Bestaat in mijn land wel zoiets als ordening? Zeker in de omgeving van Brussel, Antwerpen of Charleroi, langs wegen als die van Leuven naar Diest of van Hasselt naar Alken, ziet het landschap eruit of iedereen zomaar wat aan rotzooit. Je bouwt wat je wilt waar je dat wilt. En toch heeft België een modelwet op de ruimtelijke ordening.

We hebben gewestplannen en in gemeenten aanlegplannen (vaak BPA genoemd, bijzonder plan van aanleg) of bestemmingsplannen. We hebben nu zelfs een Groene Hoofdstructuur, met weinig structuur en weinig groen. Er zijn woongebieden, industriegebieden, dienstverleningsgebieden, ambachtelijke zones, recreatiegebieden, natuurgebieden. Er is gedacht aan onteigeningen, bouwvergunningen, verkavelingsvergunningen, planschade en overlegprocedures met de plaatselijke overheid.

De oorspronkelijke wet van 1962 zat uitstekend in elkaar, een model, mag je zeggen. Alleen werd onze prachtige wet veel te laat goedgekeurd, en toen ze er eenmaal was, hebben we ze de eerste vijftien jaar vrijwel nergens toegepast. En toen we de toepassing echt niet langer tegen konden houden, hebben we de hand gelicht met de gewestplannen.

De studiebureaus die de gewestplannen veertig jaar en langer geleden tekenden, hebben echt hun best gedaan. Maar er was druk van plaatselijke politici. Er was de druk van de Boerenbond, die het landelijke gebied en dus de open ruimte verdedigde. Ik draag de Boerenbond niet bepaald in mijn hart. De ruilverkaveling, dus het vergroven en kaalplukken van het Belgische landschap op grote schaal, is gebeurd door toedoen van de Boerenbond. Echter, toen de gewestplannen tot stand kwamen, heeft vooral de Boerenbond Vlaanderen beschut tegen de landhonger en de bouwwoede van de kleine gemeentebesturen. Het ministerie van Openbare Werken trok dwars door alle plannen heen zijn autosnelwegen. Ingenieurs en politici toeterden de toekomst tegemoet. Bij elke kilometer beton vielen ze in katzwijm van verrukking. Wie hield hen tegen? Je kúnt de toekomst niet tegenhouden.

Toen in de jaren tachtig van vorige eeuw de ingenieurs van de Spoorwegen de TGV-lijnen begonnen te trekken en daarbij deden alsof de omwonenden niet bestonden, werd het weggehoonde volksprotest prompt gevolgd door processen. De tijden waren veranderd.

Dat wil niet zeggen dat de bevolking de ruimtelijke ordening verdedigt, integendeel. Er heerst volslagen onverschilligheid, ja vijandigheid tegenover de plannen, nog steeds. We mogen ons niet laten misleiden door een paar kommervol kijkende groenen.

De regeling van het bodemgebruik druist regelrecht in tegen onze diepgewortelde vestigingsgewoonten. Dat die regeling omgebogen wordt ten voordele van wie kan betalen of van wie hand-en-spandiensten kan verlenen aan senator X of burgemeester Y, versterkt alleen maar de vijandigheid. Belgen hebben het in het algemeen al niet zo erg op reglementen, dus zeker niet op strakke beperkingen van wat voor velen de ware zin is van het bestaan op Belgische aarde: het eigen huis.

In Nederland voorzag de Woningwet van 1902 al in de geplande uitbreiding van bebouwde kommen. Vanaf 1921 kon de overheid al een bouwvergunning weigeren als een burger het vermetele plan opvatte zijn stulp niet conform de voorschriften op te trekken. Wij kwamen dus zestig jaar later, in 1962. Zweden, veel dunner bevolkt dan België, is eraan begonnen in 1874. De Britse *Town and Country Planning Act* werd van kracht in 1909. Dat wil niet zeggen dat in België willekeur heerste. Op kleine schaal hebben we wel degelijk gepland en verordend. Gemeentelijke verordeningen inzake nokhoogte, gevelbreedte, ruimte tussen huizenrijen achteraan enzovoort, die bestaan al heel lang.

In de negentiende eeuw heeft België driftig gebouwd. Het verschilde op dat punt niet van andere Europese landen. Bezoek Praag, Riga, Parijs, Barcelona, Berlijn, Boekarest en vele kleinere steden. Je krijgt de indruk dat Europa honderd, honderdvijftig jaar geleden één grote bouwput was.

Tussen 1875 en 1914 groeide Brussel van een kwart naar driekwart miljoen inwoners. Er was geld om te bouwen. België bloeide en koning Leopold II zoog het merg uit de botten van zijn onderdanen in Congo, vooral in het deel dat zijn privébezit was. Alleen zijn hebzucht overtrof zijn wreedheid en beide tartten de verbeelding van zijn tijdgenoten.

De Belgische en vooral de Brusselse burgerij zwom in het geld. Zij bouwde flamboyante huizen, in neostijlen, eclectisch, art nouveau en alles door elkaar, het ijzer krulde van de balkons, gebrandschilderde ramen vertelden fantastische verhalen, beeldhouwwerk pronkte buiten, binnen glommen marmeren trappen en schoorsteenmantels. Het waren de hoogtijdagen der statige verscheidenheid. Dat wil niet zeggen dat er geen orde heerste in al dat bouwen. Planmatigheid mag niet worden verward met eentonigheid. De burgerman bouwde stevig en de best geslaagde of de meest gedurfde woningen oogstten internationale bewondering. In de jaren 1890, misschien zelfs tot 1914, stond België aan de top van de Europese architectuur.

Volgens Marx en Engels was België een toonbeeld van wild kapitalisme. Toch had al in 1865 een liberale regering de Algemene Spaar- en Lijfrentekas (ASLK) opgericht. Wie genoeg spaarde, kon een goedkope lening krijgen. In 1889 keurde een conservatieve regering de eerste huisvestingswet goed. Een arbeider moest eigenaar kunnen worden van een bescheiden woning. De ASLK sloot de levensverzekeringen af die de hypothecaire leningen dekten. Jammer genoeg had het proletariaat daar niet genoeg geld voor. Je moest al behoorlijk geschoold zijn en vast werk hebben als je in die jaren een werkmanswoning bij elkaar wilde sparen en lenen.

De grote massa arbeiders hokte, zoals overal in Europa, in krotten met één schijthuis en één waterpomp voor de hele straat. In ieder woninkje werd het grootst mogelijke aantal rachitische kinderen, bleke ouders en afgebeulde bejaarden gepropt. Op iedere lap grond werd een maximum aantal benepen panden neergepoot. De straatjes die doodliepen heetten in Gent *beluiken*, in Leuven en Brussel *gangen*, *corons* in Luik. De gelijkenis met de stegen van Amsterdam was bedroevend sterk.

In de loop van de twintigste eeuw is de ASLK een begrip geworden in de woningbouw. Iedere Belg kende haar symbool, een huisje dat een gleuf voor spaargeld in zijn dak heeft. In 1991 echter heeft de Belgische overheid de kleine spaarder en diens oude, trouwe Spaarkas verraden. Ze leverde de ASLK over aan de privatisering. Kort daarop werd de ASLK opgeslokt in een megafusie die Fortis heette. Het symbool van Fortis was een nevelvlek van kleurenspatten, een treffend beeld van onze ruimtelijke ordening na het bouwen van al die vlijtig bij elkaar gespaarde huisjes. Maar zelfs ik, die het bankwezen niet dan met een afgrondelijk wantrouwen bespied, heb niet kunnen voorspellen dat de kleurenspatten nog geen twee decennia later een profetische lading zouden krijgen, toen het planetaire financiële systeem op zijn grondvesten daverde en Fortis roemloos ten onder ging in een baaierd van eigenwaan, mensenverachting en onbekwaamheid. Fortis, ooit een telg van de Société Générale, dit wil zeggen van België zelf, is nu een wormvormig aanhangsel van de Franse groep BNP Paribas die, zoals het Franse groepen betaamt, haar zetel heeft in Parijs.

In de twintigste eeuw werden de ruimtelijke ordening en de stedenbouw in België vijf decennia lang beheerst door de wederopbouw. Twee wereldoorlogen hebben lelijk huisgehouden in onze dorpen en steden. De foto van de verwoeste lakenhal van Ieper is beroemd, maar ook het centrum van Leuven lag plat, Mechelen had zwaar geleden, Aarschot, Dendermonde, de Waalse stadjes Visé en Dinant lagen in puin. De Nederlandse architect Berlage vond dat het geteisterde België zich gelukkig mocht achten, omdat het het eerste land was waar echt moderne steden gebouwd zouden kunnen worden. De gevoelloosheid van architecten heeft geen grenzen.

De overheid gaf geld aan gemeenten die een plan opstelden, maar wie de wet aan zijn laars lapte, kreeg geen straf. De vooroorlogse toestand werd soms pand per pand hersteld. De vroede vaderen hadden lak aan moderne stijlprincipes, ze kozen voor min of meer historische reconstructies en voor de oude rooilijnen van straten en pleinen. Dat conservatisme is een zegen geweest voor onze binnensteden. Ze zijn in elk geval gezellig gebleven en verwijzen naar het verleden. Als je door het centrum van Dendermonde of Leuven wandelt, denk je: wat een gaaf stadje, wat een mooie huizen uit vervlogen eeuwen, wat een prachtige renaissance- en barokgeveltjes. Maar het is nep, trompe-l'oeuil: ga op de Leuvense Oude Markt niet op een van de vele terrasjes zitten, maar loop eens aandachtig kijkend langs de huizen. In elke gevel zit, meestal tussen de gelijkvloerse en de eerste verdieping, soms ook hoger, een steen met een jaartal erop; vaak is het 1917. Drie jaar eerder hadden Duitse troepen delen van Leuven in de as gelegd. De stemmige gevels die Vlaanderens middeleeuwse verleden oproepen, zijn twintigste-eeuws.

Vlak na de Eerste Wereldoorlog kregen enkele van onze beste modernistische architecten de kans zich uit te leven in de volkswoningbouw. Terecht hebben de buurten die ze toen ontwierpen een internationale reputatie. Vaak hebben de bewoners hun huizen later vernacheld, zoals in het tuindorp Batavia (Verwilghen, 1920), Roeselare. In Zelzate staat het stoere Klein Rusland (Hoste, Van der Swaelmen, 1923) te vervallen, in Verviers heb je de Cité des Hougnes (Thirion, 1925). In de lente, wanneer de Japanse kers bloeit, is Le Logis-Floréal in het Brusselse Bosvoorde (vooral Eggerickx en Van der Swaelmen, 1925) een Rie Cramer-droom voor arbeiders. Wie rondloopt in de Anderlechtse wijk Moortebeek, zou zich in een decor van *Midsomer Murders* kunnen wanen. Vreemd vind ik dat die toch uitgesproken socialistische experimenten een verstilde, arcadische aanblik bieden. Omstreeks 1925 bloedde de geestdrift voor de nieuwe arbeiderswijken dood. De generositeit van de eerste naoorlogse jaren was uitgeblust. De macht vreesde nu vooral de rode bewoners.

Na 1945 kreeg België het verwarde aanzien dat het nu heeft en dat het nooit meer kwijt zal raken, tenzij er een atoombom valt.

Tussen 1945 en 1962 hadden we géén ruimtelijke ordening. Daarna kwam de eerder genoemde wet, maar die werd tot voor kort nogal rekkelijk toegepast. Al die jaren hebben de Belgen verbeten huizen gebouwd waar ze maar konden.

Het woningbezit voor gewone mensen werd aanzienlijk vergemakkelijkt door de wet-De Taeye van 1948. Voor een eenvoudig huis kon je dankzij die wet een zeer hoge lening krijgen (tot vrijwel de volledige waarde van het pand), én kon je premies krijgen voor bouw en aankoop. Van die wet heeft de burger massaal gebruikgemaakt. Tienduizenden gezinnen hebben zo hun eigen, solide huis verworven.

Ik heb mensen hun woonst met eigen handen zien bouwen, het was geen uitzondering, op zaterdagmiddag, 's avonds, in de vakantie, en later, toen ze niet meer zo luisterden naar de pastoor, ook op zondagen. Ze bouwden het in hun eigen dorp, op grond die ze erfden, van hun ouders kregen of voor weinig geld kochten. Aangezien tot de jaren zestig het verschil tussen bebouwde kom en open ruimte in geen enkele wet was vastgelegd, rezen overal waar er plaats was huizen uit de grond. Niet dat alles mocht, maar wat niet mocht kon dan toch weer wel. Begin de mensen maar eens uit te leggen dat je plotsklaps op geërfde grond aan deze kant van de straat wél mag bouwen, maar op geërfde grond aan de overkant van de straat niet.

De mensen bleven in hun dorp wonen en waren bereid elke dag een uur, twee uur, drie uur en zelfs meer naar hun werk te pendelen. Het spoorwegnet was nog zeer dicht. De wetgever had het ook zo bedoeld. De Taeye was een christendemocraat. Mensen die in hun eigen dorp blijven, blijven braver en traditioneler. Lees: ze blijven stemmen voor de katholieke partij. Mensen die een eigen huis bezitten, werpen zich niet roekeloos in de klassenstrijd, zoals die ontwortelde socialisten in hun huurkazernes. Die sluwe politieke berekening beantwoordde voor honderd procent aan de hartenwens van zeer veel gewone Vlaamse en Waalse mensen, katholiek én niet zo erg katholiek.

België pendelde, België bleef pendelen, België blijft pendelen. Dit was het eerste land van Europa dat het goedkope spoorwegabonnement invoerde, in 1878 al. Arbeiders konden voor weinig geld zes keer per week van hun dorp naar hun werk en terug reizen. Een ongehoorde mobiliteit, die paradoxaal genoeg het gevolg was van extreme honkvastheid, werd mogelijk. Vlaamse arbeiders reisden dagelijks of wekelijks in drommen naar de Waalse industriegebieden. Er is migratie geweest (zie hoofdstuk Wallonië), maar tienduizenden bleven wonen in hun dorp.

In zowat elk gat stond een station. Was dat er niet, dan werd een tramstation gebouwd. De trams reden op een afzonderlijke strook langs de grote wegen of dwars door veld en wei. Op die prettige, rustige manier ben ik als kind vaak naar mijn tante gereisd om de grote vakantie bij haar door te brengen in een Oost-Brabants dorp. In dat dorp werkten alleen de boeren binnen de grenzen van de gemeente; alle anderen pendelden, eerst nog naar Wallonië, daarna naar Leuven, Brussel en de nieuwe Vlaamse industriegebieden. In hun vrije tijd bouwden ze rode mastodont naast rode mastodont, zware, massieve huizen, met een welverzorgde moestuin erachter. Ze stonden langs alle straten, langs alle. En de eigenaars pendelden.

Ik heb het nu over de jaren vijftig en zestig. Dat pendelen is niet afgenomen. In de jaren zeventig kwamen de autosnelwegen. De eerste autostrade, door Vlamingen en Walen in roerende eendracht uitgesproken als *ottostraat*, lag er in 1958, tussen Brussel en Oostende. Die was aangelegd ter gelegenheid van de wereldtentoonstelling en om rijke Brusselaars naar hun villa, appartement of hotel aan zee te laten rijden *pour y passer le week-end*). Maar in de jaren zeventig werd een echt autosnelwegennet over het hele land gesmeten: Brussel-Leuven-Luik, Antwerpen-Brussel-Charleroi, Gent-Antwerpen, later Brussel-Lummen, nog later Brussel-Namen-Luxemburg. Ze doorstreepten oude landschappen breeduit. De meeste worden 's nachts zo weelderig verlicht dat ruimtevaarders een soort oranje spin op het aardoppervlak kunnen zien. Ze noemen die *The Belgian Window*. Het andere werk van mensenhanden dat je vanuit de ruimte kunt zien is de Chinese muur.

Dankzij de autosnelwegen werd moeiteloos voortgependeld en in de dorpen werd moeiteloos voortgebouwd. De autosnelwegen waren zo gul opgevat en er werd nog zo massaal met de trein gereisd dat we tot in de jaren tachtig van vorige eeuw hebben moeten wachten tot we problemen kregen met verkeersopstoppingen. Onherbergzame plekken als het Leonardkruispunt, de oprit van Bertem, het knooppunt van Groot-Bijgaarden en de Antwerpse Ring zijn dreigende bakens in het mentale landschap van elke Belgische autobestuurder; ze zijn onlosmakelijk met het schrikwekkende begrip file verbonden. Alle ochtenden heeft het radionieuws het over structurele files. Bij het gloren van de eenentwintigste eeuw werd het reeds zo lang voorspelde onheil bewaarheid. Op een dag stond alles wat vier wielen had stil, van de poorten van Antwerpen tot de poorten van Brussel. Het autoverkeer leed zijn eerste infarct.

Al die jaren hebben de Belgen, en in dat opzicht is er geen enkel verschil tussen Vlamingen en Walen, geweigerd zich dicht bij hun werk te vestigen. Aangezien het Belgisch bestel traditioneel nogal centralistisch was, bijgevolg geconcentreerd in Brussel, en aangezien de Vlamingen wel beweren dat ze Brussel niet loslaten, maar die stad eigenlijk haten, een gevoel dat veel Walen overigens met hen delen, raken dagelijks de stromen met honderdduizenden mensen gestremd aan de rand van Brussel. Je werkt er, je wilt er niet wonen.

Tussen 1962 en 1970 werd als om strijd ons platteland bebouwd en verkaveld. Je kon waar je dat maar wilde een lap grond kopen en een verkavelingsvergunning aanvragen.

Je kreeg die altijd of toch bijna. Zo werd je grond bouwgrond en kon je je percelen duur verkopen. Het principe: ik koop landbouwgrond, of bos of zelfs moeras, krijg er een verkavelingsvergunning voor en verkoop bouwgrond, heeft menig makelaar een aardige stuiver opgeleverd. De bouwbehoefte was veel kleiner dan de verkavelingsdrang.

Toen de wet van 1962 van kracht werd, waren 116 622 door verkaveling ontstane percelen bekend in ons land. Zeven jaar later, in 1969, waren maar liefst 374 970 verkavelde percelen bekend. Het aantal was dus verdrievoudigd en op 68 procent stond niets. Bouwvergunningen die pasten in een goedgekeurd bestemmingsplan had je nauwelijks, bij gebrek aan bestemmingsplannen. Op uitzonderingen na lagen alle percelen met bouwvergunning ook nog eens buiten de verkavelingen.

De explosie van verkavelingsvergunningen was het gevolg van een lacune in de wet. Niet alleen kreeg je altijd de gevraagde vergunning, die vergunning was op de koop toe eeuwigdurend. Je kon dus je grond braak laten liggen tot je vond dat je er een goede prijs voor kreeg. In 1970 is de wet op dat punt ingrijpend gewijzigd, maar intussen was het kwaad al geschied. In Vlaanderen behoorde de open ruimte definitief tot het verleden. In de jaren zeventig en tachtig werd de moord op het Vlaamse landschap voltrokken door middel van nog meer, maar nu snel volgebouwde verkavelingen, en door het kleinbedrijf dat in lage dozen, wit en schel gekleurd, het open land aan de randen der dorpen vermaalde. In de jaren erna is de Vlaming het lijk als een razende blijven schenden.

In Wallonië viel de vermorsing van open land minder op, al is nu een onzalige inhaalbeweging aan de gang. Wallonië is dunner bevolkt dan Vlaanderen en de dichtstbevolkte delen zijn oude industrieconglomeraten. De lelijkheid daarvan is anders, brengt bij mij een stoffige droefenis teweeg, er komt hier en daar al patina op, waardoor het wanschapene weer in schoonheid begint te verkeren. Ik voel geen woede in de Borinage, toch niet die woede die me de keel toewringt bij het zien van de patserige manier waarop Vlaanderen zichzelf dicht heeft gemetseld.

Wie denkt dat het verbeten bouwen nu wel op zijn grenzen stoot, vergist zich schromelijk. Al rijzen de prijzen van de percelen buiten de steden tot de sterren, jonge gezinnen zoeken nog steeds bouwgrond in het groen, dat er niet meer is, want verhard, betegeld, gebetonneerd. In 1980 was 14,2 procent van de vaderlandse grond bebouwd, in 2010 20,8 procent.

Ruimtelijke ordening? Ordeloze ruimte lijkt me Belgischer. Pas de laatste jaren hoor je dat mensen tegen heug en meug rekening houden met bouwvergunningen, aanlegplannen en dergelijke. Een aanvraag tot afwijking wordt door de bank genomen goedgekeurd en je kunt de nieuwe steenpuisten van je woning laten regulariseren. De eerste jaren spraken de rechtbanken sancties uit, maar daar werd zelden of nooit werk van gemaakt. Wie rijk is betaalt zijn boete en dat is dan dat. Een burgemeester die streng optreedt, maakt zichzelf het leven onmogelijk. Burgemeesters worden in België verkozen. Ambtenaren staan zo dicht bij de bevolking dat ze niet goed inzien waarom ze met kafkaiaanse regelneverij de mensen lastig moeten vallen. Villa's van welgestelde lieden ontsieren groene zones of landbouwgebieden, op papier zijn ze schaapskooi of paardenstal. Minder welgestelde mensen moeten wel rekening houden met de wet. Toch een klein beetje.

Maar enige jaren terug gebeurde het onvoorstelbare. De Vlaamse minister Stevaert liet een illegaal gebouw afbreken. Gewoon, tegen de grond met die handel. De hele natie zag op het televisienieuws hoe een slopersbeul de toren van een riante villa – een Belgisch huis is een burcht – aan brokken beukte. Het ongeloof was nog groter dan de razernij die door het land waarde. En het bleef niet bij dat ene huis. Ook Stevaerts opvolger liet al een heus huis tot stof en as vergaan. Zou er dan toch iets veranderen? IJdele hoop. Sinds kort heeft de Vlaamse regering de plaatselijke besturen opnieuw méér bevoegdheid gegeven inzake ruimtelijke ordening en stedenbouw. Hier is de moordenaar. Geef hem zijn mes terug. Logisch, niet?

Ik woon in een doodnormale Brusselse straat, zoals er omstreeks 1900 duizenden werden aangelegd. Die straat was, toen ik er kwam wonen, niet rijk en niet arm. Mijn huis heeft elf kamers, badkamer, keuken, tuin, lekker ruime kelder, zolder. Ik geef toe, het is iets groter dan de andere huizen in mijn straat, maar niet opvallend groter. Als Nederlandse vrienden op bezoek kwamen, konden ze moeilijk geloven dat al die ruimte in beslag werd genomen door één gezin. Zij waren er diep van onder de indruk, wij vinden het nog steeds gewoon, ook nu de kinderen het huis uit zijn. Bovendien was mijn huis, toen ik het kocht, niet eens duur. Nu zou ik het niet meer kunnen betalen, al heb ik meer geld dan vroeger.

Belgen zijn bereid zich jarenlang krom te werken om zich een groot huis te kunnen permitteren. Ze sparen, ze schrapen. Jonge Belgen steken bij het bouwen zelf de handen uit de mouwen. Neven, magen en buren helpen. De een weet iets van elektriciteit, de andere kan dan weer pleisteren. Binnen afzienbare tijd trekken ze naar het volgende huis in aanbouw, bij een andere kennis of verwant. Ouders leggen geld opzij voor de kinderen. Ze bedoelen: voor het huis van de kinderen. Ouders kopen in het dorp bouwpercelen voor de kinderen. Ouders verkavelen stukjes landbouwgrond tot bouwgrond voor de kinderen. Die ouders begrijpen niet dat die kinderen plotseling niet meer mogen bouwen op die grond. Dat perceel was toch niet drassig, het was toch niet aan het wegzakken? Dan hadden ze het toch niet gekocht voor hun eigen kinderen zeker! En nu mag daar geen huis op komen, omdat een paar kwibussen in Brussel dat zeggen.

In een Vlaams dorp sprak ik met een meneer die voor plaatselijke Boerenbonden of Davidsfondsen lezingen hield over ruimtelijke ordening. Het kan er bij die mensen niet in, zei hij, dat hun kinderen niet mogen bouwen op grond die zíj voor hun kinderen hebben bestemd. Dat herkende ik. Jaren geleden had ik in een ander dorp ook eens een lezing gehouden over hetzelfde onderwerp. Mijn toehoorders toen waren boeren of ze gingen overdag naar de fabriek en bewerkten 's avonds een paar hectare groenten, aardappelen, aardbeien. U denkt toch niet dat mijn dochter niet zal mogen bouwen op de grond die ik voor haar klaar heb liggen? had destijds zo'n werkmanboer uitgeroepen. Dat bestaat niet, meneer. Ik ben niet gaan kijken, maar ik ben er zeker van dat het huis van de dochter er staat. Op de grond van pa.

Noemden ze dat een vorm van dictatuur? vroeg ik de meneer. Ja, precies, dát woord gebruikten ze, antwoordde hij. Hoe langer we praatten, hoe meer het me voorkwam dat die meneer hun boze, verbaasde opmerkingen van jaren geleden citeerde. Het is nog helemaal als toen.

Ten faveure van hun grote huis hebben de Belgen hun platteland naar de duivel geholpen. Dat huis verschaft hun een hoge mate van comfort. Je woont ruim en stevig en je woont in je vertrouwde omgeving. Je woont niet half in de keuken van de buren. Je woont in een huis dat er anders uitziet dan andere huizen.

Hier en daar zie je dat er geavanceerde vormen van architectuur in verwerkt zijn. Toch wordt de verwaandheid van architecten niet gewaardeerd, waardering gaat naar het gewone, op het banale af, soms fors over de grens van kitsch heen. Bekijk de karrenwielen tegen de muren, savoureer de met vlijt gepoetste stallantaarns naast de voordeur, laat uw oog met welgevallen verwijlen bij de reukloze namaakboerderijtjes met de stinkende namaaknaam *fermette*.

Het is onvergeeflijk dat die huisjes in het wilde weg op de heuvels staan, maar eigenlijk passen de meeste er wel, als je even naast de Provençaalse of Andalusische varianten kijkt. Bakstenen, zadeldak en tuin horen bij onze breedtegraad, bij onze gewesten aan de Noordzee. Die complexloze, volbloedige lelijkheid zet de architecten in hun hemd. Ze is me liever dan puriteinse architectonische kaalheid, dan dunne esthetische dictaten, die voor de eeuwigheid worden afgekondigd, maar eigenlijk de versteende mode van drie jaar geleden zijn, al verketterd door een nieuwe en even dogmatische generatie architecten.

Nee, de burgerlijke Belg weet waar hij graag woont en niemand zal hem de wet voorschrijven. Ik dicht die Belg geen koene bouwkundige fantasie toe. Graag bouwt hij exact na wat zijn broer of zijn buur al gebouwd heeft. Alleen stop je hem niet in een hok dat een architect in zijn plaats mooi vindt.

De lelijkheid van het huis wordt, vooral op het platteland, aangevuld met een zeer Belgisch verschijnsel, de koterij. De koterij is de metafoor van België. Alle instituten van mijn land verdwijnen in de loop der jaren achter allang niet meer ter zake doende, uit toevallig samenlopende omstandigheden, als waren het willekeurig opgeraapte bakstenen, samengeflanste, maar alles bij elkaar verrassend bruikbare koterij. Toch zijn er grenzen. Neem onze grondwet. In 1830 en tientallen jaren daarna werd zij algemeen beschouwd als de helderste, de bondigste en de elegantste ter wereld. Vandaag raken zelfs de eminentste constitutionalisten het spoor bijster in haar stapeling van uitstulpsels en aanbouwsels.

Wat nu is koterij?

Je bouwt een groot, dik, blakend huis zoals het hoort. Daarachter bouw je een washok, een bijkeuken, een bergplaats, een hoenderhok, een duiventil, je breekt een muur uit om een kinderkamer te vergroten, enzovoort, enzovoort, enzovoort, tot achteraan in de tuin. Daar moet de bouwdrift zichzelf helaas intomen, anders zit je bij de buren en die willen ook hun steentje stapelen. Het geheel ziet er chaotisch uit, ook al omdat allerlei materiaal door elkaar wordt gebruikt, maar het is praktisch, bescheiden, gerieflijk en meegegroeid met de behoeften van de bewoners. De mensen bouwen een huis en gaan dan hoofdzakelijk achter dat huis wonen. Kortom, in hun koterij.

Behalve als je echt onbeschoft bent en ongevraagd de tuin betreedt, krijg je die koterij maar bij stukjes en beetjes te zien. De beste inkijk heb je als je met de trein door België reist. Zodra de trein wat trager rijdt, kun je bestuderen hoe de verborgen Belg stilletjes zijn huiselijke leven heeft ingericht. Op dit punt zijn we echt één natie; er is geen enkel verschil tussen Vlaamse en Waalse koterij. Jonge architecten hebben ooit het geniale voorstel gedaan België binnenstebuiten te keren. De straten moesten tussen de achtertuinen door lopen. De achterkant van de huizen, met alle rommel en koterij, zou voorkant worden. Pas dan, zeiden ze, zouden de werkelijke woonwensen van de Belgen zichtbaar worden gemaakt. Ik vind het een aardig idee, alleen denk ik niet dat het ooit zal lukken. De Belgen willen juist liever niet zo erg zichtbaar zijn.

Die koterij is niet gemaakt om aan iedereen te laten zien. Die is er voor eigen gebruik, voor je naaste omgeving. Je hoeft je er niet voor te schamen en zult ze dus niet speciaal gaan wegstoppen, maar je stelt ze zeker ook niet tentoon. Je hebt je zondagse schoenen en je doordeweekse sloffen, je hebt je pak en je werkkleren, je hebt het dagelijkse brood en het feestmaal en je hebt je huis en je koterij. Vroeger kwam je in dorpen, in de boerderijen en de gewone huizen nooit door de voordeur binnen. Die ging alleen bij zeer grote feesten open. Vaak werd uren gezocht waar de sleutel wel mocht liggen en als die gevonden werd, stelde men vast dat het slot verroest was. Zelfs stadsmensen wisten dat ze niet aan de voordeur moesten morrelen. Je kwam binnen door de keuken en die was achter aan het huis bijgebouwd.

Smalend klinkt de vraag waarom dan dat grote, dure huis wordt opgetrokken als je er toch zo zelden komt. Waarom zou een huis alleen maar bruikbaar moeten zijn? Je woont achterin, voor de rest heb je wat ruimte, pronk je een beetje onbeholpen met je gevel, versier je je koterij, je dagelijkse leven, wat boers, wat grof, met een groot, rood, echt huis.

De Nederlanders bouwen zo klein dat je het je niet kunt permitteren slechts een deel van het huis te bewonen. Zelfs al neem je iedere vierkante centimeter in beslag, dan nog kun je je nauwelijks verroeren. Moet ik daar de voorkeur aan geven? Bij vrienden in Den Haag werd na het eten de tafel tegen de muur omhooggeklapt omdat je anders niet door de huiskamer kon lopen. Ook bij ons kun je soms niet door de salon lopen, maar dat komt omdat de meubelen voor Vlaamse reuzen zijn ontworpen en omdat de vazen voor volwassen bomen bestemd zijn.

Helaas stel ik steeds vaker vast dat jonge mensen zich voor onze traditionele manier van wonen beginnen te generen. Maar als ik moet kiezen tussen een *lochting* (moestuin), met een bed prei, een hoop oude planken, een appelboom en een kippenhok, en een plantsoen, waarin, als het lente wordt, op 30 april, plots alle tulpen tegelijk opengaan, geef mij dan maar de prei.

Wij zijn niet zomaar een stelletje slordige, vriendelijke, geborneerde, maar toch wel vertederende tuinkabouters. Ik heb onze manier van wonen misschien wat te idyllisch voorgesteld. Veel is er waarover we ons beter zouden schamen.

De open ruimte in Vlaanderen is volgestouwd. De onverschilligheid voor alles wat natuur is in Vlaanderen én Wallonië is schrikbarend groot. De oppervlakte van de beschermde natuurgebieden is in België tientallen malen kleiner dan in Nederland. Rivieren en plassen zijn alarmerend smerig. Er bestaat een groots opgevat programma voor waterzuivering in Vlaanderen, maar de mensen van Aquafin, het bedrijf dat de opdracht heeft ons water weer schoon te krijgen, zitten met de handen in het haar: er zijn zeer weinig huizen op riolering aangesloten, eenvoudigweg omdat we tientallen jaren lang onze huisjes als pepernoten in het rond gestrooid hebben. Dit wil zeggen dat ze overal de grond moeten omwoelen om er kilometers en kilometers dure rioolbuizen in te stoppen. Als de huizen dan, zoals in Brussel, wel riolering hebben, loopt het water smerig de rivieren in. Tot augustus 2000 had Brussel geen waterzuiveringsstation.

De Belgische baksteencultus heeft nog andere nadelen gehad. Zo is de uitrusting van de woningen lange tijd achterlijk gebleven in vergelijking met Nederland. Bij de aanvang van de Gouden Jaren Zestig, dat paradijselijk tijdperk van Welvaart, waste driekwart van de Belgen zich in een teil, warmde 90 procent zich aan een ouderwetse kachel en spoelde 60 procent zijn ontlasting door met een emmertje of ging gewoon op een gat in een plank zitten, want zowat de helft van de woningen had geen waterleiding en je moest dus je emmertje zelf volpompen.

En nu ik het toch over water heb, er kan hier geen mals regenbuitje van enige omvang vallen, of er staat een paar dozijn dorpen blank. Ook dat is een gevolg van het algemeen beleden adagium, ik mag toch bouwen waar ik wil zeker. Dus vullen de eigendomswoningen de winterbeddingen van rivieren, de drassen en broeklanden en brongronden waar in oude tijden zelfs de sufste varkenshoeder nog voor geen goud een stal had willen neerpoten.

In dezelfde jaren zestig werd de helft van de Belgische woningen bewoond door de eigenaar en die woningen telden veel meer kamers dan ze volgens de nationale norm moesten tellen. In Nederland werd toen meer dan 80 procent van de woningen gehuurd, Nederland had woningnood en volgens onze begrippen waren de huizen en flats er onleefbaar bekrompen.

Nu hebben onze woningen nagenoeg hetzelfde comfort en dezelfde uitrusting als de Nederlandse. Maar ze zijn natuurlijk groter gebleven. Tussen haakjes, dé reden waarom bij ons woningnood een onbekend begrip is, ligt voor de hand. Hadden België en Nederland in 1940 ongeveer evenveel inwoners, België zelfs iets meer, nu hebben wij er krap tien miljoen, Nederland heeft er zestien miljoen. Onze bevolking is domweg minder snel gegroeid.

België heeft een fors krottenprobleem. Vooral in Wallonië is de woningvoorraad oud en die bestaat lang niet alleen uit mooie, stevige huizen van voor de Eerste Wereldoorlog. Mensen met een laag pensioen, migranten, gastarbeiders en langdurig werklozen komen in een soort koterij van de woningmarkt terecht. Worden oude buurten vernieuwd, dan schuiven de armste categorieën op naar nieuw verval. Het woonklimaat is mild en de huisvestingsmaatschappijen hebben inspanningen geleverd om mensen met een laag loon een fatsoenlijke en betaalbare woning te bezorgen, maar hun aandeel in de woningvoorraad is, zeker in vergelijking met Nederland, beperkt.

Prettige woonomstandigheden binnenshuis hebben we; buitenshuis hebben we de zaak krachtig verpest.

Toen ik klein was zong mijn moeder liedjes over veldkapelletjes waar het in de meimaand wemelde van blonde kleinen en boerenkinderen. Wij zongen op school dat waar men langs Vlaamse wegen ging, oude hoeve, huis of tronk, men Maria tegenkwam. Het Vlaamse land bestond uit weiden als wiegende zeeën en vredige dorpkens en steeën. Het was het land van de vreedzame, brede natuur. Maar dat Vlaamse platteland stinkt naar drijfmest van honderdduizenden varkens. En de dorpkens worden systematisch verminkt. Dat duurt nu al langer dan een halve eeuw.

Ik reed eens met mijn Nederlandse vriend en Belgiëkenner Benno Barnard van Brussel naar Antwerpen, over de oude weg, van dorp tot dorp dus. Zijn mond zakte open. Ik wist niet dat het zo erg was, zei hij. Hij woonde toen nog in Antwerpen en gebruikte de autosnelwegen van ons land. Maar hier stond huis na huis na huis na huis, zonder ophouden, afgewisseld met winkel na winkel na winkel na winkel, zonder ophouden, afgewisseld met bedrijf na bedrijf na bedrijf na bedrijf, zonder ophouden. Neem de Boomsesteenweg. Wat men daar aanschouwt kan rustig op tegen de ergste voorbeelden van Amerikaanse commerciële morsigheid. Rij van Mechelen naar Leuven, van Aalst naar Gent, van Diest naar Beringen of toer rond in de omgeving van La Louvière. Overal heeft de lintbebouwing toegeslagen. Die lintbebouwing is al oud, maar vooral sinds de jaren zestig is zij gemetastaseerd: huizen, supermarkten, kleinbedrijf, garages... Amerika. Bij het begin van de jaren negentig lijkt het of de woekering versnelt. Is dit de terminale fase? De ziekte wordt van dag tot dag smartelijker, de dood is aangezegd, maar blijft weg.

De gevolgen van die vuile manieren zijn niet alleen esthetisch rampzalig. Neem de verkeersveiligheid. Eigenlijk zijn alle wegen straten; er staan altijd en overal huizen langs maar er wordt veel harder gereden dan in de bebouwde kom. Vroeger waren het soms nog bolle kasseiweggetjes met een zandspoor voor fietsers ernaast. Nu zijn het betonnen racevlakten geworden, liefst met zo smal mogelijke stoepen of helemaal geen stoepen. Hoor ik daar de bond der wethouders van openbare werken protesteren? In al uw dorpen werden de stoepen verbreed? U hebt de vertragingsbulten vermenigvuldigd? Bravo, mevrouw, bravo, meneer. Ik begrijp best dat het onderhoud der wegen u handenvol geld kost. België heeft meer dan 460 kilometer weg per honderd vierkante kilometer, dat cijfer wordt in de hele wereld slechts geëvenaard door stadstaten als Hongkong of Singapore. Het totale wegennet van België is twee keer zo lang als het totale wegennet van het dichterbevolkte buurland Nederland. De Belg verplaatst zich gemiddeld per dag langere tijd dan alle andere Europeanen, vooral in de auto, dat spreekt. Ieder jaar is het aantal verkeersdoden per miljoen inwoners in België dan ook ruim twee keer zo groot als in Nederland.

U zoekt naar de oorzaken? Belgiës miserabele ruimtelijke ordening, lees lintbebouwing. Uit iedere deur kan een kind komen en er zijn veel deuren. Fietspaden aanleggen wordt een peperdure grap, wegens het onteigenen van de alomtegenwoordige voortuintjes. Overal huizen betekent overal wegen. Lintbebouwing is, zoals roken, dodelijk.

Wat nu volgt is minder tragisch. Toch vind ik het erg. Op onze dorpspleinen hebben we de bomen gerooid, we hebben ze vol asfalt gesmeerd, desnoods over het kerkhof heen, dan konden de auto's tot pal tegen de kerkmuur staan. Daarbij hoort een laag, plat parochiecentrum, opgetrokken uit lichtblauwe panelen of tegenwoordig uit rustieke baksteen, café Rusticana en een superette. De wandelpaadjes tussen velden en heggen, die zo praktisch waren om snel overal tussendoor te lopen zonder last te hebben van het autoverkeer, hebben we eerst listig laten verdwijnen en proberen we nu onder druk van groene kiezers opnieuw aan te leggen voor veel geld. Een paadje is een milieuvriendelijke wandelinfrastructuur geworden, een boom een waardevol, doch bedreigd landschapselement. Als je even niet kijkt wordt hij omgehakt.

De Vlaamse dorpen zijn volgens de wil en de wensen van de dorpsbewoners zelf verbroddeld. In de behandeling van de zo geïdealiseerde dorpen tonen moeder Vlaanderen en vaak genoeg ook *la mère Wallonne* zich van hun slechtste kant: vormloosheid en wansmaak, onmiddellijk voordeel telt, de onverschilligheid is immens, groter is alleen de lompheid.

En ik ben geen esthetisch puritein. Verstilde reconstructies van het verleden, die trouwens nooit kloppen, zoals het Groot Begijnhof in Leuven, werken op den duur op mijn zenuwen, hoe prachtig de details ook zijn. Ik houd van rommeligheid, die hoort nu eenmaal bij het leven, er is geen ordelijker staat dan de dood. Maar de liefdeloosheid die de Vlaamse dorpen tot zulke akelige, leeggewaaide oorden heeft gemaakt, zodat je alleen nog maar op de betonweg kunt gaan liggen en hopen dat je overreden wordt, dat verschijnsel heb ik op zo'n grote schaal alleen nog maar gezien in de zich desperaat moderniserende dorpen van de ex-DDR.

Onze binnensteden hebben het er beter afgebracht. Soms. Ik houd niet van winkelwandelstraten waar je struikelt over bloembakken waar dan weer honden tegen plassen, begeleid door muziek die ik niet wil horen. Steden mogen van mij iets sombers, iets dreigends hebben.

De evolutie van onze steden verschilt niet zo sterk van die in de rest van West-Europa. De grootste gruwels zijn hier, net als in Nederland, neergepoot in de jaren vijftig, zestig en zeventig. De Brusselse noord-zuidverbinding is zelfs ouder. In Brussel zie je nog altijd kwaadaardige pogingen tot vernieling, maar de waakzame burger pleegt nu verzet en het helpt.

Eerst verdween de buurt aan het Noordstation als na een tapijtbombardement, nu zijn de verwoestende krachten aan het werk bij het Zuidstation. Het is nog erger dan Hoog Catharijne in Utrecht.

In Brussel zijn de koninklijke lanen die Leopold II had laten aanleggen, met bomenrijen, tramsporen, wandelpaden en rijstroken voor koetsen, opengespat tot stadsautowegen. In Brussel werd, toen ik de eerste versie van dit boek schreef, bij het Schumanplein een moordkuil van kolossale afmetingen gegraven voor de Europese Unie. Toen ik mijn boek voor de tweede keer bewerkte torenden de glanzende kremlins der nieuwe technocraten er al. Het Schumanplein is het hart van Europa. Europa is het rijkste deel van de wereld. Het Schumanplein is het lelijkste plein van de wereld.

Voorheen lag daar een van de gezelligste negentiende-eeuwse wijken van de stad, straten vol introverte en toch wat pralerige huizen, vol kleine restaurants, met een klooster of twee. Dat is allemaal met de grond gelijkgemaakt ten behoeve van de eengemaakte markt en haar kramers. En nog is het niet genoeg. Het zal nooit genoeg zijn. Een paar jaar geleden doken plannen op om in de Europese wijk twee torens van tweehonderd meter hoog te bouwen. Een permanente uitnodiging voor terroristen. De architect, een gedienstig man, had gezorgd voor een schietschijf. Een blauwe schietschijf, met de sterrencirkel van Europa.

In de kleine stad Oudenaarde hebben ze een hoek van het marktplein eruit gebroken. Je ziet nu in de verte een betonnen brug liggen. Rij eens met de voorgeschreven snelheid over de kleine ring van een aantal Belgische steden, Mechelen, Leuven of Tongeren. Daar staan prachtige, kapitale oude huizen. Af en toe ontbreken er een paar. Die zijn vervangen door foeilelijke appartementen, ze steken er een verdieping of drie bovenuit.

Mijn verhaal wordt eentonig.

Maar er is hoop.

Er is zelfs vooruitgang.

Steeds meer burgemeesters en wethouders krijgen oog voor de schoonheid van onze steden, de grote en de kleinere. Ze steken de handen uit de mouwen. Ze ontwerpen, ik moet diep ademhalen, want de vreugde wordt me te machtig, ze ontwerpen een intelligent stadsbeleid. Ga dwalen langs de torens van Gent, ga kijken naar het plein tussen stadhuis en Sint-Pieterskerk in Leuven, of naar de eindelijk voltooide place Saint-Lambert in Luik, loop over Grote Markt en IJzeren Leen in Mechelen of door de rue de Nimy en le Carré des Arts in Bergen. Onze steden *waren* al mooi en worden steeds mooier. Dit is tenslotte al eeuwen een van de meest verstedelijkte gebieden ter wereld, dit land staat vol Romboutstorens, Gommarustorens, *collégiales Saint-Barthélemy*, belforten, stadhuizen, begijnhoven.

De Belgen vertroetelen het privédomein, de Belgen verstoten het publieke domein. De steden zijn er spectaculair op vooruitgegaan sinds ik eind jaren tachtig van vorige eeuw de eerste versie schreef van dit boek. Maar de dorpen, vooral de Vlaamse, zijn voorgoed naar de verdommenis. Met een sterk vergrootglas en een nog sterker doorzettingsvermogen kun je erin slagen hier en daar nog onaangetaste brokstukken van oude schoonheid op het spoor te komen. Het is een verdrietig tijdverdrijf.

Recentelijk heeft het Departement Ruimtelijke Ordening, Woonbeleid en Onroerend Erfgoed van het Vlaams Gewest een enquête gehouden. De onderzoekers stelden allerlei vragen over ruimtelijke ordening en wonen. Hoe moet Vlaanderen eruitzien in 2050? Twee derde van de ondervraagden vindt dat de open ruimte tussen dorpen en steden niet meer zo volgebouwd mag worden. Drie kwart wil dat er een verschil tussen stad en platteland blijft bestaan. Hoezo, blijft bestaan? Het werd lang geleden uitgevlakt. Twee derde vraagt richtlijnen voor het bouwen of verbouwen van een huis. Winkels, werk, sport en school moeten op wandel- of fietsafstand van de woning liggen. Privétuinen? Te duur. Als de mensen er wérkelijk zo over denken, is dat een revolutie. Een antropologisch mirakel. Dan staat de Vlaming klaar om zichzelf binnenstebuiten te keren. Dan wil de Vlaming al zijn kortzichtige en egoïstische bouwgewoonten verzaken. Echter, in één klein antwoordje onthult de Vlaming zijn diepste gedachten. 55 procent wil niet dat de overheid beslist hoe zijn huis eruit zal zien. Strengere regels? Open ruimte? Laat me niet lachen. Voor de Vlaming gold, geldt en zal gelden: eigen kot eerst.

Kerk

Ik stam uit een christelijk gezin. Daarmee wordt bedoeld een rooms-katholiek gezin – en dáármee is aangegeven dat in België één godsdienst het monopolie heeft. Had. Schilfers en fragmenten zijn van de grote gepolijste kei gesprongen. De oude Moeder de Heilige Kerk van Rome heeft nog wel Belgische kinderen, maar de kleinkinderen kijken niet langer naar haar om.

Ik ben opgegroeid in een buurt waar iedereen katholiek was, zonder bijgedachte, zoals negers zwart waren en Chinezen spleetogen hadden. Een woord om ons te onderscheiden van protestanten hadden we niet nodig. Er waren geen protestanten.

Als kind liet ik me wijsmaken dat er mensen bestonden die niets geloofden, socialisten, liberalen, vrijmetselaars, welke laatste naar pek stonken omdat ze iedere dinsdag op visite gingen bij de duivel. Dat slag mensen mocht alles, want zij keken niet naar God of gebod. Hun kinderen zag je niet op onze katholieke school. Die gingen naar *den attenei*, naar het Koninklijk Atheneum, een school van twijfelachtige zeden, waar de leraren analfabeten waren en de leerlingen uilskuikens. In ieder geval, je leerde er niets. Wáár die mensen woonden, heb ik nooit kunnen achterhalen, ver weg, buiten de gemeentegrenzen in ieder geval. Je kon de leerlingen van het atheneum af en toe waarnemen aan de overkant van een zijstraat.

Toen ik een kleine jongen was, in de jaren vijftig, begin jaren zestig, leefde ik in een burcht met opgehaalde bruggen. Alles wat je nodig had, was in voorraad, je hoefde er nooit uit. Je reed samen met de katholieke jongens – correctie, met de jongens, álle jongens waren katholiek – in de bus of op de fiets naar het college. Je ging dagelijks naar de Heilige Mis in de parochiekerk of je moest als misdienaar om zes uur 's morgens met een holle maag en een kop vol slaap naar de paters. Je zong op zondagochtend uit volle borst dat je geloofde in de *unam sanctam catholicam et apostolicam ecclesiam*. Je snapte er geen moer van en dus zong je oenAM sanktAM katholikAM – diep ademen – eddapostolikAM eugleeziejAM. Het heeft je later geweldig geholpen je Latijnse woordjes uit het hoofd te leren. Je ging naar missietentoonstellingen en hoorde paters in witte gewaden spannende verhalen vertellen over krokodillen die ze doodschoten net voor de monsters hun tanden zetten in malse negerbillen. Jaren ging je iedere week te biecht in een duister stinkhok, zweet, sigaren, en zei je: 'Eerwaarde vader, zegen me, want ik heb gezondigd.'

Ik heb het hier niet over nostalgie of rancune, niet over een geborgen of een akelige jeugd. Die verhalen heeft menig Vlaams schrijver breeduit verteld. Ik heb het hier over de vanzelfsprekendheid waarmee je omgeving die dingen deed. Ik heb het hier over de vanzelfsprekendheid waarmee een kind die gang van zaken accepteert. Het sprak vanzelf dat ze met een ziek kind naar een katholiek ziekenhuis gingen. Het sprak vanzelf dat een kind van zes naar de katholieke school ging. Het sprak vanzelf dat een jochie naar de katholieke jeugdbeweging ging. Het sprak vanzelf dat je later naar de katholieke universiteit zou gaan. Het kwam niet in je hoofd op dat het anders zou kunnen gaan. Die gedachte bestond niet.

Dat is allemaal onherkenbaar veranderd. Tegelijk is het nauwelijks veranderd.

Vroeger geloofde ik wat in de Mechelse Catechismus stond. Is er meer dan één God? Neen, er is maar één God. Hoeveel goddelijke personen zijn er? Er zijn drie goddelijke personen: God de Vader, God de Zoon en God de Heilige Geest. Waar is God? God is overal, in de hemel, op de aarde en op alle plaatsen. Om dat zonder haperen op te schrijven, heb ik niet eens hoeven te spieken, na al die jaren. Je leerde je catechismusvragen uit het hoofd, je biechtte, je ging 's zondags naar de mis. Zo was het. Zo zou het altijd zijn.

En nu?

Minder dan twee op drie Belgen noemt zichzelf nog christelijk, wat niet verward mag worden met katholiek of protestants. Er zijn tegenwoordig katholieken die zichzelf ongelovig noemen. Een meerderheid van kerkgangers gelooft nog in het leven na de dood, maar een meerderheid van diezelfde groep gelooft niet in de hel. De inhoud van de geloofsleer is onsamenhangend en onscherp geworden. In de godsdienstlessen die ik kreeg, was geen ruimte voor twijfel. Hiernamaals betekende hemel, vagevuur, hel. Nu kun je tegelijk in een leven na de dood en niet in de hel geloven en, hoewel de leer van Rome heel anders klinkt, kun je je toch een trouwe rooms-katholiek noemen.

Neem de welhaast mythische jaren zestig. Toen ging meer dan de helft van de Vlamingen wekelijks ter kerke – míjn helft, welteverstaan – en een derde van de Walen en een kwart van de Brusselaars. Samengevoegd is dat meer dan 40 procent van de Belgische bevolking.

Vanaf 1967 beginnen de zaken vliegensvlug om te keren. In Vlaanderen daalt de wekelijkse kerkgang met 2,7 procent per jaar en blijft vervolgens dalen, zij het niet meer zo spectaculair. Vandaag gaat nog ten hoogste 8 procent van de Vlamingen wekelijks ter kerke. Op dat punt beginnen Vlamingen, Walen en Brusselaars steeds meer op elkaar te lijken, alle verhalen over het uiteengroeien der landsdelen ten spijt.

Sinds ik volwassen ben is een van de strengste controlemiddelen ingestort die de katholieke gemeenschap, vooral sedert de negentiende eeuw, gehanteerd heeft. De Belgen negeren massaal en straal de Heilige Mis, die toch op straffe van doodzonde móést worden bijgewoond. Dat komt ervan als je woorden als eucharistieviering begint te gebruiken.

Die secularisering kun je waarnemen in heel Europa, west, centraal en oost, nieuw en oud. In Scandinavië is de ontkerkelijking het sterkst, in Polen en Griekenland het zwakst. Het ooit solide katholieke België hoort vandaag bij de minst kerkse landen van Europa. Buiten Europa heeft het nog veel zwaarder katholieke Québec, de Frans-Canadese provincie, een opvallend parallelle evolutie doorgemaakt.

Juist daarom is een ander verschijnsel in België des te opmerkelijker. Ik bedoel de kracht en de invloed van katholieke of, zoals wij zeggen, christelijke organisaties. Het Belgische katholicisme heeft met groot succes de overgang gemaakt van een hermetisch, dogmatisch, alles doordringend, oppermachtig systeem naar een netwerk van sociale, culturele, medische en pedagogische organisaties, even machtig, even allesdoordringend als voorheen, maar meer dan eens verbazend progressief, modern en open. Die organisaties beheren reusachtige geldstromen en geven werk aan tienduizenden mensen. De sociologen van de Katholieke Universiteit Leuven hebben beschreven hoe de traditionele katholieke zuil zich heeft omgevormd tot een reeks efficiënt beheerde concerns. Het dogmatische katholicisme heeft plaatsgemaakt voor een niet minder wijdverspreid sociaal en cultureel christendom.

In Vlaanderen gaat de overdonderende meerderheid van de kinderen naar katholieke scholen. In Wallonië hebben vooral de gemeentelijke en provinciale scholen veel leerlingen, maar de katholieke scholen komen dicht in de buurt. In datzelfde Wallonië is de katholieke vakbond sinds kort groter dan de socialistische bond; in Brussel was hij dat al eerder en in Vlaanderen is het Algemeen Christelijk Vakverbond met afstand het grootste. Het christelijke ziekenfonds is veruit de belangrijkste instelling voor ziekteverzekering van het land.

Er zijn vandaag meer ziekenhuizen dan ooit tevoren in België (zoals elders in Europa), de kinderen gaan langer naar school en de professionele welzijnszorg heeft de liefdadigheid verdrongen. Op al die gebieden staan de katholieken traditioneel sterk en ze hebben die gebiedsuitbreiding van de verzorgingsstaat bijna helemaal ingepalmd. De andere zuilen, de socialistische in de eerste plaats, zijn in dat opzicht voor hen geen portuur, zeker in Vlaanderen niet. Het sociaal-culturele werk en het vormingswerk zijn als zwaar gesubsidieerde gezwellen aan de oude pastoraal vastgegroeid. Ook dat terrein is in vrijwel de hele breedte door katholieken bezet, met een vanzelfsprekendheid die elke tegenspraak bestempelt als een uiting van onverdraagzaamheid. De jeugdbewegingen hebben zwaar te lijden onder de daling van het geboortecijfer. Toch houden ze stand. Ik zou zelfs meer zeggen, ze bloeien weer. De katholieke jeugdbewegingen zijn groter dan alle andere samen.

Alleen in de kunst vind je nauwelijks iets katholieks. Er zijn meer vrije scholen – zo noemen de katholieken hun eigen onderwijs – dan openbare. De vrije scholen zouden veel beter zijn, is een bij katholieken zeer verspreide, maar nooit bewezen opvatting. De muziekscholen zijn echter, één uitzondering niet te na gesproken, allemaal openbaar. Er bestaat geen parallel scholennet voor katholieke muziek en je hoort ook geen klachten over slecht onderwijs. In 1945 was Vlaanderen nog katholiek. Na de oorlog zijn er geen katholieke romanciers van betekenis meer te bespeuren. Boon, Claus, Michiels, Van den Broeck, Van Heulendonck, Hemmerechts, Verhulst, Provoost. Geen katholiek te bespeuren. Er waren wel enkele katholieke dichters van formaat: Jos de Haes, volgens mij een van de allergrootsten uit de Nederlandse literatuur, Anton van Wilderode, Hubert van Herreweghen, die op hoge leeftijd een narrig, boers soort modernisme heeft uitgevonden dat ik steeds meer ga bewonderen. De rest? Pernath, Gils, Cami, Van Bastelaere, Nolens, Hertmans? Geen katholiek te bespeuren. Op dat punt is Vlaanderen goed vergelijkbaar met een paar andere landen die een loodzware katholieke traditie achter zich aan slepen, zoals Ierland of Italië. Of, alweer, Québec.

Een kind dat vandaag opgroeit in een katholiek gezin gaat hoogstwaarschijnlijk niet elke week naar de mis. Maar het zal zich wel, samen met ouders, broers, zussen, grootouders, kinderen uit de buurt, op school en in de jeugdbeweging, van katholieke organisatie naar katholieke organisatie begeven. Hij zal op een gemengde katholieke basisschool leren lezen, schrijven en rekenen, hij zal het weekblad *Zonneland* lezen, dat gemaakt wordt bij de katholieke uitgeverij Altiora in Averbode, en als er een been wordt gebroken, krijgt het een gipsverband in een katholiek ziekenhuis.

En als het kind opgroeit?

Ik werd eens uitgenodigd om over mijn boeken te spreken in een uitgelezen gezelschap van zeer welgestelde, zeer gecultiveerde dames. Bij de koffie hadden deze mevrouwen het over hun achttienjarige kinderen. Die gingen naar... de universiteit? Nee, ze gingen naar Leuven. Dat je in Gent of in Brussel zou kunnen studeren, die schandelijke gedachte kreeg geen toegang tot zo'n duur gecoiffeerd hoofd. Universiteit = katholiek = Leuven.

Het is dus nog altijd dezelfde vanzelfsprekende omgeving. Alleen zijn televisie, film, internet, dvd, mobiele telefoon, sms, Facebook, twitter, iPad en de hele commerciële, Angelsaksische jeugdcultuur nu even vanzelfsprekend en dat is niet anders in de rest van Europa, in Noord-Amerika, in Japan, in Australië. Het resultaat is een eigenaardig mengsel. Jongeren kunnen tegelijk erg materialistisch zijn en zeer radicaal. Ze zullen actievoeren tegen de opwarming van de aarde door CO_2-uitstoot, maar een leven zonder auto, dat kunnen ze zich niet voorstellen.

Dit wil niet zeggen dat de Roomse Kerk in België een oord van paradijselijke rust zou zijn. Priesters schrijven boeken over de tirannieke traditie binnen hun Kerk. Gelovigen en priesters protesteerden openlijk tegen de benoeming van de nieuwe, slagvaardige, maar conservatieve bisschop Léonard in het Waalse Namen, tevergeefs.

De Waal Léonard, die beter Nederlands spreekt dan menig Vlaming, is intussen bevorderd tot aartsbisschop van Mechelen-Brussel. Ook nu hebben de protesten niet geholpen.

In een vorige versie schreef ik over Léonards voorganger, Godfried kardinaal Danneels: 'Godfried kardinaal Danneels weet in wat voor wereld hij leeft, weet in wat voor land hij leeft en weet als geen ander wat leeft en niet leeft in zijn Kerk'. Ik moet die woorden terugnemen.

Het is waar, Danneels heeft, nog onder het pontificaat van Johannes Paulus II, in Rome opmerkelijke pleidooien gehouden ter verdediging van het goede dat de moderne wereld de mensheid heeft gebracht en in zijn kring was dat niet makkelijk. Thuis leek hij de grootmeester van de behoedzaamheid te zijn. Leek. Danneels' fenomenale intelligentie heeft hem niet kunnen behoeden voor een der zeven hoofdzonden, de traagheid, *acedia*. Een van de vele betekenissen van dat woord is: er niet toe komen te doen wat je zou moeten doen. Dante laat in de zevende zang (vers 124) van zijn *Inferno* de tragen wentelen *ne la belletta negra*, in de zwarte modder.

Een paar weken na Pasen ijlde een rauwe kreet door het land. De bisschop van Brugge, Roger Vangheluwe, had zijn minderjarige neefje misbruikt, jaren en jaren, nog in de tijd dat hij gewoon priester was. Hij vond zijn misdaad blijkbaar toch niet zo erg, want hij heeft geen bezwaren geopperd tegen zijn bisschopswijding in 1985. Vangheluwe diende zijn ontslag in op 22 april 2010.

Op 19 april had hij de studenten van de Katholieke Universiteit Leuven nog toegesproken. Hij noemde de pedofilieschandalen die de Katholieke Kerk belagen schandalig, maar hij suggereerde ook dat pedofilie nergens zo weinig voorkomt als in de Katholieke Kerk. In de nacht van 19 op 20 april stuurde familie van het slachtoffer een bericht naar de bisschoppen van België. Op 23 april aanvaardde Paus Benedictus XVI het ontslag van de bisschop. Het cliché dat het bericht over Vangheluwes wangedrag insloeg als een bom klopt deze keer. Een fragmentatiebom. De gevolgen waren niet beheersbaar.

Vangheluwe was het schoolvoorbeeld van de bekwame, progressieve en geliefde kerkvorst. Dat maakte de schade alleen maar groter. Nog later kwam aan het licht dat kardinaal Danneels, een paar dagen voor het schandaal uitbrak, het slachtoffer en diens familie had ontmoet, trouwens op aandringen van Vangheluwe zelf. Danneels vroeg of het niet mogelijk zou zijn om nog een jaar te wachten met de onthullingen, tot Vangheluwe met pensioen was. Hij drong niet aan op het ontslag van de bisschop, hij drong aan op vergiffenis. Het gesprek was echter geregistreerd. Het kwam woord voor woord in de pers. Een tweede fragmentatiebom.

Ik ga hier zo uitgebreid op in, ten eerste omdat ik niet begrijp dat een kerkleider van formaat als Danneels zo blind kan zijn. Danneels was als een brandweercommandant die bij een laaiend huis staat en denkt dat hij het vlammetje van een lucifer ziet. Ten tweede, in hoog tempo maakte het ene slachtoffer na het andere zich kenbaar. Wat jaren binnen de Katholieke Kerk een publiek geheim was geweest, werd nu over de daken geschreeuwd. Dit was de zwaarste storm die het Belgische katholicisme ooit trof. Men maakte gewag van een antiklerikaal offensief tegen Rome. De discussie was niet weg te branden uit de media en uit het parlement. Gedoopte mensen lieten zich ontdopen, bij bosjes. De Belgische Katholieke Kerk zal nooit meer zijn als tevoren.

Is het vertrouwen in de Kerk zelf onherstelbaar geschokt, het vertrouwen in wat wij de christelijke organisaties noemen blijft overeind. Nog steeds doen meer dan twee derde van de Vlamingen en in veel gevallen de helft van de Walen een beroep op christelijke organisaties. De vraag rijst hoe christelijk je die organisaties nog kunt noemen.

Ze zijn, zoals overal in Europa, professioneel. Ik heb het anders meegemaakt. Wij kregen op het college nog priester-leraren die níét het diploma hadden dat normaal gevraagd werd voor de lessen die ze moesten geven. Dat kan niet meer. In de ziekenhuizen werken af en toe nog nonnen, maar die hebben een diploma. In die zin is de invloed van de Kerk tot nul beperkt. Bisschoppen zouden er niet aan dénken ook maar één woord in te brengen in het domein van de geneesheer, de verpleegkundige, de leraar wiskunde enzovoort. De christelijke vakbond staat sterk bij het verplegend en opvoedkundig personeel. Hij vecht voor meer geld, betere werkvoorwaarden, meer mensen, vandaar. Christelijke vakbondsleden staken strijdlustig, desnoods wekenlang, tegen christelijke politici. Er is geen enkele controle op de christelijke moraal of leer van de klanten van katholieke organisaties. Ze zijn daar wel wijzer. Deden ze het wel, ze zouden driekwart van hun publiek verliezen.

De controle op het privéleven van het personeel bestaat hier en daar nog, maar ze is verdwijnende. In ziekenhuizen en andere christelijke organisaties heeft men leren leven met echtscheiding, ongehuwd moederschap, ongehuwd samenleven en homoseksualiteit.

De invloed van de kerkelijke hiërarchie is niet helemaal verdwenen. Pogingen om katholieke ziekenhuizen te verbieden abortussen uit te voeren, waren van tevoren tot mislukking gedoemd. Met euthanasie loopt het enigszins anders. De Belgische wetgeving staat euthanasie toe sinds 2002. Het spreekt vanzelf dat je artsen met gewetensproblemen niet mag dwingen mee te werken. Het spreekt vanzelf dat de bisschoppen het recht hebben te verklaren (16 mei 2002) volgens de Belgische wet '...de waarde en de waardigheid van de mens niet langer gebonden is aan het basisfeit dat hij bestaat, maar aan wat genoemd wordt de kwaliteit van het leven...' en dat dus '...de Belgische Staat ermee akkoord gaat dat het ene menselijke leven voortaan minder kwaliteit en waarde heeft dan een ander...'

Intussen passen ziekenhuizen die bij de overkoepelende organisatie Caritas Catholica horen toch euthanasie toe in een beperkt aantal gevallen. Wel leggen de katholieke ziekenhuizen sterk de klemtoon op palliatieve zorg. De discussie is binnen Caritas nog lang niet beëindigd. Een van de belangrijke nuances die men aanbrengt is dat de patiënt zijn vraag naar euthanasie eigenlijk anders bedoelt en dat hij van mening verandert zodra de sector goede palliatieve zorg aanbiedt.

In 1989, toen de eerste versie van dit boek verscheen, kon ik nog stellen dat er een kloof gaapte tussen de officiële ideologie van de katholieke organisaties en hun praktijk. De Kerk was inderdaad baas over de principes. Aan de top van de katholieke organisaties bewaakten proosten de beginselvastheid. Het gebeurde dat machtige bestuursleden conservatiever waren dan de priesters zelf. Een publieke discussie over de grondslagen zelf mocht niet ontstaan. Maar het ravijn tussen leer en leven werd breder en breder.

Een in de christelijke arbeidersbeweging vergrijsde secretaris vertelde dat de tijd waarin de voorzitter van de vakbond en de proost tegen hun leden zeiden dat ze voor de christendemocraten moesten stemmen voorgoed voorbij was. 'Maar,' voegde hij eraan toe, 'zelfs áls ze vandaag zegden, stem voor de groenen of voor de socialisten, wat toch een kleine revolutie zou betekenen, is het nog lang niet zeker dat de gewone leden zouden luisteren. Die hebben zo hun eigen idee.' Al jaren heeft de beweging van Katholieke Arbeidersvrouwen, een paar honderdduizend leden sterk, een standpunt over contraceptie dat mijlenver afstaat van de pauselijke leerstellingen dienaangaande, een veel realistischer standpunt. Het blijft niet beperkt tot de arbeidersbeweging. Het Nationaal Christelijk Middenstandsverbond heeft christelijk geschrapt en heet Unizo.

Eén vorm van katholicisme is misschien nog sterker dan het sociaalculturele christendom, al is er minder geld mee gemoeid. Het rituele katholicisme, het katholicisme dat soelaas biedt bij geboorte, huwelijk en dood, staat nog steeds overeind. Een halve eeuw geleden werd, in Vlaanderen, meer dan 90 procent van de borelingen katholiek gedoopt, meer dan 90 procent trouwde in de kerk en 96 procent kreeg een kerkelijke begrafenis. In Wallonië en Brussel lagen die cijfers, vooral voor huwelijken, véél lager. Bij het begin van de eenentwintigste eeuw wordt nog goed 60 procent van de kinderen gedoopt, niet eens de helft van de mensen trouwt in de kerk, maar ruim 70 procent wordt nog kerkelijk begraven. Vlaanderen is iets katholieker dan het gemiddelde bij geboorte en dood, Wallonië bij het huwelijk. Brussel is al tientallen jaren minder kerks dan de rest van het land. Nu halen doopsel en kerkelijk huwelijk omstreeks 20 procent, kerkelijke begrafenissen minder dan 50 procent.

Het geboortecijfer is de laatste jaren opnieuw toegenomen, maar het aantal doopsels blijft dalen. Bij huwelijken speelt de toename van het aantal echtscheidingen de grootste rol. Wie scheidt mag nu eenmaal niet hertrouwen voor de kerk. Het percentage huwelijken dat alleen in het gemeentehuis wordt gesloten is de laatste twintig jaar meer dan verdubbeld. Indien geen van beide partners gescheiden is, trouwt 70 procent nog voor de kerk. Maar België heeft het hoogste percentage echtscheidingen van heel Europa. De kerkelijke begrafenis houdt iets beter stand dan de andere rituelen. De uitleg is eenvoudig. Hoe ouder de Belg is, hoe kerkser. Buitendien kan een lijk niet protesteren.

En dan is er het ritueel dat gepaard gaat met een overvloedig lentefeest (o asperges!) voor de hele familie, met dure cadeaus van ooms en tantes, met wijn en ijstaart: de Plechtige Communie. Dat overgangsritueel van kind naar volwassene blijft uiterst populair en is natuurlijk uitgesproken kerkelijk, al baalt menig kind van de voorbereidende catechese. Belgen feesten graag en goed. Het alternatief is helemaal niets of kale namaak. Of consumptie zonder meer. En die is lang niet zo gezellig.

Om die rituelen te voltrekken beschikt de Kerk over steeds minder bedienaren. Het aantal priesters is de laatste kwarteeuw met ruim dertig procent gedaald. Het aantal jonge mannen dat jaarlijks aan het seminarie begint is kleiner dan dertig. In 2010 waren het er achtentwintig, meer dan de jaren ervoor, ondanks de pedofilieschandalen. Acht van hen kwamen uit het buitenland. Wereldwijd neemt het aantal seminaristen toe.

Het aantal paters en fraters is sinds de oorlog met 60 procent gedaald, een groeiende meerderheid is bejaard en alleen strenge ordes zoals de trappisten lijken nog aantrekkelijk te zijn voor jonge mensen. We moeten hieraan toevoegen dat de jaren 1840 tot 1960 de vroomste waren uit de geschiedenis van de Belgische Kerk. In 1846 hadden we meer dan tweeduizend paters en fraters, honderd jaar later waren er dat ruim twaalfduizend, zes keer meer, terwijl de bevolking verdubbeld was. Vandaag zijn het er ongeveer tweeduizend. Je vindt bijna geen paters, fraters of monniken onder de zestig jaar. In 1846 telden we ruim achtduizend nonnen, honderd jaar later vijftigduizend, zes keer zoveel. Vandaag zijn het er om en bij de zevenduizend. Ook kloosterzusters onder de zestig jaar zijn een rariteit.

Nog twee opmerkingen over reguliere geestelijken.

In elk Belgisch dorp die naam waardig, van Ophain-Bois-Seigneur-Isaac tot Sint-Ulrikskapelle, staat, gewoonlijk niet ver van de parochiekerk, het nonnenklooster. In de negentiende eeuw werden per strekkende meter kloosterordes voor vrouwen gesticht, in de eerste plaats voor onderwijs en ziekenzorg: les Annonciaden van Heverlee en van Le Chenois, Annuntiaten, Karmelitessen-Zelatrices van het Heilig Hart van Walhain-Saint-Paul, Zusters van het Heilig Hart van Maria van Berlaar, Hannut, Overijse en 's-Gravenwezel, gewoon Zusters van de Heilige Harten, Zusters van Onze-Lieve-Vrouw Presentatie en Visitatie, Norbertienen van Mechelen, les Religieuses de l'Instruction Chrétienne de Flône, les Soeurs de la Providence et de l'Immaculée Conception de Champion, Ursulinen van Tildonk, Zusters van de Voorzienigheid van Huldenberg, Overijse en Vorselaar, een Kempens dorp dat voor de helft in beslag wordt genomen door een ware onderwijsfabriek, en Dienstmaagden van de Zaligmaker Serweytens.

Ze wonen, of beter gezegd woonden in grote gebouwen, witgepleisterd of opgetrokken uit donkere baksteen, waar een eeuw geleden meisjes als slavinnen zwoegden in de keukens, maar waar ook jonge vrouwen een opleiding kregen die ze zich buiten het klooster zelfs in hun wildste dromen niet konden voorstellen. En je had geen man die je sloeg.

Ik herinner me het gezang van de nonnen in de kloosterkapel tijdens het lof op hete zondagmiddagen. Nasaal, omzwachteld en door die zwachtels heen priemden de s'en, pijnlijk scherp, ze maakten me misselijk. Pas veel later kwam ik te weten dat tijdens de oorlog honderden, zelfs duizenden joden verstopt zaten in die kloosters en dat ze dankzij de nonnen de oorlog hebben overleefd.

En dan is er Scheut.

Scheut is een buurt van Anderlecht, van Brussel dus. Daar staat het missiehuis van de paters die scheutisten heten. Wat voor hen geldt, geldt voor alle missieordes: Steyl, Witte Paters, Zusters Ursulinen enzovoort.

Vanuit Scheut bekeerden zendelingen van de Congregatie van het Onbevlekt Hart van Maria de wereld. Ze doorkruisten de Gobiwoestijn toen Sven Hedin in Zweden net zijn koffers begon te pakken, schreven het groot Mongools-Frans woordenboek (Vlamingen natuurlijk!), bestreden vlektyfus tot ze er zelf aan bezweken en vochten tijdens de Bokseroorlog tegen opiumkoningen in China. Die jongens gingen vanuit de polder, vanuit de Kempense dennenbossen, vanonder de koe, recht het klooster in, leerden er Latijn, Chinees, Lingala en nog wat andere talen, en vertrokken.

Hun kloostergang oefende een grote aantrekkingskracht op me uit. Het ene pêle-mêle hing er naast het andere, vol bruine foto's. Franciscus Schotsmans, geboren in 1880 in Zoerle-Parwijs, vertrokken 1904, gestorven 1906 in Buiten-Mongolië. Josephus van Damme, geboren in 1887 in Hemelveerdegem, vertrokken 1902, gestorven 1912 in Mantsjoerije, honderden jonge, open gezichten, boerenvolk dat onverdroten ziekenhuizen bouwde, drie Han-talen sprak en een half dozijn dialecten vlekkeloos beheerste, zieltjes won en struikrovers van hun paarden schoot. Er zijn er die dertig jaar China deden en die op de foto staan met een puntbaard, een fijn snorretje en een grote, ringvormige bonthoed, Chinees geworden met hun Chinese parochianen. Een ex-scheutist, zelf ooit een groot organisator van massale wielerwedstrijden in Belgisch-Congo, zei me dat die kerels pas ontloken in de wildernis. Ze konden alle sporen lezen, waren meesterschutters met boog en geweer en hadden nog een stuk of wat Europese trucs achter de hand. De zwarte vrouwen werden hun gegund als dat zo uitkwam. Bij de Congolese onafhankelijkheid, in 1960, moesten velen de tropen achter zich laten. Ze stapten op het vliegtuig om nooit meer terug te keren, jachtmes aan de gordel, brevier in de hand, fles whisky op de heup en spijt in het hart.

Geen land heeft zo'n stortvloed van missionarissen op de duistere continenten afgestuurd als België en vooral dan Vlaanderen. Er bestond destijds op de radio een missie-uitzending die heette *Vlaanderen zendt zijn zonen uit*. Dat was maar een deel van de waarheid. Er zijn, zeker naar Afrika, nog meer vrouwen vertrokken dan mannen.

Een goed beklante, uitstekend functionerende zuil, naar buiten toe allang niet meer onberispelijk rooms, vanbinnen naar werking en personeel allang niet meer kerks of kerkelijk. Rituelen waar een flink, zij het slinkend deel van de bevolking aan gehecht is, een handvol kerkgangers, een met uitsterven bedreigde groep priesters, paters en nonnen, sordide schandalen die jarenlang toegedekt werden. Dat is het beeld van het georganiseerde katholicisme in België, aanvang eenentwintigste eeuw.

Nog twee aanvullingen.

Een. Inzake huwelijk, gezin en seksualiteit is de kerkelijke invloed verdwenen. Doorgaans vinden *kerkse* Belgen dat geboortebeperking toegestaan is, de overgrote meerderheid van de kerkse Belgen heeft er geen bezwaar tegen dat mensen vrijen voor ze trouwen. De leerstellingen van Rome spelen nauwelijks nog een rol. Ik ben halfweg zestig. In mijn leeftijdscategorie had driekwart van de mensen coïtuservaring voor het huwelijk. Bij de katholieke vrouwen die geregeld naar de Heilige Mis gingen, was dat zowat de helft. Dat gedragspatroon is weggeveegd. Jongeren die zeggen dat ze niet neuken voor ze trouwen, hangen een andere godsdienst aan en het is nog zeer de vraag of ze niet zitten te liegen. De Belgen zwijgen bij voorkeur over hun driftleven, maar het woord libertijns beschrijft het beter dan het woord preuts. Europees waardenonderzoek wijst uit dat we even breeddenkend zijn als de Denen of de Spanjaarden. Alleen de Fransen zouden aanzienlijk lichtzinniger zijn. Als België de laatste jaren al zediger geworden zou zijn (wat ik sterk betwijfel) dan is dat enkel uit angst voor aids. Ja, er was ooit een piepjonge christendemocratische minister die vond dat de foto van een vrijend paartje (niet één onderdeel van een geslachtsdeel te zien, hooguit een halve borst) niet paste in een campagne voor veilig vrijen. De verbazing was algemeen en niet geveinsd: waar hééft ze het over?!

Twee. In Vlaanderen heeft de Kerk zich in 2010 in diskrediet gebracht, maar dat was niet de eerste keer. In 2010 ging het over kindermisbruik. Over seks dus. Die eerste keer ging het over politiek. In mei 1966 hebben de Belgische bisschoppen op eigen houtje, feilloos fout op fout stapelend, een woedende studentenrevolte ontketend. Noteer: mei 1966, twee jaar eerder dan de studentenopstand in Parijs, twee jaar vóór mai '68.

Leuven was en is een Nederlandstalige stad waar destijds een tweetalige katholieke universiteit gevestigd was, twintigduizend studenten in een agglomeratie van nog geen tachtigduizend inwoners. De meeste Franstalige studenten en het Franstalige academisch personeel achtten het ver beneden hun stand om Nederlands te leren. Ze spraken in Leuven dan ook vrijelijk Frans en wie dat niet pikte, werd beschouwd als een staatsgevaarlijk fanaticus, zo niet als een fascist. De Vlaamse hoogleraren beschouwden ze als een bijkomstigheid.

Het Franstalige element was een anomalie geworden. Sinds 1962 lag de taalgrens wettelijk vast en die liep ten zuiden van Leuven. De enige officiële taal in de stad was dus het Nederlands. Academici discussieerden geanimeerd, zo niet gepassioneerd over een mogelijke overheveling naar Wallonië. Argumenten vlogen over en weer. Op 13 mei 1966, midden in het debat, verklaarden de Belgische bisschoppen plechtig in een mandement, dat is een herderlijk schrijven: de universiteit is één en ondeelbaar, de Franstalige afdeling zal niét uit Leuven verdwijnen en dat standpunt is een verordening. Al wie verbonden is aan de katholieke universiteit mag niet openlijk tegenspreken. Alzo spraken de gemijterde zielenherders. Het kerkelijk gezag zei doodleuk tegen de academici en de studenten: bek dicht.

Hoewel de examenperiode voor de deur stond (in die tijd legden de studenten in België elk jaar in juni en juli examens af), stroomden de studenten massaal de straat op. Leuven was en is nog steeds de grootste universiteit van het land, in Leuven werd de katholieke elite gevormd, uit de hele wereld kwamen katholieke intellectuelen in Leuven studeren. Maar de toekomstige roomse fine fleur van Vlaanderen liep, luidkeels het kerkelijk leergezag beschimpend, door de straten van de oude universiteitsstad. Een hardhandig op de jongens en meisjes inhakkende gendarmerie was nauwelijks bij machte om de ontketende studentenmassa in toom te houden.

In 1967 bleef het rustig, maar in februari 1968 brak de hel weer los. Merk op: februari, niet mei. Twee maanden voordat in Parijs één student één voet op één barricade had gezet, viel in België de regering. Zij werd onderuitgehaald door een even efficiënt als onbegrijpelijk samenspel van drie groepen die onder andere omstandigheden, in een ander tijdsgewricht, in een ander land, elkaar nooit hadden kunnen vinden.

Ten eerste had je de oproerige Vlaamse studenten, die gedreven werden door de traditionele Vlaamse emancipatiegedachte. Zij kwamen vers uit de colleges en de jeugdbeweging, die allebei uitgevonden waren om aanstormende jongeren in het katholieke gareel te houden.

Ten tweede had je de Belgische aanhangers van de moderne, internationale en antiautoritair gerichte studentenbeweging die heel Europa en Amerika door elkaar zou schudden, van Berkeley tot Nanterre en Berlijn.

Ten slotte, en dit is toch wel bijzonder vreemd, sloot zich daar de Vlaamse vleugel van de oerdegelijke, staatsdragende, eerste ministers leverende christendemocratische partij aan.

De christendemocraten hebben in die dagen de linkse studentenleider Paul Goossens een schitterende plaats op hun kieslijst aangeboden. Zijn parlementszetel werd om zo te zeggen voorverwarmd. Goossens, had die niet in het Sint-Romboutscollege gezeten, in het aartsbisschoppelijke Mechelen? Je zou zien, die keerde dat linkse gedoe de rug toe zodra hij merkte dat hem een glansrol wachtte in de katholieke partij. Recupereer de rebel, hij is altijd het interessantste element, dat is al eeuwen de redenering van de intelligente heerser. Nu faalde die logica. Goossens weigerde en stichtte vele jaren later de recalcitrante krant *De Morgen*. Meer dan een episode op de achtergrond is het niet, maar ze toont aan hoe grondig de traditionele Vlaamse katholieken zich vergisten in de aard van het studentenoproer.

De gewone, katholieke Vlamingen, vooral de jongeren, maar lang niet alleen zij, zijn massaal en luidruchtig in opstand gekomen tegen de instelling die hun leven regelde, tegen het heilige waarin ze hadden geloofd, tegen de Katholieke Kerk. Dat was sinds de opkomst van het socialisme aan het eind van de negentiende eeuw niet meer gebeurd. Waarom hebben de socialisten de charismatische studentenleider dan niet in de armen gesloten? Ook zij vergisten zich. Zij ploeterden nog rond in hun stramme antiklerikalisme.

Die ommezwaai heeft echter geen grote, nieuwe en duurzame massaorganisaties voortgebracht. Veeleer raakte de Kerk van binnenuit aangevreten. In het rijke deel van de wereld kon de jeugd zich de luxe veroorloven storm te lopen tegen alles wat naar gezag rook. In België en zeker in Vlaanderen hadden de Kerk en aanhorigheden het leeuwendeel van het zichtbare gezag in handen. Het was dus voorspelbaar dat juist tegen de Kerk gerevolteerd zou worden, zeker toen de bisschoppen een misrekening maakten die op zich al haast onbegrijpelijk lijkt en ook nog eens iedere vorm van tegenspraak verboden. *Quos Deus perdere vult, dementat prius.* Hen die God in het verderf wil storten, beneemt Hij eerst het verstand.

Het tweede Vaticaanse concilie, dat de Katholieke Kerk zou moderniseren, het concilie van het *aggiornamento*, lag nog vers in het geheugen. Katholieke Vlamingen wisten dat de Belgische bisschoppen bij de progressieve vleugel hoorden in Rome. In België echter gebruikten de kerkleiders een toon en bewoordingen alsof ze pas het eerste Vaticaanse concilie, dat van 1870, achter de rug hadden, het concilie dat de pauselijke onfeilbaarheid tot dogma uitriep. Bovendien trapten ze op een der weekste plekken die je in België raken kunt, het Vlaamse minderwaardigheidscomplex.

De Belgen hebben hun katholieke huis grondig verbouwd, stukje bij beetje en minder lawaaierig dan de Nederlanders het deden, maar ze hebben hun woonst aangepast aan de eisen van de tijd. De meesten willen best in dat katholieke huis blijven wonen, maar dan in hun eigen hoek, in hun eigen koterij. Zelfs aan de voorkant ziet het er niet helemaal christelijk meer uit en de bewoners hebben liever niet dat de huisbaas zich met de binnenkant en de achterkant inlaat. De gevel vertoont barsten. Er vliegt wel eens een raam uit de sponningen. Dan staat iemand in de gaping te roepen dat het dak lekt en dat de schimmel langs de binnenmuren kruipt. Als het comfort van huis en koterij worden bedreigd omdat de huisbaas laatdunkend weigert te luisteren naar klachten, dan zal de reactie van de Belg onbeheersbaar zijn. We zagen het in 1966, we zagen het in 2010. Wie het kot bedreigt, verwondt de Belg tot in het merg.

Diametraal tegenover de katholieken staan de vrijzinnigen. Zo diametraal zelfs, dat veel ex-katholieken weigeren zich vrijzinnig te noemen.

Een vriend van me, katholiek opgevoed, thans al tientallen jaren godloochenaar, zit in een restaurant te praten met twee vage kennissen, traditionele vrijzinnigen. Hij wordt opgebeld. Hij staat op en loopt een eindje weg, om de anderen niet te storen. Hij komt terug en merkt dat zijn tafelgenoten het over hem hebben.

'We vroegen ons af van welke strekking jij bent.'

'En?'

'Katholiek, denken wij.'

Ik weet niet hoe het zit met protestanten in Nederland, maar als ex-katholiek kan ik getuigen dat je afkomst je op het lijf geschreven staat.

De vrijzinnigheid in België heeft niets te maken met protestantisme. Bij ons roept het woord vrijzinnigheid het woord atheïsme op. De vrijzinnigen nemen graag het oude anarchistische *Ni Dieu, ni maître* in de mond, God noch meester. Er bestaat een Unie Vrijzinnige Verenigingen in Vlaanderen en een Centre d'Action Laïque aan Franstalige kant. Ze komen samen in de Centrale Vrijzinnige Raad. Bij de Unie zijn meer dan dertig verenigingen aangesloten, zoals de Humanistich-Vrijzinnige Vereniging, organisaties die zich bezighouden met moeilijke jongeren of verslaafden, morele raadgevers in gevangenissen en ziekenhuizen, een volksuniversiteit, oud-studentenbonden, cultuurverenigingen enzovoort. Alles wat de katholieken hadden, wilden de vrijzinnigen ook hebben, maar de georganiseerde vrijzinnigen zijn niet talrijk. Hun aantal kan nooit opwegen tegen de drommen die de Katholieke Kerk nog altijd samenbrengt en zeker niet tegen de christelijke organisaties. Het christendom heeft nu eenmaal historische wortels in brede lagen van de bevolking.

Er bestaat niet echt zoiets als een vrijzinnige zuil, ondanks alle pogingen in die richting. De katholieke zuil had vanouds één partij die haar belangen behartigde, de vrijzinnigen vond je bij socialisten, liberalen, groenen en Vlaamse nationalisten. Bekijk je de grote organisaties, ziekenfonds, vakbond en dergelijke, dan zou je kunnen denken dat de zuilen nog overeind staan in België. Bekijk je de ideologieën, dan vind je vooral veel vaagheid. Er is een harde katholieke kern en zeker ook een harde vrijzinnige kern, maar ze liggen verborgen in bergen zachte dekens van onverschilligheid.

Ik vind nog altijd dat vrijzinnigen nadrukkelijk willen laten zien hoe voorbeeldig niet-katholiek ze zijn. Ik snap dat wel, het overwicht van de katholieken en hun organisaties was en is loodzwaar. Omstreeks 1900 zijn de katholieken erin geslaagd over alle klassengrenzen heen de eenheid van de katholieke partij te handhaven. Onchristelijke methodes hebben ze daarbij niet geschuwd, gewetensdwang, broodroof, lastercampagnes, alle middelen waren goed. Zo werd priester Daens in Aalst zo niet fysiek dan toch moreel vermoord omdat hij met een aparte Christene Volkspartij voor arbeiders begon. Je kunt de film bekijken, je kunt het nalezen bij Louis Paul Boon.

Die eenheid hebben de vrijzinnigen nooit bereikt. Ze hadden de traditie tegen, ze hadden geen brede, volkse aanhang en hun ideologie van *le libre examen* (het vrije onderzoek) was per definitie gericht tegen dogma en dwang.

Slechts een minderheid van Belgen zegt echt niet te geloven. Zelfs bij jongeren is het percentage ongelovigen verrassend laag. Hun geloof is nogal wollig en in de meeste gevallen niet kerks. De vrijzinnigen hebben hun eigen rituelen ontworpen. Ik heb me er nooit toe aangetrokken gevoeld. Wat moet een mens denken als hij zijn zoontje gaat inschrijven voor de leergang moraal (een soort maatschappijleer) op de lagere school en hij krijgt hoofdzakelijk inlichtingen over niet-kerkelijke begrafenissen. De man die me de inlichtingen gaf, was doodernstig. Alles wat katholieken kunnen, kunnen wij ook. Tja.

Het grootste strijdpunt voor de vrijzinnigen was het officieel onderwijs. Vroeger heette dat Rijksonderwijs, nu wordt het gescheiden beheerd door de Franse en de Vlaamse Gemeenschap. Er zijn daarnaast ook gemeente- en provinciescholen.

Het openbaar onderwijs is in België neutraal. Katholieken insinueren wel dat het een vorm van vrijzinnig onderwijs zou zijn, maar dat is niet waar. Je kunt in die scholen, behalve de gewone vakken, een leergang katholieke godsdienst, protestantse godsdienst, orthodoxe godsdienst, joodse godsdienst, islamitische godsdienst of moraal volgen, twee uur per week. Niets kiezen kan in theorie, maar het wordt ontmoedigd. De openbare school is er voor iedereen. Ze kan in principe geen leerlingen weigeren, wat het katholiek onderwijs wél kan. Niemand vraagt je wat je denkt. Je vult gewoon een papiertje in, ik wil katholieke godsdienst of islamitische of moraal, en staat de inhoud van de les of de leraar je niet aan, dan heb je de hele maand september om over te stappen naar iets anders.

Die tolerantie gaat zeer ver. Vraagt één leerling in de school protestantse godsdienst, de dominee komt al aangefietst. Je hoeft niet eens de levensbeschouwing aan te hangen die je vraagt, niemand mag dat controleren. Mijn dochter vroeg een rabbijn en ze heeft die gekregen, compleet met zwarte hoed en pijpenkrullen, terwijl wij toch echte gojim zijn. Het is een duur systeem, maar ik vind dat verdraagzaamheid en beschaving iets mogen kosten.

Het onderwijs heeft twee keer geleid tot een heftige schoolstrijd, in 1874 en in 1954. In 1958 werd het schoolpact ondertekend door katholieken, liberalen en socialisten. Het is hét prototype van een Belgisch compromis en heeft sindsdien gezorgd voor schoolvrede.

In de negentiende eeuw nam de scheiding van Kerk en Staat in België soms onverwachte vormen aan. Op de middelbare staatsscholen controleerden de bisschoppen bijvoorbeeld tot 1878 de benoemingen van leraren, ook van die voor de gewone vakken.

De liberale onderwijsminister Van Humbeeck plaatste het door de staat betaalde onderwijs ook echt onder het gezag van de overheid. Hij had gelijk, want het onderricht in de katholieke scholen was beneden alle peil. Ze verzonken in het niet bij bijvoorbeeld de protestantse schoolmeesterstraditie in Nederland.

De Kerk wilde het staatsonderwijs alleen dulden zolang ze daar zelf de scepter zwaaide. Ze heeft een eigen scholennet uit de grond gestampt zodra de Staat de Kerk buiten de deur hield en zijn eigen onderwijs begon te beheren. Dat verklaart gedeeltelijk de snelle stijging van het aantal nonnen en paters in de negentiende eeuw. Nieuwe kloosterordes rekruteerden duizenden jonge mannen en vrouwen om ze les te laten geven in de nieuwe, katholieke scholen. De Kerk bestreed het openbaar onderwijs en nogmaals waren de grofste middelen goed. Pastoors weigerden ouders die hun kroost naar de openbare school stuurden de sacramenten. Onder druk van de pastoor bleven klanten weg bij winkeliers van wie de kinderen naar de openbare school gingen. Menig misdienaar heeft op last van meneer pastoor aardkluiten gegooid naar kindertjes die op weg waren naar de school van de heidenen. In 1880 zat de grote meerderheid van de Belgische kinderen in het katholiek onderwijs.

Aangezien de katholieken in alle regeringen zaten, alleen of in coalities, hebben ze nogal eens maatregelen getroffen die de katholieke school wat hielpen. Toen in 1954 per hoge uitzondering eens een regering aantrad zonder katholieken, toen die regering besloot een reeks rijksscholen te bouwen en in één beweging ook de subsidie aan het katholiek onderwijs verlaagde, was het land te klein. De katholieken dreigden met burgerlijke ongehoorzaamheid en erger. In

1958 won hun partij de verkiezingen. Maar intussen hadden alle partijen wel begrepen dat schooloorlogen niet goed zijn voor het land, voor de scholen en voor henzelf. Zij sloten het Schoolpact en dat staat nog altijd overeind. Het voorziet in gratis onderwijs voor iedereen, een ideaal dat wordt benaderd, niet bereikt, overal moeten scholen van de twee soorten voorhanden zijn, en het katholiek onderwijs wordt volledig gesubsidieerd, behalve voor de bouw van nieuwe scholen. Er gaan stemmen op om het Schoolpact af te schaffen. Dat zal niet nodig zijn, het is al versoepeld. Scholen van de twee grote netten (het katholieke, het openbare) werken samen. En in 2007 werd de werkingstoelage losgekoppeld van de schoolnetten.

Je moet de feiten erkennen. Vrijzinnigen die geen bord voor hun kop hebben, weten dat het katholiek onderwijs de slag gewonnen heeft. Tot voor een paar jaar nog maar kreeg je gegarandeerd moeilijkheden wanneer je als prominent lid van een der traditioneel vrijzinnige partijen je kinderen naar een katholieke school stuurde. Vandaag hoor je zelfs geen zwak gemurmel wanneer een socialistische burgemeester of een vrijzinnige liberale minister hun telgen toevertrouwen aan het christelijk onderwijs.

Een heel eigen plaats in de vrijzinnigheid neemt de vrijmetselarij in. Ze bestaat in de Zuidelijke Nederlanden sinds 1721, bloeide in de Hollandse tijd (1815-1830) en stond onder bescherming van de eerste Belgische koning.

Het Grootoosten van België (GO) wordt in 1833 opgericht en is aanvankelijk niet antigodsdienstig of antikatholiek. Vier jaar later laten de Belgische bisschoppen op alle kansels van het koninkrijk een herderlijke brief voorlezen waarin zij hun banvloek uitspreken tegen de leden van de vrijmetselaarsloge. Priesters en katholieke leken die nog lid waren van de loge, konden niet anders dan uittreden. Het gevolg is dat het GO zich radicaler gaat opstellen. Het raakt eng verbonden met de liberale partij. Eugène Defacqz, de eerste voorzitter van de *Société de l'Alliance*, de onmiddellijke voorloper van die partij, wordt Grootmeester van het GO in 1842. Artikel 135 van de statuten, dat behandeling van politieke of religieuze vraagstukken verbiedt, wordt geschrapt in 1854.

De loge maakt zichzelf, tégen de oorspronkelijke idee van de Schotse *Grand Lodge* in, atheïstisch. In 1872 wordt de Opperbouwmeester van het heelal uit de statuten van het Grootoosten of *Grand Orient* geschrapt en de bijbel verdwijnt uit de werkplaatsen. Het GO ontwikkelt zich tot dé pressiegroep voor het openbaar onderwijs, voor de burgerlijke begrafenis en, meer algemeen, voor de scheiding van Kerk en Staat. Op de katholieke lagere school leerden wij dat de werkplaatsen naar zwavel roken en dat Satan in hoogsteigen persoon de wacht hield bij het sterfbed van iedere *frammesson* (van *franc-maçon*, vrijmetselaar) om toch vooral zijn ziel met zich mee te kunnen voeren, recht naar de hel.

De vrijmetselarij is in geen enkel opzicht de evenknie van het sociaal-culturele christendom. Het aantal leden wordt op iets meer dan twintigduizend geschat, van wie de kleine helft werkt in het Groot Oosten. Ze speelt ongetwijfeld een rol bij benoemingen in justitie en de hoge ambtenarij, nog steeds. Het gerucht gaat dat de eerste paarse regering voorbereid werd in de geheimzinnige werkplaatsen. Ik denk dat de burgers die keuze mogelijk hebben gemaakt.

De twee Brusselse universiteiten zijn bolwerken van de vrijmetselarij, de Université Libre de Bruxelles misschien nog sterker dan de Vrije Universiteit Brussel. België heeft een Latijnse vrijmetselarij, zoals Frankrijk of Mexico, zij het dat ze bij ons minder invloed heeft. Het is de vrijmetselarij van een land waar de Katholieke Kerk lange jaren het monopolie heeft opgeëist van het geestelijke gezag én haar macht wilde laten gelden over het wereldlijke gezag. Vandaag de dag zijn er vrouwenloges en gemengde werkplaatsen, er zijn Vlaamse en Franstalige loges. Het waas van geheimdoenerij is grotendeels opgetrokken. Degelijke studies verschenen over oorsprong, geschiedenis en ideologische specificiteit van de vrijmetselarij. De namen van de loges zijn zo mooi als die van oude nonnencongregaties: *les Amis du Commerce et de la Persévérance réunis* en *Les Elèves de Thémis*, Franse namen in het Vlaamse Antwerpen, *La Parfaite Union* in Bergen of, en dit lijkt al wat op het wilde Westen, *L'Incorruptible* in de Luikse voorstad Seraing.

Nu de spanning tussen klerikalen en antiklerikalen latenter is geworden, verschuift de rol van de vrijmetselarij nog meer naar het achterplan. Maar je kunt de Belgische geschiedenis met vrucht analyseren als een eeuwig wisselend tweegevecht tussen Kardinaal en Grootmeester, tussen Katholieke Kerk en Loge.

Minder dan één procent van de Belgische bevolking is protestants, van welke denominatie dan ook. Daar zijn veel buitenlanders bij, Nederlanders, Britten, Amerikanen en je moet ze zoeken in de steden. Sinds 1978 zijn ze samengebracht in de Verenigde Protestantse

Kerken van België met onder meer de methodisten, de Hervormde Kerk van België en de Classis België van de Gereformeerde Kerken. Ze verenigden zich een kwarteeuw eerder dan de hervormden, gereformeerden en lutheranen in Nederland. Die vroege eenheid is niet zo vreemd. In België wilden de protestanten een einde maken aan de versplintering van een toch al zeer kleine minderheidsgroep.

Behalve die protestanten bestaat er ook een groep evangelische christenen, mensen die in de Here zijn en daar een goed gevoel bij hebben. Zij zouden reeds 1 procent van de Belgen bekeerd hebben. In Brussel zouden er meer evangelicals dan andere protestanten wonen en samengeteld zijn zij groter dan de groep katholieke kerkgangers in de hoofdstad.

De protestanten hebben radio-uitzendingen en hun kerkdienst kun je wel eens een keer op tv zien. Er is een jeugddienst die onder meer zomerkampen organiseert en een Theologische Faculteit in Brussel met een Nederlandstalige en een Franstalige afdeling. Die faculteit is de laatste tweetalige onderwijsinstelling in België.

In een paar Waalse dorpen en in één Vlaams dorp hebben kleine groepen gelovigen het protestantisme sinds de Reformatie in de zestiende eeuw ononderbroken overgeleverd. Midden in de kapotte, melancholieke industriële archeologie van de Borinage ligt Dour. Vlakbij is Petit-Wasmes, waar Vincent van Gogh preekte. Dit protestantisme leefde in de steenkoolmijnen, die allemaal allang gesloten zijn. Er zijn nog wat kernen bij Doornik, er zijn dorpen bij Verviers. In de streek van Doornik heetten de geuzen *hurlus*, elders *feuillards*. Die namen verwijzen naar wouden en uilen. Ondanks alle vervolging tijdens de Spaanse bezetting bleven vooral in Dour en omgeving de onbuigzame gereformeerden onder het kruis geheime gebedsstonden houden in stallen en schuren.

In de golvende Zuidoost-Vlaamse Zwalmstreek ligt Korsele, een gehucht van Sint-Maria-Horebeke.

Korsele is een droom. Het hoofddorp Horebeke is al afgelegen, in Korsele kom je als je de smalle, tussen hoge bermen kronkelende weg nog een paar kilometer verder volgt. Ik heb het op een stralende dag in juli gedaan.

Je merkt onmiddellijk dat er iets niet klopt. Het eerste straatje links heet Koning Willemdreef, een eer die de grote koning nergens anders in België te beurt valt. Een bakstenen neogotisch kerkje staat tussen de lindebomen. In de lage kerkhofmuur is aan de binnenkant een gedenksteen aangebracht: *Zelfs na hun dood zorgt Willem I Ko-*

ning der Nederlanden voor Zyne Onderdanen MDCCCXXIV. Tot in 1824 begroeven de inwoners van Korsele hun doden in hun eigen tuin. Het roomse kerkhof was hun verboden. Overal grafstenen, soms overwoekerd met klimop, kruisjes zijn zeldzaam, gras onder de bomen, geen geharkte aarde. Net een Engels plattelandskerkhof. Telkens dezelfde namen: Blommaert, De Jonge, Van den Berghe. *Die den heer verwachten zullen de kracht vernieuwen. Ik zal wandelen voor het aangezicht des Heeren in de landen der leevenden.* Is dit Vlaanderen?

Voor de kerk (van 1872) ontcijfer je ingewikkelde krullende witte letters op een donkerbruin bord: *Protestantse kerk, eredienst: zondag 10 uur.*

Toen de Zuidelijke Nederlanden voorgoed ten prooi vielen aan de Spanjaarden, bleven in deze streek zeven protestantse gemeenten bestaan. Ze noemden zich samen de Vlaamse Olijfberg. Ze hielden het uit dankzij hun koppigheid en dankzij steun uit Zeeland, vooral uit Sas van Gent. Dat belette de katholieken niet protestantse weeskinderen te roven, mensen te doden, graven te schenden, paarden af te nemen en dubbele belasting te heffen. Diensten werden 's nachts gehouden, in een afgelegen boerderijtje. Na het Tolerantie-Edict van de verlichte Oostenrijkse keizer Jozef II (1781) kregen de protestanten in Horebeke toestemming een onopvallend bedehuis te bouwen en mochten ze weer psalmen hoorbaar zingen. Nog niet zo lang geleden scholden de katholieke kinderen uit Horebeke:

Geus, geus,
lange neus,
langen tand,
ge zijt voor eeuwig
in d'helle gebrand.

De protestantse kindertjes antwoordden:

Roomsen bok,
ijzeren stok,
ijzeren pin,
loopt allieën.

De gemeente heeft een kleine tweehonderd leden, ze zwermen uit, er is geen werk in hun kleine dorp, maar ze komen terug als ze oud zijn.

Ze noemen zich geus, ook als ze niet naar de kerk komen. Die naam geldt in België voor al wie niet zo erg katholiek is.

Het schooltje bestaat niet meer. Het ging dicht in 1982, er waren nog vijf leerlingen. De populaire volksschrijver Abraham Hans was een protestant uit de geuzenhoek, uit Korsele. Zijn verhalen, de *Hanskes*, verschenen in de liberale krant *Het Laatste Nieuws* en werden door tienduizenden Vlamingen stukgelezen. Abraham Hans overleed in 1939.

In het kerkzegel staat gegrift: *Vreest niet gy klein kuddeke* (Lucas XII:32) De huizen zijn geschuierd, de beukenhagen geknipt, een villaatje links heet Geuzenhof. *...want het is uws Vaders welbehagen, ulieden het Koninkrijk te geven.*

In België wonen ruim veertigduizend joden. In Antwerpen tref je de best zichtbare groep aan, de chassidim. Toch woont de helft van de Belgische joden in Brussel en de rest is verspreid in zeer kleine kernen, hoofdzakelijk in Luik, Gent, Charleroi, Aarlen en Oostende.

In de Antwerpse Pelikaanstraat en aanpalende stationsbuurt vormen baardige mannen met zwarte hoed en zwarte jas een vast ingrediënt. Antwerpen heeft een *eroev*, een omheining om de hele stad heen. De eroev maakt de stad tot privéterrein en dat is zeer praktisch. Binnen een eroev mag een vrome jood op sabbat ook buitenshuis dingen dragen als sleutels, een paraplu of een rijbewijs. De Antwerpse eroev bestaat uit de Schelde, spoorwegbermen, stukken autosnelweg en hoogspanningskabels. Waar een van die elementen ontbreekt worden draden gespannen (op zes meter hoogte), alles volgens de joodse wet en wekelijks gecontroleerd door een rabbijn.

Vroeger reed ik op vrijdagavonden, als het begint te schemeren, graag met de trein Antwerpen binnen. Je kon vanop de hoge spoorwegdijk in sommige huizen gedempt licht zien branden. Soms stond een kandelaartje voor het raam. Nu duikt de trein helaas een tunnel in.

Op vrijdagavond begint sabbat en aangezien vrome joden zolang als de rustdag duurt geen licht aan of uit mogen doen, laten ze in alle kamers van het huis een paar lampen branden. Het verschafte me telkens opnieuw een gevoel van grote vreedzaamheid. Als ik het goed begrepen heb, is dat juist de bedoeling van de sabbat.

In de zestiende eeuw speelden Portugese maranen (onder dwang gedoopte joden) een meer dan gewone rol in het economische en culturele wereldcentrum dat Antwerpen toen was. Zodra de Spanjaarden de stad bezetten, in 1585, vertrokken de meesten naar het noorden, waar ze in Amsterdam de grondslag legden voor de Portugees-joodse kolonie. Opmerkelijk is dat die maranen, voor de buitenwereld toch katholieken, zich aangetrokken voelden door het calvinisme. Zo werden ze dus twee keer verdacht door de inquisitie, als bekeerling en als ketter.

De joden in de Zuidelijke Nederlanden blijven hun godsdienst trouw in het geheim. In de achttiende eeuw is het halve dozijn joodse families dat in Antwerpen woont onmisbaar in de tabaks- en diamanthandel. Net zoals de protestanten zullen de joden door het Tolerantie-Edict van Jozef II worden verlost uit eeuwen verbod en beknelling.

In 1908 woonden in Antwerpen achtduizend joden, de meesten uit Oost-Europa. In de late jaren dertig van de twintigste eeuw leefden in heel België meer dan vijftigduizend joden.

Voor de Tweede Wereldoorlog gingen de meeste joodse kinderen in Antwerpen gewoon naar de openbare school. In 1912 hadden ze wel een eigen middelbare jongensschool opgericht. Daar was de voertaal het Duits. De meeste joden spraken die taal en daarnaast Jiddisch, Frans en Antwerps dialect. Er waren veel arbeiders bij, mensen die het niet breed hadden, maar ook een paar rijke diamanthandelaars. Politiek vond je ze in alle partijen, behalve bij de katholieken. Je had zelfs zeer overtuigde Vlaamsgezinde joden: Marten Rudelsheim, die tijdens de *Eerste* Wereldoorlog met de Duitsers collaboreerde, Nico Gunzburg, die belangrijk werk heeft verricht voor de Nederlandse tekst van de Belgische grondwet, en natuurlijk ook de liberaal Louis Franck, die samen met de socialist Huysmans en de katholiek Van Cauwelaert in het hele Vlaamse land ging pleiten voor een Vlaamse universiteit in Gent. Ze stonden bekend als de drie kraaiende hanen.

In Brussel waren de joden, zoals gezegd, minder zichtbaar, maar ook in de hoofdstad hoorden ze bij alle mogelijke lagen van de bevolking. Er waren hoogleraren bij van de Université Libre en generaals, kunstenaars, middenstanders en voddenverkopers. David van Buren was een van hen, een schatrijke bankier van Rotterdamse komaf. Zijn huis in Ukkel is nu een museum, een ware schatkamer van moderne Vlaamse schilderkunst, met een schitterend geïntegreerd interieur in art deco. Mijn lieveling is schilder en beeldhouwer Ferdinand Schirren, Antwerpse Brusselaar, zijn ouders waren afkomstig uit Riga. Hij wordt een voorloper van het kubisme genoemd of een fauvist, maar daar gaat het me niet om. Ik ben telkens weer ontroerd als ik een van zijn aquarellen zie. De pure blijdschap van Schirrens kleuren is met niets dat ik ken te vergelijken, het is of de zon dwars door het papier schijnt, zelfs als er een *Paysage Hivernal*, een winterlandschap op staat, zoals ik het bij toeval eens zag in een kleine Brusselse galerij. Bij toeval, want de tentoonstellingen van Schirrens werk zijn schaars. Ik mis er niet een. Want ik weet, telkens duik ik onder in een bad van geluk.

Na 1933 hebben socialisten, liberalen, katholieken, Vlaamse nationalisten en leden van joodse verenigingen nog samen de jodenvervolging in Duitsland veroordeeld. De jodenvervolging tijdens de Duitse bezetting kreeg in Antwerpen veel meer medewerking van de overheid dan in Brussel. Vandaag vormen de mensen die de bezetting overleefd hebben en hun afstammelingen nauwelijks nog een derde van de joodse bevolking in Antwerpen. De rest is na de oorlog uit Polen en Hongarije gekomen en er zijn ook kleine groepen Amerikanen, Nederlanders, Israëli's en, meer recentelijk, joden die de voormalige Sovjet-Unie de rug hebben toegekeerd. De hele groep is minder geïntegreerd dan voor de oorlog. Negen op tien kinderen gaan naar een joodse school, bijvoorbeeld de al ettelijke jaren gemengde Tachkemoni-school. Er is ook één jesjiva in Wilrijk, waar studenten uit de hele wereld op af komen. Er zijn meer dan dertig synagogen en gebedshuizen.

Jiddisch is nog altijd een belangrijke taal voor de Antwerpse joden. Antwerpen is met New York het belangrijkste Jiddischsprekende centrum buiten Israël. Daarnaast spreken de joden Frans, Hebreeuws, Nederlands, Engels, Russisch en natuurlijk nog andere talen. Steeds meer joden vinden dat ze nu maar eens gewoon Nederlands moeten praten.

Vroeger beheersten de joden de diamantsector, onbetwistbaar, maar Indiase families verwerven steeds meer invloed. Er is de Beurs (gepolijste stenen) en de Diamantkring (ruwe stenen). 80 procent van alle ruwe diamant passeert via Antwerpen. De Antwerpse diamantbeurs is de belangrijkste ter wereld, is financieel voor Antwerpen onmisbaar en een economische steunpilaar van België.

Antwerpen is ten slotte een van de weinige centra in de wereld waar de joods-mystieke chassidische traditie bloeit. De Antwerpse joodse gemeenschap is traditioneel en tegelijk modern, ze is vroom en economisch zeer geslaagd, ze is afgezonderd van een omgeving waarmee ze tevens de beste betrekkingen onderhoudt.

Heel anders is het in Brussel. De joden zijn er zo goed als onzichtbaar. Het meest zichtbare is het negentiende-eeuwse, nostalgisch oriëntaalse gebouw met twee torens van het in 1832 opgerichte Centraal Consistorie in de Regentschapstraat, vlak bij het Justitiepaleis.

Is de niet-joodse bevolking antisemitisch? Men is meer gekant tegen de Marokkaan dan tegen de jood. Extreemrechts reikt, zeker in Antwerpen, nadrukkelijk de hand aan de joodse medeburger, volgens het oeroude tactische principe dat de vijand van mijn vijand mijn vriend is. Nieuw is het openlijke en gewelddadige antisemitisme van sommige islamitische groepen. Het aantal meldingen van antisemitisch geweld neemt toe. Studenten van de jesjiva in Wilrijk werden herhaaldelijk gemolesteerd. In Antwerpen, Brussel en Charleroi zijn pogingen om synagogen in brand te steken verijdeld.

In België wonen een half miljoen tot zeshonderdduizend mensen die afkomstig zijn uit islamitische landen, in de eerste plaats Marokko en Turkije. Meer dan 40 procent woont in Brussel, dat is een vijfde van de Brusselse bevolking, tendens stijgend. De rest is ongeveer gelijk verdeeld over Vlaanderen en Wallonië. In de jaren zestig van de twintigste eeuw werden de eerste Marokkanen geronseld. De Turken volgden later. De moslimbevolking blijft groeien, hoewel de gezinnen kleiner worden. Maar blijkbaar trouwen jonge moslims en moslima's nog altijd niet graag in België en zeker niet buiten hun religie. De nieuwe bruidegoms en bruiden zorgen voor een gestadige immigratie.

In het Brusselse Jubelpark staat het Islamitisch Cultureel Centrum, met een van de belangrijkste moskeeën van Europa. Toen het stoffelijk overschot van het gruwelijk vermoorde meisjes Loubna Ben Aïssa was gevonden, vond daar een grootscheepse rouwplechtigheid plaats die rechtstreeks op televisie werd uitgezonden. Voor het eerst zag je Belgische bewindslieden nu eens niet in een basiliek bij een Te Deum, maar op kousenvoeten in een moskee. Andere moskeeën of moskeetjes zijn uitsluitend Marokkaans of Turks of zelfs Pakistaans, alevitisch of soennitisch. Men bezoekt elkaars gebedshuizen niet of nauwelijks. Ze zijn vaak gevestigd in een gewoon rijtjeshuis. Tussen pittabars en kruidenierszaken prijkt dan een foeilelijke, gifgroene minaret. Het is onze Staatsveiligheid bekend dat hier en daar een imam jonge mannen probeert op te zwepen. Afgezien van antisemitische oprispingen – op zich verwerpelijk genoeg – zijn zware uitbarstingen van geweld in België zeldzaam. Volgens een recente enquête in Brusselse Nederlandstalige scholen zou 50 procent van de islamitische jongeren zich antisemitisch opstellen. Dat is een ontstellend getal en het is des te ontstellender, omdat het niets te maken heeft met gebrek aan opleiding. Het antisemitisme van die jongeren is theologisch geïnspireerd. Zoiets is natuurlijk onduldbaar, maar middelen om het te bestrijden zijn tot nu toe niet gevonden.

Een kleine minderheid van kinderen bezoekt de Koranschool. Het Islamitisch Cultureel Centrum in Brussel heeft een eigen lagere school. In Brussel, Gent, Genk, Antwerpen en Houthalen hebben Turkse zakenlui Nederlandstalige colleges opgericht onder de naam Lucerna. Zij onderhouden goede betrekkingen met de Turkse Gülen-beweging, een van de modernere stromingen binnen de Turkse islam. Het is niet de bedoeling dat er alleen Turkse kinderen op af komen.

In de openbare scholen uiteraard, maar ook al in sommige katholieke scholen kunnen kinderen lessen islamitische godsdienst krijgen. De controle op de leerkrachten blijft een probleem. Ze komen nog te vaak uit het buitenland en velen van hen zijn nog steeds salafistisch, dit wil zeggen, fundamentalistisch gevormd.

De Belgische staat heeft een lange traditie van overleg met het strak gestructureerde, hiërarchische, gecentraliseerde katholicisme en heeft dus de grootste moeite om godsdiensten zonder centrale macht, zoals de islam of het calvinisme, een plaats te geven. In 1998 hebben de islamieten voor het eerst hun eigen raad verkozen. Gemakkelijk was dat niet. Kandidaten moesten worden geschrapt. Men vreesde dat fundamentalisten greep zouden krijgen op de besluitvorming. In 1999 werd de raad bij Koninklijk Besluit erkend en kregen de moslims hun executieve, zeg maar hun uitvoerend orgaan. Eindelijk hadden de islamieten in een Europees land een officiële, representatieve gesprekspartner met de wereldlijke overheid. De raad en de executieve hebben, en dat kon je verwachten, niet geweldig efficiënt gewerkt. Er waren wat je noemt kinderziekten. In 2005 kwamen er opnieuw verkiezingen. Er moesten meer vrouwen in de raad. Men moest er Nederlands en Frans spreken. Het moet, met andere woorden, moderner en meer federaal, kortom, Belgischer. Een klassiek Belgisch probleem heeft zich al voorgedaan. De Vlaamse moslims voelden zich gediscrimineerd door de Franstaligen. Van integratie gesproken. Maar er doken nog andere problemen op. Marokkanen en Turken bakkeleiden over rechtmatige vertegenwoordiging, er was sprake van financiële malversaties, de bevoegde minister zou fundamentalisten benoemd hebben in de executieve, er kwamen voorstellen om de vertegenwoordiging te baseren op bestaande organisaties enzovoort. Het ziet ernaar uit dat de hele constructie, die op zich een goed initiatief was, grondig herdacht zal moeten worden.

Vooral de Marokkaanse islamieten kampen met zware problemen in eigen kring. Hun oude dorpscultuur is in staat van ontbinding, de jonge mannen zijn stuurloos en vaak werkloos, weinigen halen een fatsoenlijk diploma. Al te vaak belanden ze in de kleine misdaad. Daar staat tegenover dat veruit de minst misdadige groep jongeren in België ook Marokkaans is: de meisjes, vijftig procent dus. Ik ken genoeg jonge Turkse en Marokkaanse vrouwen die ronduit briljant zijn. Ze hebben moeten vechten om naar de universiteit te mogen en meer dan eens lagen de ouders minder dwars dan onze Belgische, verlichte schoolpsychologen. In het beroepsleven wordt het hun niet gemakkelijk gemaakt.

De vakbonden hebben een rol gespeeld in de integratie die te weinig bekend is en daardoor niet genoeg gewaardeerd. De vakbonden laten de migranten (niet alleen de islamieten) deel uitmaken van een breed Belgisch geheel. Samen staken, samen vergaderen, samen beslissen, kortom, solidariteit, is er een probater middel tegen haat? De vakbondsleiding, katholiek of socialistisch, veroordeelt bij herhaling en openlijk alle vormen van racisme, xenofobie en onverdraagzaamheid. Maar zullen de vakbondsleden hen blijven volgen? Het is bekend dat de signalen die uit de basis komen steeds vaker rechts te horen zijn.

Zoals overal in West-Europa is er een maatschappelijk debat over de plaats van de islam in ons soort samenlevingen ontbrand. Dit is wel het gepaste woord, want de discussie heeft soms meer van een uitslaande brand dan van een koel beredeneerde gedachtewisseling. Wie kritiek durft te leveren op de islam, krijgt in het beste geval te horen dat hij een islamofoob is en meestal wordt daar het woord racist aan toegevoegd. Ik heb nooit begrepen hoe kritiek op een godsdienst racistisch zou kunnen zijn, vooral niet kritiek op een godsdienst die én in Pakistan én in Egypte én in Indonesië én in Turkije én in Senegal massale aanhang heeft. Van de andere zijde wordt gesteld dat de islam nooit voor verandering vatbaar zal zijn. Wie dat wel gelooft is dan een nuttige idioot. Hij stelt zich, of hij het wil of niet, ten dienste van een achterlijke en onmenselijke ideologie die, in schrille tegenstelling tot het christendom, al eeuwenlang aan het bewijzen is dat ze niet in staat is tot verandering. Of zoals een oude militant van het Vlaams Blok me ooit zei: 'Die zullen zich nooit aanpassen, ze hebben een veel te grote cultuur.' In zijn stem klonk bewondering, ik zweer het. Ik durf te betwijfelen dat de islam niet kan veranderen, al vind ik dat te veel West-Europese intellectuelen en politici die beweren linkse, dus emancipatorische, ideeën aan te hangen, de ongehoorde kracht onderschatten die starre, conservatieve stromingen binnen de islam als het salafisme en het wahabisme kunnen ontwikkelen. Wat er ook van zij, in ieder geval kunnen mensen, en dus ook islamieten, altíjd veranderen.

De islam is in België om er te blijven. We zullen hem in de culturen van ons land moeten opzuigen, maar we mogen niet onnozel zijn. We moeten beseffen dat heel West-Europa en dus ook België voor islamieten een *dar-al-harb* is, een huis van oorlog, dit wil zeggen een plek waar de islamitische wet niet heerst. Op de keper beschouwd hebben islamieten de plicht die te veroveren en te onderwerpen aan hun wet. Of ze moeten eruit wegtrekken, maar dat kunnen we niet verwachten. De islam zal zich moeten aanpassen aan West-Europa. Er kan geen sprake van zijn dat we ooit een millimeter toegeven aan de sharia. Wie dat zou bepleiten, is een vijand van ons democratisch bestel en een objectieve bondgenoot van de ayatollahs of ander prettig volk. De aanpassing zal des te pijnlijker zijn naarmate ze grondiger gebeurt en dat ze grondig zal moeten gebeuren, staat buiten kijf. Nooit mogen we toestaan dat er getornd wordt aan de beginselen van onze grondwet en onze wetten, als daar zijn de gelijke rechten van man en vrouw, de scheiding tussen religie en staat of de rechten van homoseksuelen. Nooit.

Wie in ons type samenleving geen behoorlijke opleiding heeft, raakt niet aan werk. Wie geen werk heeft, hoort niet bij onze samenleving. Leer, dan ken je wat, werk, dan ben je wat. Dat hoorde ik eens van een oude, Hollandse aristocraat. Op die twee essentiële punten hebben we de migranten smadelijk verwaarloosd. Nog steeds worden migrantenkinderen, van welke generatie ook, weggeleid van studierichtingen met toekomst. Nog steeds krijgen te weinig migranten werk, in de privésector of bij de overheid. Hoe zouden we dan willen dat ze integreren? Ze mogen kijken, maar ze mogen er niet in. Toch niet echt. Een van de gevolgen is dat verschillende groepen niet met, maar naast elkaar leven. De vraag is of dat eerste niet te hoog gegrepen is. Naast elkaar leven zonder elkaar naar de strot te vliegen, wijst toch al op een zeker beschavingspeil.

Eigenlijk is inzake integratie alleen de politiek een lichtend voorbeeld. Op de banken van Kamer, Senaat, gewestparlementen en gemeenteraden zitten heel wat verkozenen met een nieuw-Vlaamse of nieuw-Franse achternaam. Ze verheffen geregeld hun stem en wie dacht dat ze hun eigen groep zouden sparen, vergist zich. De Minister van Franse Cultuur is van Marokkaanse afkomst. De Vlaamse regering echter is nog steeds lelieblank.

Wetstraat

België is zoals Nederland een koninkrijk. België is zoals Nederland een constitutionele monarchie. De macht van de koning wordt beperkt door een grondwet. Het Belgische systeem is, zoals het Nederlandse, buitengewoon stabiel. Wij hebben geen vijf republieken of een tweede keizerrijk moeten verteren zoals Frankrijk en zeker geen tientallen vorstendommetjes, diverse koninkrijken, één keizerrijk, één wankele republiek en één Derde Rijk zoals onze grote oosterbuur Duitsland. Sinds onze eerste koning heet ons vorstenhuis Saksen-Coburg-Gotha, naar twee propere, schilderachtige Duitse stadjes waar de familie ooit over heerste. Het vorstendom van de Coburgs was een schort groot, maar ze ontpopten zich als gewiekste huwelijksmakelaars. De gemaal van koningin Victoria was een Saksen-Coburg. Een Saksen-Coburg trouwde met een dochter uit het oude Portugese koningsgeslacht Bragança. Hij en zijn nakomelingen waren koning van Portugal tussen 1837 tot 1910. De Coburgs hebben er Bulgarije bij genomen. De laatste tsaar, Simeon Borisov Sakskoboerggotski, heeft na de val van het communisme zijn land nog als eerste minister gediend.

De Coburgs zijn niet zomaar op de Belgische troon gaan zitten. In 1830 waren er vier gegadigden. Eerst wilden de grote mogendheden, Engeland, Pruisen, Oostenrijk en Rusland, dat de prins van Oranje, Willems zoon Frederik, de opstandige zuidelijke provincies zou regeren en dat idee stond een deel van de rebellerende Belgische bourgeoisie wel aan. Maar nadat de Nederlandse generaal Chassé Antwerpen wreed bestookt had, sloeg de stemming om. Op 24 november 1830 verklaarde het Nationaal Congres de Nassaus voor eeuwig vervallen van de troon.

Een groot deel van de Belgische elite was Fransgezind. De revolutie was er gekomen na Frans gestook en werd met Franse steun uitgevochten. De meerderheid van het Congres wilde Louis d'Orléans, hertog van Nemours, tweede zoon van de kersverse Franse koning Louis-Philippe, op de troon. Dat kon helemaal niet. De grote mogendheden wilden wel toestaan dat België onafhankelijk werd, maar niet dat Frankrijk het annexeerde. Napoleons veroveringsdrang lag nog vers in het geheugen. Engeland sprak zijn veto uit. Louis-Philippe liet hoffelijk weten dat het feest niet doorging.

In het graafschap Surrey woonde Leopold van Saksen-Coburg-Gotha, een Duitse prins, de verweduwde schoonzoon van de Engelse koning, de oom van koningin Victoria. Hij had zich tot Brit laten naturaliseren, sprak vloeiend Duits, Frans en Engels, maar geen woord Nederlands. Dat laatste was minder dan een detail. Het was niets.

Leopold had het vertrouwen van Londen, hij zou dus de vorst worden van het nieuwe rijkje. Maar eerst moest hij nog even trouwen met de dochter van de Franse koning, Louise-Marie. Een formaliteit. Het Congres keurde het allemaal goed, de mogendheden waren tevreden en Leopold ging op de Belgische troon zitten. Eerder had hij de Griekse geweigerd.

De Coburgs zitten nog altijd op die troon, ook al stammen ze niet meer in rechte lijn af van onze eerste koning. Ooit komt misschien zelfs een vrouw op de troon, want de exclusief mannelijke erfopvolging is honderdzestig jaar na de onafhankelijkheid afgeschaft.

Zijn zoon Leopold II liet geen mannelijke opvolgers na. Na hem kwam Albert I, de zoon van zijn overleden broer. Albert I is spectaculair aan zijn einde gekomen. Hij had een passie voor bergbeklimmen. Op 17 februari 1934 stortte hij van een rots in Marche-les-Dames bij Namur. Zijn overlijden dompelde het land in diepe rouw. De bij het volk geliefde en internationaal bewonderde koning-ridder, de held van de Eerste Wereldoorlog, was niet meer. In mijn buurt is er nog altijd een Noodlottige Rotsstraat – *rue de la Roche Fatale*.

Zijn zoon Leopold III volgde hem op. Hij deed troonsafstand op 16 juli 1951, na de Koningskwestie die het land aan de rand van de burgeroorlog had gebracht. De jonge Boudewijn I volgde hem op. Hij overleed op 31 juli 1993 en ook zijn overlijden dompelde het land in diepe rouw. Drieënveertig jaar had Boudewijn geregeerd, een tijdvak, langer dan enig ander monarch die toen op de troon zat. *Le roi triste*, de droevige koning, zoals hij werd genoemd, had genoeg moeten doorstaan. Vijf jaar oud was hij toen zijn moeder omkwam bij een auto-ongeluk, een paar jaar later brak de oorlog uit, zijn vader was een hevig omstreden man en toen Boudewijn was getrouwd met de Spaanse edelvrouwe Fabiola de Mora y Aragón, bleek dat ze geen kinderen konden krijgen. De koning, de leidsman, de *pater patriae*, ontsnapte niet aan het soort leed dat zijn gewoonste onderdanen herkenden.

Boudewijn werd opgevolgd door zijn broer Albert. Op 9 augustus 1993 zwoer Albert II trouw aan een grondwet die sinds kort bepaalde dat het koninkrijk een federale staat is.

Bij de dood van koning Boudewijn bleek zonneklaar dat alle doorgaans welingelichte kringen in het land de aanhankelijkheid van het Belgische volk aan het koningshuis zwaar onderschat hadden. De dag na het overlijden stond ik op het plein voor het paleis stomverbaasd te kijken naar de rijen mensen die, bloemen in de hand, aanschoven. Uit alle delen van het land waren ze naar Brussel gekomen. Bij de Warande hoorde je alle tongvallen die België rijk is en dat aantal is niet gering.

In de week die volgde, zwol het vertoon van dankbaar verdriet gestadig aan. Een paar honderdduizend Belgen zijn hun opgebaarde vorst komen groeten. Voor het paleis zaten oud en jong, in het holst van de zomernacht, rustig te wachten op het ochtendgloren. 'Om zeven uur gaat het hek weer open, dan kunnen we zeker naar binnen,' zeiden twee meisjes uit Liezele, een vlek verloren tussen Mechelen en een bocht van de Schelde. Ze zaten er al een uur of zes.

Uit de mond van de eenvoudigste lieden kon je het in die dagen vernemen: 'Hij was een vader voor ons. Hij hield het land bij elkaar. Hij was zo'n goeie man.'

Pater patriae, vader des vaderlands, sinds ik op school Sallustius moest vertalen, had ik die woorden niet meer gehoord. Boudewijn was veel meer dan zomaar geliefd. Het Belgische volk zag een leidsman in hem of, zoals de kardinaal het tijdens de uitvaartmis zei, een herder.

En na die week?

Dergelijke sentimenten ebben natuurlijk weg, maar toch, de verslagenheid en de bewondering van het Belgische volk was niet geveinsd. Voor één keer kon je misschien met recht spreken van een Belgisch volk. Boudewijn was koning, archetypisch, glanzend, vaderlijk, maar hij was ook nabij, hij was een medemens.

In België wordt streng het beginsel gehandhaafd *dat men de kroon niet ontbloot*. Ik heb eens een Kamervoorzitter in een paar seconden razend zien worden toen een geacht lid zich eens heel kort durfde af te vragen wat de koning misschien wel eens gezegd zou kunnen hebben eventueel tegen een ander geacht lid. De Kamervoorzitter ontnam hem brutaal het woord. Dat is jaren geleden. Tijdens de politieke crisis die sinds 2007 maar niet wil uitzieken, is de kroon een paar keer ontbloot. In 2010 heeft een jonge en onervaren partijvoorzitter zijn mond voorbijgepraat tijdens een populaire televisie-uitzending. De aarde is niet uit haar baan gedreven, als ik Elsschot mag citeren. De reacties waren me te lauw. Want ons systeem van politieke onderhandelingen staat of valt met de *colloque singulier*, zoals de technische term luidt.

Het paleis fungeert als een zwarte doos. De informatie gaat erin, daarbinnen wordt ze uitgewisseld en niets komt hoorbaar of zichtbaar eruit. Iedereen die iets prijsgeeft, heeft de absolute garantie dat niets uitlekt van die colloques singuliers. In het volste vertrouwen kunnen ideeën of voorstellen worden gelanceerd en getoetst en genuanceerd, kunnen achterliggende belangen, bedoelingen en vermoedens kenbaar worden gemaakt en toegelicht. Misbruik is uitgesloten. Is dit geen mooie paradox? Naarmate de media meer openheid najagen, in deze tijden van perslekken en indiscreties, wordt het geheim van de monarch belangrijker.

Nooit mag de koning laten blijken dat hij, al was het maar eventjes, de ene of de andere voortrekt. Nooit mag iemand anders dat laten blijken. Wie de koning bezoekt, moet zijn of haar eigen conclusies trekken. De koning is de opperste scheidsrechter en scheidsrechters moeten per definitie alle partijen op het speelveld streng gelijk behandelen. Maar ook dat deel van 's konings functie weerstaat de crisis van de Belgische instellingen niet. De vorst nodigt sommige partijvoorzitters gewoon niet uit. Hij kan dus niet weten wat hun standpunt is. Iets anders is dit. Uiteindelijk is het paleis er altijd in geslaagd nieuwe politieke stromingen een rol te laten spelen in de subtiele uitwisseling tussen het niet verkozen staatshoofd en de democratische vertegenwoordigers van het soevereine volk. Het bekendste historische voorbeeld is dat van de sociaaldemocratie. Maar deze keer lijkt het er sterk op dat onze vorst er geen flauw benul van heeft hoe hij moet omgaan met de sterkste politieke formatie van het land. Toegegeven, die partij is republikeins en separatistisch. Maar ooit waren ook de socialisten republikeinen. Vandaag verdedigen ze, zeker aan Franstalige zijde, de monarchie. Een scheidsrechter die niet weet hoe hij de sterkste speler op het veld moet aanpakken, kan wel inpakken. De monarchie is de vijand van zichzelf aan het worden.

Of is het de hofhouding? De raadsheren van de koning (altijd zijn het heren) hebben sinds het ontstaan van België een beslissende rol gespeeld achter de schermen, ten goede of ten kwade, dat lag er een beetje aan. Had Jules van Praet Leopold I niet bijgestaan met raad en daad, de spanning tussen eerste koning der Belgen en zijn ministers zou uit de hand zijn gelopen. Had Leopold III wat minder geluisterd naar graaf Capelle, hij zou misschien minder politieke blunders hebben gemaakt. Sinds 1983 is Jacques van Ypersele de Strihou de kabinetschef, nu al van twee koningen. Hij wordt ook van Yp, Spirou (Frans voor Robbedoes) of de onderkoning genoemd. Hij is uiteraard van adel, uiteraard katholiek, uiteraard Franstalig, spreekt echter goed Nederlands, en hij bewaart onder zijn professor Zonnebloemachtige schedel de rijkste politieke ervaring van het land. Maar zelfs deze dor de wol geverfde *grand commis de l'état* (grote staatsdienaar) raakt geblokkeerd en verliest zijn goede manieren als hij oog in oog staat met een door de kiezer naar voren geschoven Vlaamse republikein. Ook gebeurt het dat hij de koning probeert te sturen langs de weg die híj uitgestippeld heeft.

De hofhouding van de koning is te uitgesproken en te ouderwets katholiek. De koninklijke adviseurs gedragen zich te veel als diplomaten, een mensenslag van wie je slechts bij hoge uitzondering de onverbloemde waarheid zult vernemen. Tot voor kort luidde de ongeschreven regel dat ook politici de koning niet mochten tegenspreken tijdens de colloque singulier. Nu zeggen jonge partijvoorzitters de vorst ongezouten wat op hun lever ligt. En weer zijn de raadsheren radeloos.

Het onvermogen om de evolutie te begrijpen van het land dat je regeert is verontrustend. Ik zie niet goed in hoe België zou kunnen functioneren zonder dat staatshoofd met een hoog gipsgehalte. Wie zou boven alle partijdigheid verheven zijn? Een katholieke Waal? Een vrijzinnige Vlaming? Het is nu zelfs niet mogelijk het voorzitterschap van Kamer en Senaat buiten het politieke gesjacher te houden. Het anachronisme van de erfopvolging kan slechts een zegen blijven voor 's lands stabiliteit indien het beginsel van de onpartijdigheid overeind blijft. Nu wordt dat beginsel geschonden. Allicht is vroeger iets gelijkaardigs gebeurd. Er kraaide geen haan naar. Maar vandaag de dag kan zoiets niet verborgen blijven.

Eén keer heeft Boudewijn tegen de wil van de natie toch zijn mening laten blijken. Hij is voor twee dagen afgetreden en daarna weer doodgemoedereerd op zijn troon gaan zitten. Zo kon hij vermijden dat hij de door het parlement goedgekeurde wet op de liberalisering van abortus moest tekenen. Daarna kwam hij gewoon terug.

Iedereen had begrip voor de gewetensnood van Boudewijn de Vrome, maar als koning de meerderheid van je onderdanen schofferen, dat ligt al moeilijk, en ten tweede, een koning is een symbool en symbolen hebben geen mening. Heb je er wel een, geen bezwaar, maar dan word je weer een gewoon mens en dan treed je af, want je houdt op een symbool te zijn. Boudewijn was echter, en zijn weduwe Fabiola is nog altijd, een vurig aanhanger van de charismatische beweging, een tamelijk geëxalteerde vorm van katholicisme. Of was het de invloed van het Spaanse katholicisme, het somberste en het wreedste uit de geschiedenis? Over die abortusepisode doet een gevleugeld woord de ronde: het was de laatste opstoot van Alva in de Nederlanden.

Albert II legt, zoals zijn broer en voorganger Boudewijn, staatsiebezoeken af, knipt linten door en onderhoudt zich minzaam met kinderen, arbeiders, oud-strijders, bejaarden en slachtoffers van windhozen of overstromingen. Boudewijn was een wat stijve, bezorgde, niet onaardige man. Zijn broer lijkt meer op de doorsnee Belg. Boudewijn had ik me onmogelijk kunnen voorstellen in het café om de hoek. Albert zeer wel. Misschien zou hij na een paar glazen zelfs niet terug willen naar zijn paleis.

Boudewijn en Alberts kerstboodschappen op radio en televisie begonnen onveranderlijk met de woorden *Waarde landgenoten*, even onveranderlijk vervormd tot *Oewaarde landgenoten*. De parodieën op feestjes en in stripverhalen zijn onbarmhartig. Geen Belg stoort zich eraan dat met het koningshuis de spot wordt gedreven. In geen der nationale talen kent men het begrip majesteitsschennis. Maar in de laatste jaren van zijn leven gaf Boudewijn zichzelf een scherp, maatschappelijk profiel, sociaal bewogen en uitgesproken antiracistisch. Albert wijkt daar niet van af, maar is wat terughoudender.

Volgens de grondwet benoemt en ontslaat de koning zijn ministers. In feite worden regeringen vooral gemaakt en gekraakt door partijbonzen en partijvoorzitters. Zoals in Nederland zijn de regeringen coalities. De klassieke leer schrijft voor dat ze een meerderheid moeten hebben in het parlement, maar Nederland heeft in 2010 bewezen, in navolging van Denemarken, dat zelfs dát niet meer nodig is. Ik dacht tot dan dat België de kampioen was van de virtuoze politieke pirouettes, dat alleen België het absurde tot constitutioneel principe had verheven, dat alleen in België alles kon wat elders niet kan – bij dezen heb ik die mening herzien.

Het federale parlement bestaat uit de Kamer van Volksvertegenwoordigers en de Senaat. Sinds de staatshervorming van 1993 zijn er honderdvijftig Kamerleden en eenenzeventig senatoren. Voorheen waren het er veel meer. Kamerleden worden rechtstreeks verkozen. Het kiesstelsel is proportioneel. Er is een kiesdrempel van 5 procent, behalve in Brussel en omgeving, het beruchte BHV. Het stemrecht is dus niet hetzelfde voor alle Belgische burgers. Op de ongrondwettigheid dáárvan wees ik al in het hoofdstuk over de taalgrens.

Er is algemeen stemrecht vanaf achttien jaar. Voor Kamer en Senaat zijn er verkiezingen om de vier jaar, maar sinds de bevrijding hebben weinig regeringen hun termijn uitgezeten.

In België echter bestaat ook *stemplicht*. Dat is zeer uitzonderlijk en de discussie over het opheffen van de stemplicht is volop aan de gang. Ik ben tegen opheffing. Ten eerste, in alle landen waar alleen stemrecht bestaat, nemen vooral de rijke en beter opgeleide burgers deel aan de verkiezingen. Zoals John Kenneth Galbraith zegt in *The Culture of Contentment*:

> *The result is government that is accommodated not to reality or common needs but to the beliefs of the contented, who are now the majority of those who vote.*
> (Het resultaat is een beleid dat niet aan de werkelijkheid of aan gemeenschappelijke behoeften wordt aangepast, maar aan de mening van de tevredenen, die nu de meerderheid uitmaken van wie ter stembus gaat.)

Ten tweede, alleen door stemplicht komt het ongenoegen van de burger op geregelde tijdstippen aan het licht. Het stinkt soms ten hemel, maar dat vind ik beter dan het weg te parfumeren met snorkende frasen over vrijheid en verantwoordelijkheid. Ten derde, er is geen recht zonder plicht.

De samenstelling van de Senaat is een delicate evenwichtsoefening tussen het noorden en het zuiden des lands. Veertig senatoren worden rechtstreeks verkozen, vijfentwintig aan Nederlandstalige kant, vijftien Franstalig. Daarna worden er telkens tien aangewezen door het Vlaamse parlement en de Franse Gemeenschapsraad, telkens in eigen kring, en één door de Raad van de Duitstalige Gemeenschap. Vervolgens wijzen alle vijfendertig Vlaamse senatoren er samen nog eens zes aan, de vijfentwintig Franstaligen samen vier. Tel nu op. Eenenveertig senatoren zijn Nederlandstalig, negenentwintig Franstalig en één is Duitstalig.

De Senaat regelt belangenconflicten tussen parlementen van deelstaten. De Senaat is ook een zogenaamde reflectiekamer. Dit wil zeggen dat vijftien of meer Senatoren de Kamer kunnen vragen nog een keer grondiger na te denken over wetsontwerpen of -voorstellen. Gelukkig bestaat de topzware procedure niet meer, die vereiste dat voorstellen of ontwerpen twee keer werden ingediend, per artikel besproken en goedgekeurd werden in Kamer én Senaat, met een tot punten en komma's identiek resultaat. Kamer en Senaat zijn gelijkelijk bevoegd als het erom gaat de grondwet te wijzigen of internationale verdragen goed te keuren.

In België hebben de vrouwen pas opvallend laat stemrecht gekregen, in 1948, jaren na Finland of Nederland, na Groot-Brittannië of Duitsland, na Tsjecho-Slowakije of Turkije. Al in 1920, toen de grondwet moest worden aangepast, werd aangedrongen op stemrecht voor vrouwen. Het zou er gekomen zijn als het niet gemangeld was in de tegenstelling klerikaal-antiklerikaal.

Dat leidde tot een dubbele paradox. In 1920 waren de katholieken voorstanders van stemrecht voor vrouwen. De tegenstanders waren socialisten en liberalen. Met groot gemak verloochenden ze hun verheven beginselen van vrijheid en ontvoogding. Zij waren ervan overtuigd dat, als de vrouwen mochten gaan stemmen, de pastoors hún eigen stem via honderdduizenden vrouwen wonderbaarlijk zouden vermenigvuldigen. De baas van de Belgische Werkliedenpartij vond dat vrouwen onverschillig waren voor maatschappelijke problemen en een gebrek aan ontwikkeling hadden. Aan de andere kant stonden de onthechte katholieke pleidooien voor vrouwenkiesrecht bol van eigenbelang. De katholieken hadden niet als bij mirakel de Verlichting omhelsd. Door middel van het vrouwenkiesrecht hoopten ze opnieuw en voor altijd de absolute meerderheid in handen te krijgen.

Na de Tweede Wereldoorlog vreesden de socialisten nog altijd dat de Christelijke (lees: katholieke) Volkspartij de absolute meerderheid zou halen. De wet werd herhaaldelijk op de lange baan geschoven, maar kwam er ten slotte toch, mede dankzij de socialistische minister van Binnenlandse Zaken Piet Vermeylen. Hij vond dat het toch wel erg gesteld was met de socialistische idealen. Bovendien hadden de Franse vrouwen in 1944 stemrecht gekregen. Als het regent in Parijs, druppelt het in Brussel.

Op korte termijn kregen de socialisten die bezwaren hadden tegen het vrouwenstemrecht gelijk. Bij de eerste verkiezing waaraan vrouwen meededen (1949), haalden de roden het laagste percentage sinds de Eerste Wereldoorlog. De katholieken verwierven de absolute meerderheid in de Senaat, in de Kamer misten ze daartoe slechts één zetel. Maar dat eerste effect verdween snel.

Ik zei al (zie hoofdstuk over de taalgrens) dat de kiesomschrijvingen of eentalig Nederlands of eentalig Frans zijn, met uitzondering van BHV. Daarbuiten presenteert een Vlaams politicus zich dus alleen voor Vlaamse kiezers, een Waals politicus alleen voor Waalse kiezers. Er zijn ook geen nationale partijen meer. De Franstalige liberale partij kan bijvoorbeeld niet deelnemen aan de verkiezingen in Turnhout. Vlaamse christendemocraten zul je tevergeefs zoeken in pakweg La Roche. Een politicus die je niet bevalt, maar die in een ander taalgebied woont dan het jouwe, kun je nooit ofte nimmer afstraffen. Politici kunnen ongeremd schimpen tegen Vlamingen of tegen Walen. Ze moeten alleen rekening houden met kiezers in één taalgebied. Dat alles verhindert de ontwikkeling van iets als een verantwoordelijkheidsgevoel voor het land als geheel.

Enkele academici die de zogenoemde Pavia-groep vormen (van de Paviastraat in Brussel waar ze hun eerste vergadering hielden), hebben voorgesteld om een deel van de Kamerleden nationaal te laten verkiezen. Zodoende zou je wat hen betreft het systeem dat geldt voor BHV uitbreiden naar het hele land. Het zouden er vijftien zijn of 10 procent van de Kamer, negen Nederlandstaligen en zes Franstaligen. Hoorde je in den beginne vooral sneren over wereldvreemde professoren, nu ziet het ernaar uit dat hun voorstel toch een kans zal maken bij een van de staatshervormingen die ons nog te wachten staan.

De zetelverdeling wordt berekend volgens het aloude en internationaal gewaardeerde en toegepaste systeem van de jurist D'Hondt.

Meestal is dat systeem eerlijk, zij het dat de grote partijen licht worden bevoordeeld. Als het op kleine aantallen wordt toegepast, is de scheeftrekking ten voordele van de grootste partij grotesk.

Ook de grootte van de taalgroepen in het land wordt bij benadering gerespecteerd. Het gevolg van het proportionele systeem is dat er nooit een duidelijke meerderheid van één partij uit de verkiezingen komt. De laatste keer is dat gebeurd in 1950-1954.

Kandidaten moeten de verkiezingen thuis winnen. Parlementsleden staan dicht bij de plaatselijke bevolking en kennen haar problemen. Ze besteden veel tijd aan dienstbetoon, een in Nederland onbekend verschijnsel, waarop ik in het volgende hoofdstuk terugkom.

Is het federale parlement proportioneel volgens grootte van partijen en taalgroepen samengesteld, in de federale *regering* werkt het anders. Volgens de grondwet moeten daar even veel Franstalige als Nederlandstalige ministers in zitten. Dat beginsel heet pariteit. De premier is een uitzondering. Hij staat, zo heet dat, boven de taalverhoudingen. In de praktijk is hij sinds 1958 op twee uitzonderingen na een Vlaamse christendemocraat geweest. Niemand zou nog een regeringsleider aanvaarden die niet tweetalig is, jarenlang waren de Vlaamse christendemocraten de grootste partij van het land en tot voor enkele jaren waren tweetalige Walen witte raven. Maar alles verandert. In 1999 verdwenen de christendemocraten in de oppositie, de eerste minister werd de Vlaamse liberaal Verhofstadt en steeds vaker hoor je Franstalige excellenties meer dan behoorlijk Nederlands spreken.

De Kamer heeft de bevoegdheden en machten die dergelijke instellingen nu eenmaal hebben in constitutionele monarchieën. De regering moet het vertrouwen van de Kamer hebben (de helft van de stemmen plus één mits de meerderheid van de Kamerleden aanwezig is). De ministers zijn verantwoording verschuldigd aan de Kamer, die de ministers te allen tijde kan ondervragen en interpelleren. Kamerleden kunnen wetsvoorstellen doen en amendementen indienen. Vanaf de jaren tachtig heeft het parlement opvallend vaak gebruikgemaakt van zijn onderzoeksrecht; in het Heizel-drama, inzake wapenhandel en over het kronkelige verloop van het gerechtelijk onderzoek na de slachtpartijen van de bende van Nijvel – een zaak die zich, tot barre schande van de Belgische justitie, aan opheldering blijft onttrekken, zodat steeds opnieuw fantastische veronderstellingen en verdachtmakingen de ronde doen. De vergaderingen van de commissie die de blunders van rijkswacht en politie (sindsdien versmolten tot eenheidspolitie) onderzocht in de zaak-Dutroux werden rechtstreeks op televisie uitgezonden en druk bekeken. Zelfs Belgisch wangedrag in de Afrikaanse ex-koloniën en ex-mandaatgebieden wordt onderzocht, door de Senaat. Daar heeft een commissie zich gebogen over de Belgische houding tijdens de Rwandese genocide. Een andere commissie heeft geprobeerd de moord op Lumumba op te helderen.

Het federale parlement heeft iets onechts. Ik bedoel niet de tweetaligheid of het rumoer van de debatten, integendeel. Democratie moet lawaai maken, alleen dictaturen zijn stil, en ik hoorde, toen ik nog op de perstribune zat, graag hoe Franstaligen argumenteerden alsof iedereen dagelijks in Parijs rondwandelt. Dat Vlamingen wel eens *NRC Handelsblad* of *Vrij Nederland* lezen, dringt nauwelijks tot hen door. Ik zag altijd graag hoe zij aandachtig, maar niet steeds vattend wat de draagwijdte van een citaat uit Multatuli of Elsschot is, de simultaanvertaling beluisterden. Zo pijnigden ze zich de hersens om een Frans equivalent te vinden voor het modewoord onthaasting.

Ik zei al dat een Waalse kiezer nooit tégen een Vlaams politicus kan stemmen en een Vlaamse kiezer nooit tegen een Waalse bewindsman. Maar het héle parlement moet wel stemmen over het vertrouwen in de regering van het héle land. Een Franstalig Kamerlid kan dus zeer goed stemmen tégen een Vlaams minister, maar een Vlaamse kiezer kan dat Franstalige Kamerlid daar nooit voor sanctioneren. En vice versa. Ik wees er al op dat in ons Federale Parlement twee parlementen bij elkaar zitten die samen één regering moeten controleren. Eerste onechtheid.

De tijd dat de meerderheid het patent op gelijk had en de oppositie het patent op ongelijk, is gelukkig voorbij. Het is al gebeurd dat leden van de meerderheid applaudisseren voor wat een oppositielid zegt en omgekeerd. Merk hierbij op dat de grote partijen zo afgekalfd zijn dat de meerderheid de oppositie vaker nodig heeft dan vroeger. In 2011 stuurde een regering van lopende zaken (dus een die de boel in de gaten houdt terwijl het land wacht op de vorming van volgende regering) België naar de oorlog in Libië. Mee optrekken in een oorlog, dat lijkt me niet wat je noemt een lopende zaak. Dat is geen routine. Toch keurde het parlement op één stem na eenparig Belgiës deelname aan de vijandelijkheden goed.

Al te vaak bestaat de Belgische politiek (en dus de Vlaamse en de

Waalse) alleen uit gelijk halen. Ik dacht dat politiek ontstond in de spanning tussen gelijk halen en gelijk hebben. Dit laatste gaat er bij ons erg moeilijk in. Mijn idee over democratie is dat de meerderheid een deel van het gelijk aan haar kant heeft en de oppositie een ander deel van het gelijk. Veel Belgische politici snappen dat nauwelijks, hoewel er gelukkig steeds meer uitzonderingen zijn. Tweede onechtheid.

Er is te weinig afwisseling van de macht. Eén partij, de katholieke, heeft in de twintigste eeuw iets minder dan vierennegentig jaar in de regering gezeten. Dat deed deze partij alleen en sinds de Eerste Wereldoorlog afwisselend met liberalen en met socialisten, een enkele keer zelfs met allebei, maar eigenlijk gold de afwisseling van meerderheid en oppositie alleen de anderen, niet haar. Daardoor komt het dat we in België een erg eenzijdige kijk op het politieke gelijk kregen. Dat is de derde onechtheid.

Of liever was. Zelfs de katholieke heerschappij, die in België gold als een natuurwet, werd door de kiezer onderuitgehaald in 1999. Dat was het jaar waarin het zogenoemde dioxineschandaal uitbrak. Volksgezondheid had stilgehouden dat er dioxine in de voedselketen was terechtgekomen, maar het lekte natuurlijk toch uit. De gevolgen voor de vleesuitvoer waren catastrofaal, die voor de christendemocraten zo mogelijk nog catastrofaler. Bij de verkiezingen verloren ze over het hele land negen zetels. De groenen triomfeerden. Voor het eerst sinds 1958 werd een regering gevormd zonder christendemocraten. Het werd een coalitie van liberalen, socialisten en groenen. Paars-groen dus. Bij de volgende verkiezingen (2003) heeft de kiezer de groenen afgeslacht, maar paars kon doorgaan tot 2007. Intussen waren in de gewesten de christendemocraten al teruggekeerd naar de vleespotten van de macht. In 2007 wonnen ze opnieuw de federale verkiezingen. Het christendemocratische boegbeeld Yves Leterme – hij verzamelde achthonderdduizend stemmen op zijn naam, enkel in het noorden des lands, maar hij slaagde er niet dan met de grootste moeite in om na maanden moeizaam palaver een wankele coalitie bij elkaar te schrapen. Tijdens zijn campagne sprak hij voortdurend over goed bestuur en vijf minuten politieke moed om het netelige taalprobleem van Brussel-Halle-Vilvoorde op te lossen. Wat België kreeg was: geen bestuur en jaren aanmodderen zonder ook maar een schijn van een oplossing voor het beruchte drieletterprobleem BHV.

Een tijdlang had het ernaar uitgezien dat het Belgische politieke systeem een grotere stabiliteit kreeg. In de Kamer kan een regering slechts vallen na een constructieve motie van wantrouwen, dit wil zeggen dat een alternatieve meerderheid van de Kamerleden meteen ook een nieuwe eerste minister moet voorstellen. Een regering kan dus niet meer naar huis worden gestuurd door nukken van een paar Kamerleden die toevallig slecht geslapen hebben. Een zegen voor het land, daar waren de burgers het over eens, maar al na korte tijd werd het duidelijk dat de politieke zeden dommer waren dan de instellingen.

Na de verkiezingen van 2007 heeft Leterme één keer vier maanden en een dag of tien, en één keer vijf maanden geregeerd, intussen uit het grondsop getrokken door zijn aartsvijand Verhofstadt en nog een keer door partijgenoot – ik heb *niet* gezegd vriend – Van Rompuy, tot die president van Europa werd. Na de verkiezingen van juni 2010 mocht Leterme een kabinet van lopende zaken leiden. Hij deed dat voortreffelijk. En lang.

Het Belgische parlement lijdt aan machtsuitholling. Het verschilt daarin niet van vergelijkbare instellingen in andere staten. De eerste oorzaak heeft niets te maken met België, maar met de tijd waarin we leven. Er worden krankzinnig veel wetten gefabriceerd. Het bestuur is steeds minder overzichtelijk. Waar vroeger een normaal begaafd burger, mits hij zich wat inspande, kon snappen hoe staatszaken in elkaar zaten, heb je nu een horde specialisten nodig en ze vergissen zich nog. In een van de paarse regeringen hadden we een staatssecretaris die zich uitsluitend bezighield met het *afschaffen* van wetten. Zijn webstek kun je nog openen: <kafka.be>

De tweede oorzaak is specifiek Belgisch. In België is vuil het epitheton ornans van het woord politiek. Je vindt niet zo makkelijk mensen die zich voor de publieke zaak interesseren. De vlottende kiezer maakt het bestaan van de verkozenen onzeker. Tijdens de campagnes werken ze een slopend evenementencircuit af, niet zozeer om bij het publiek in het gevlij te komen, maar om de partij-instanties te bewijzen dat ze allemaal iets voor overhebben. De privésector betaalt evenveel, zo niet meer, en jeugdige managers hoeven niet merkbaar harder te werken dan jonge Turken in een onzer parlementen. Naast het parlementair werk zijn er nog pensenkermissen, autokaravanen, spreekavonden, radio-, tv-, parochiehuis-, volkshuisdebatten, bedrijfsbezoeken, sessies dienstbetoon, partijvergaderingen, congressen enzovoort.

Je moet wel een rotsvaste overtuiging hebben of een onstilbare machtshonger om te kiezen voor zo'n zwijnenleven. En voor alles een ijzeren gestel. Je wilt dan ook zo hoog mogelijk klimmen voor je instort. Word je geen minister of ten minste staatssecretaris, dan ben je maar half geslaagd.

Ik heb niets tegen ambitie, die is zo oud als de mens, je kunt net zo goed tegen zon of regen zijn. Maar een parlement waarvan te veel leden een hoger ambt ambiëren, is te volgzaam, te plooibaar. Wie stout is, krijgt straf. Wie een regering openlijk afkeurt vanop de meerderheidsbanken zal later nooit in een regering zitten. Gelukkig zijn er nog achtenswaardige leden die er genoegen mee nemen noest te werken als *député de campagne*, op te komen voor hun kiezers, zich in te graven in een terrein, en die dat allemaal doen in het schemerduister. De ondankbare kiezer straft hem/haar er vaak genoeg voor af. Dus begeven politici zich liever in gestrekte draf naar de tv-studio's. De camera's zijn toch zo aantrekkelijk, op dat punt bestaat er geen verschil tussen België en Nederland.

De derde oorzaak: het parlement wordt door machtsblokken buiten het parlement aangetast. Vakbonden, werkgevers, ziekenfondsen, Caritas en katholiek onderwijs, ze bekokstoven allemaal akkoorden in hun eigen sector. Ze kennen die sector beter dan gespecialiseerde parlementsleden, want die hebben altijd nog andere dingen aan hun hoofd. Toen de christendemocratie in de oppositie belandde, raakten de sterkste organisaties, en dat zijn de katholieke, de sleutels die passen op de achterpoorten van de macht in één klap kwijt. Maar nog steeds wordt tussen werkgeverstop en vakbondstop, tussen artsen en ziekenfondsen, over honderden miljoenen beslist, honderden miljoenen belastinggeld, ver van de controle die de burger via zijn Kamerleden zou moeten uitoefenen.

Dat tast de oorspronkelijk functie van het parlement aan: het heeft geen vat meer op het geld dat de regering besteedt. Tégen die machtsblokken in wetten maken kun je in België beter niet proberen. Nu nog worden wetten geschreven door de studiediensten, niet van de partijen, maar van de grote organisaties. Die organisaties verdedigen, zo hoort het ook, hun eigenbelang en ik laat nog in het midden of dat het belang van het apparaat of van de leden is. Het algemeen belang is het in geen geval. Het wordt niet gecontroleerd door de kiezers. Nog nooit hebben boze leden van het Christelijke Ziekenfonds hun voorzitter weggestemd. Nog nooit is de leiding van de socialistische vakbond ABVV naar huis gestuurd door socialistische arbeiders wegens klassenverraad of gewoon zelfs maar uit balorigheid, en nooit is de prelaat – of nu de mevrouw – die het katholiek onderwijs bestiert vanuit de Guimardstraat afgezet door gramstorige katholieke leerkrachten. De top van zulke organisaties wordt allang niet meer gecontroleerd door de leden.

Misschien is het naïef te denken dat het parlement meer invloed kan krijgen op terreinen waar dergelijke machtige en rijke organisaties al tientallen jaren ervaring hebben. Het is niet zozeer dat het parlement zijn invloed op die gebieden verloren zou hebben, die gebieden zijn veel groter geworden. In de negentiende eeuw werd de schoolstrijd uitgevochten in het parlement, op straat en in de kerkgebouwen. Maar je kunt de omvang van schoolbevolking en lerarenkorps vandaag niet vergelijken met toen. Het parlement heeft altijd de wetten op de ziekteverzekering besproken, geamendeerd en goedgekeurd. De kassen van onderlinge bijstand, die de ondervoede maar zelfbewuste proletariërs volstortten, zijn vandaag bureaucratische, geautomatiseerde imperia geworden, waar miljoenen euro's in- en uitvloeien. De beleidsterreinen zijn tot in het gigantische uitgebreid, de geldstromen tot bandjirs aangezwollen. De aanspraak die de bevolking via zulke organisaties maakt op belastinggeld is kolossaal.

Het controlerende volk, het parlement dus, geeft geld door aan buitenparlementaire organisaties en verliest in de loop van die operatie én de controle én het geld. De staatsschuld die zich daardoor ophoopte obsedeert al jaren de Belgische politiek. Sinds de jaren negentig en onder Paars was ze aan het dalen. De wereldwijde financiele crisis joeg haar weer de hoogte in tot net onder 100 procent van het bruto nationaal product. Twintig jaar geleden lag de staatsschuld stukken hoger dan alle goederen en diensten die de Belgen per jaar produceerden. Er was en er is nog steeds naakte afdreiging door Europa nodig of knevelarij door de jakhalzen van de ratingbureaus om ons te duwen in de richting van sanering.

Volgens de grondwet heeft de federale regering vijftien ministers. Er kunnen nog een paar ondergeschikte staatssecretarissen bij komen, maar daarbij blijft het dan ook. Een parlementslid dat minister wordt, neemt ontslag uit het parlement en wordt vervangen. Er is een periode geweest waarin de Belgische regering uitdijde tot in het oeverloze. Na elke verkiezing stonden meer dan dertig heren en enkele dames het land zielsgelukkig aan te kijken op de groepsfoto.

Dat aantal is nu draconisch beperkt, wat allerminst voor de hand ligt in een land waar iedere regeringscoalitie minimaal uit vier partijen bestaat: twee aan weerszijden van de taalgrens.

De kabinetsraad vergadert op vrijdag. Kernkabinetten voor de verschillende beleidssectoren komen wel eens vaker samen. Het Nederlandse woord kern is met groot gemak de taalgrens overgestoken. *Il y a eu un kern aujourd'hui*, je hoort het vaak genoeg in de Wetstraat. Talen tasten elkaar aan.

Een steeds grotere rol spelen de topministers, meestal de premiers en de vicepremiers. Zij geven de doorslag als de regering vastloopt op een netelig beleidspunt. Zij beslissen als de toestand weer eens uitzichtloos lijkt. Een schijnbaar kleine moeilijkheid kan in België altijd onverhoeds onoverkomelijk worden.

Ministers en staatssecretarissen werken met hun eigen kabinet. Dat woord betekent in België niet regering. Een kabinet is de groep persoonlijke medewerkers van een minister. Zij komen en gaan samen met de minister, al zijn er ook onder hen rotten die jarenlang in allerlei kabinetten blijven werken, altijd voor ministers van dezelfde partij. Zij heten cabinettards. Een kabinet wordt samengesteld uit mensen de partijen welgevallig zijn. Is een minister machtig, dan kan hij meebepalen wie in zijn kabinet zit. Maar partijen en andere, niet-politieke organisaties spelen altijd een grote rol. Zo had enkele regeringen geleden de kabinetschef Sociale Zaken jarenlang aan de top van het Christelijke Ziekenfonds gewerkt. Achteraf is hij de grote baas van dat ziekenfonds geworden. De kabinetschef van de eerste minister is jaren aan een stuk uit de christelijke arbeidersbeweging gerekruteerd. Hij werd daarna gouverneur van de Nationale Bank of, nog beter, zelf eerste minister – het geval-Dehaene. Voor goden van geringere omvang waren functies in de ambtenarij weggelegd.

De loodzware druk van de kabinetten op de beleidsvoorbereiding zou afnemen, zo luidde een belofte van de eerste paarse regering. De ambtenarij, voorheen weggeduwd, zou een grotere rol spelen. Toen de groenen in de regering zaten, de groenen die geen apparaat hadden en bijgevolg geen apparatsjiks, haalden zij noodgedwongen de kabinetsleden níét uit eigen rangen. Dat was vaak verfrissend, maar het kon ook gebeuren dat een groene minister bedrogen werd door een lid van het eigen kabinet.

Ik zeg niet dat in de kabinetten louter beunhazen zitten. Ik heb genoeg intelligente, zich uit de naad werkende, zelfs geïnspireerde cabinettards, zoals ze in beide landstalen heten, gekend. Maar als kabinetsleden van verschillende ministers onder elkaar een politiek compromis hebben gebrouwen, zullen ze op alle manieren beletten dat hun moeizame akkoord onderuit wordt gehaald door Kamerleden. Op den duur wordt het land geregeerd door een hofhouding en dat is niet hetzelfde als democratie. Bovendien beschouwen kabinetten vaak het landsbelang als ondergeschikt aan het politieke heil van hun minister en hun partij. Politiek heil is niet hetzelfde als goede wetgeving. Tijdens verkiezingscampagnes bijvoorbeeld gaan kabinetsleden 's nachts affiches plakken voor hun baas.

Wetten schrijven is dus maar een deel van het werk. Kabinetten begeleiden de politieke loopbaan van de minister en verrichten hand-en-spandiensten voor de partijen. Dat is een van de vele redenen waarom de christendemocraten hun draai niet vonden in de oppositie. Ze konden niet meer rekenen op het koeliewerk van trouwe kabinetsleden. Ze waren het gewend baantjes rond te strooien als pepernoten. Ineens was hun zak leeg.

Leden van een verwante partij worden tot de kabinetten toegelaten, dat is zelfs de regel. Kabinetten zijn overwegend Nederlandstalig of Franstalig, maar niet uitsluitend. Bij Waalse socialisten vind je een paar Vlaamse socialisten en omgekeerd. Zo gesloten is de taalgrens nu ook weer niet. Maar leden van een partij met een andere ideologie, dat kunnen we ons in België eigenlijk niet goed voorstellen. Zo iemand kan alleen maar een spion zijn.

De tijd is lang voorbij dat de Paul-Henri Spaak in zijn kabinet Buitenlandse Zaken *vrijwillig* een duidelijke tegenstander opnam. Die had maar één taak: intelligent tegenspreken. Burggraaf Davignon, adellijk, katholiek, telg uit een diplomatenfamilie, de tegenstelling tot de socialist en atheïst Spaak kon niet groter zijn. Toch heeft de edelman de rode minister met genoegen gediend.

De Belgische grondwet van 1831 werd en wordt beschouwd als een voorbeeld van helderheid en liberalisme. Onze grondwet was zo vooruitstrevend dat Leopold I ze slechts met tegenzin en na lange aarzeling onderschreef. De monarch kreeg niet veel macht in ons land.

De laatste kwarteeuw hebben we de grondwet voortdurend herzien, bijgespijkerd en aangevuld met constitutionele koterij. De oorspronkelijke grondwet was geschreven voor een uiterst gecentraliseerde, jakobijnse staatsinrichting, hoewel de staat verhoudingsgewijs beperkte bevoegdheden had. De grondwet nu moet voorzichtig de puzzel van gemeenschappen, gewesten en nationale staat beschrijven.

Het verhaal wil dat bevlogen intellectuelen onze prachtige constitutie tijdens één nacht schreven in café Mille Colonnes naast de Muntschouwburg. U zult Mille Colonnes niet meer vinden. Als aandenken staan er wat spichtige boompjes. Zo springt België om met zijn verleden. En hoe dun die bomen ook zijn, we zien er het bos niet meer door.

In 1970 werd de Belgische grondwet ingrijpend gewijzigd. De cultuurautonomie kwam tot stand. Het traditioneel zo gecentraliseerde België zette een eerste stap op weg naar federalisme. Federalisme, dat was tot kort voor dat jaar nog een vies woord, alleen in de mond genomen door plompe flaminganten of knalrooie Waalse agitatoren. Het land bestond uit vier taalgebieden, elke gemeente maakte noodzakelijk deel uit van één taalgebied en dat kon je alleen wijzigen mits je een bijzondere meerderheid van twee derde vond in het parlement én een meerderheid in de Franse en Nederlandse taalgroep, alles op voorwaarde dat de meerderheid der leden aanwezig was. De een kon de ander dus nooit meer onverhoeds een dorp afpakken. Dat was de definitieve bevestiging van de taalgrens die acht jaar eerder was vastgelegd. Er kwamen ook twee autonome cultuurraden, een Franstalige en een Nederlandstalige. Velen dachten dat de kwestie voorgoed was geregeld. Zij dwaalden.

In 1980 werd de Belgische staat hervormd. Het ging nog meer de federale richting uit. In 1980 kon je horen dat dit het eindpunt van een evolutie was.

In 1988, toen ik de eerste versie van dit boek schreef, was een regering de Belgische staat opnieuw aan het hervormen. In drie fasen zou het eindpunt worden bereikt, zei men.

In 1993, toen ik *Het Belgisch labyrint* herschreef, was alweer een andere regering de Belgische staat aan het hervormen. Politici zeiden toch al dat het géén eindpunt zou zijn.

In 2000, toen ik andermaal *Het Belgisch labyrint* herschreef, zaten weer andere politici aan de Costa, en dat heeft niets te maken met een goedkope vakantie in Spanje. Zij praatten over regionale belastingen, sociale zekerheid, verfijning van het Brussels statuut enzovoort.

In 2004, toen ik een nogmaals herziene, deze keer Franse editie van *Het Belgisch labyrint* voorbereidde, lagen nieuwe voorstellen tot hervorming op tafel: splitsing van de gezondheidszorg, splitsing van Brussel-Halle-Vilvoorde, er gingen stemmen op om zelfs de sociale zekerheid en het spoor te splitsen en intussen was het alweer een tijd geleden dat de wapenhandel toegewezen werd aan de gewesten.

In 2005 herschreef ik nogmaals dit boek. Een nieuwe politieke baltstijd was aangebroken. Voorwerp van geslachtsdrift was alweer de splitsing van BHV.

Het is nu 2011 en ik herschrijf dit boek. Mutaltuli zou waarschuwen dat het verhaal eentonig is. Nog steeds walsen de verkozenen des volks eromheen, nu eens behoedzaam, dan weer trappend op elkaars zere tenen. En wat er al niet gesplitst kan worden: BHV, vanzelfsprekend, maar ook de kinderbijslag, delen van justitie, dierenwelzijn, het rampenfonds en bejaardenzorg.

Komt er dan nooit een eind aan? Nee. Is dat erg? Nee. Zolang Vlamingen en Walen naast elkaar wonen, móéten ze wel onderhandelen. Zelfs al zouden ze twee afzonderlijke staten stichten, dan nog blijven ze buren. Al dat geëmmer is vaak genoeg stomvervelend, de wankele constructies die naar boven worden gehesen zijn allesbehalve elegant, maar tegen alle verwachtingen in zijn ze soms nog efficiënt ook, in ieder geval is dit oeverloze palaver efficiënter dan puinruimen na een burgeroorlog. Sinds ik met eigen ogen in de welgedane Kroatische stad Osijek de kogelgaten in de herenhuizen heb gezien, sinds ik de bomen uit de barokhuizen van het oude Vukovar aan de Donau heb zien groeien, sinds ik de struiken heb zien opschieten waar niet eens een kinderleventje geleden nog een Servisch dorp stond, dank ik de goden op mijn blote knieën omdat wij, Belgen, tot nu toe te laf zijn geweest om de wapens tegen elkaar op te nemen. Want die lafheid heeft een naam: *le bon sens belge*, gezond Belgisch verstand. Of moeten we ook dat gaan splitsen?

In 1970 werd de grondwetsherziening beschouwd als een reuzenschrede, het definitieve afscheid van het oude, unitaire België. Premier Gaston Eyskens dacht dat de kwestie voorgoed geregeld was, op een paar details na. Het definitieve afscheid, daarin had hij onbetwistbaar gelijk. Maar de zaak was níét voorgoed geregeld, integendeel.

Aangezien voor de volgende stappen, die onvermijdelijk bleken te zijn, telkens de grondwet gewijzigd moest worden en aangezien ze gezet moesten worden op het mijnenveld van de Belgische politiek, werd het een moeizame, behoedzame, trage tocht. Dat verklaart bijvoorbeeld waarom er tussen 1979 en 1981 vier verschillende regeringen-Martens geweest zijn. Ze hadden allemaal tot doel de Belgische staat te hervormen.

De staatshervorming van 1980 legde de structuur vast die België vandaag, haast een kwarteeuw later, nog altijd heeft. De cultuurraden werden afgeschaft. Gewesten en gemeenschappen werden gevormd. Wie die twee niet uit elkaar kan houden, wordt opgeslokt door het Belgisch labyrint.

Gewesten zijn gebonden aan de grond. Wallonië drong aan op gewestvorming. De Walen zat met zware economische problemen door de sluiting van de steenkoolmijnen en de achteruitgang van de staalindustrie. Zij wilden hun eigen economisch beleid bepalen om zichzelf uit de afgrond te hijsen. Gewesten gaan over economie, ruimtelijke ordening, huisvesting, openbare werken, verkeer en dergelijke.

Gemeenschappen zijn gebonden aan de persoon. Gemeenschappen gaan over onderwijs, cultuur, gezondheidszorg en dergelijke. Vooral de Vlamingen wilden die. Zij hebben strijd moeten leveren voor de erkenning van hun taal en cultuur en in het tweetalige Brussel heeft de Nederlandstalige minderheid nog steeds bescherming nodig.

Om de zaken nog wat ingewikkelder te maken hebben beide groepen gekozen voor een *asymmetrische* staatsstructuur. Franstalig België zit dus anders in elkaar dan Nederlandstalig België. Er bestaat een Région Wallonne en daarnaast bestaat er een Communauté française de Belgique. In de lente van 2011 veranderde die haar naam in Fédération Wallonie-Bruxelles. Ze hebben elk hun parlement en hun regering. Het parlement van de Fédération Wallonie-Bruxelles heeft vierennegentig leden, dat van la Région Wallonne heeft er vijfenzeventig. De Fédération is níét bevoegd ten aanzien van de Duitstaligen, maar voor gewestzaken vallen die dan weer onder het Waalse Gewest.

Het Vlaamse Gewest en de Vlaamse Gemeenschap zijn met elkaar versmolten. Er is één parlement en één regering voor gewest en gemeenschap samen. Zes leden van het 124 leden tellende Vlaamse parlement worden rechtstreeks verkozen door de Brusselaars die dat zo wensen – je hoeft daar als kiezer inderdaad niet eens Vlaming voor te zijn. Waarom die versmelting? Volgens optimistische schattingen woont ten hoogste 3 procent van de Vlamingen in Brussel.

Wel is Brussel de hoofdstad van de Vlaamse Gemeenschap. En terecht. Meer dan negenhonderd jaar lang is Brussel óf een uitsluitend Nederlandstalige stad geweest óf een stad met een zeer sterke Nederlandstalige meerderheid. Dat geldt a fortiori voor de achttien gemeenten die samen met de stad Brussel het Hoofdstedelijke Gewest vormen.

Van de Franstaligen woont, al naargelang van de schattingen, 12 tot 20 procent in Brussel. Precieze cijfers ontbreken, omdat niemand kan worden gedwongen uitdrukkelijk te kiezen voor het een of het ander en omdat de talentelling lang geleden werd afgeschaft. Voor de volledigheid: Brussel is ook de hoofdstad van de Fédération en van België. Die van de Région Wallonne is Namen. Er bestaan behoorlijk wat wrijvingen tussen Walen en Franstalige Brusselaars. Ze voelen zich niet bepaald verwant aan elkaar. Het voornaamste bindteken is negatief: ze zijn niet-Vlaams. Wat zij noemen *la dynamique flamande*, de Vlaamse dynamiek, wekt bij hen een mengsel van ongeveinsde bewondering en afgunst op. Ook zij denken aan een fusie tussen hun gewest- en gemeenschapsparlement. Zover zijn ze nog niet. Wel wensen ze sterk te staan tegen alles wat naar Vlaanderen ruikt, vandaar hun naamsverandering. Politiek is dat begrijpelijk, maar in feite berust die federatie op een leugen. Brussel ís niet eentalig Frans.

Voor al die parlementen in alle gewesten en gemeenschappen zijn er verkiezingen om de vijf jaar, op dezelfde dag als de Europese verkiezingen, maar niet op dezelfde dag als de federale verkiezingen. Het zou veel praktischer zijn als al die kiesverrichtingen samenvielen, maar de ideologen van het Vlaamse nationalisme wijzen dat beslist af. Alles wat Vlaanderen ook maar van ver tot het door hen gehate België laat naderen, kan geen genade vinden in hun starre ogen.

Wetten worden federaal goedgekeurd. Gewesten en gemeenschappen werken met decreten. Alleen in Brussel regeert men met ordonnanties. Dat is een staaltje van hogere Belgische semantiek. De Vlamingen stelden het eigenlijk niet op prijs dat Brussel een echt gewest werd. Echte gewesten vaardigen decreten uit. Hebt u hem?

Eigenaardig genoeg bestaat tussen wetten en decreten geen hiërarchie. Decreten (of ordonnanties) zijn niet ondergeschikt aan federale wetten. Ze hebben dezelfde rechtskracht. De overheid van de federale staat en de overheid van de deelstaten staan dus niet op gelijke voet. Het juridische verschil zit hem in de geografische omschrijving waarop ze van toepassing zijn. Bij mijn weten tref je dat systeem in geen enkel ander land aan. In Duitsland bijvoorbeeld is er een duidelijke hiërarchie tussen de wetgeving van de Bond en die van de *Länder. Bundesrecht bricht Landesrecht*, bondrecht breekt landsrecht, heet dat principe. Ook de Europese Unie werkt zo.

Niet aldus België. Het gevolg is dat je de bevoegdheidsterreinen van gewesten en gemeenschappen enerzijds en die van de federale staat anderzijds voortdurend nauwkeurig in de gaten moet houden. Dit wil ook zeggen dat je tijdens onderhandelingen over internationale verdragen niet altijd ondubbelzinnig kunt bepalen wat het Belgische standpunt nu precies is. En ten slotte wil het zeggen dat nationale wetgeving die wordt verduidelijkt door decreten in Vlaanderen anders wordt verduidelijkt dan in Wallonië. Het verkeersreglement bijvoorbeeld is nationaal, maar het heeft een minister van Verkeer uit de Vlaamse regering ooit behaagd de palen van de stoplichten in het Vlaamse gewest wespachtig zwart en geel te laten verven. Dat zijn de Vlaamse kleuren. In Wallonië en in Brussel bleven die palen rood en wit. De laatste tijd zie je steeds vaker een introverte tint grijs.

Brussel heeft een parlement van negenentachtig leden, tweeënzeventig Franstaligen en zeventien Nederlandstaligen. Die aantallen liggen vast. De Nederlandstaligen zitten gegarandeerd in de Brusselse gewestregering en daarbij wordt een zekere pariteit nagestreefd. Dat is een compensatie voor de pariteit die in de federale regering wordt toegepast en die in het voordeel van de Franstaligen uitvalt. Voor de verkiezingen van het Brusselse Gewest zijn tweetalige partijen verboden. Het autonome gewest bestaat op zijn beurt uit negentien gemeenten. Bij gemeenteraadsverkiezingen zijn tweetalige partijen wél toegestaan.

Tenslotte is er nog een *Rat der deutschsprachigen Gemeinschaft* met 25 leden. Hij controleert een regering van vier ministers. De hoofdstad is Eupen. Dat alles voor een zeventigduizendtal Duitstaligen. En dan zijn er lieden die durven te beweren dat België zijn minderheden verwaarloost!

In de deelstaten zijn andere politieke coalities mogelijk dan federaal. Aanvankelijk waren de coalities op alle niveaus identiek, daarna kwamen er schuchtere afwijkingen, vandaag zijn die afwijkingen duidelijk. In de laatste jaren van paars bijvoorbeeld werd de Vlaamse regering geleid door de christendemocraat Leterme.

Het geld waarover gemeenschappen en gewesten beschikken komt hoofdzakelijk uit federaal geïnde belastingen, die dan worden verdeeld. De gewesten hebben sinds 2002 iets meer fiscale armslag gekregen. De verdeling van federaal geld gebeurt volgens de belastingopbrengst in elk gewest. Wanneer een gewest minder belasting opbrengt dan wat het nationale gemiddelde aangeeft, krijgt het een compensatie. De Franstaligen zijn bang dat ze na een nieuwe staatshervorming minder compensatie zullen krijgen en bijgevolg zullen verarmen. De Vlamingen, die voorlopig nog de rijksten zijn, willen meer eigen regionale verantwoordelijkheid. Voor een groot stuk gaan de eindeloze ruzies dus over de centen.

Maar niet uitsluitend. Federale staten komen gewoonlijk tot stand als afzonderlijke gebieden beslissen dat ze deel gaan uitmaken van een groter geheel. Denk bijvoorbeeld aan Zwitserland of aan de Verenigde Staten. In België gebeurt het omgekeerde. Een groter geheel splitst zich op in kleinere entiteiten. De vraag is dan hoeveel autonomie die kleinere delen zullen krijgen. Steeds meer? Is er ergens een eindpunt? Waar dan wel? Of is dat er niet? Artikel 35 van de grondwet zou een antwoord kunnen bieden: 'De federale overheid is slechts bevoegd voor de aangelegenheden die de Grondwet en de wetten, krachtens de Grondwet zelf uitgevaardigd, haar uitdrukkelijk toekennen. De gemeenschappen of de gewesten zijn, ieder wat hem betreft, bevoegd voor de overige aangelegenheden onder de voorwaarden en op de wijze bepaald door de wet.' Als je alle bevoegdheden van de federale staat zou opsommen enerzijds, dan zou anderzijds al het níét opgesomde, wat men de residuaire bevoegdheden noemt, onder gewesten en gemeenschappen vallen. Dat zou een overzichtelijk systeem zijn. Alleen, men is het er aan beide zijden van de taalgrens niet over eens wat die opsomming moet bevatten. Voor de Vlamingen zo weinig mogelijk, voor de Franstaligen zo veel mogelijk. Zo niet, vrezen zij, is het einde van België nakend. Hoe los moet je het Belgische verband maken? Hoe losser, hoe liever? Tot het vanzelf uit elkaar valt? Dat zou dan toch regelrecht indruisen tegen de mening van een zéér ruime meerderheid van de bevolking. In Vlaanderen wil naar schatting tussen 60 en 80 procent van de mensen dat België blijft bestaan, in Wallonië en Brussel vind je haast geen separatisten.

De staatshervorming heeft in het noorden van het land andere achtergronden dan in het zuiden.

Voor Vlaanderen is ze het resultaat van een trage, langdurige ontwikkeling. Het begon bij miskenning en verdrukking van taal en cultuur, het eindigde met erkenning en zelfstandigheid van taal en cultuur in de brede betekenis van dat woord.

De Waalse drang naar zelfstandigheid was in de eerste plaats van economische aard. Een Waals-nationale partij, het *Rassemblement Wallon*, kwam pas tot stand in de nasleep van de grote staking van 1960-1961. Het zwaartepunt van de woelingen lag toen in Wallonië en de stakers eisten antikapitalistische hervormingen. De Waalse drang naar zelfstandigheid is de reactie van een landstreek die een lange economische bloei achter de rug had, die al enkele decennia economisch aan het wegzakken was en die met lede ogen moest toezien hoe de andere landstreek het economisch veel beter begon te doen.

Ook in Vlaanderen zijn steenkoolmijnen gesloten. Ook in delen van Vlaanderen waren er veel werklozen. Maar dat zagen de Walen niet. In Waalse ogen is Vlaanderen energiek, bloeiend, expansief. Geen wonder dus dat Vlamingen en Walen zeer verschillend gebruikmaken van de mogelijkheden die de staatshervorming biedt.

De federalisering van het land begint werkelijk gevolgen te krijgen.

Ik bedoel niet dat Vlamingen of Walen ineens bevangen zouden worden door een soort nationale trots. Beeldhouwer Peirelinck uit Diest heeft het bronzen borstbeeld gegoten van de allereerste minister-president van het zelfstandige Vlaanderen, Gaston Geens. Geen dorp of stad wil het hebben, laat staan een gewone burger. Zelfs de Vlaamse overheid kan het niet gebruiken. In het federale parlement echter staan wél de borstbeelden van grote Belgische staatslieden met nobele gelaatstrekken. Zij zijn gehouwen in wit marmer.

Maar na vijfentwintig jaar autonomie begin je de verschillen te zien in het bestuur van Vlaanderen en Wallonië. Aanvankelijk was dat bestuur in beide landsdelen een trouwe kopie van de oude Belgische praktijken, alleen bekrompener en gemener. Vandaag richt Vlaanderen zich vaker naar Nederlandse of Scandinavische modellen, in Wallonië blijft de eerste vraag: *Et en France?* En, wat doet Frankrijk? Bijvoorbeeld. Huisvuil uit Holland werd vroeger vrijelijk in Vlaanderen gestort. Nu streeft het Vlaamse afvalbeleid Zweedse nauwgezetheid na. De Vlaamse huisgezinnen zijn de Europese kampioenen van het sorteren. De Hollandse vrachtwagens rijden vijftien kilometer verder zuidwaarts, naar belten en storten in Wallonië.

In de cultuursector zijn de verschillen waarschijnlijk het sterkst. Er bestaat nog steeds geen cultureel verdrag tussen Vlamingen en

Franstaligen en het is zo goed als onmogelijk om een initiatief te nemen dat over de taalgrens springt. Het water moet en zal veel te diep blijven. Het Brusselse Kunstenfestivaldesarts bijvoorbeeld, dat na korte tijd uitgroeide tot een laboratorium van vernieuwing in de podiumkunsten, wordt door de politiek met torenhoog wantrouwen bejegend. De buitenlandse pers kon dan wel juichende recensies schrijven, het maakte weinig indruk. Sommigen telden argwanend hoeveel Franstalige artiesten waren opgetreden en wee de danser die Frans spreekt in de coulissen maar toevallig in Rusland geboren werd. Anderen fluisterden lokkend: verhuis naar Antwerpen en je krijgt zoveel Vlaamse centen als je maar wilt. De heftigste kreet steeg op uit de mond van een Franstalige minister van Cultuur. Hij noemde het festival het Vlaamse paard van Troje in Brussel. Dankzij de creatieve koppigheid van de Vlaamse stichteres Frie Leysen en haar Franstalige, maar zeer tweetalige opvolger Christophe Slagmuylder blijft het Kunstenfestivaldesarts overeind, tweetalig zoals zijn directeurs, nee beter, veeltalig en veelvormig.

België heeft in zijn meer dan honderdtachtigjarige bestaan instellingen tot bloei gebracht waarvan een verrassend aantal wereldberoemd is: het Koninklijk Instituut voor Natuurwetenschappen, het Tropisch Instituut in Antwerpen, het Filmarchief, de Muntschouwburg, het Museum voor Midden-Afrika in Tervuren, de Nationale Plantentuin in Meise en zo meer. Allemaal werden zij op één of meer momenten in hun voortbestaan bedreigd. Bij een besparingsronde zijn zij makkelijke prooien, want Vlaams noch Waals. Enkele jaren geleden meende ik een kentering te zien. Ons fabelachtige Instrumentenmusem was na jaren durende tribulatiën opnieuw opengegaan in het vernieuwde Old England-gebouw. Ik schreef: België mag weer. Ik schreef dat overijld. In onze Nationale Plantentuin, waar 5 procent van de wereldflora verzameld is, hebben ze geen geld om het gebroken glas van de broeikassen te vervangen. Ze verwarmen er de buitenlucht, tenminste, als ze geld hebben voor brandstof. Dag orchideeën. Dag België.

Vertrouwde politieke gewoonten ruimen het veld voor het onbekende. Wat de Leuvense politicoloog Luc Huyse ooit de pacificatiepolitiek heeft genoemd, werkt niet meer op de manier die elke journalist met een jaar ervaring en een gram verstand vroeger blindelings kon voorspellen.

De tegenstelling tussen Kerk en Staat vind je in veel Europese landen. Denk aan de emancipatie van de katholieken in Nederland, denk aan de *Kulturkampf* in Duitsland, denk aan de derde republiek en de radicale *laïcité* in Frankrijk. Jongeren kijken er steeds vreemder tegenaan. Eerbiedwaardige katholieke organisaties krijgen hun troepen de straat niet meer op.

In alle Europese landen leveren arbeid en kapitaal al meer dan een eeuw strijd. Misschien leeft die tegenstelling sterker dan elders. Jonge mensen die hun eerste stappen zetten op de arbeidsmarkt sluiten zich nog altijd massaal aan bij de Belgische vakbonden. Die organiseren volgens de jongste cijfers nog altijd 75 procent van de werknemers en zijn daarmee de sterkste van Europa. Alleen Zweden kan de vergelijking met België doorstaan. Dat is het gevolg van een sterke traditie en een efficiënte werking, het is ook een reactie op de brute globalisering en de verstarde liberale politiek van de EU.

België heeft dan nog de tegenstellingen tussen de gemeenschappen. De discussie daarover wordt steeds ijler. De democratische nationalisten hebben hun thema's weg zien smelten als sneeuw voor de zon. Hun partij smolt mee weg. Maar zie, het wonderjaar 2010 zag de miraculeuze wederopstanding van het democratische nationalisme, rechts-liberaal, ontdaan van alle linkse restanten, en separatistisch.

België geeft de voorkeur aan vrede boven duidelijkheid. De tegenstellingen waarover ik het daarnet had, hebben elkaar voortdurend de pas afgesneden. Inzake onderwijs waren katholieke Vlamingen en Walen solidair zodra het erom ging de katholieke scholen te beschermen. Christelijke en socialistische arbeiders staken nog altijd samen tegen de verhuizing van hun bedrijf naar gebieden waar de kapitalist de proletariër kommerloos kan uitbuiten. Een rechtse Vlaming kan inzake taal onverzoenlijk staan tegen een rechtse Waal, met wie hij het overigens roerend eens is over de verlaging van de belastingen.

Vallen alle tegenstellingen samen, dan wankelt het systeem. Tijdens de grote staking van 1960-1961 keerden Waalse arbeiders zich tegen België. Tijdens de schoolstrijd mobiliseerden de katholieken overal in het land hun troepen. De Koningskwestie is een ander voorbeeld. Het resultaat was agitatie, straatgeweld en, in twee gevallen, doden.

Nieuwe tegenstellingen komen aan het licht.

Sociologen als Marc Elchardus hebben het over postmaterialisme tegenover materialisme. Burgers kunnen economisch links denken (voor een sterke vakbond, voor een sterke sociale zekerheid) en ideologisch rechts (tegen asielzoekers, grenzen dicht). Zweverige groene puriteinen kunnen een afkeer hebben van vakbonden. Er zijn liberalen die de ziekteverzekering willen privatiseren (rechts) en tegelijk voor het homohuwelijk en een euthanasieregeling zijn (links).

Een andere, recentere tegenstelling die we in heel Europa kunnen waarnemen is die tussen de hoog gediplomeerden die in de democratie de dienst uitmaken en de laag gediplomeerden van wie de stem geminacht wordt of zelfs gehaat door de hoog gediplomeerden. Je hoort het soms zeggen in ruwere bewoordingen: ontwortelde elite tegen getatoeëerde onderklasse. Laten we het bij cijfers houden. In België werd na de verkiezingen van 2007 81 procent van de parlementszetels bezet door mensen met een universiteitsdiploma, terwijl 8 procent van de Belgen zo'n diploma op zak heeft. Nog geen 7 procent van de zetels gaat naar laaggeschoolden, die driekwart van de hele bevolking uitmaken. Dat is veel meer dan alleen een onderklasse. België verschilt daarin niet van Nederland. In beide landen is de oligarchie van de diploma's een feit. De ontzuiling heeft de laaggeschoolden aan hun lot overgelaten en het woord volksverheffing klinkt vandaag belegen of onnozel. Geen wonder dat de laaggeschoolden zich keren naar partijen die wél naar hun nood luisteren. De traditionele beschermers van de lage klasse, de sociaaldemocraten en de christendemocraten, hebben zich van hen afgewend. Zelfs onze vakbonden, die zulke grote inspanningen leveren om hun leden vorming en informatie te geven, slagen er niet in het tij te keren.

Een democratie werkt volgens het meerderheidsbeginsel. België heeft daarnaast voortdurend het evenredigheidsbeginsel gehanteerd. Korte opstoten van haat niet te na gesproken, bestaat er een netwerk van informele contacten tussen oppositie en meerderheid. In meerderheid én oppositie zitten katholieken én vrijzinnigen, mensen die banden hebben met vakbonden én mensen die beter de werkgevers kennen.

Na een stemming over het voorzitterschap in de Kamer heeft de extreem Waalsgezinde katholiek Gendebien eens tegen mevrouw Vogels (groen, Vlaams en helemaal niet zo katholiek) gezegd dat hij toch maar voor haar had gestemd en niet voor de Waalse katholieke kandidaat *parce que j'aime les oiseaux, j'aime les femmes et je n'aime pas le président*. Hij hield van vogels, van vrouwen en niet van de nieuwe voorzitter.

Het regelen van Belgische conflicten vergt altijd behendigheid en discretie. Politici met die twee eigenschappen heeft België altijd geproduceerd. Vaak merkt het publiek hen nauwelijks op. Machtige mannen hebben zich altijd tussen de partijen voortbewogen, op de achtergrond. Andere mannen dan vroeger zitten binnenskamers over compromissen te mompelen, misschien zijn hun pakken minder grijs, hun dassen niet meer zo fantasieloos, als ze nog een das dragen. Maar ze zijn er nog steeds, want hoezeer de tegenstellingen ook afgevlakt werden, er duiken nog altijd hachelijke momenten op, wanneer een half woord een wankel evenwicht in elkaar kan laten donderen.

De zalig zelfverzekerde Vlaamse christendemocratie die met een rustig geweten het land kastijdde, overtuigd dat ze het algemeen welzijn diende, sterker, dat het welzijn van het land samenviel met het welzijn van de Vlaamse christendemocratie, want zie je, Walen en vrijzinnigen, die zijn toch te stom of te losbandig, díé zelfverzekerde christendemocratie kreeg in 1999 straf van de kiezers. Zij kon gaan zitten mokken op de oppositiebanken.

In de Belgische politiek brak een ongemeen openhartige discussie los. De open debatcultuur was geboren. Een hok vol kakelende klippen, zeiden smalend de christendemocraten. Ik zeg: de Belgische politicus en dus ook de Belgische burger was er zo een die nooit het achterste van zijn tong liet zien. Hij zei nooit iets recht voor zijn raap. Zijn termen waren bedekt. Hij maakte toespelingen. Hij zweeg. Hij glimlachte conspiratief. Praatte hij toch zijn mond voorbij, dan voegde hij er haastig aan toe: ik heb niets gezegd, hoor. De Belg leek als twee druppels water op zijn koning, de koning op zijn onderdanen. Eendrachtig ontblootten zij hun eigen kroontje niet.

Maar plotsklaps werd in de Wetstraat indiscreet en ongegeneerd gebabbeld, geruzied, gebekvecht, gekissebist, geredekaveld, gepalaverd, gepolemiseerd. De meningen vlogen je om de oren. De ouwe, gezapige Belgische instellingen wisten niet wat hun overkwam. De pers blies iedere druppel op tot een luchtballon. Er werden nogal wat knallen gehoord. Tot overmaat van ramp of jolijt, had je elektronische zwarte bessen en andere mobieltjes die het geklepper miljoenenvoudig versterkten.

In 2007 ging Paars ten onder. Maar niet het getetter en getjilp. Een van de hoofdredenen waarom Yves Leterme, die toch een verpletterende verkiezingsoverwinning had behaald, er niet in slaagde een regering op de been te brengen, was dat de onderhandelingen lekten, niet als een mandje, maar als een volwassen mandenmakerij. Een voorstel stond nog niet goed op papier – moet ik niet zeggen op een scherm? – of het danste al uitgelaten door de redacties. De elites waren dus niet langer discreet. En ze kenden elkaar niet meer aan weerszijden van de taalgrens. Ze stampten elkaar gnuivend van genot op de zere tenen. De kreten van pijn en woede echoden tegen de gevels van de Wetstraat.

En toen kwamen de verkiezingen van 13 juni 2010. In Vlaanderen hees de kiezer de Vlaamse nationalisten op het schild. Ze waren de grootste partij, veruit. Dat was nog nooit gebeurd. In Wallonië waren de socialisten de grootste. Veruit. Het overleg begon. Niemand wist hoelang het zou duren. Niemand durfde de uitkomst te voorspellen. Maar een ding hadden de onderhandelaars geleerd. Ze zwegen.

Politiek

'Hij kwam binnen op de griffie en zei: nu is het onze beurt.'

'Een socialist?'

'Een socialist, ja. Iedere nieuwe rechter die binnenkomt is nu rood. Of liberaal.'

'Ja, maar vroeger werden ze allemaal benoemd door de CVP. Volgens mij zijn de anderen nu gewoon hun achterstand aan het inhalen.'

'Maar er was helemaal geen achterstand. De CVP had maar de helft van de rechters.'

'De CVP zat bij de verkiezingen net boven 20 procent van de stemmen.'

'Vroeger had ze meer dan 50 procent.'

'Je hebt het dan wel over vijftig jaar geleden.'

Tot zover een gesprek in Vlaanderen, België, anno 2000. Paars was pas aangetreden.

Voor een goed begrip. Eén. De CVP staat voor Christelijke Volkspartij, zeg maar katholieke partij. Ze heeft intussen haar naam veranderd in CD&V, maar dat doet er niet toe. In de twintigste eeuw is die partij nagenoeg constant aan de macht geweest, alleen of in coalities, altijd samen met de Franstalige roomse vrienden. Vóór de Eerste Wereldoorlog hadden de katholieken de macht sedert 1884. Alleen. Even uitrekenen. Als je de twee Duitse bezettingen buiten beschouwing laat, telt de periode 1884-2000 108 jaar. Van die tijd waren de katholieken 102 jaar aan de macht. In de DDR hebben de communisten het veertig jaar volgehouden. In de Sovjet-Unie zeventig jaar. Kneusjes als je het mij vraagt.

Voor een goed begrip. Twee. Rechters worden in België politiek benoemd. Vanaf 1999 hebben we een Hoge Raad voor de Justitie en sindsdien zouden nieuwe rechters benoemd worden op een objectieve, dus niet politieke manier. Sta me toe daaraan te twijfelen. De helft van de leden komt uit de magistratuur, de Senaat wijst de andere helft aan. Die tweede helft is dus in ieder geval compleet verpolitiekt. De eerste helft bestaat uit mensen die stuk voor stuk politiek benoemd werden. Ergo, nieuwe rechters worden politiek benoemd. Allicht zullen af en toe objectieve maatstaven worden aangelegd. Allicht hebben ze niet allemaal een partijkaart op zak, maar aanschurken tegen een machtige partij volstaat. Zo houdt het systeem zichzelf in stand. Het zal wel veranderen, ooit. Met sint-juttemis.

Ook ambtenaren worden politiek benoemd. Ook in hun kringen hoor je af en toe dat het nu veranderd is. Je hoort evenzeer het tegendeel vertellen. Ik denk zeker níét dat de politiek altijd onbekwame mensen benoemt, verre van. Maar dat er veel veranderd zou zijn, kan ik niet geloven.

Ik verwees al eens naar de huiszoeking in het aartsbisschoppelijk paleis van Mechelen (het ging over pedofiliedossiers). Onmiddellijk daarna brak oorlog los tussen rechters van verschillende strekking en je hoefde niet lang te zoeken naar de aard van die strekkingen: vrijmetselaars tegen katholieken, wierook tegen zwaveldamp. België 1838? Nee. België 2010. Het gesprek blijft kenschetsend, één geval uit de duizenden. Of je Vlaming of Waal bent, dat maakt weinig verschil. Maakte? Ook hier voel je de gevolgen van de federalisering. In Franstalig België is het zoals in het unitaire België. Je benoemt partijslaven. In Vlaanderen beweren de bewindslieden dat ze moderner zijn. Ze *objectiveren* de benoemingen. Bijgevolg hebben ze het recht de ambtenaren van de Vlaamse overheid op geregelde tijdstippen te terroriseren met functioneringsgesprekken en *assessments*. Engels klinkt toch altijd wat beter. De goeie, oude benoeming voor het leven wordt verketterd als zou ze een vrijbrief zijn voor luiwammesen. Dat is ze soms, ik zal het niet ontkennen. Maar ze was ook een rots tegen de stortvloed van slinkse beïnvloeding. In een ambtenarenapparaat als het Belgische, dat al langer dan een eeuw van onder tot boven rot is van de politiek, is dat belangrijk.

Intussen worden op de lagere echelons van het Vlaamse overheidsapparaat mensen in dienst genomen na wat eruitziet als een normaal sollicitatiegesprek. Maar topambtenaren? Die blijven wat ze altijd al waren: stromannen van de partij die hen de baan bezorgd heeft. Competent? Meestal wel, maar je hebt geen garantie. Een man van stro blijft plooibaar.

In veel Belgische cafés – België heeft veel cafés – kun je een geheimzinnig bordje zien hangen: elke tweede dinsdag van de maand, 18-19 uur, dienstbetoon. En dan volgt een naam, H. Metdepenninghen bijvoorbeeld, of X. Dugnoille. Ik wil niet gemeen doen tegen mensen die zo heten, ik heb die namen uit een telefoonboek gehaald, blindelings, willekeurig. Zij staan hier voor tientallen namen, tientallen dagen, tientallen uren. Eén ding weten we zeker: hier komt een politicus.

Die politicus – soms is hij minister, maar dan laat hij zich meestal vervangen door een ondergeschikte – rijdt van café naar café, alwaar de mensen zijn komst zitten te verbeiden. Hij komt de kleine, maar reële alledaagse klachten en wensen van zijn kiezers beluisteren. Zo leert hij hun problemen kennen, als een biechtvader die de zonden van zijn parochianen kent. Hij zal proberen dingen te regelen voor hen: een baan als koffiezetster in een ministerie die dochterlief begeert, een bouwvergunning die niet helemaal door de beugel kan, een pensioen – iedereen is er heilig van overtuigd dat je pensioen er nooit komt als je het volgens de officiële regels aanvraagt. Politicus noch burger kan zich voorstellen dat je nijpende problemen zou kunnen oplossen op een andere manier. Het kleine werk. De uitdrukking is afkomstig van een der grootste politici van vorige eeuw, Tomáş Garrigue Masaryk. Hij noemde het *drobná práce*, *Kleinarbeit*. Er zijn politici met een briljante carrière die er zich niet te goed voor voelen. Je moet mensen in nood helpen – is dat geen mooie roeping? Ex-kamervoorzitter en ex-minister De Croo, liberaal in hart en nieren, doet precies dat, al tientallen jaren, en hij zegt erbij: 'De rijke mensen hebben mij niet nodig.'

Je vindt politici die worden verafschuwd binnen hun eigen partij, maar zij staan sterk dankzij hun dienstbetoon en dus hun groot aantal stemmen. De gangbare mening is vandaag dat succes bij verkiezingen staat of valt door zichtbaarheid in de media, zeg maar op het televisiescherm. Het bekendste voorbeeld is Bart De Wever van de nationalistische Nieuw-Vlaamse Alliantie (N-VA). Hij was een graag geziene gast in het quizprogramma *De slimste mens*, gevat, koel, veel zelfspot en een encyclopedisch geheugen dat de hele bandbreedte bestreek tussen de Franse impressionisten en de verschillende variëteiten stront. Zijn partij ging van 1 kamerzetel in 2003 via 5 zetels in 2007 naar 27 kamerzetels in 2010. Hij nam deel aan de quiz in 2009.

Maar naast één Bart De Wever zijn er tientallen doordeweekse verkozenen. Zij moeten het hebben van hun dienstbetoon, van plaatselijke zichtbaarheid. Op tv komen ze nooit. Kom, zelden.

Of heeft het dienstbetoon zijn beste tijd gehad? Vooral in Vlaanderen wordt het vaak beschouwd als een typisch voorbeeld van de kleine, morsige corruptie die een wezenskernmerk zou zijn van België. Het gevolg is dat sommige Vlaamse politici avond na avond met hun kop op het scherm komen, maar intussen vervreemd raken van hun kiezers, zoals zoveel Nederlandse politici dat al een hele tijd zijn.

Je zou kunnen zeggen dat de nieuwe Vlaamse kiezer een profiel heeft dat ongunstig afsteekt tegen dat van de oude, vertrouwde en zo geminachte Belg. De nieuwe Vlaming is zuur, poenig en pretentieus. Het dorpse dat hem vroeger aan het lijf plakte was bekrompen, maar ook warm, gezellig en niet verstoken van laconieke humor. Bijvoorbeeld, als kinderen uit de buurt wat lawaaierig rondbanjeren, stapt de moderne Vlaming naar de rechter. Vroeger riep hij ten hoogste: Kunde gelle gotferdoeme ni ewa stiller zen! Daar bleef het bij, want hij herinnerde zich zijn eigen kindertijd. Het provincialisme is niet verdwenen, maar het wordt nu overwoekerd door egoïsme en dat maakt het ongenietbaar.

Het is nog iets anders dan het fenomeen van een laagopgeleide klasse die in de steek werd gelaten door de hoogopgeleiden. Het protest van de laagopgeleiden vind ik legitiem en hoogopgeleiden hebben de plicht het ernstig nemen, ze zijn zo al genoeg bevoorrecht. Maar dit zou ik veeleer doorgeschoten individualisme noemen, geen assertief gedrag meer, agressiviteit die ruw opspeelt telkens als het gaat over eigen gemak en eigen rijkdom. Dat heeft niets met een of ander verdorven Vlaams volkskarakter te maken. Je vindt die houding in heel Europa, van Italië tot Denemarken.

Ik weiger dus hard te oordelen over het dienstbetoon, al zie ik natuurlijk wel de scheve kanten van het cliëntelisme. Maar in welvarend Vlaanderen staat in tegenstelling tot het berooide Wallonië, extreemrechts het sterkst van heel Europa. In de doffe sloppen van de halfdode Waalse fabriekssteden, La Louvière of Charlerloi, krijgt extreemrechts nauwelijks een poot aan de grond en daar is humus in overvloed. Dat is te danken aan de *proximité*, aan de noeste arbeid, elke dag weer, van ouderwetse rooie rakkers die met de kracht van hun overtuiging het dienstbetoon gebruiken. Zij laten de onderklasse ten minste níét in de steek.

Oppervlakkig bekeken lijkt het Belgische politieke spectrum bedrieglijk veel op dat van zijn continentale buurlanden, vooral Nederland en Duitsland: christendemocratie, sociaaldemocratie en liberale beweging hielden elkaar decennialang in wankel evenwicht en kalven nu vervaarlijk af. Groen is al jaren een kleine, maar reële politieke factor. Het Vlaams Belang is anders dan extreemrechts in andere landen. En een partij als de Nieuw-Vlaamse Alliantie, populistisch en toch weer niet, uitdrukkelijk niet racistisch, democratisch én nationalistisch, nieuw maar tegelijk ook oud, zoiets vind je alleen in België.

De oudste partij in België is de liberale. Ze werd in 1846 opgericht te Brussel. In de jaren na de Belgische omwenteling, van 1830 tot 1846, regeerden katholieken en liberalen samen. Ze hadden elkaar nodig om de Hollanders te verdrijven en om de jonge staat te consolideren. Toen de grenzen van het nieuwe vaderland vastlagen en de financiën min of meer op poten stonden, konden de Belgen elkaar eens rustig monsteren en vervolgens naar de strot vliegen.

Het taalprobleem bestond nauwelijks. De arbeiders werden hardvochtig onderdrukt. Zat het hun te hoog, dan sloegen ze een paar machines stuk. Zij telden niet mee. Zij moesten werken tot ze erbij neervielen en voor de rest hun smoel houden. Nee, het werd haat tussen beschaafde, welgestelde, Franstalige heren.

We hadden stemrecht. Als je onze liberale modelgrondwet oppervlakkig las, kon je zelfs denken dat hier ook *algemeen* stemrecht bestond. Dat had je gedacht. Stemrecht kregen de mensen die veel belasting betaalden, de betere klassen dus, 1, hooguit 2 procent van de bevolking. Die vorm van stemrecht heeft een naam: het censuskiesrecht, ook wel cijnskiesrecht genoemd. In de eerste Belgische Senaat zetelden vierenveertig edellieden, slechts zeven senatoren waren niet van adel. De belangen van de adel met zijn bezit dat bestond uit oude wouden en landerijen botsten tegen het profijt van de burgerij met haar nieuwe fabrieken. De rijkaards kregen zo'n bloedhekel aan elkaar dat ze niet meer samen wilden regeren.

De stichting van de liberale partij kun je nooit begrijpen als je niet inziet hoe oppermachtig de Katholieke Kerk in België was. De Kerk gedroeg zich met een vandaag de dag moeilijk vatbare vanzelfsprekendheid als de baas in het staatshuishouden. De bisschoppen wisten wel dat ze de Staat niet konden missen, maar hij had alleen recht van bestaan als de katholieken het er voor het zeggen hadden. Zo niet, dan bestempelden ze de Staat als intolerant. Verbind een betonnen overtuiging met een al even betonnen macht die het hele dagelijkse leven in haar greep houdt, die zichzelf zo natuurlijk vindt als regen en wind en die bijgevolg alles wat anders denkt tegennatuurlijk vindt of op zijn zachtst gezegd storend, en je krijgt een klein idee van de katholieke macht in België tot echt niet zo vreselijk lang geleden.

De liberalen wilden in 1846 een begin maken met wat ze noemden *l'indépendance réelle du pouvoir civil*, de werkelijke onafhankelijkheid van de burgerlijke macht, zeg maar de scheiding van Kerk en staat. Ze wilden ook dat meer mensen stemrecht kregen en ze wilden zelfs verbeteringen aanbrengen in de erbarmelijke levensomstandigheden van de arbeiders. Ten slotte wilden ze openbaar onderwijs, onderwijs dat los stond van de Katholieke Kerk. Belangrijk is hierbij het zinnetje: *...en repoussant l'intervention des ministres des cultes*, de inmenging door de bedienaars van de erediensten moest worden weggewerkt. Het is een diepliggend probleem, het zal nog meer dan een eeuw duren voor het een oplossing krijgt in het Schoolpact en af en toe is er nog een oprisping.

De kern van de liberale partij bleef doctrinair, zeg maar conservatief, maar de liberalen hebben in de loop van de negentiende eeuw een groot aantal progressieve politici aangetrokken. Het bindmiddel tussen die twee was hun beider verzet tegen de nietsontziende en hopeloos verouderde bemoeizucht van de Kerk in het openbare leven. De liberale partij behield haar invloed zolang het stemrecht beperkt bleef tot de welgestelde burgerij en de adel. Tussen 1847 en 1884 hebben de liberalen meer dan vijfentwintig jaar alleen de macht uitgeoefend. Daarna traden homogeen katholieke kabinetten aan. Na de eerste verkiezingen met een soort algemeen stemrecht voor mannen (1894) hadden de liberalen geen schijn van kans meer. Het liberalisme was grotendeels een stedelijk verschijnsel, maar in de meeste dorpen vond je wel een liberale brouwer of dokter of notaris en blies een liberale fanfare tegen die van de katholieken op.

Het antiklerikalisme is een erg Latijnse trek geweest van de Belgische liberalen. Niet dat zij het afgekeken zouden hebben van de Fransen – ze waren in 1846 dynamisch en intelligent genoeg om het zelf te bedenken – maar achteraf, na 1870, zijn ze graag in de leer gegaan bij de papenvreters uit de Derde Republiek. Pas in de jaren zestig van de twintigste eeuw hebben ze de antiklerikale gewaden afgeschud, toen de PVV werd gesticht, de Partij voor Vrijheid en Vooruitgang, onder impuls van Omer Vanaudenhove, minister en schoenfabrikant uit het Brabantse stadje Diest. Ze verspreidden affiches die de vrome, doch weifelende kiezer ervan moesten overtuigen dat hij de volgende zondag na de hoogmis in eer en geweten liberaal mocht stemmen.

Het vrijzinnige element (en bijgevolg ook de rol van de vrijmetselarij) heeft in de loop der jaren steeds meer aan belang ingeboet. Een vooraanstaand liberaal politicus als Verhofstadt vindt vrijzinnigheid en katholicisme politiek onbelangrijke categorieën. Het gaat de liberalen, zoals in andere landen van Europa, om economische groei, privatisering en lagere belastingen. Bij ons hebben ze zich de laatste tijd ook sterk gemaakt voor moderne, niet-conventionele politieke problemen, zoals euthanasie en homohuwelijk. Op die twee gebieden hoort de Belgische wetgeving bij de meest tolerante ter wereld.

Een tweede kenmerk vind je, voor zover ik het weet, nergens anders, behalve misschien in Zwitserland. In België bestaat een *sociaal* liberalisme, compleet met liberale ziekenfondsen en vooral met dat eigenaardige verschijnsel van een liberale vakbond. De Algemene Centrale der Liberale Vakbonden van België is een paar honderdduizend leden sterk en hoewel of misschien juist omdat hij veel kleiner is dan de rode of de katholieke bond, is hij bij stakingen vaak radicaler.

Uiteraard heb je in België twee liberale partijen. Dat heeft niets met ideologie te maken, alles met taal. Alle partijen zijn in de jaren zeventig in tweeën gebarsten en de barst volgde exact de taalgrens. Bovendien begonnen ze bij het begin van de nieuwe eeuw ook driftig hun namen overboord te gooien. De Vlaamse liberalen liepen daarbij enkele jaren voorop. Al in 1993 vormden ze zich om tot Vlaamse Liberalen en Democraten, met als toevoeging: de partij van de burger. Later zou het Open VLD worden. Ze hebben van de gelegenheid gebruikgemaakt om een paar politici van andere partijen binnen te halen, Vlaamse nationalisten bijvoorbeeld en zelfs een socialist. De Franstalige liberalen hebben geregeld de naam van hun partij gewijzigd. Sinds een paar jaar is de L van liberaal verdwenen. De partij heet nu Mouvement Réformateur en heeft de extreem anti-Vlaamse militanten van het Front Démocratique des Francophones een plaats gegeven in haar rangen, alsook enkele voormalige christendemocraten. De Waalse liberalen werden verteerd door de ambitie een brede volkspartij te vormen, sterker en groter dan de socialisten. Tot op heden zijn ze daar niet echt in geslaagd. In elk geval hebben beide partijen hun traditionele kleur niet veranderd: ze blijven blauw.

Het Belgische socialisme is niet geboren in de steenkoolmijnen van de Borinage, niet in de ijzergieterijen van Luik, maar in de spinnerijen en weverijen van de oude Vlaamse textielstad Gent. In 1857 werd daar de Broederlijke Maetschappij der Wevers van Gent gesticht. De spinners noemden zichzelf de Noodlijdende Broeders en daarin hadden ze overschot van gelijk. Het waren niet meer dan schuchtere spaarkassen voor onderlinge hulp, de centen waren bij elkaar geschraapt door proletariërs en op hun banier stond te lezen God en de Wet. Of de doorbrave leden van die allereerste arbeidersverenigingen het woord socialisme kenden, valt te betwijfelen. De grote meerderheid van hen was analfabeet. We weten bijvoorbeeld zeker dat een van hun leiders, Francis Bilen, bijgenaamd *de kapneus* (haakneus), een begaafd redenaar was, maar ook dat hij niet kon lezen.

Vlaanderen was toen nog hoofdzakelijk landbouwgebied, dat zou pas veranderen na 1945. Alleen in centra als Gent, Antwerpen, Leuven en nog een handvol andere, de Rupelstreek met zijn steenbakkerijen of Menen, aan de Franse grens, kon het socialisme wortel schieten. Belgisch socialisme is lang min of meer synoniem geweest van Waals socialisme. Wallonië is een van de oudste industriegebieden van Europa. Tussen de rokende, stampende, ratelende, vlammende fabrieken van Wallonië vielen in 1886 vierentwintig doden toen de uitgemergelde arbeiders de straat op gingen voor werk, brood en algemeen stemrecht. In 1894 konden eindelijk alle mannen gaan stemmen volgens een uiterst ingewikkeld systeem, waarbij mensen met een diploma of enige rijkdom twee of zelfs drie stemmen kregen. De Belgische Werkliedenpartij haalde al haar zetels in Waalse kiesdistricten. Zelfs de grote Gentse volksmenner Eedje Anseele werd in Luik verkozen.

De gevolgen voor Vlaanderen en de Vlamingen kun je nauwelijks overschatten. Voor de emancipatie van de Vlaamse mensen had het socialisme weinig aandacht. In Vlaanderen zaten de boeren, in Vlaanderen was de pastoor de baas. Het socialisme was de beweging van de industriearbeiders én het nam zeer snel de antiklerikale eisen van de radicale liberalen over. In 1868 wijzigen de Broederlijke Wevers van Gent hun reglement. Volgens een nieuw artikel 33 geven ze voortaan elk jaar een bal. Voorheen gingen ze naar de mis.

De Vlaamse emancipatiebeweging is dan ook snel in klerikaal en later, in de jaren dertig van de twintigste eeuw, zelfs in autoritair vaarwater terechtgekomen. Het Vlaamse socialisme stond te zwak om een tegenstroom op gang te brengen. Pas aan het eind van de twintigste eeuw komt het Vlaamse socialisme zijn stille, diep gewortelde afkeer van alles wat naar katholicisme zweemt te boven, vreemd genoeg nog het makkelijkst in de traditioneel meest katholieke provincie Limburg.

Het socialisme was in België, vroeger dan elders in Europa, een massaal, dynamisch en efficiënt conglomeraat van organisaties. Partij, vakbond, coöperaties, ziekenfondsen, groeiden nog voor de Eerste Wereldoorlog uit tot een heuse zuil. Weldra bouwde het Belgische socialisme paleizen voor de arbeiders. De leiders hadden geld en een avant-gardistische smaak. Ze gaven de beste architecten van hun tijd opdrachten om volkshuizen en achturenhuizen te bouwen. Ze spraken die architecten aan in de vrijmetselaarsloges, sinds de negentiende eeuw de ontmoetingsplaatsen bij uitstek van liberalen en socialisten. Daar vonden ze elkaar in hun gemeenschappelijke strijd tegen de almacht van de Katholieke Kerk. Het volkshuis in Brussel is een even wereldberoemd als triest voorbeeld van socialistische cultuur én cultuurverlies. Gebouwd in 1895, onder impuls van de oude rode patron Emile Vandervelde, volgens plannen van de grootste aller art-nouveau-architecten, Victor Horta, werd het in 1965 op bevel van de socialistische beweging gesloopt, ondanks luid internationaal protest. Gearriveerde bonzen richtten een foeilelijke toren op, een monument voor hun eigen wansmaak, grootheidswaan en gebrek aan visie. Maar in Gent kun je vandaag nog koffie gaan drinken in de weelderige Vooruit. Het is nu een kunstencentrum. In het theater zul je de avant-gardestukken zien, er is jazz, er is funk, de dans wordt internationaal hoog aangeslagen.

Het socialisme wás vooral een zuil. De coöperaties bestaan niet meer. Er is een jeugdbeweging, de Rode Valken, er zijn de Vooruitziende Vrouwen – maar de vergelijking met de christelijke zuil kunnen ze toch niet doorstaan. Het is buiten België echter veel te weinig bekend dat het socialisme hier nog altijd een massabeweging is. Dat komt vooral door de vakbond, het ABVV, Algemeen Belgisch Vakverbond. Die heeft meer dan één miljoen leden en hij is niet eens de grootste van het land.

Het ABVV is niet, zoals een taai vooroordeel het wil, een Waals bastion. Het heeft ongeveer evenveel leden in Vlaanderen als in Wallonië. Voor de Tweede Wereldoorlog kon je alleen lid worden via de Werkliedenpartij. Dat is voorbij. Het ABVV zoals we het nu kennen, ontstond na de bevrijding uit een fusie van de oude, machtige sociaaldemocratische vakbond met andere bewegingen, communistische strijdcomités die actief waren geweest in het verzet, er kwamen zelfs anarchosyndicalisten bij. De exclusieve band met de socialistische partij werd opgeheven. Maar vanaf 1947 heeft men de communisten zonder pardon uit de leidinggevende posities weggewerkt. Ik heb een oude, efficiënte secretaresse gekend van ABVV-Gewest Brussel, ze was zo mager als een draadnagel. Over haar hoorde ik fluisteren *qu'elle avait été communiste*, dat ze communiste geweest was. In 1948 had de vakbondssecretaris haar gezegd: 'Je koopt een kaart van de Socialistische Partij of ik trap je de deur uit.'

Ook het ABVV ontsnapt niet aan de regionalisering. Er is een Interrégionale Wallonne en een Vlaamse Intergewestelijke. De gewestvorming baart monsters van woorden. Toch overheerst in de vakbond een sterk gevoel van solidariteit met alle werknemers. Vlaamse metaalarbeiders stappen op in betogingen van Waalse staalarbeiders, samen achter de rode vlag. Overigens stelle men zich bij het woord vakbondsleider geen bonkige bink voor met opgerolde mouwen en een heldere oogopslag. De vakbondssecretaris vandaag heeft meestal een diploma van de universiteit. En aan Vlaamse kant werd het ABVV tot enige tijd geleden geleid door een vrouw.

Het belang van de Belgische vakbonden, zowel de socialistische als de christelijke, waarover ik het straks zal hebben, kan ik niet genoeg benadrukken. Het percentage werknemers die lid zijn van een vakbond ligt in België significant hoger dan in de buurlanden Nederland en Duitsland en veel hoger dan in Frankrijk. En de tendens is stijgend. Op dit punt lijkt België, ook Wallonië, wel een Scandinavisch land te zijn.

Het Waalse socialisme stelt het beter dan ooit. Het deelt niet in de neergang van het socialisme zoals we die kunnen zien vorderen in Nederland, Duitsland, Frankrijk – en Vlaanderen. Het haalt verkiezingsresultaten die de PvdA zelfs in topjaren als 1977 of 1986 niet bereikte. Dat komt door de *proximité* waarop ik daarnet al wees. De Waalse socialisten zijn onvoorwaardelijk trouw aan hun achterban. Maar ze weten ouderwetse trouw te combineren met een intelligente, technocratische en toch solidaire aanpak van de zware economische problemen waar Wallonië nu al een halve eeuw mee worstelt.

God weet dat het Waalse socialisme zware stormen heeft doorstaan. Ik schrijf niet zonder reden God. Een van de grote leiders in de jaren negentig van de vorige eeuw, de hyperintelligente hoogleraar

Guy Spitaels, had als bijnaam *Dieu*. Hij had de marmeren glimlach van een afgodsbeeld. Hij is het geweest die met succes de kleinere Waalse regionale partijen aan zijn hart drukte tot de dood erop volgde. Later werd hij samen met de Vlaming Willy Claes, die een blauwe maandag lang secretaris-generaal van de NAVO geweest is, veroordeeld in het Agusta-proces, een duistere affaire van groot industrieel geld ten behoeve van de partijfinanciering. Maar aan de partij bleef geen smet kleven.

Ik hoop dat Waalse socialistische voormannen elkaar nog altijd uitbundig zoenen als ze elkaar begroeten in de volkshuizen, maar ik denk toch dat de tijd van de slecht gesneden, arbeideristische pakken voorbij is. Onder leiding van Elio Di Rupo weet de partij het juiste midden te houden tussen de broodnodige modernisering van Wallonië en de echte solidariteit met de kleine, misdeelde Waal – *le déclin wallon*, de Waalse achteruitgang, heeft hard toegeslagen en het is verdomd moeilijk om te verrijzen uit een oud industrieel graf. Als er iemand is die zich daar bewust van is, dan wel Elio Di Rupo. Di Rupo is de zoon van een Italiaanse geïmmigreerde mijnwerker. Hij is openlijk homoseksueel. Er zijn genoeg landen waar dat zou volstaan om niet eens te beginnen denken aan een politieke carrière. Niet in België. Af en toe mag ik ook eens trots zijn op mijn land. Zeker, de laatste twee jaar zijn er genoeg weldenkende Vlamingen die beweren dat Di Rupo zijn dictaten naar believen kan opleggen aan Vlaanderen. Dat is onzin natuurlijk. Di Rupo was niet alleen een zeer capabele minister, hij is ook een kundig partijleider en daarbij is hij razend populair.

De Parti Socialiste blijft dus onbetwistbaar de machtigste politieke formatie in Wallonië en de jongste federale verkiezingen (2010) hebben die positie meer dan bevestigd. Het zijn dezelfde weldenkende Vlamingen die de voorzitter allerlei occulte praktijken toedichten, die niet kunnen verkroppen dat het socialisme een reële macht is in het zuiden des lands, een apparaat, een alomtegenwoordige machine. Het is de ruggengraat van Wallonië. Het is daar zelfs sterker dan de christendemocratie in Vlaanderen, al was het maar omdat de christendemocratische meerderheden al een halve eeuw langzaam aan het wegslijten zijn.

Het Vlaamse socialisme was al deerlijk afgekalfd toen de vorige editie van dit boek verscheen (2005) en het is sindsdien blijven afkalven. De partij heet in Vlaanderen sp.a. Die a staat voor *anders*, een recente naamsverandering. Al meer dan een kwarteeuw proberen leiders als Van Miert, na hem Tobback en Stevaert de sleet op het socialisme in Vlaanderen te stuiten. De aloude recepten van de sociaaldemocratie, de langzame lotsverbetering van de verworpenen der aarde, het werkte allemaal niet meer. De sociaaldemocraten waren kortzichtig geworden, hun vijanden zeiden over hen niet geheel ten onrechte dat ze het biefstukkensocialisme aanhingen. Bovendien moesten oude antiklerikale demonen worden uitgedreven.

Zo geschiedde. De Vlaamse socialisten begonnen Nederlandse, Duitse en Scandinavische voorbeelden te volgen. De nochtans zeer vrijzinnige Leuvenaar Tobback rekruteerde voor de studiedienst volop intelligente jongelui die hun diploma haalden aan de Katholieke Universiteit van zijn stad. Maar het echte fenomeen moest nog komen.

Steve Stevaert, kok en ex-cafébaas, die met zijn onnavolgbaar zangerige Limburgse accent het ene populaire idee na het andere debiteert in korte, krachtige zinnen die iedereen kan begrijpen en die niemand kan tegenspreken, op het eerste gezicht al te simpel, op het tweede gezicht goed uitgekiend, op het derde gezicht controversieel, Stevaert, die als geen ander de rol van de televisie in de hedendaagse democratie begrepen heeft, Stevaert, die openlijk zei dat hij intellectuelen verafschuwt en door hen openlijk werd verafschuwd, maar die intussen wel een paar van de grootste intellectuelen uit onze politiek vooruitschoof als minister, Stevaert, lieveling van het publiek, potentaat voor de partij, is een sociaaldemocraat in hart en nieren, maar listig vermomd als vlotte verkoper. Nooit is Stevaert dogmatisch, zelden wordt hij boos, hij is tactisch begaafd en toch verloochent hij zijn linkse ideeen niet. Hij wordt frontaal aangevallen omdat hij allerlei voorzieningen gratis wil maken. Zo heeft hij in zijn eigen stad Hasselt gezorgd voor gratis bussen. Stevaert zoekt goedkoop succes, smalen zijn tegenstanders. Stevaerts antwoord is een lesje in modern marxisme: er wordt al zo veel geprivatiseerd, dit wil zeggen aan de wetten van de markt onderworpen. Wat ik gratis maak, onttrek ik aan de wetten van de markt en dus aan het kapitalisme. Stevaerts hartenkreet: het socialisme zal gezellig zijn of zal niet zijn.

In 2005 verliet Stevaert van de ene dag op de andere de politiek. Ik heb socialisten wit zien wegtrekken van woede toen ze het hoorden. Stevaert liet het Vlaamse socialisme laffelijk in de steek, sisten ze, blazend van haat. Het kwam bij hen niet op dat de man wel een keer problemen zou kunnen hebben met zijn gezondheid. Stevaert werd de eerste socialistische gouverneur van de provincie Limburg en, zoals je kon verwachten, het Limburgse volk had hem lief. In 2009 verliet hij ook die functie. Hij keerde niet terug naar de politiek, maar zijn schaduw waart nog steeds rond in de coulissen van de macht. Stevaert bewees dat links zich van het populisme kan meester maken. Dat links zich van het populisme *moet* meester maken, wil het nog een toekomst hebben. Na Stevaert ging het met het Vlaamse socialisme opnieuw bergaf. Politici die bewezen hadden wat ze waard waren, werden zonder pardon aan de kant gezet. Standpunten klonken warrig. En bang. Ze waren noch keihard modern noch lekker ouderwets rood en radicaal. Bovendien was het niet duidelijk tot wíé het Vlaamse socialisme zich nog richtte. Op de financiële crisis heeft het geen antwoord. Op het oprukkende nationalisme heeft het geen antwoord. Op de ultraliberale technocratie van de EU heeft het geen antwoord. Het Vlaamse socialisme vandaag heeft minder bezieling dan een lege schoenendoos. Alleen waar de roden zich hebben teruggetrokken achter stadswallen, in Gent, in Antwerpen, in Leuven, bewijzen ze dag in dag uit dat goed bestuur en links zeer wel samen kunnen gaan. Nu Vlaanderen nog, dat stadje van zes miljoen inwoners. Maar ik heb er een hard hoofd in.

CVP. Ik had nooit gedacht dat die drie letters ooit konden verdwijnen. Sinds 1945 was CVP in Vlaanderen synoniem van macht. Uitzonderingen moest je met een sterk vergrootglas zoeken. Steeds meer werd CVP ook synoniem van macht in de Belgische staat. De vijanden van de partij spraken over de CVP-staat. De socialist Louis Tobback heeft de Christelijke Volkspartij, de Vlaamse christendemocratische formatie dus, vergeleken met een kwal. Onscherp van profiel, tentakels aan alle kanten, nooit hard. Al die woorden verdoezelen één kenmerk: macht. Christendemocraten protesteren altijd als iemand anders macht uitoefent. Zijzelf oefenen nooit macht uit. Die komt hun toe. Zo is de natuurlijk orde der dingen. Christendemocraten zíjn macht.

Ik wees er al op dat de christendemocraten ons land al meer dan een eeuw schier ononderbroken hebben geregeerd. Hun electorale aanhang is traag maar zeker weggesmolten. In 1950 haalde de CVP in Vlaanderen meer dan 60 procent, in 1965 was dat nog 50 procent, in 1978 om en bij de 40 procent. De partij deed alsof er niets aan de hand was. In 1981 sloeg de kiezer de partij in één klap met 12 procent achteruit. Voor Belgische begrippen is dat een aardschok.

Onverstoord namen de katholieken de liberalen in de regering en regelden voorts alle belangrijke zaken achter de rug van hun partner. Het geheim overleg in een Ardens dorp lekte achteraf uit en de naam van het dorp, Poupehan, werd emblematisch voor de ongeneeslijke onbetrouwbaarheid van de Vlaamse christendemocraten.

In 1999 schaarde de CVP nog net iets meer dan één op vijf kiezers achter zich. Zuchtend namen de schaarse verkozenen plaats op de harde oppositiebanken, voor het eerst in eenenveertig jaar. Dit kon toch niet! Wie zou het land nou regeren? Zonder hen? Ze hebben er een paar jaar over gedaan eer het tot hen doordrong dat niemand hen miste in de geheime kamers van de macht.

De CVP bestaat niet meer. Ook deze partij kreeg een andere naam en heet voortaan CD&V, wat staat voor *Christen Democratisch & Vlaams*. Ze vormde een kartel met Vlaamse nationalisten van N-VA en in 2004 riep de kiezer hen terug naar de macht in Vlaanderen. Voor de N-VA was het kartel de enige kans om niet reddeloos te versmoren. De christendemocraten begonnen aan de dodelijke omhelzing van hun kartelpartner. De federale verkiezingen van 2007 waren een succes voor het kartel, zowel voor het deel christendemocratie als voor het onderdeel Vlaams nationalisme. In 2008 ontworstelen de nationalisten zich aan de christelijke wurggreep. In 2010 dondert de Vlaamse christendemocratie naar beneden. CD&V haalt nog 17 procent, het slechtste resultaat ooit. De Vlaamse nationalisten triomferen. Zonder kartel.

De Vlaamse christendemocratie was en is een standenpartij. Zij moet alle belangen verzoenen in haar schoot. Je hebt een sterke arbeidersvleugel, je hebt de Boerenbond, hoewel het land haast geen boeren meer heeft, je hebt de middenstand, je hebt de werkgevers. Ik wil hier ingaan op de christelijke arbeidersbeweging ACW, een overkoepeling van een brede groep katholieke organisaties waarin ook de eigenlijke vakbond zijn plaats heeft. Die vakbond wordt, een beetje verwarrend toch, ACV genoemd. Het Algemeen Christelijk Vakverbond is veruit het sterkste van het land. Zelfs in Franstalig België overvleugelt het de socialistische bond. De christelijke vakbond groepeert meer dan de helft van alle vakbondsleden en ik wees er al op hoe talrijk die zijn. In het bredere ACW, door de leden vaak gewoon de beweging genoemd, vindt ook de jeugdbeweging haar plaats, de internationaal bekende Kajotters (van: Katholieke Arbeidersjeugd), gesticht door een gedrongen Vlaamse priester uit Brussel, met borstelhaar en een zinderend optreden voor grote massa's, zijn naam was Jozef Cardijn. Toen ik een paar jaar geleden in Zuid-Amerika opzoekingen deed voor een boek, was ik met verstomming geslagen toen ik vaststelde dat tot diep in het Andes-gebergte de naam Cardijn met vreugde en eerbied werd uitgesproken en dat de drie beginselen die hij zijn Kajotters meegaf, zien, oordelen, handelen, *ver*, *juzgar*, *actuar*, daar de basis hadden gevormd van de door het Vaticaan hardnekkig vervolgde *teología de la liberación*, de bevrijdingstheologie.

De Katholieke Arbeidersvrouwen vinden we binnen de beweging en uiteraard het grootste ziekenfonds van het land, CM, ook wel Landsbond van Christelijke Mutualiteiten genoemd. De beweging geeft een serie veelgelezen weekbladen uit, bijvoorbeeld ACW-Visie. Als ik veelgelezen zeg, bedoel ik veelgelezen, honderdduizenden, veel meer dan de grootste kranten. Er was tot niet zo heel lang geleden zelfs een eigen bank, voor nostalgici de BACOB of Belgische Arbeiders Coöperatief, die echter iedere vorm van arbeiderisme afgezworen heeft en soepel het landschap van bankfusies binnengegleden is, op weg naar innoverende, dynamische synergieën. En naar de rand van de afgrond, in 2008.

De kracht van de christelijke arbeidersbeweging ligt niet alleen in het enorme aantal leden van de verschillende deelorganisaties, maar evenzeer in de nooit aflatende inspanningen die worden geleverd inzake vorming voor de gewone leden. Ook hier valt de verbijsterende veelvuldigheid op: van kooklessen via seksuele voorlichting tot arbeidsrecht en hedendaagse economie.

De leiding van de christelijke arbeidersbeweging weet, zowel in Vlaanderen als in Wallonië, dat haar leden niet meer uitsluitend op christelijke partijen stemmen. Groenen maar ook socialisten hebben programma's die zeer dicht in de buurt komen van de ideeën die de katholieke arbeidersbeweging de hare noemt. De trouwe kiezer is dood en begraven. Partijen moeten nu dingen naar de gunst van nukkige, verwende burgers. Toen tijdens de verkiezingscampage van 2010 de ACV-voorzitter waarschuwde tegen de Vlaamse nationalisten van N-VA, is hem dat zeer kwalijk genomen. Toch begreep ik die man wel. Het sociaaleconomisch programma van de N-VA is stoer rechts en niets anders. Een hooggeplaatst bestuurslid van het ACW fluisterde eens in mijn oor dat de signalen die aan de basis van zijn beweging te horen zijn, steeds harder, egoïstischer, individualistischer, intoleranter, kortom, steeds rechtser beginnen te klinken.

Rechts is niet hetzelfde als extreemrechts. Als de voorzitter openlijk verklaart dat het gedachtegoed van de christelijke arbeiders*beweging* onverzoenbaar is met wat extreemrechts verkondigt, dan weet de voorzitter van de christendemocratische partij verdomd goed dat hij, ondanks de bokkensprongen van de kiezer, er niet over moet peinzen een coalitie te proberen met extreemrechts. Doet hij het toch, dan scheurt zijn partij.

Ook in Franstalig België heeft de christelijke partij,voorheen Parti Social Chrétien, PSC, haar naam veranderd. Maar, anders dan bij de Vlamingen, is de verwijzing naar het christendom hier verwijderd. De partij heet nu: *Centre Démocrate Humaniste*.

In grootte heeft zij nooit de vergelijking kunnen doorstaan met de Vlaamse zusterpartij. Maar ze kregen buitensporig veel invloed toebedeeld, omdat de Vlaamse katholieken vrijwel onafgebroken aan de macht deelnamen en nooit zonder de PSC regeerden. De Franstalige katholieken hadden nauwe banden met het traditionele, burgerlijke België, *la Belgique de papa*. Het is altijd de partij geweest die thuis was in de grote bankwereld, de *haute finance*, al vond je daar ook altijd enkele liberalen. Het was de partij van de adel en, zo wordt gefluisterd, de partij van het Hof.

In de Franstalige katholieke partij vermengden heren met scharnierende namen als d'Aspremont Lynden, du Bus de Warnaffe of Snoy et d'Oppuers hoffelijk en onverstoorbaar politiek, groot geld, administratie en Congolese belangen, alles tot eigen glorie en voordeel. Vooral om de Congolese belangen werd de geur van smerig geld, honger en bloed steeds penetranter.

De naamsverandering was een overwinning van de linkervleugel. Toch moet je nog steeds de kandidatenlijsten van de Franstalige katholieken bekijken als je de edellieden in de politiek wilt vinden. Bij regionale verkiezingen bijvoorbeeld heb ik er op hun Brusselse lijst een keer zes geteld en ik neem alleen de namen waar ik echt helemaal zeker van ben. Op tweeënzeventig kandidaten is dat meer dan acht procent. Zoveel adel hebben we niet in België. Het grote verschil met vroeger is dat er nu twee keer zoveel mensen met een Arabische, Turkse of Afrikaanse naam op de lijst staan. En dat je nu ook een deel van de edellieden bij de liberalen kunt vinden. De Franstalige liberalen welteverstaan.

Eén partij is er die niet haar naam veranderd heeft, maar die gewoon niet meer bestaat: de Volksunie, de formatie van de Vlaamse democratische nationalisten. De partij bestaat niet meer, omdat haar programma verwezenlijkt is, zeg ik altijd. De Vlaamse nationalisten ontkennen dat heftig en ze krijgen de kiezers mee. Ze hebben ongelijk, vind ik, allebei. Ze onderschatten de indrukwekkende prestatie die de Volksunie geleverd heeft, vooral als je bedenkt dat de partij in de halve eeuw dat ze leefde, nauwelijks deelgenomen heeft aan de macht. Ze noemde zichzelf graag zweeppartij.

Franstaligen hebben altijd twijfels gehad over het democratische gehalte van de Volksunie. In de volksmond was ze de partij van collaborateurs en ze heeft inderdaad de belangen van heel wat mensen ter harte genomen die na de oorlog waren veroordeeld. Daar lag een deel van haar kiespubliek. Ik zeg wel: een deel. Je kunt moeilijk volhouden dat de Volksunie ondemocratisch was. Je vindt vandaag dwaalgasten van de verdwenen Volkunie bij socialisten, liberalen, christendemocraten en zelfs bij de groenen.

Die politieke stroming is het product geweest van het katholieke, Vlaamsgezinde Vlaanderen. De combinatie ligt minder voor de hand dan vaak wordt gedacht. In de jaren vijftig van de twintigste eeuw werd op de preekstoel nog een herderlijk schrijven voorgelezen waarin stemmen voor de Volksunie een zware zonde werd genoemd. Gewetensdwang heet dat en in die tijd werkte zoiets nog.

Op haar toppunt kon de Volksunie één Vlaming op vijf bekoren, meer is het nooit geweest. De breuk met de katholieken heeft deze partij altijd iets levendigs, iets warrigs, iets origineels gegeven. Een sympathiek amalgaam van tamelijk ondoeltreffende anarchisten, zo noemde een liberaal, ex-Volksunie, de partij waarin hij aan politiek had leren doen.

Wie destijds katholiek was in Vlaanderen – bijna iedereen dus – maar het loodzware conformisme van de christendemocratie wilde ontvluchten, kreeg kansen in de Volksunie. De groenen zouden pas veel later opduiken, de socialisten wantrouwden iedereen die ooit een katholieke school, al was het maar een kleuterschool, had bezocht en bij de Vlaamse liberalen zaten toentertijd nog te veel Franstalige burgerheren sigaren te roken. De Volksunie is de eerste partij geweest die een congres hield over het thema milieu. In de Volksunie botsten links-liberalen tegen meer traditionele Vlaamse nationalisten. Langs die breuklijnen is de partij uit elkaar gebarsten. Een deel van hen trok naar de liberalen, een ander deel leunde aan bij de socialisten, door wie ze nadien restloos opgeslokt zijn, een derde groep, die de harde, meer traditionele lijn van het Vlaamse nationalisme wilde doortrekken, stichtte een nieuwe partij, de Nieuw-Vlaamse Alliantie, de N-VA.

De romppartij leidde een kommervol bestaan. Het lag in de lijn der verwachtingen dat ook deze afsplitsing binnen de kortste keren zou verdampen tot een vage herinnering. Wie daarop zijn zinnen had gezet, kwam bedrogen uit. Dankzij een slim onderhandelde lijstverbinding met de christendemocraten, verwierf de N-VA toch enkele zetels in onze parlementen. Toen het uit was met de vriendschap tussen katholieken en nationalisten, kondigden wereldwijze commentatoren andermaal het einde van de partij aan.

Maar nee. Bij de verkiezingen van 13 juni 2010 verpletterde de N-VA alle andere Vlaamse partijen. Die verkiezingen mogen we zonder overdrijven historisch noemen, in meer dan één opzicht. Ten eerste lieten de Vlaamse nationalisten de christendemocraten 10 procent achter zich. Dat had nog geen enkele partij hun voorgedaan. Ten tweede was een Vlaams-nationalistische partij de sterkste politieke formatie van Vlaanderen en bijgevolg de grootste fractie in het Belgische parlement. Ook dat was nog nooit eerder gebeurd. Ten derde, de N-VA haalde stemmen weg bij alle partijen, maar de hardste klappen vielen bij de concurrent die het Vlaams nationalisme een fascistische inhoud had gegeven, bij het Vlaams Belang.

Iedereen was het erover eens dat de N-VA samen met de Franstalige socialisten van de PS, de grote overwinnaars in het zuiden des lands, moest beginnen te onderhandelen over een nieuwe regering. Dat het een moeizame worstelwedstrijd zou worden, ook daarover was iedereen het eens. Het duurde, het duurde, het duurde, het duurde. België brak het Europese record lange regeringsvorming dat sinds 1977 op naam stond van Nederland (208 dagen), België brak het recentere wereldrecord op naam van Irak (249 dagen). Kniesoren schamperden dat de Iraki's het nog langer hadden laten aanslepen, in feite waren zij 290 dagen bezig geweest, maar geen nood, ook die grens hebben wij overschreden. Zijne majesteit stuurde een verduidelijker, twee informateurs, een preformateur, enige bemiddelaars en een onderhandelaar op de partijen af, de koninklijke woordenschat tastte de limieten van de landstalen af, maar het mocht allemaal niet baten.

Je moest geen genie zijn om die gang van zaken te voorspellen.

Eén. De twee leidende partijen hebben niets met elkaar gemeen, behalve dat ze allebei democratisch gezind zijn. N-VA is nationalistisch en wil een onafhankelijke republiek Vlaanderen. De PS wil België behouden. N-VA is rechts-liberaal. Ze zal bijvoorbeeld geen enkele gelegenheid voorbij laten gaan om de vakbonden onder vuur te nemen. Haar sociaaleconomisch programma komt dan ook uit de computers van de Vlaamse werkgeversorganisatie Voka. De PS is links.

Twee. De N-VA heeft geen noemenswaardige beleidservaring. De N-VA had tien maanden geleden geen enkele onderhandelingservaring. De PS heeft ervaring te koop en komt altijd met een paar bakken vol nauwkeurig berekende cijfers naar de besprekingen.

Drie. Het Vlaamse nationalisme heeft een oeroude traditie van antipolitiek. Het is een bijzonder geval binnen de algemeen gangbare Belgische opvatting dat politiek een smeerboel is waar een fatsoenlijk mens zich ver van houdt. De Vlaamse nationalisten hebben de diepgewortelde neiging om bij elk compromis te roepen: Verraad! Dat heeft tot gevolg gehad dat de Vlaams-nationale parlementsleden nooit voor de grote doorbraken in de Vlaamse emancipatie hebben gestemd. Ze stemmen in 1932 tégen de wet die Vlaanderen op termijn eentalig zal maken. In 1962 onthouden ze zich wanneer de wet de taalgrens vastlegt, die de Vlaamse autonomie en duidelijke grenzen voor het Vlaamse Gewest mogelijk zal maken. En nu de laatste betwisting over de taalgrens (BHV) weggenomen kan worden, nu Vlaanderen een zeer brede autonomie zou kunnen verkrijgen, slagen ze er niet in een compromis te vinden. De historicus die Bart De Wever is, weet dat ongetwijfeld. Deze lucide politicus zegt tegen zijn eigen partijleden: Van verraad tot verraad, gaan we naar de Vlaamse staat. Ik vraag me toch af hoe breed zijn speelruimte is.

De N-VA kun je niet vergelijken met andere rechts-populistische partijen in Europa. Ze is niet *fascisant* (fascistoïde), zoals ik de burgemeester van Brussel eens hoorde roepen in het openbaar. Racisme duldt ze niet in haar rangen en ook anti-islamgeluiden kun je bij haar niet vernemen. Bart De Wever is een non-conformistische conservatief, een man die graag de werken van de Britse behoudsgezinde denker Theodor Dalrymple mag aanprijzen. Na zijn daverende verkiezingsoverwinning in 2010 spreekt hij zijn joelende aanhangers toe in het Latijn. Nil volentibus arduum, zegt hij, afgekort: n.v.a. De rest gaat in zijn Antwerps gekleurde Nederlands. En ten slotte, De Wever houdt van Beieren. Hij vindt de kreet *Laptop und Lederhosen* geniaal. We hebben dus toch iets gemeen.

Niet dat ik ooit op hem zou stemmen. Maar ik denk te weten

waarom zoveel Vlamingen dat wel doen. De Wever kwam met heldere taal na drie jaar marasme. De Wever was een jongen met schone handen, want hij had nooit bestuurd. Dat maakte hem geloofwaardiger dan anderen, voorlopig toch, want Belgen en dus ook Vlamingen vinden dat politiek een vuile boel is, zie boven. Dus stemmen ze op de politicus die niet besmet is door politiek.

Ze vergissen zich. Nu al. De Wever gaat op bezoek bij de Britse premier Cameron en zorgt ervoor dat het verslag, inclusief foto met handdruk, uitgebreid in de pers komt. Maar steunde De Wever niet de separatistische Scottish National Party? En is Cameron geen fervent tegenstander van die Schotse nationalisten? Geen Vlaamse kiezer die De Wever dit inconsequente gedrag kwalijk zal nemen.

Vlamingen stemmen ook op De Wever omdat hij hun diep genestelde minderwaardigheidscomplex bespeelt. De vernederingen die Franstaligen ons toevoegden, wat Vlaamse nationalisten zo graag een zoveelste kaakslag noemden, zijn voltooid verleden tijd, dat weet De Wever zo goed als zijn kiezers, zo niet beter. Jazeker, de Nederlandse taal wérd in België erger dan stiefmoederlijk behandeld, de heersende Franstalige klasse hééft zich te lang vastgeklampt aan haar onverdedigbare culturele en niet geringe economische voorrechten. Maar al jaren heeft het voor moderne Vlamingen geen enkele zin meer om nog langer te klagen over onrecht uit het verleden. Het oude onrecht werd uitgeroeid. Toch heeft de geschiedenis het complex niet opgeslokt en verteerd. Ook in jonge Vlamingen, die nooit hebben hoeven horen dat ze *un sale flamand* waren, een vuile Vlaming, broedt blijkbaar nog altijd het collectieve bewustzijn uit de tijd vóór hun geboorte. Die frustratie wordt nu met macht bekleed. Maar macht of niet, de frustratie blijft bestaan. Vandaar dat De Wever en zijn medestanders nog steeds doen alsof ze de hele tijd kaakslagen krijgen van boosaardige Walen. De Wever maakt gretig gebruik van Vlaamse fantoompijn. Franstalige politici snappen die Vlaamse overgevoeligheid gewoonweg niet, wat tot gevolg heeft dat ze radeloos worden van de heftige Vlaamse reacties op hun soms goedbedoelde woorden.

En ten slotte zijn er Vlamingen die voor de partij van De Wever stemmen omdat ze vinden dat de Walen de zuurverdiende Vlaamse centen afpakken. De Vlaamse Beweging is ontstaan om een taal en een cultuur te verdedigen. Maar het oude cultuurflamingantisme, dat stap voor stap de Vlaamse rechten heeft veroverd, is nu vervangen door een economisch en financieel flamingantisme. Ik noem het geldflamingantisme. Men roept dat de Walen onze sociale zekerheid plunderen. Men weigert nog langer solidair te zijn met dat Waalse tuig. Maar ten eerste bewijzen cijfers geleverd door *Vlaamse* hoogleraren dat er geld gaat van noord naar zuid én van zuid naar noord. Ten tweede, ook binnen Vlaanderen bestaat niet geringe ongelijkheid. Ten derde, niemand kan voorspellen welke regio over tien, twintig, laat staan over dertig jaar de rijkste zal zijn en dus de andere zal moeten ondersteunen. En wat mij betreft, ik wil graag solidair zijn met een Waalse werkloze, maar niet met een Vlaamse poenpakker.

Het regionale egoïsme is niet typisch Vlaams. Je ziet het in Europa zo'n beetje overal opduiken. Catalanen foeteren op luie Andalusiërs, Padaniërs minachten de Italianen van de Mezzogiorno, die van Beieren willen niet meer zoveel betalen voor die van Mecklenburg, enzovoort. Ik betreur ten zeerste dat bij ons het nobele cultuurflamingantisme vervangen werd door dat kille geldflamingantisme.

België was het eerste land van Europa waar een groene partij in het nationaal parlement is gekomen. Het was in 1981, net iets eerder dan in de Duitse Bondsrepubliek. Vanaf 1999 hebben we vier jaar de groenen aan het werk gezien in al de regeringen die ons land rijk is. De groenen zijn enigen die proberen de splitsing der geesten in mijn land te bestrijden. Zij stappen graag en vaak over de taalgrens. Zij cultiveren het permanente overleg tussen Franstaligen en Nederlandstaligen, al hebben ze natuurlijk twee partijen.

Ecolo is een mirakel. Bij de verkiezingen halen onze Franstalige groenen tot 20 procent. De enigen die het in Europa beter doen – of even goed – zijn de Duitse Grünen.

De stuwende krachten achter Ecolo zijn in de eerste plaats vormingswerkers en mensen uit de strijdbare onderwijsvakbonden, meer dan milieuactivisten. In Brussel, met zijn geschiedenis van kaalslag op grote schaal, vormen buurtcomités en actiegroepen een stevige basis. Veel radicale Franstaligen zijn overgestapt naar Ecolo. Het FDF (vroeger Front Démocratique des Francophones, nu Fédéralistes Démocrates Francophones) was meer dan dertig jaar geleden de eerste stadspartij in België, de eerste politieke formatie die zich ernstig bezig heeft gehouden met problemen als stedenbouw en openbaar vervoer. Dat deel van hun programma was trouwens veel interessanter dan hun krassende haat tegen alles wat Nederlands sprak.

Wallonië, dat dertig jaar geleden met zijn oud links vernieuwing nodig had als een skioord sneeuw, heeft krachtige impulsen gekregen van groene zijde. Aanvankelijk wekten de groenen de agressie van de gevestigde machten. Vandaag willen alle partijen groen zijn.

De Vlaamse groenen hebben jarenlang de weerbarstige naam Agalev in ere gehouden. Het was een geuzennaam, hij betekent: Anders GAan LEven. Na een catastrofale verkiezingsnederlaag in 2003, waarbij ze al hun zetels verloren in het federale parlement, een uniek feit in de Belgische parlementaire geschiedenis, hebben ze hun naam vereenvoudigd. Ze heten nu: Groen!

Natuurlijk is de Vlaamse groene partij een deel van een bredere Europese beweging. Ze is echter ook typisch Vlaams. De meeste leden hebben een katholieke achtergrond. Waar zou je in Vlaanderen anders hebben gerekruteerd? Het is geen wonder dat het een jezuïet was die de eerste impulsen gaf, de zachtzinnige, enigszins anarchistische pater Versteylen. In de sociologische betekenis van het woord is de groene kiezer zelfs katholieker dan de gemiddelde Vlaming. Ondanks de vervagende krijtlijnen tussen ideologieën, mag men het belang van die christelijke herkomst ook in de eenentwintigste eeuw niet onderschatten. Het kan geen toeval zijn dat de afkeer van kartels met de socialisten juist bij de groenen onoverwinnelijk is gebleken. De afkeer is trouwens wederzijds, daar helpen gemeenschappelijke belangen geen moedertjelief aan.

Uiteraard zijn er uitzonderingen. De even efficiënte als populaire groene burgemeester van Zwijndrecht bij Antwerpen, Willy Minnebo, ex-communist en uitgesproken vrijzinnig, is er een van. Uiteraard put Groen! uit de in het buitenland ook bekende bronnen: milieubewegingen, buurtcomités, vredesbewegingen, anders globalisten, Attac, bewegingen voor de derde wereld en jonge vogelbeschermers met een opvallende anatomische afwijking: hun verrekijker is aan hun handen vastgegroeid. Geen enkele andere partij is erin geslaagd dat jonge, krioelende volksdeel van Vlaanderen een politieke stem te geven. De groenen zijn bezonnen. De doordrammers, die de Duitsers *Fundis* noemen, hebben bij hen nooit een kans gekregen. Maar ik snap niet waarom ze in Vlaanderen nooit echt konden doorbreken. Lees een krant, luister naar de radio, kijk tv en de milieurampen vliegen je om het hoofd. Dagelijks. Maar dat zie je niet aan het stemgedrag, althans niet in Vlaanderen. Jonge Vlamingen geven de voorkeur aan een zwaarlijvige meneer die verzot is op friet en die als levensdoel heeft België te splitsen. Jong ben ik allang niet meer. Zou ik eigenlijk een Vlaming zijn?

Op 24 november 1991 werd de traditionele Belgische politiek ruw uit haar gezapigheid gerukt. Een klein Vlaams partijtje dat al meer dan tien jaar ter plaatse trappelde en tot de folklore van het parlement behoorde, vermenigvuldigde in één klap zijn aantal verkozenen met zes. Het was een akelige partij, extreemrechts en onversneden racistisch. Het was het Vlaams Blok (nu Vlaams Belang). Die dag heet voortaan Zwarte Zondag. Het zou helaas niet de laatste zijn.

Onmiddellijk sloten de Vlaamse democratische partijen van alle strekkingen een cordon sanitaire. Dat betekende dat ze geen enkel bestuursakkoord zouden sluiten met de rechtse extremisten van het Vlaams Blok. Het Blok echter zette zijn zegetocht voort. Haalde het in 1995 iets minder dan een half miljoen stemmen, bij de gewestverkiezingen van 2004 bleef het net onder één miljoen kiezers, een verdubbeling in niet eens tien jaar. Bij de gemeenteraadsverkiezingen van 2006 moest het echter buigen voor de sociaaldemocratische kandidaat Patrick Janssens en bij de federale verkiezingen van 2010 werd het afgestraft. Blijkbaar had het cordon sanitaire dan toch gewerkt. Maar daaruit kun je voor het buitenland geen lessen trekken, want het is alleen gelukt omdat het VB ook gepakt werd op zijn Vlaamsgezinde kant.

Het VB is anders dan de extreemrechtse partijen in andere Europese landen. Het groeide uit de onvrede van rechtse Vlaamsgezinden met de compromissen die de Volksunie, Vlaams-nationaal, maar democratisch, in 1978 probeerde te sluiten om tot een vergaande federalisering van het land te komen. Het VB maakt gebruik van het al beschreven Vlaamse minderwaardigheidscomplex: zich tekortgedaan voelen, van de rangen sluiten tegen een bedreiging van buitenaf, van verdediging van de eigen identiteit. Ook de hebbelijkheid om alle kwalen en tegenslagen toe te schrijven aan een externe vijand, de Waal of het zogezegd Vlaamsvijandige België, werd handig gebruikt door het VB. Het uiteindelijke doel van de partij is het einde van België en de stichting van een onafhankelijk Vlaanderen. Op al die punten is het overvleugeld door de democratische nationalisten van N-VA.

Tienduizenden kiezers hebben in 2010 met een zucht van opluchting het VB laten vallen. Wel waren zij behoorlijk Vlaamsgezind en broedden zij op oude frustraties, maar de extreemrechtse kant van het VB, het brute racisme en de meedogenloze vreemdelingenhaat, zinde hun niet.

Het VB leek een tijdlang alle rancune van Vlaanderen aan te zuigen. Brandt de straatlantaarn voor mijn deur niet, ik stem voor het VB. Laat de krant *De Standaard* de oude leuze Alles voor Vlaanderen, Vlaanderen voor Kristus weg, ik stem voor het VB. Zie ik een Marokkaan op een terras een glas drinken, hij werkt niet, de luiaard, hij zuipt al mijn geld op, ik stem voor het VB. 'Piove? Governo ladro!' (Regent het? Schurkenregering!) zeggen ze in Italië. Eén op vier Vlamingen dacht zo en stemde zo.

Oude rancune, nieuwe rancune, er was ook nog de stemplicht en laten we de traditionele antipolitiek niet vergeten. Een partij die met die configuratie nog geen stemmen kan halen, is die naam niet waardig. Het VB heeft dat gedaan en niemand leek het te kunnen stuiten.

In 2004 heeft het Hof van Beroep van Gent het Vlaams Blok veroordeeld wegens racisme. Onmiddellijk werden de rechters beschuldigd van schandelijke partijdigheid. Was niet een van hen Franstalig? Je vindt die soms nog in Vlaanderen, al spreken ze dan Nederlands. Meesterlijk speelden de heren Dewinter, Vanhecke en Annemans de vermoorde onnozelheid. Volgens Gerolf Annemans stond de partij voor:

> '... de macht van de machtelozen, de hoop van de hopelozen.'

De veroordeling werd gevolgd door een ware verkiezingstriomf. En zie, Filip Dewinter zei:

> 'Terwijl de rechter ons veroordeelde, sprak de kiezer ons vrij.'

De partij tekende cassatieberoep aan, dat is de laatste mogelijkheid in ons rechtssysteem; het Hof van Cassatie oordeelt alleen over de procedure, nooit over de inhoud. Er werden volgens het Hof geen procedurefouten gemaakt. Het heeft de veroordeling over de hele lijn bevestigd.

Prompt veranderde het Vlaams Blok zijn naam in Vlaams Belang. In behoudende Vlaamse kringen was al eerder de verzuchting gehoord dat het Blok zich nu toch eens eindelijk diende te ontdoen van zijn racistische vuilnis en dat het zich moest omvormen tot een beschaafde, maar gespierd conservatieve partij. Die nieuwe, frisse, fatsoenlijk rechtse partij kon dan probleemloos deelnemen aan de macht. Ik heb daar nooit geloof aan gehecht. Zonder racisme schrompelt het VB ineen. En zie, op het stichtingscongres van het Vlaams Belang zei de toenmalige partijvoorzitter Vanhecke:

> 'Wij veranderen van naam, maar niet van streken.'

Die streken zijn veel ouder dan het Vlaams Belang zelf en nóg veel vunziger. Niet toevallig heeft het Vlaams Belang als gloednieuw logo net dát silhouet van de Vlaamse leeuw gekozen dat al jaren wordt gebruikt door het Sint-Maartensfonds, een vereniging van oud-oostfrontstrijders. De partij heeft haar fascistische wortels nooit afgehakt. Maar tot zijn grootste omvang kon het VB alleen opzwellen door haat te prediken, haat die opwalmt uit angst.

Een partij als het VB, die dankzij het cordon sanitaire aan zijn kiezers nooit de politieke diensten kon bewijzen die Belgen nu eenmaal van partijen verwachten, een regelingetje hier, een baantje daar, wat geritsel tussendoor, blijft aaneengesmeed zolang ze de verkiezingen wint. Bij verlies dreigt in elke democratische partij gevaar. In een fascistische partij als het VB des te meer. En zie, ze rolden vechtend over de grond, de heren Dewinter, Vanhecke, Annemans en met hen het kleinere grut. Ze hadden een geheim wapen binnengehaald, de mooie, intelligente, vechtlustige, keiharde mevrouw Marie-Rose Morel. Zij was het die het partijtriumviraat uit elkaar speelde.

Zij is overleden aan kanker, achtendertig jaar, ze liet twee kinderen achter. Vlak voor haar dood was ze nog in het huwelijk getreden met Frank Vanhecke. Hij, de ex-voorzitter, had de partij de rug toegekeerd, zij was al eerder opgestapt. Bij haar uitvaart in de kathedraal van Antwerpen waren kopstukken van het VB niet welkom. Dat had zij en niemand anders zo gewild. Bart De Wever echter, goeie vriend uit vervlogen tijden, zat vooraan. Ik vond de politieke ideeën van mevrouw Morel verwerpelijk, maar ik heb altijd de dapperheid bewonderd waarmee ze vocht tegen haar vreselijke kwaal. En misschien – ik zeg dit heel stilletjes – moeten we Marie-Rose Morel wel dankbaar zijn voor haar laatste wilsbeschikking.

Epiloog

Op zondag 23 januari 2011 trokken veertigduizend mensen door de winderige lanen van Brussel. Ze liepen niet achter vaandels van partijen of vakbonden. Ze waren bij elkaar getwitterd en gefacebookt. Of ze hadden ervan gehoord op radio en tv. Of op straat. Kreten waren niet afgesproken. Wat op spandoeken moest staan evenmin. Niets moest. Brussel ging Tunis en Caïro vooraf, uiteraard – dit is België – in miniatuur en geweldloos. Wij hoefden geen dictatoren weg te jagen. De demonstranten die dag eisten een regering. En liefst een beetje snel.

Hoelang moet je Belgen tergen eer ze massaal de straat op gaan *om een regering te eisen*? De antipolitiek zit ons in het bloed. Nog voor je op het potje leert gaan, vertellen je ouders en ooms en tantes en je grootje je dat je land onveranderlijk wordt bestuurd door een bende falsarissen en zakkenvullers. Het antwoord luidt dus: je moet de Belg heel lang tergen. Maanden en maanden ruziën over een speldenkop. Maanden en maanden roekeloos spelen met de gedachte dat het land uit elkaar kan spatten.

De betogers maakten duidelijk dat ze België willen behouden. Er liep vooral jong volk rond. De spontane beweging was dus géén opstoot van oubollig patriottisme. Daarbij, onze vaderlandsliefde is van een andere aard. Ze is praktisch. In België staat de nationale driekleur op de dweilen.

De regering viel in april 2010. Verkiezingen volgden in juni. Tot zover niets bijzonders. Democratische routine. Maar nu ik dit opschrijf, mei 2011, is de regering nog steeds ontslagnemend. Belgen zijn doorgaans kalme lieden, op het suffe af. Maar, duw oma niet in de brandnetels. Trop is te veel. Twee nationale volkswijsheden.

Zeker, het bedrijfsleven floreert, de begroting wordt voorbeeldig ingesnoerd, ons voorzitterschap van de EU verliep foutloos.

We boeren beter zonder dan mét een zogezegd echte regering.

Dat klopt. Gedeeltelijk. De beslissingen zijn zakelijker, minder doortrokken van politiek. Wat ontbreekt is de worp naar de lange termijn. Dat is nooit de sterkste kant geweest van de Belgen. Aanmodderen, daar ligt onze kracht. Maar al langer dan een jaar blijven prangende vragen zonder antwoord. Bijvoorbeeld, hoe weren we de agressie tegen de verzorgingsstaat af? Hoe pakt dit land zonder energiebronnen en grondstoffen de ecologische productiewijze van morgen aan? Hoe kooien we de financiële aasgieren?

De Belgische Jan Modaal en Doortje Doorsnee vinden het niet meer leuk. Volgens recent serieus Europees onderzoek zijn de Belgen der jongste tijd zéér bezorgd over de politiek. Niet de werkloosheid of de pensioenen, maar de politieke toestand is volgens hen het grootste probleem van allemaal, een veel groter probleem dan het voor de burgers van de buurlanden is en ooit is geweest. De esoterische geheimen van financieringswetten, confederalisme en BHV, dat alles snapt de gewone man of vrouw niet – wie wel trouwens? Maar als het hier nog lang zal duren zal het rap gedaan zijn. Nog een volkswijsheid en we vrezen dat ze deze keer het vaderland zelf zou kunnen gelden. De Belg heeft een donkerbruin gevoel en dat zint hem niet. Hij vloekt en hij houdt zijn vloek niet langer binnensmonds. In België is een mirakel geschied, maar het is geen blij mirakel. De falende politiek heeft de doorgaans zo onverschillige Belg gepolitiseerd als nooit tevoren. Dus komt hij op straat en roept dat hij een regering wil en dat België moet blijven.

Wij zijn trots – en terecht – op scharen kunstenaars van wereldfaam. Anne-Teresa de Keersmaeker, Jan Fabre, Paul van Nevel, Philippe Herreweghe, Luc Tuymans, Arno, de gebroeders Dardenne... Genoeg opschepperij, ik mag niet overdrijven. Die kunstenaars blijven herhalen dat ook wat hen betreft België moet blijven. Dat dit land een hoeksteen is in de Europese constructie. Dat België een schaalmodel is van Europa, waar noord aanschurkt tegen zuid, waar de Germaan en de Latijn elkaar besnuffelen – en nee, de ander ruikt niet altijd lekker. Maar dat vinden wij al meer dan honderdtachtig jaar geen reden om die ander de strot dicht te knijpen.

Indien het niet mogelijk zou blijken met zijn tweeën gezapig en slaperig bij elkaar te wonen in België, hoe zou het dan in godsnaam mogelijk zijn samen te wonen in Europa? En wat indien België mordicus zelfmoord wil plegen? Zelfs als België barst blijven Vlamingen en Walen en Brusselaars gewoon wonen waar ze wonen. Buren zullen ze zijn en ze zullen nog steeds hun burenruzies moeten bijleggen.

Valt mijn land uit elkaar, dan ratelt een domino-effect door Europa. Meer gebieden dan wij vermoeden zullen zich gerechtigd voelen hun onafhankelijkheid op te eisen. In Barcelona, in Edinburgh, in Bilbao, in Padanië kennen ze België zeer goed, veel beter dan de technocraten van de Europese Commissie het kennen. In elk van die steden en streken zitten de separatisten op het vinkentouw. Als België uiteenvalt, is het onze beurt, denken Catalanen, Basken, Schotten, Noord-Italianen. En anderen. Want ook zij willen, zoals de Vlaamse nationalisten, de solidariteit met hun minder fortuinlijke buren opzeggen. Ook zij willen al het geld voor zichzelf houden. Dat is een dreigend vooruitzicht.

De Libanees-Franse schrijver Amin Maalouf heeft een boekje geschreven met de titel *Les Identités meurtrières*, de dodelijke identiteiten. Een eenzijdige opvatting van identiteit leidt tot moord en doodslag, stelt hij. Als Libanees kan hij het weten. Maalouf pleit dan ook voor *une identité multiple*, een meervoudige identiteit. Je sluit in, niet uit, je bent én én, niet of of. Dat zou het geheim van België moeten zijn, de schoonheid, de uitdaging zeg maar, ja, de roeping. Het lijkt steeds minder te lukken.

Verdwijnt dit land, dan verdwijnt een permanent flikkerend waarschuwingssignaal uit Europa, een signaal dat ons meldt: kijk eens hoe moeizaam en breekbaar het samenleven tussen verschillende talen en culturen is. Hoe fascinerend. Hoe hartstochtelijk. Hoe moeilijk. Hoe ergerlijk.

Het signaal flikkert vervaarlijk. Ik heb in België veel gezien dat ik haat, veel dat ik liefheb. Veel begeerlijks, veel onvergeeflijks, maar zou ik wel kunnen leven in een Europa waaruit België werd weggebrand? Willen leven? Zou de westkust van Azië dan nog Europa mogen heten?

Europa zal Belgisch zijn of zal niet zijn.

Bibliografische en andere aantekeningen

Algemeen:

Barnard, B., Berlo, M. van, Istendael, G. van, Judt, T., Reynebeau, M., Schaepdrijver, S. de, *How Can One* Not *Be Interested in Belgian History. War, Language and Consensus in Belgium since 1830.* Dublin/Gent, 2005.

Kossmann, E.H., *De Lage Landen 1780-1940.* Amsterdam, 1986.

Luyckx, Th. en Platel, M., *Politieke geschiedenis van België.* Antwerpen, 1985.

Reynebeau, M., *Een geschiedenis van België.* Tielt, 2003.

Wils, L., *Van Clovis tot Happart. De lange weg van de naties in de Nederlanden.* Leuven, 1992.

Belgische revolutie:

Falter, R., *1830. De scheiding van Nederland, België en Luxemburg.* Tielt, 2005.

Smits, A., *1830. De scheuring der Nederlanden.* Vier delen. Kortrijk-Heule, 1983-1999.

Witte, E., *De constructie van België 1828-1847.* Tielt, 2006.

Eerste Wereldoorlog:

Schaepdrijver, S. de, *De groote oorlog.* Amsterdam, 1997.

Wils, L., *Flamenpolitik en aktivisme.* Leuven, 1974.

(In 2014 zullen ongetwijfeld tientallen nieuwe boeken over de Eerste Wereldoorlog verschijnen. Bezoek intussen het onvolprezen In Flanders Fields Museum in de lakenhal van Ieper.)

Tweede Wereldoorlog:

Doorslaer, R. van (e.a.), *Gewillig België. Overheid en Jodenvervolging tijdens de Tweede Wereldoorlog.* Amsterdam, 2007.

Huyse, L. (e.a.), *Onverwerkt verleden. Collaboratie en repressie in België 1942-1952*. Leuven, 1991.
Meinen, I., *Die Shoah in Belgien*. Darmstadt, 2009. (Verschijnt in 2011 in het Nederlands, vertaald door Iannis Goerlandt.)
Steinberg, M., *L'étoile et le fusil*. Vier delen, verschillende jaren.
Verhoeyen, E., *België bezet, 1940-1944, een synthese*. Brussel, 1993.

(Bezoek het Joods Museum van Deportatie en Verzet, Dossinkazerne, Mechelen.)

Koningskwestie:
Doorslaer, R. van en Verhoeyen, E., *De moord op Julien Lahaut*. Antwerpen, 2010.
Goethem, H. van en Velaers, J., *Leopold III, de Koning, het Land, de Oorlog*. Tielt, 1994.
Staercke, A. de, *Mémoires sur la Régence et la Question royale. 'Tout cela a passé comme une ombre'*. Brussel, 2003. (Nederlandse vertaling: *Alles is voorbijgegaan als een schaduw. Memoires over het Regentschap en de Koningskwestie*, Tielt, 2003. Oog- en oorgetuigenverslag van een der best geïnformeerde spelers achter de coulissen. Superieure intelligentie, lucidideit en elegantie. In mijn ogen een meesterwerkje, echter zéér omstreden.)
Theunissen, P., *1950: Ontknoping van de koningskwestie*. Antwerpen, 1984.

Taalstrijd:
Fonteyn, G., *Over de taalgrens. Van Komen naar Voeren*. Berchem, 2009.
Rillaerts, S., *La frontière linguistique, 1878-1963*. In: *Courrier hebdomadaire du Crisp*, nr. 2069/2070. Brussel, 2010. (Goed cijfermateriaal en overzicht van parlementsdebatten. Alle publicaties van de CRISP verdienen aanbeveling.)
Schryver, R. de en Wever, B. De (red.), *Nieuwe Encyclopedie van de Vlaamse Beweging*. Drie delen, Tielt, 1998. (Onmisbaar naslagwerk.)
Witte, E. en Velthoven, H. van, *Strijden om taal. De Belgische casus taalkwestie in historisch perspectief*. Kapellen, 2010.

Politiek:
Beullens, L., Brants, D., Wijngaert, M. van den, *België en zijn koningen*. Baarn, 2000
Buxant, M., Samyn, S., *Koning zonder land*. Amsterdam/Antwerpen, 2011.
Deschouwer, K., *The Politics of Belgium*. Brussel/ Basingstoke/New York, 2009.
Devos, C. (ed.), *Ménage à trois. Quo Vadis, Belgica?* Gent, 2006.
Elchardus, M., Keere, K. de, Servais, O., *Eén land, twee talen. België uit het leven gegrepen*. Leuven, 2011.
Huyse, L., *Passiviteit, pacificatie en verzuiling in de Belgische politiek*. Antwerpen/Utrecht, 1979.
Maddens, B., Weekers, K., *Het geld van de partijen*. Leuven, 2009.
Maddens, B., Swenden, W. (eds.), *Territorial Party Politics in Western Europe*. Basingstoke/New York, 2009.
Reybrouck, D. van, *Pleidooi voor populisme*. Amsterdam, 2008.

(En talloze andere publicaties, ik noem slechts de boeken van Luc Huyse en Hugo de Ridder.)

Wallonië:
Destatte, P., *L'identité wallonne*. Charleroi, 1997.
Delforge, P., Destatte, P., Libon, M. (red.), *Encyclopédie du mouvement wallon*. Charleroi, 2000-2001. (De laatste twee zijn uitgegeven door het Institut Jules Destrée. Alle publicaties van dat instituut zijn aan te bevelen.)
Genicot, L., *Racines d'espérance. Nouvelle histoire de Wallonie*. Brussel, 1986.
Istendael, G. van, *De iguanodons van Bernissart. Een Belgisch gedicht*. Amsterdam, 1983.
Verbeken, P., *Arm Wallonië. Een reis door het beloofde land*. Amsterdam, 2007.

Duitstalig België:
Istendael, G. van, *Plattegronden*. Amsterdam, 1987.
Strasser, A., *Mit leichtem Gepäck. Eine Anthologie der Ostbelgischen Gegenwartsliteratur*. Sankt-Vith, 2007. (Gepubliceerd door Krautgarten. Alle publicaties van Krautgarten, evenals die van het Grenz-Echo Verlag in Eupen, zijn aan te bevelen.)

Brussel:

Béghin, J., *Armoede in Brussel*. Brussel/Berchem, 2006.

Borra, B., Declerck, J., Ryan, M., Tattara, M., Weiss, T. (red.), *Brussels Capital of Europe. Urban Form, Representation, Architecture*. Rotterdam, 2006.

Gatz, S., *Bastaard. Het verhaal van een Brusselaar*. Amsterdam, 2008. (Autobiografisch boekje geschreven door een van de beste Brusselse politici.)

Gubin, E., *Bruxelles au XIXe siècle: berceau d'un flamingantisme démocratique (1840-1873)*. Brussel, 1979. (Nog altijd onovertroffen. Over de oorsprong van de Vlaamse Beweging.)

Istendael, G. van, *Arm Brussel*. Amsterdam, 1992.

Roover, P., de, e.a., *Wat met Brussel? Uitdagende perspectieven voor de hoofdstad*. Leuven, 2008.

(Voor de rest de reeks *Taal en sociale integratie* van het Centrum voor interdisciplinair onderzoek naar de Brusselse taalstoestanden, Vrije Universiteit Brussel, 1978-1989, 13 delen, onder leiding van prof. dr. Els Witte. Vervolgens vanaf 1993 *Brusselse thema's*, eveneens van de VUB. In 2011 verscheen in die reeks deel 15.)

En ten slotte dit: zonder het wereldwijde web zou dit boek nooit tot stand zijn gekomen.

Register